洛杉磯‧舊金山 拉斯維加斯

Los Angeles,San Francisco & Las Vegas

no.89

加拿大
Canada

華盛頓州

蒙大拿州

奧勒岡州

愛達荷州

懷俄明州

內華達州

猶他州

舊金山
San Francisco

加州

科羅拉多州

拉斯維加斯
Las Vegas

洛杉磯
Los Angeles

亞歷桑納州

新墨西哥州

美國U.S.A

太平洋
Pacific
Ocean

墨西哥
Mexico

墨西哥灣
Gulf of Mexico

MOOK NEWAction

洛杉磯・舊金山 拉斯維加斯

MOOK NEW Action no.89

Los Angeles, San Francisco & Las Vegas

©Disneyland Resort

本書所提供的各項可能變動性資訊,如交通、時間、價格(含票價)、地址、電話、網址,係以2024年12月前所收集的為準;如果你在旅行中發現資訊已更動,或是有任何內文或地圖需要修正的地方,歡迎隨時指正和批評。你可以透過下列方式告訴我們:
寫信:台北市115南港區昆陽街16號7樓MOOK編輯部收
傳真:02-2500-7796
E-mail:mook_service@hmg.com.tw
FB粉絲團:「MOOK墨刻出版」www.facebook.com/travelmook

符號說明

符號	說明	符號	說明	符號	說明
電話	電話	價格	價格	所需時間	所需時間	住宿	住宿

🕿 電話　💲 價格　◷ 所需時間　🅷 住宿
🄵 傳真　🕸 網址　↔ 距離　🅕 Facebook
🏠 地址　@ 電子信箱　➤ 如何前往　🅸 Instagram
🕐 時間　❗ 注意事項　🚇 市區交通　Ⓛ Line
🕙 休日　★ 特色　ℹ 旅遊諮詢

Welcome to California & Nevada

歡迎來到加州與內華達

「如果我在洛杉磯，我會既安全又溫暖，在如此的冬日中，懷抱著加州夢。」

~The Mamas & the Papas - California Dreamin'

每當寒冷多雨的時節，總是容易懷念起加州的陽光，溫暖如同薑茶，柔膩如同蜂蜜，使人溶化。

加州是美國文化的縮影，甚至從某方面來說，加州製造出一部分美國文化，並將它強力放送給全世界。洛杉磯、舊金山這些城市，就算沒有親身去過，也不會感到陌生，我們早已在好萊塢電影、電視影集、流行音樂中，遊蕩了那裡無數次。飛車追逐的舊金山起伏街道、不斷被怪獸攻擊的金門大橋、總有警匪槍戰的洛杉磯金融區、上演名流愛情故事的比佛利山、有比基尼辣妹和海灘遊俠的聖塔摩尼卡，每個年代都在創造出屬於自己的經典。當流行成了神話，當通俗成了文化，城市的許多角落都變成人們朝聖的地方，本書將帶領讀者一一走訪，看看真實世界和電影裡有何不同。

離開城市的喧鬧，加州的大自然更是令人嘆為驚奇，神木、峽谷、奇岩、瀑布，在在以不尋常的姿態，形成獨一無二的畫面。這也是一種經典，具有一看就認得出來的獨特性，不會有其他地方的風景和這裡重複。這些經典景色，或許你已在照片裡、畫冊中、甚至廣告看板上看過了無數次，但擺脫了畫面框架的限制後，親眼一睹的震撼，絕對比平面影像所呈現的要大上千萬億兆倍。

至於內華達州的拉斯維加斯，我想也不用再多說什麼了，不管你認不認同，無論你喜不喜歡，只要你沒去過，都應該去造訪看看。這個地方把美國文化中的虛擬複製發揮得淋漓盡致，把美國精神裡的隨性瘋狂表現得徹頭徹尾，沒去過的話，就不算見過世面。

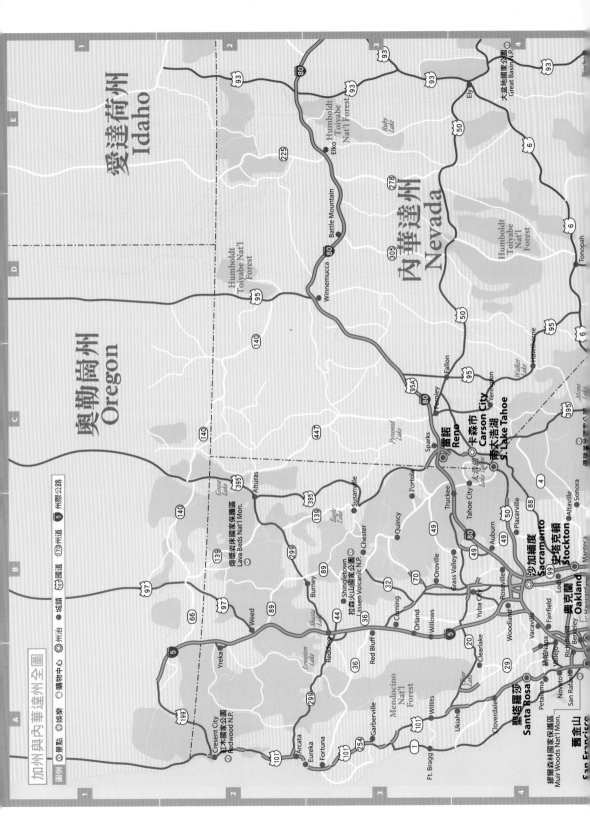

加州與內華達州全圖

圖例 ◉景點 ◉娛樂 ◉購物中心 ◎州治 ●城鎮 ⑤州際公路

紅木國家公園 Redwood N.P.

繆爾森林國家保護區 Muir Woods Nat'l Mon.

奧勒岡州
Oregon

愛達荷州
Idaho

內華達州
Nevada

97

5

66
99

97

89

5

Yreka

Weed

Crescent City

199

299

299

Garberville

Willits

Ukiah

Cloverdale

Arcata

Eureka

Fortuna

254

1

101

101

36

Red Bluff

Redding

Shasta Lake

Lewiston Lake

Clear Lake

Mendocino Nat'l Forest

Burney

36

Shingletown

拉森火山國家公園
Lassen Volcanic N.P.

Chester

89

Corning

Orland

Willows

32

70

Oroville

Grass Valley

Quincy

Eagle Lake

139

Susanville

Portola

Truckee

49

Yuba City

Lodi

Woodland

Vacaville

Fairfield

納帕 Napa

Vallejo

聖塔羅莎
Santa Rosa

Petaluma

Novato

San Rafael

29

20

Clearlake

5

Roseville

奧克蘭
Oakland

Richmond
Berkeley

舊金山
San Francisco

沙加緬度
Sacramento

99

史塔克頓
Stockton

Manteca

Sonora

Altaville

4

88

Placerville

Auburn

49

50

49

80

Tahoe City

南太浩湖
S. Lake Tahoe

卡森市
Carson City

雷諾
Reno

Sparks

Lake Tahoe

太浩湖

95A

80

Fernley

Yerington

Walker Lake

Hawthorne

95

395

Mono Lake

6

熔岩床國家保護區
Lava Beds Nat'l Mon.

Alturas

395

Goose Lake

140

140

140

447

Pyramid Lake

Fallon

305

Winnemucca

95

80

Battle Mountain

Humboldt
Toiyabe Nat'l Forest

Humboldt
Toiyabe Nat'l Forest

225

Elko

93

93

80

93

Humboldt
Toiyabe Nat'l Forest

Ruby Lake

278

50

Ely

6

50

6

Tonopah

大盆地國家公園
Great Basin N.P.

93

6

必去加州與內華達理由

走進電影場景

加州是個特別的地方，即使毫無地理常識的人，也一定聽過或知道加州的著名景點，這都拜我們從小到大看了這麼多好萊塢電影所賜。於是加州成了新世代的美國夢，那些我們從未去過，卻又好像很熟悉的名字，都成了逐夢的目標。

感受藝術洗禮

加州的各大博物館裡，收藏了許多震古鑠金的曠世鉅作，當中有不少是藝術史教科書上的指定教材。而這裡也是當今世界上收藏現代藝術最齊全的區域，那些突破思想框架的表現手法，說不定能為你的大腦打開一扇窗戶，激發出新的想像。

造訪人間仙境

有些景色如果沒有親眼看到的話，還以為是電影特效做出來的。加州東部的深山裡，有巨石，有神木，有峽谷，有鹽沼，景色則有險奇、有唯美，簡直就是人間仙境，就連荒涼到極致的死谷，都散發出一種雄壯美，足以重新定位你對於美的想法。

享受瘋狂刺激

說起遊樂場，怎能不來加州拜碼頭。世界第一座迪士尼樂園就位於這裡，世界第一座環球影城也位於這裡，另外再加上六旗魔幻山、納氏草莓樂園與聖地牙哥海洋世界。不論是歷久彌新的經典項目，還是超越時代的新奇刺激，在加州都能玩得超級過癮！

品嚐香醇美酒

舊金山北灣的納帕與索諾瑪地區，是北美洲最著名的酒鄉，這裡的葡萄酒絕不會輸給法國、義大利的歐洲產酒區。悠遊在景色怡人的鄉間小路上，數百家酒莊都敞開著品酒室的大門，要與遊客分享他們最驕傲的成果。

觀看現場球賽

到舊金山看Stephen Curry，到洛杉磯看Lebron James和大谷翔平，到聖地牙哥看達比修有，加州與內華達州地廣人眾，四大職業運動聯盟的球隊在這裡就有17隊之多！平日只能坐在電視機前看轉播，既然來到加州，怎能不去現場朝聖一下？那種狂熱的氣氛，絕對帶給你夢寐以求的感動！

旅行計畫
Plan Your Trip

Top Highlights of California
加州之最

文●蔣育荏　攝影●墨刻攝影組

大玩主題樂園
Great Fun in Theme Parks

　　1955年開幕的加州迪士尼樂園，可說是主題樂園的祖師爺，從那一刻開始，最令孩子們雀躍的幻想通通化成了真實，人們可以和卡通中的人物見面，在動畫場景中體驗刺激與驚奇，須臾之間走遍最遙遠的國度。數十多年過去，隨著科技日新月異，遊樂園裡的設施也愈來愈變化多端、特效愈來愈嘆為觀止、玩樂也愈來愈過癮，幾乎每隔幾年就有一項新的遊樂項目問世。你可以在加州迪士尼樂園找回兒時的感動，到好萊塢環球影城體驗革命性的電影效果，或是去六旗魔幻山樂園單純追尋雲霄飛車的極限刺激，其他如納氏草莓樂園與聖地牙哥海洋世界等，也都各有自己獨特的特色。（P.160）

南加州

最佳打卡地標
The Best Landmark

好萊塢標誌 / 洛杉磯
Hollywood Sign /
Los Angeles (P.72)

星光大道 / 洛杉磯
Walk of Fame /
Los Angeles (P.73)

加州

遨遊國家公園
Explore the National Parks

　　離開城市的喧鬧，進入國家公園的範圍，當車子越過公園入口的收費票亭，請你做好準備，因為馬上就要接受加州大山大水的美感洗禮。在優勝美地，你會看到傳說中的U型河谷範本，這裡有高如天上之水的瀑布與一座座奇岩巨石，景色彷彿天上仙境；在巨杉與國王峽谷國家公園，每顆神木都龐大得不可思議，讓人有如誤闖進了巨人國度；而在死谷國家公園，荒涼蒼茫的大地景色加上奇特多變的崎嶇地形，似乎又把遊人的想像帶到了外太空中的另一顆星球。這些國家公園各有自己獨特的美感，這種美，不同於尋常，甚至或能提高人們的審美標準，而你必須親眼見到，才會相信世上真有這等風景。（P.206）

漁人碼頭 / 舊金山
Fisherman's Wharf /
San Francisco (P.243)

九曲花街 / 舊金山
Lombard Street /
San Francisco (P.251)

金門大橋 / 舊金山
Golden Gate Bridge /
San Francisco (P.279)

11

洛杉磯

加入片廠行程
Join the Studio Tours

　　好萊塢之所以至今仍為電影之都，正因為主流電影界最重要的幾個片廠都將總部設在這裡，於是參觀片廠便成了造訪洛杉磯時的必體驗。最受歡迎的是環球影業的製片廠，因為與主題樂園相結合，就連片廠行程也做得像樂園裡的遊樂項目一樣。另一個大熱門是華納兄弟的製片廠，藉由走訪各個拍攝場景與攝影棚，不但能了解電影幕後製作的種種秘辛，還有機會看到明星們工作時的模樣。而行程中也包含博物館與各種互動式的展示，值得影迷們專程前往朝聖。其他像是派拉蒙影業與索尼影業，也都有開放讓遊客參觀的導覽行程。（P.78、184）

最佳主題樂園
The Best Theme Parks

迪士尼樂園 / 洛杉磯
Disneyland Resort /
Los Angeles (P.162)

環球影城 / 洛杉磯
Universal Studios /
Los Angeles (P.179)

參觀藝術博物館
Visit Art Museums

　　除了自然美景與各種娛樂，其實加州也有不少重量級的藝術博物館，譬如以收藏印象派畫作聞名的蓋提藝術中心、擁有驚人古希臘羅馬館藏的蓋提別墅、現代藝術收藏界翹楚的MOCA、館藏中不乏大師級畫作的諾頓西蒙博物館、結合珍貴古籍手稿與庭園之美的杭廷頓圖書館、以美國藝術為主流的笛洋博物館等，都是許多遊客來到加州的必訪景點。而近十年來，加州藝術界又有兩件令人興奮的大事，一是2015年開幕的布羅德當代美術館，一是舊金山現代藝術博物館在2016年重新開幕，前者的當代藝術作品件件引人入勝，而後者的館藏也是擲地有聲，無論你懂不懂得欣賞藝術，走一趟必能有所收穫。

洛杉磯/
舊金山

| 六旗魔幻山 / 洛杉磯 Six Flags Magic Mountain / Los Angeles (P.188) | 海洋世界 / 聖地牙哥 SeaWorld / San Diego (P.194) | 納氏草莓樂園 / 洛杉磯 Knott's Berry Farm / Los Angeles (P.202) |

加州酒鄉
Winery Country

　　北灣的納帕谷地與索諾瑪，是葡萄酒的愛好者們無論如何一定要造訪的目的地，因為這裡品嚐的不只是杯中美酒，更是在品嚐一種文化。這個地區無論降雨、溫度、日照等氣候條件，都和地中海地區相仿，1976年的巴黎葡萄酒評鑑大會上，在經過評審盲品鑑定後，獲得首獎的卡本內蘇維濃與霞多內，居然都是來自納帕谷地，從此世人們驚訝地發現，原來加州也可以釀出世界一流的葡萄酒！今日北灣的酒莊數量將近上千，幾乎每座酒莊都有屬於自己的迷人故事，創業的艱辛、夢想的實現、追求完美的堅持、釀造極品的驕傲。當酒保將那晶瑩剔透的汁液倒進玻璃杯中時，向他詢問這些酒莊故事，這樣，喝下去的酒會更有味道。（P.305、313）

北灣

最佳博物館
The Best Museum

布羅德當代美術館 /
洛杉磯 The Broad /
Los Angeles (P.62)

洛杉磯縣立藝術博物館 /
洛杉磯 LACMA /
Los Angeles (P.88)

舊金山

金門大橋
Golden Gate Bridge

　　就像自由女神之於紐約、艾菲爾鐵塔之於巴黎一樣，金門大橋也是舊金山的城市象徵，只要提起舊金山，多數人腦子裡都會浮起金門大橋的畫面。在電影裡，這座大橋被怪獸擊毀過無數次，但在現實中，大橋卻以無比的強韌著稱。橋身所漆的顏色被稱為「國際標準橘」，當初選擇這個顏色，一方面是為了要在濃霧中保持橋身能見度，一方面也是因為這樣的配色能和諧地與周遭自然融合。事實證明，金門大橋能讓人如此印象深刻，國際標準橘的確功不可沒。當晴空萬里，明亮的橋身襯著藍天碧海，無論從哪個角度看，都是完美構圖；就算大霧濃到讓它只冒出個頭來，也像隻騰雲駕霧的鳳凰，更有一種朦朧美感。（P.279）

蓋堤藝術中心 / 洛杉磯
The Getty Center /
Los Angeles (P.108)

舊金山現代藝術博物館 /
舊金山
SFMOMA / San Francisco
(P.262)

笛洋博物館 / 舊金山
De Young Museum /
San Francisco (P.274)

拉斯維加斯

拉斯維加斯大道
Las Vegas Boulevard

　　拉斯維加斯大道貫穿整個賭城中心，當地人將其暱稱為「長街」。由於賭場集團間的競爭激烈，同集團的賭場也力求做出區隔，因此這裡的賭場每間都擁有鮮明的主題特色，要把客人往自家大門吸引過去，說是爭奇鬥豔，再貼切不過。於是北自Sahara Ave開始，南至Tropicana Ave，短短3.2英哩的距離內，可以看到金字塔、艾菲爾鐵塔、自由女神、羅馬競技場、聖馬可廣場，逛個街好像周遊列國一樣，荒漠沙地誕生奇蹟的故事，這想必是最好的成功例子。（P.336）

海灘渡假
Have Fun on the Beach

　　加州的海岸線長達1,352公里，依傍著太平洋畔，座落不少海灘城市，像是大家耳熟能詳的聖塔摩尼卡、威尼斯海灘、馬里布、長灘、聖塔芭芭拉與聖塔克魯茲等。或許美國人在開發這些海灘時，將自己對熱帶陽光天堂的想望完全灌注其中，每一寸土地都善盡娛樂價值。棧橋碼頭、沙灘球場、海濱餐廳與購物大街，是其共同特色，甚至連擁有摩天輪等設施的遊樂場，都快要成了標準配備。

加州

最佳海灘
The Best Beach

長灘 / 洛杉磯 Long Beach / Los Angeles (P.98)

聖塔摩尼卡 / 洛杉磯 Santa Monica / Los Angeles (P.104)

好萊塢
Hollywood

　　數十年來，好萊塢一直強勢主導著主流電影，只要是有電影的地方，就有好萊塢文化，可以說，我們都是在好萊塢的耳濡目染下長大的，我們對於美國甚至世界的最初印象，很多時候都是來自好萊塢，而好萊塢也成了向世界傳播美國文化最強而有力的發聲筒。那些如雷貫耳的名字、那些歷久彌新的鏡頭、那些開創時代的傑作，每一樣都讓人興奮。你可以在星光大道上追尋到痕跡，在博物館藏裡認識其過往，在片廠巡禮中見識其幕後，整個好萊塢，處處都在述說一部電影發展史。（P.71）

洛杉磯

漁人碼頭
Fisherman's Wharf

　　漁人碼頭的招牌美食便是丹金尼斯大螃蟹，今日這些小攤子多半集中在Jefferson St和Taylor St的交會口，對面廣場上也豎立起一座以船舵和螃蟹為造型的圓形招牌，成為漁人碼頭最為人所知的地標。除了品嚐美食，這個地區也擠滿了紀念品店、古董藝廊、海景餐館、博物館和許多由舊日工廠改建成的購物中心，熱鬧的氣息一直延伸到39號與41號碼頭周邊，成為一個範圍廣闊的觀光區域。（P.243）

舊金山

威尼斯海灘 / 洛杉磯
Venice Beach /
Los Angeles (P.107)

聖塔芭芭拉 / 南加州
Santa Barbara /
Southern California
(P.148)

聖塔克魯茲 / 灣區
Santa Cruz / Bay Area
(P.329)

享用美食
Enjoy the tasty food

雖說美國不像一些亞洲或歐洲國家以美食見長，但對於要在旅途中可以吃些什麼好料，還是值得有所期待的。首先要吃的一定就是碩大鮮甜的丹金尼斯大螃蟹，還有口感紮實、香氣獨特的酸麵包盛蛤蜊濃湯，這是只有在加州才比較容易嚐到的當地特色。另一方面，由於地緣與歷史背景的關係，加州的墨西哥料理也比美國其他各州來得道地，許多墨西哥餐廳也融合了新式料理手法。所以來到加州，可不要整天只往速食店跑喔！（P.37）

各城市

暢貨中心血拼
Shopping in the Outlets

一般而言，在歐美逛街血拼的人，都不會把價錢換算成台幣，因為這些地方物價較高，算起來會有點傷心。不過這種情形在Outlet完全例外，原本就已下殺過的標價，還要再打上一輪折扣，7折、8折在這裡算是小氣，2折、3折才叫過癮；買一送一司空見慣，買一送二才是王道。換算起來，大部分商品都能用比台灣便宜一半以上的價格入手，於是看起來響噹噹的名牌，買下去一點也不用手軟，而且會覺得沒買到就是吃虧。最大的壞處是，常常會一買不可收拾，最後只好再買一個行李箱，超重帶回國內。

各城市

最佳親子景點
The Best Family Attractions

加州科學中心 / 洛杉磯
California Science Center /
Los Angeles (P.95)

聖地牙哥野生動物園 /
聖地牙哥
San Diego Zoo Safari Park /
San Diego (P.147)

拉斯維加斯秀場
Watch a Show in Las Vegas

到拉斯維加斯看秀,也是賭城的必體驗之一,長街上的每家賭場酒店都有常駐的招牌秀場,像是聞名遐邇的太陽劇團,在拉斯維加斯就有5個劇碼,分駐在不同的酒店中。而一些來自紐約百老匯的經典劇碼,以及著名的藍人秀,每晚也都有演出。由於競爭激烈,這些劇碼從音樂到場景,從故事到肢體動作,全都是世界一流的水準,直讓人看得目不轉睛。（P.350）

拉斯維加斯

©Cirque du Soleil

觀看球賽
Enjoy the Sport Games

各城市

喜歡體育競賽嗎?與其老是坐在電視機前看轉播,不如到現場去感受一下吧!美國的職業運動聯盟都具有高度可看性,世界各地最有實力的球員,都以到美國打球當作畢生目標。而球團對於球場的經營也表現在各種軟硬體上,就連比賽當中的暫停與換場時間,都絕對不會讓現場氣氛冷卻,不同的節目與活動接連相繼,將激情熱烈的情緒保持到比賽結束。在本書範圍內的各城市,MLB的球隊有5支,NBA的球隊有4支,而美式足球NFL與冰球NHL的球隊也各有4支,喜歡哪支球隊?就買票進場吧!（P.42）

©洛杉磯旅遊局

Top Itineraries of California
加州精選行程 文●蔣育荏

陽光南加州12天

●行程特色

　這個行程的進出點設定在洛杉磯，以南加州為範圍，前面幾天先遊賞洛杉磯的重要景點，如好萊塢、聖塔摩尼卡、環球影城、市中心等。接著出發前往鄰近的安納罕，話不多說，當然是直奔迪士尼樂園。下一站則往東開到聖地牙哥，感受邊境之城的拉丁熱情。從聖地牙哥可以沿15號州際公路一路來到拉斯維加斯，在賭城渡過繽紛喧鬧的兩晚。離開賭城回到洛杉磯前，不妨取道死谷國家公園，一睹天地雄渾的美景。

●行程內容

Day 1~4	洛杉磯 (Los Angeles)
Day 5	安納罕 (Anaheim)
Day 6~7	聖地牙哥 (San Diego)
Day 8~9	拉斯維加斯 (Las Vegas)
Day 10~11	死谷國家公園 (Death Valley National Park)
Day 12	洛杉磯 (Los Angeles)

北加州灣區9天

●行程特色

　這個行程的進出點設定在舊金山，以灣區為範圍，前面幾天先遊賞舊金山的重要景點，如漁人碼頭、金門公園、聯合廣場等。第4天從金門大橋出城，前往北灣的納帕谷地，沿途可遊覽索薩利托、索諾瑪等城鎮。第5天晚上經由奧克蘭回到舊金山，稍事休息，第6天一早開始南灣的行程。從舊金山開到聖荷西的途中，可參觀費羅麗莊園、史丹佛大學等景點，而在山景城的電腦歷史博物館與聖荷西的互動科技館，則能感受矽谷的科技魅力。接著再往南開到蒙特雷，在那裡可觀賞著名的水族館，或是到17哩路上看柏樹，最後再走海線回到舊金山。

●行程內容

Day 1~3	舊金山 (San Francisco)
Day 4	納帕谷地 (Napa Valley)
Day 5	舊金山 (San Francisco)
Day 6~7	聖荷西 (San Jose)
Day 8	蒙特雷 (Monterey)
Day 9	舊金山 (San Francisco)

加州雙城及國家公園10天

●行程特色

　　這個行程的進出點分別設定在舊金山與洛杉磯，前面幾天先把舊金山玩遍，後面幾天則遊覽洛杉磯地區。而從舊金山前往洛杉磯的途中，繞道至優勝美地國家公園，這個地方的美，絕對值得你花個兩天一夜時間專程拜訪。

●行程內容

Day 1~4　　舊金山 (San Francisco)

Day 5~6　　優勝美地國家公園 (Yosemite National Park)

Day 7~10　洛杉磯 (Los Angeles)

加州雙城、國家公園、賭城全覽14天

●行程特色

　　這個行程也是舊金山進、洛杉磯出，前面幾天先玩舊金山，接著出發前往優勝美地國家公園，然後一路取道巨杉國家公園與死谷國家公園，來到賭城拉斯加斯。這三個國家公園間的路線有些曲折，如果想玩得更盡興些，可以把天數再拉長。離開拉斯維加斯後，再沿著15號及10號州際公路抵達洛杉磯，繼續洛杉磯地區的行程。

●行程內容

Day 1~3　　舊金山 (San Francisco)

Day 4~5　　優勝美地國家公園 (Yosemite National Park)

Day 6~7　　巨杉國家公園 (Sequoia National Park)

Day 8~9　　死谷國家公園 (Death Valley National Park)

Day 10~11　拉斯維加斯 (Las Vegas)

Day 12~14　洛杉磯 (Los Angeles)

When to go
最佳旅行時刻

加州沿海屬於地中海型氣候，全年氣溫舒適，溼度也小。降雨大多集中在冬季，不過總雨量不多，因而時常受到乾旱之苦。平地在冬天幾無下雪的可能，不過山區隨著海拔逐漸升高，冬天經常會有大雪封山的情形，如果有冬天上山的計畫，一定要注意路況報導，並事先準備好雪鍊。夏天氣候則乾燥炎熱，南加州一帶常有焚風出現，森林大火的新聞屢見不鮮。而過了山脈的內華達州，屬於乾燥少雨的沙漠型氣候，晝夜溫差極大，冬夏溫差也極大，白天出遊時務必記得補充水分，以免中暑。

加州與內華達州**旅遊季節**

夏天的加州乾燥少雨，大部分都是晴天，雖然當地居民苦於乾旱帶來的不便，但對遊客來說卻是豔陽高照的好天氣。南加州日均溫約在攝氏23度上下，白天時氣溫很容易就超過攝氏30度，防曬乳和墨鏡記得要帶。至於灣區一帶，由於受到洋流調節，氣溫沒有像南加州那般炎熱，夏季均溫約在攝氏17度上下，即使白天也很少超過攝氏30度，加上海風吹襲，體感溫度更是涼爽。不過清晨與下午港灣邊經常起霧，這是由於來自谷地的熱空氣掠過海面之故。要特別提醒的是，沿海城市晝夜溫差很大，就算白天出門時感到炎熱，最好還是帶件薄外套，以備夜晚氣溫驟降。至於內陸地區，

尤其是靠近內華達沙漠一帶，夏季十分炎熱，均溫在攝氏33度左右，白天有時甚至超過攝氏40度，若要長時間曝露在外，一定要多喝水。

冬天大約11~3月是加州的雨季，但其實總降雨量也不是特別多，總的來說，仍是晴多於雨。南加州冬季均溫依然有攝氏14度，白天也還是有可能在攝氏20度以上；灣區則較為涼爽，日均溫約在攝氏10度左右。雖然舊金山曾經有過降雪記錄，但並不常見，一般說來降雪只會在山區發生。而內華達沙漠地區冬季日均溫僅有攝氏9度上下，降雨不多，但卻非常集中，常因暴雨而引發洪水，在死谷一帶尤其如此。

加州**旅行日曆**

月份	地點	節慶名	內容
1月1日	全國	元旦 New Year's Day	國定假日
1月1日	帕薩迪納	玫瑰花車遊行 Tournament of Roses Parade	已舉辦了1百多年的傳統活動，來自世界各地的花車會沿著Colorado Blvd遊行
1月第3個週一	全州	馬丁路德金紀念日 Martin Luther King, Jr. Day	法定假日
2月第3個週一	全州	總統日 Presidents' Day	法定假日，慶祝華盛頓與林肯誕辰
2月或3月	好萊塢	奧斯卡金像獎頒獎典禮 Academy Awards	屆時好萊塢杜比劇院的紅地毯將是全球矚目的焦點
3月17日	全國	聖派翠克節 St. Patrick's Day	愛爾蘭守護聖人的節日，人們會穿著綠色的衣服遊行
3月31日	全州	凱薩查維斯紀念日 Cesar Chavez Day	法定假日
復活節前的週五	全國	受難日 Good Friday	假日
春分後第1個週日	全國	復活節 Easter	全國各地都會有尋找彩蛋的活動
4月第2、3個週末	舊金山	櫻花祭 Cherry Blossom Festival	在日本城會舉辦遊行、太鼓表演、園遊會等各種活動
4月最後1個週日	洛杉磯	拉丁文化節 Fiesta Broadway	加州最大的拉丁嘉年華，在市中心有各種美食攤位、音樂及表演
5月最後1個週一	全國	國殤紀念日 Memorial Day	國定假日
5月或6月	拉斯維加斯	電子舞曲嘉年華 Electric Daisy Carnival	在拉斯維加斯賽車場舉行為期3天的電音派對
6月上旬	好萊塢	洛杉磯電影節 The L.A. Film Festival	來自世界各地1百多支獨立製片電影，將在好萊塢輪番上映
6月19日	全州	六月節 Juneteenth	法定假日，紀念黑奴解放
6月~7月	拉斯維加斯	世界撲克大賽 World Series of Poker	撲克界最重要的賽事，為期2個星期在賭城舉行
7月4日	全國	美國獨立日 Independence Day	國定假日，全國各地晚上都會施放國慶煙火
美國國慶的週末	洛杉磯	洛杉磯動漫展 Anime Expo	世界最重要的動漫展之一，在洛杉磯會展中心舉行
7月第1個週末	舊金山	費爾摩爵士樂節 Fillmore Jazz Festival	在費爾摩街上有各種食物與爵士音樂表演
7月	納帕	納帕谷地嘉年華 Festival Napa Valley	為期10天的活動，包括美酒、美食、音樂、藝術，並會請來大牌藝人主持或表演
7月底	舊金山	舊金山馬拉松 San Francisco Marathon	美國西岸最重要的馬拉松賽事
9月第1個週一	全國	勞動節 Labor Day	國定假日
10月第2個週一	全國	原住民日 Indigenous People's Day	即原本的哥倫布日轉型正義後的節日，有些機關會放假
10月31日	全國	萬聖夜 Halloween	小孩們以各種裝扮挨家挨戶要糖果
11月11日	全國	退伍軍人節 Veterans Day	國定假日
11月第4個週四	全國	感恩節 Thanksgiving Day	國定假日，全家人要聚在一起吃火雞大餐
感恩節後1天	全國	黑色星期五 Black Friday	全國各商場百貨，推出超殺折扣
11月	拉斯維加斯	國際汽車展 Motor Trend International Auto Show	世界各大車廠在會展中心展示當年新車款
12月25日	全國	耶誕節 Christmas Day	國定假日，許多百貨公司會推出聖誕折扣

Transportation in California
交通攻略

文●蔣育荏 攝影●墨刻攝影組

國內航空

在美國國內移動，如果嫌開車太累，火車太慢，要是預算許可，搭飛機倒是不錯的選項。譬如從舊金山飛到拉斯維加斯不到2個小時，開車卻至少要花8個半小時；從舊金山飛到洛杉磯只需1個半小時，開車卻至少要6個小時，坐火車或客運更有可能得花12個小時以上。而且若是及早開票的話，說不定還能搶到比租車更划算的價格。

航空公司

美國大大小小的航空公司選擇非常多，這裡較推薦的是聯合航空(United Airlines)，不但因為聯航是星空聯盟創始會員之一，在美國國內航點多、航班密集，同時也因為它多年來穩定提供台美直飛航班，為往來兩地的旅客提供不間斷的飛行服務。

2014年，聯合航空開通台北直飛美國舊金山的航線，在當年轟動一時，經過十年努力耕耘，這條航線如今不但穩定營運，更自2023年10月起增開航班，每日各兩個班次來回台北與舊金山之間，既增長赴美動能，也讓行程安排更具彈性。此外，現在多點旅遊正夯，搭乘聯合航空來回還可以免費中停其樞紐機場，到美國旅遊的方式更加多元。

◎聯合航空獨家優勢

雖然聯航並不是唯一經營這段航線的航空公司，但卻擁有諸多獨家優勢：

首先，其航班自桃園起飛時刻皆為中午前後，這個時間既沒有紅眼航班的疲勞，前往機場的時間亦相當充裕，尤其對從中南部北上的人來說更是如此。

其次，班機抵達舊金山的時間都在上午尖峰時刻之前，通關基本上都很迅速，不太需要排隊，而且一下飛機立刻就能展開行程，也省下了一晚住宿費。

若有轉機需求，聯航優勢更加明顯，作為美國航空龍頭，聯航在美加擁有密集航點，而舊金山正是聯航在美國的7個樞紐機場之一，每天有超過200架航班在此起降，要轉機到任何城市都很方便，加上抵達時間夠早，當日轉機選擇也最豐富。

　　由於入境美國在轉機前必須先將行李提領後再次托運，加上護照查驗及安檢時間，常使人擔心趕不上飛機，這時聯航的優勢又再次突顯。旅客若全程皆搭乘聯合航空，在桃園機場check-in時就能一次領取全段登機證，且行李掛條也是直掛目的地，旅客只要按照機場動線指示走就能完成轉機流程，大大減輕轉機時的心理負擔；加上聯航班機停靠的國際航廈G區，與聯航國內線起降的第三航廈F區相隔咫尺，因此無需匆忙，轉機步調輕鬆悠閒。

◎聯合航空機上設施

　　台北-舊金山航線的兩個班次使用的均是波音777的廣體機型，共超過110席的商務艙是目前市場之最，其United Polaris商務艙安排為1-2-1全走道配置，不但有200公分全平躺式座椅，還配備高級寢具及睡眠套組，由於抵達舊金山時正是一日之始，對需要在機上就調好時差的旅人來說幫助匪淺。

　　無論商務艙、豪經艙或是經濟艙，都配有大螢幕的機上娛樂系統，內建上百部電影、影集與遊戲，同時還可連接個人電子設備，讓十多個小時的航程轉眼就過去。這些娛樂大都支援繁體中文，機上亦有不少能說中文的空服人員，甚至從台灣出發航班的飛機餐還能選擇台式口味，在在可看出聯航十年來深耕台灣的成果。

　　此外，搭機之前建議下載United APP，除了能在出發前掌握航班狀態、線上check-in、接收詳細的登機及轉機指引、追蹤行李之外，最棒的是還能在機上連結Wi-Fi訊號，免費傳送文字訊息呢！

◎聯合航空機場貴賓室

　　聯合航空在美國各大機場都有設置貴賓室，可在裡頭享用免費的自助餐點，或是在舒適的沙發上充份休息；如果有工作或娛樂上的需求，貴賓室裡也有附帶充電插座的大面積辦公桌與免費Wi-Fi訊號。若是北極星商務艙的乘客，在舊金山、洛杉磯、紐約、芝加哥、休士頓、華府等機場，還有專屬的貴賓室Polaris Lounge，除了空間更舒適、餐飲更豪華外，最讓人津津樂道的，就是可以洗澡的淋浴間，於是旅途中的風塵僕僕都能在此洗去，帶著煥然一新的清爽繼續上路。

聯合航空

☎(02) 2325-8868　 🆄www.united.com

租車旅行

比起歐洲，美國的鐵路網並不密集，這一方面由於美國幅員太大，一方面也由於公路網與航空業的發達，甚至還有陰謀論指出這是受到汽車工業的打壓。總而言之，在美國想要和歐洲一樣依靠火車旅行，基本上是不切實際的事。

除了實際需求外，在美國公路旅行也有其浪漫的成分，畢竟自1930年代以後，開車上路已逐漸成為美國文化的一部分，許多文學作品、影視戲劇，都是以公路旅行作為主題。尤其傑克凱魯亞克(Jack Kerouac)的曠世鉅作《旅途上》(On the Road)於1950年代出版後，立刻成為一整個世代的文學聖經，從此公路旅行就成了美國年輕人在年華老去之前，一定要經歷一次的洗禮。

其實開車也是在美國西岸旅行時最方便的交通方式，無論行程還是時間，都可以隨心所欲自由安排，尤其美國的公路景色絕美，看著窗外風景像畫片一般在照後鏡裡飛過，這正是對於「美」的直接參與。於是奔馳在公路上，穿州越省，音樂開得很大聲，你會發現開車並不只是一種移動方式，有時更是享受本身。

租車方式
◎租車公司

在美國營業的租車公司非常之多，不過機場內的租車中心都是由國際連鎖品牌進駐，對外國旅客來說比較方便，而且大公司的車輛汰舊率高，幾乎可以保證租到的都是新車。國際連鎖租車公司當中，以Hertz規模最大，且在台灣有旅行社代理，對想要租車旅行，又擔心不知如何臨櫃辦理手續的旅客來說，最是

方便。如果租車時遇到什麼疑問，或是有特殊要求時，只要聯絡台灣的客服人員就行了，大大降低了語言不通的恐懼感。

Hertz在台總代理──大登旅行社
- 台北市松江路146號8樓之3
- (02) 2731-0377
- www.hertz.com.tw

◎Hertz金卡會員

如果你打算向Hertz租車，這裡建議你辦張金卡會員(Hertz Gold Plus Rewards)，以金卡會員身份在出發的2天前預訂，可享有9折優惠，且預訂和取車手續都會簡便快速許多，尤其現在台灣居民申請完全免費，何樂而不為？

加入金卡會員的方式十分簡單，你只要連上Hertz的台灣官網，點選右上角的「登錄/註冊會員」，跳出的頁面再點選「立即免費加入」。在接下來的頁面中，依序輸入個人資料、聯絡詳情、付款詳情、會員資料詳情、偏好的車型與保險項目等5個步驟後，再次檢查所填入的資料是否正確，並勾選同意規定須知，送出資料即可獲得金卡會員號碼(建議列印頁面以保存紙本會員卡資料)。

雖然簡單，但仍有幾點注意事項：在填寫個人資料時，請務必輸入護照上的英文姓名(中間名可以不必填寫)。由於國際駕照的號碼會變動，因此駕駛執照號碼建議輸入身分證字號，而駕駛執照有效期建議先輸入2030年+自己的出生月日。另外，在CDP號碼欄可填入1355830，這是Hertz亞洲金卡會員的優惠折扣號碼。

而在輸入付款詳情時，請以英文輸入台灣的通訊地址，並且不要輸入符號代碼(如逗點、斜線、井號等)，而是以空格替代。如果地址1的字數超出欄位的話，可繼續填寫於地址2。

現在沒有租車公司在租GPS了！

與過去不一樣的是，現在的租車公司已不再提供GPS的租賃，因為人們大多喜歡用自己的手機連上Google Map，基本上已沒有另外再租一台GPS的需求。若要在Hertz的車上使用Google Map，你可以將手機插上USB車充，打開藍牙搜尋車輛型號，並與車上的系統配對連結，就可以將Google Map的畫面與聲音導入車上面板，而用面板上的觸控式螢幕也可直接操縱，實在非常方便！

◎預訂租車

成為金卡會員後就可以來租車啦，建議事先在台灣上官網把車子訂好，這樣不但有全中文的介面可以仔細瀏覽，透明化的資訊租起來也很安心，而且取車時也能節省不少時間。每一家租車公司的訂車、取車及還車方式，幾乎完全相同，因此以下僅以Hertz作為例子。

1. 首先連上租車公司官網，輸入取、還車地點及日期，再登入會員或訪客訂車。
2. 選擇車型、保險種類與附加配備。
3. 輸入個人資料、電子信箱、航班資訊與航空公司會員號碼，資料提交後，即算預訂完成。之後，電子信箱會收到確認單，上面有預訂號碼及取還車地點的明細及聯絡方式。若發現資料錯誤可上網站直接更改，但是駕駛人姓名錯誤則必須重新預訂，無法更改姓名。

還有一點要提醒的是，在美國租車一定要有台灣駕照與國際駕照正本才可以開車上路，若開車者的年齡在25歲以下，會被視為馬路新手，每日要多收一筆「差齡附加費」。

◎車型

在租車公司的網頁上有非常多的車型選擇，每個車型的詳細資訊也會清楚標示出來。這時你所要考慮的，首先是想要駕駛油車還是電動車，其次要注意所選擇的車型是手排還是自排，以及是否有哩程限制。接下來就要看看同行的人數多寡和會帶多少件行李，再參考每公升汽油或每顆充飽的電池大約可以行駛的公里數，以此來挑選出最適合自己旅程的車款。

◎保險問題

關於租車保險的規定，各州法律不一，以下僅就加州的情形敘述。總的來說，一般租車只會遇到下列三種保險：

遺失碰撞險（LDW）

這個險保的是租來的車在事故中的損壞，以及失竊的責任險，若是發生碰撞意外，而維修金額在LDW的理賠範圍內，租車公司將不會向有購買LDW的客人索取賠償費用。

第三責任險（LIS）

由於美國法律強制規定，租車時合約已包含附加責任險，用以擔負己方肇事時第三方的損失。不過保障額度有限，因此許多租車公司會推出加值型的第三責任險，以提高其保障額度。

個人意外險（PAI）與個人財物險（PEC）

由於LDW只保障車輛本身，並沒有投保乘客的人身安全，因此有了PAI，保的是意外中，己方駕駛與乘客的傷亡。另外還有一種PEC，保的是事故發生時，人身以外的財物損失。通常PAI和PEC是綁在一塊保的。

在Hertz租車，LDW和LIS已包含在合約中，因此所要考慮的是PAI和PEC。如果本身的海外保險已很足夠，其實沒什麼必要再加保這個險，不過PAI和PEC的費用相當便宜，若是想要再多一份保障，加保也不會對旅費預算造成任何負擔。

◎其他配備

嬰幼兒安全座椅 Infant Seat / Child Safety Seat

美國法律規定，嬰幼兒必須乘坐適合年齡的安全座椅，因此若是有嬰幼兒同行，別忘了加租這項配備。

預購汽油 Prepaid Fuel

一般說來，還車時必須先把油箱加滿，但若你加購了這個選項，就不用考慮這回事了。租車公司的油價以當時的平均油價計算，有可能比你在路上看到的貴，也有可能更便宜。預購汽油的好處是，如果你還車時有時間上的壓力，比如要趕飛機或火車，便可使你有更充裕的時間(畢竟找加油站為時間的掌握添加太多不確定因素)，心情上也會不那麼著急；壞處則

是或許對荷包而言並不划算,因為沒用完的油並不會退錢。因此要不要選擇預購,端看還車的時間趕不趕而定。

電子收費裝置 Fastrak

Fastrak是美國公路的電子收費系統,不過美西的高速公路不像美東那樣依哩程計費,需要收費的只有幾座主要橋樑、收費快速車道與少數路段。而Fastrak感應裝置的租金以日計費,在使用率不高的情況下可能比過路費本身還貴,因此沒有加租的必要。

但假如天天都會經過收費路段,又懶得一天到晚上網開帳號繳費的話,倒是可以加租這個設備,不過由於Fastrak電子收費系統並不是即時扣款,因此還車時的收據上只會列出加租設備的費用,而無法顯示過路費的明細,要在日後信用卡帳單寄到時才會看到確切金額。

緊急道路救援 Emergency Roadside Service

Hertz加購的緊急道路救援服務為每日9.99美元,內容包括換輪胎、充電、送汽油、開鎖等。一般說來,Hertz出租的汽車車況都很不錯,用到緊急道路救援的機率極低,不過美國道路救援的費用非常驚人,若是對自己的駕駛沒信心,或是目的地路況或天候不佳,或是擔心天有不測風雲,是可以加購這個選項。

◎附加費用

在某些情況下,租車時會產生一些附加費用,不過各家公司規定不同,價錢也有差異。

差齡附加費

若開車者的年齡在25歲以下,會被視為馬路新手,每日會被多收一筆費用。

機場特許費

取車地點在機場時會產生的費用。其實若你行程的頭幾天只在市中心活動,倒是可以搭乘大眾運輸工具進城,等到要離開城市時,再去市區的租車據點租車,這樣既可省下機場特許費,又能省下前幾天的租車錢與停車費,只是沒有在機場直接租車來得方便就是了。

拋車費

租、還車的地點不同時(也就是所謂的甲地租乙地還),由於影響各個據點的調度,因而產生的費用。

同車第二駕駛

若實際開車的駕駛不只一個,也就是路上會有換手開的情形時,必須依規定登記,可能也會有附加的費用。

◎取車

美國大機場的租車櫃檯通常不在航廈裡面,下飛機提取行李後,在航廈外可以找到前往各租車公司的接駁車站牌,大型連鎖租車公司都有自己專屬的接駁車,上車前記得看仔細。

抵達租車公司後,就可前往櫃檯辦理手續,記得要攜帶的證件包括:國際駕照、台灣駕照、護照,以及信用卡。

取得租車合約時,要先核對合約的收費項目。若有錯誤,要請租車公司重新列印合約;正確無誤,再簽名認可。

若你是Hertz金卡會員,取車流程將更快速便利,簡單到不可思議的程度。一走下接駁車,就會看到一面金卡會員的電子看板,上面秀出許多人的名字,名字後是停車格號碼。找到自己名字後,到該停車格,直接打開車門就可以上車,而鑰匙則已放在座椅旁的置物架上。在這之前,請先繞著車子走一圈,看看外觀上有無損傷,接著上車坐好,熟悉油箱、後行李廂、警示燈等開關按鈕與手煞車的位置、調整好座椅及後照鏡、確認加油孔的方向,並檢查油箱是否加滿後,就可以直接開走。

如果對車型不滿意,可就近請租車公司人員協助換

車，若要升等，價差會秀在擋風玻璃上。

離場前，在停車場出口處將國際駕照等相關證件交給工作人員查驗，並取得租車合約，順便詢問加油的種類，即可正式展開公路旅程。

不過若你是第一次使用Hertz Gold Plus Rewards的會員資格取車，還是得先到金卡會員區服務櫃檯查驗台灣駕駛執照、國際駕駛執照、護照以及信用卡等相關證件，並簽名辦理租車手續。

◎還車

大多數旅人的還車地點也是在機場，在駛近航站大樓前，就會看到某一車道上的路標指示還車地點(Rental Car Return)，順著該車道進入停車場後，會有不同租車公司的指標指引，在還車停車格停妥，就會有租車公司人員過來檢查車輛。務必在還車前先去加油站把油加滿，因為沒有滿油的話，會被收加油錢，而租車公司的油價絕對比石油公司高很多。當然，要是你的租車合約上已標明向租車公司買油，那就不必再多跑一趟加油站。

離開車子前記得把行李及私人物品全部帶走，並把

國際駕照

要到美國開車，第一個步驟不是租車，而是先去監理所申請國際駕照。

申請文件：國民身分證正本、國內駕照正本、護照影本、6個月內2吋照片2張
申請費用：新台幣250元
申請時間：臨櫃辦理，約2分鐘就可取件
駕照效期：3年或國內駕照到期日

鑰匙留在車上，租車人員檢查完畢後，你就會收到收據明細的電子郵件，這樣還車手續就算完成了。

交通規則

美國和台灣相同，也是開左駕車行駛在右車道，因此沒有左右駕習慣轉換的問題，交通規則也大同小異，但其中還是有一點點差異。

停車再開標誌 Stop Sign

在許多路口，都會看到紅底白字的八角形標誌，上面寫著「STOP」；其實在台灣也有這種寫著「停」的標誌，只是在台灣大概沒有多少人會真的停下來。但是在美國，如果沒有「停」的話，麻煩就大了，因為這就和闖紅燈一樣。

當你看到這個標誌時，多半有幾種情況，如果其他方向的車道上都沒有車，你只要停一下再走即可(所謂「停」並不是減速而已，而是讓車輛完全靜止)。如果十字路口上的「STOP」下掛著「All WAY」的牌子，表示4個方向的車輛都必須停下後再依序起動，不習慣的人常會搞不清楚何時輪到自己前進，這裡有個小訣竅，就是在停下之前先看好比自己早一步靜止的是哪台車，等他起動後，下一個就輪到自己了。有時十字路口上只有自己的車道有Stop Sign，表示你開的是支道，而橫向車道為幹道，你就必須等幹道上都沒車之後才能前進。

紅燈右轉

在美國，紅燈通常是可以右轉的，不過紅燈右轉時也和Stop Sign一樣，必須先停下來，確認側向沒有來車後才可以右轉。另外也有幾種情況例外，一是路口掛有禁止紅燈右轉的標誌，一是有單獨指示右轉的燈號，遇到這種路口，就必須等待綠燈或右轉燈亮起，才可以右轉。

遇見校車

若你前面的校車亮起停車燈，並伸出一塊

「STOP」的牌子時,表示有學童要上下車,這時你必須真的停下,等校車收起Stop Sign後才能繼續前進,千萬不可直接從校車的任何一側超過去(即使是在對向車道),因為那在注重學童安全的美加地區,可是罰得比闖紅燈還重。

速限

在美國大部分高速公路上,都會區的速限為55英哩,郊外鄉村為65英哩或70英哩;至於城裡的平面道路或小鎮街道,一般速限只有30英哩,經過學校或工地時,速限更低。路旁常會豎立速限指標,請切實遵守速限規定,不然可能會聽到身後有警車笛聲響起。

圓環

近年來,美國為了讓小型路口的車流更加順暢,並減慢車輛經過路口的速度,因而蓋起了不少圓環。圓環其實有點像Stop Sign,只是不用停下來,其基本原則就是先進圓環的車享有路權,後到的車要能禮讓並依序進入圓環。

美國公路體系

美國的公路號碼規則和台灣類似,單數表示為南北向,偶數表示為東西向;數字只有個位數或兩位數的是主幹線,三位數的是從主幹線分出的地區性輔助支線。唯一的例外是101號美國國道(US-101),雖然看似有3位數,但其實是縱貫美國西海岸的主幹線,這是因為「10」本身被當作這條公路號碼的十位數的緣故。

◎公路層級

州際公路 Interstate Highways

州際公路全程高架,是美國最快速的公路系統,大都橫跨數個州,有的甚至貫穿整個美國國土。高架公路的概念來自二次大戰時的德國,可以不用牽就地形,以最接近直線的路徑快速運輸。當時盟軍統帥艾森豪在歐陸戰場上見識到後大為讚嘆,回到美國後就大力促成高架式州際公路的興建。今日的州際公路在地圖上經常以「I+數字+方向」的形式表現,如I-5 S即南向的5號州際公路。

美國國道 United States Highways

美國國道有時又稱為U.S. Routes,在州際公路興建之前是美國主要的公路系統,州際公路出現後,U.S. Highways由於大多受到地形限制,長途交通的功能漸被取代,不過在區域性交通方面仍然有其重要地位。美國國道雖然跨越州界,但其實和州道沒有太大分別,公路沒有標準形式,靠近市中心時常是高架路段,但在市郊通常為平面道路,或是城鎮裡的主要大街。在地圖上常以「US+數字+方向」表示,如US-101 N即北向的101號國道。

州道 State Highways

州道的標誌圖形,每個州都不相同,像是加州州道的標誌是上尖下方的倒反盾牌形狀,內華達州道標誌內的圖案是內華達州的形狀。州道幾乎和一般道路沒啥兩樣,有的州道只有兩線甚至單線車道,但有時也有高架路段。文字上以「州名縮寫+數字+方向」表示,如CA-60 E即東向的加州60號州道。

美國幅員遼闊,公路網不似台灣般單純,有些不同號碼及層級的公路會共用路段,公路之間經常匯流或分流,且交流道不見得都在右側,因此要特別注意沿途指標,切換到適當的車道,以免誤入匝道或上錯公路。幸好現在Google Map會預先提示應該行駛的車道,大大降低了開錯車道的風險。

◎高速公路上的兩三事

過路費 Toll

美西公路的收費路段極為罕見,不過在舊金山及灣區一帶會有一些單向收費的橋樑,而這些橋樑現在已全面改用電子收費的FasTrak車道。如果不考慮預算的話,租車時加租FasTrak電子繳費裝置是最省事

的，但若不加租設備，就只能以車牌辨識系統繳費，繳費方法是在過橋後48小時內，於FasTrak官網上開通一次性繳費的帳號(Short-Term License Plate Accounts)，再以信用卡支付即可。

www.bayareafastrak.org

共乘車道 Carpool Lanes

Carpool的標誌以菱形表示，位在公路內側車道。尖峰時刻時，車內至少要有3名乘客(含駕駛在內)，才能開進Carpool。不過為了讓趕時間的人能快速通過壅塞路段，許多Carpool Lanes已轉變為要收費的Express Lanes，必須裝有FasTrak設備的車輛才能開上去，車內不到3人也可以使用，只是收費會比較貴。從一般車道並非隨時都能切進Carpool車道，必須等到地上標線為虛線時才可切換，而在Carpool的出入口也會看到標牌指示。總之沒有FasTrak的話，還是避免開進Carpool吧。

高速公路出口

高速公路的出口編號等於里程數，不過要注意的是，一旦跨越州界，出口編號就會重新計算。

其他開車時會遇到的狀況

◎停車

不論把車停在哪裡，下車之前都一定要把財物收好，行李最好收在後車廂裡，不要留在後座，以免遭人竊盜破壞。同時提醒你，若把車停在坡道上，記得停車時要把方向盤往邊石的方向打到底。

這裡有個網站，方便協助你尋找目的地附近的停車場或可以停車的區域：en.parkopedia.com。

另外，在美國除了Motel之外，大部分市區的高級酒店都會額外收取停車費用，訂房之前可先看清楚條款，以便控制預算。

路邊停車格

人行道上白底綠字的牌子說明停車的時間限制，舉

例來說，如果牌子上寫著：「2 Hour Parking MON 8 A.M.to FRI 6 P.M.」，就是說在週一到週五的早上8點至下午6點間，可以在這個停車格內停2小時，而下午6點到早上8點以及週六、日，則沒有停車時間上的限制。但也要注意另一面白底紅字的牌子，這是說明絕對不能停車的時間，原因通常是為了清洗道路。

市中心多數停車格都要收費，繳費機上可使用信用卡或投幣。每個城市的繳費機都不太一樣，但操作上大同小異：停好車後，到該停車區段的繳費機插入信用卡，認證通過後，利用「Add Time」的按鈕增加停車時間，或按「Max Time」的按鈕直接選擇停車時間上限(投幣的話，每投1枚25¢，多增加一段時間)。有的停車錶會需要列印收據，然後將收據擺放在駕駛座前的儀表板上方，有顯示時間的那面朝上，以供管理人員檢查。較新式的停車錶需要先輸入停車格的號碼，通常有輸入停車格號或車牌號碼的，就不需要列印收據。

有時候有些停車格看似不用錢，但那其實是保留給當地居民的車位，沒有特許貼紙(permits)的車也會被開單，因此停車時一定要看清楚路邊標牌上寫了些什麼。

停車場

停車場的收費通常比路邊停車格貴(尤其是著名景點鬧區)，大多接受刷卡。不過停車場有個好處，就是有當日最高費用，意即當你停車時間達到該費用時，就不會再增加停車費。因此，如果停短時間的話，路邊停車較為實際，但要停長時間，停車場會比較方便。另外，在美國許多停車場有推出早鳥優惠，意即在上午的某個時間之前把車停好，就能用極優惠的價錢停到當日夜間時段開始前。

住宅區

住宅區的街道如果路邊沒有劃紅線，就可以免費停車。不過還是要先看清楚插在人行道上的白底紅字標

牌，譬如在某個時段內停車會被拖吊(Tow-Away)，或是某幾日的某時段是掃街時間(No Parking – Street Cleaning)，在這些時段內就不可以停車。

◎加油

美國的加油站幾乎都是自助式，使用信用卡加油是最便利的方式，在油槍旁會有step by step的圖例說明。不過少數加油站在過卡之後需要輸入卡片持有人居住地址的5位數郵遞區號，因此台灣人的信用卡便無法使用，若是遇到這種情形，就只能到加油站附設的便利商店內，告知店員油槍號碼，請他啟動油槍，然後再出去加油。通常店員會請你先付錢，並以該金額來設定跳停，如果你不確定油箱有多大，也可以先用現金付個一定足夠的金額，加完油再回去請店員找錢。

汽油通常分為3個等級，如果租車公司沒有特別要求，加「Regular」，也就是最便宜的那種就行了。美國的汽油都是浮動油價，因此沿路看到加油站時可先觀察油價多少，了解大致行情之後，一旦看到便宜的加油站，不管油箱是不是全空，進去加就對了！

◎道路救援

在道路上如果發生拋錨、爆胎、電瓶或汽油耗盡等狀況時，車鑰匙上通常會有道路救援的免付費電話號碼，而道路救援的費用則會在還車時顯示在信用卡簽單上(拋錨停在路肩時，別忘了在車後100公尺放置三

角警示牌)。若是具有責任歸屬的交通事故，除了通知租車公司外，也必須報警處理，並在警察前來勘驗前，保留事故現場。

◎雪地行車

美國緯度較高的州冬天常會下雪，加州雖然氣候溫暖，但山區在冬季也會降雪。如果開在積雪的道路上，或是正在下雪，一般台灣人沒有雪地行車的經驗，容易發生危險。

其實雪地行車的要訣只有一個字：慢。如果開車開到一半下起大雪，先把大燈切換成遠光燈，再打開霧燈或警示燈，前方有車轍的話，跟著車轍走是比較穩的。在雪地上緊急煞車是大忌，這也是雪地行車速度要慢的原因，因為在抓地力不夠的情況下，緊急煞車容易失控或翻車。若遇到下坡路段，使用「點煞」的方式放慢速度，也就是連續輕踩煞車，切勿將煞車踩到底。

有些山路在冬天時會要求上山車輛上雪鏈(Tire Chains)，遇到這樣的路段最好還是乖乖配合，要是沒有雪鏈的話請放棄上山的念頭，千萬不要強行硬闖。

另外還有一種情況稱為「黑冰」(Black Ice)，也就是看起來像柏油路上的一攤水，但其實是冰，非常危險，通常發生在下雪之前水氣結霜的橋面上。若看到疑似黑冰的物體，請儘量避開或放慢速度。總而言之，遇到特殊氣候時，不要開快車就對了。

美國鐵路

　　美國不像歐洲有發達的高鐵系統，也缺乏四通八達的綿密鐵路網，人們對美鐵的印象總不外乎速度慢與常誤點，因此搭乘的人大多是上了年紀的觀光客或短距離的商務人士。不過對於沒有開車的人，想進行短程的城際移動，譬如從洛杉磯到聖地牙哥與聖塔芭芭拉、索爾凡，或是從舊金山到優勝美地國家公園，搭乘美鐵與其接駁巴士，還是挺方便的。

美國國鐵 Amtrak
📞1-800-872-7245
🌐www.amtrak.com

如何搭乘
◎查詢路線班次
　　有意搭乘美鐵，可以先上官網首頁，輸入出發地、目的地、日期與人數後，便可查看有哪些班次選擇。有些城市的美鐵車站不只一座，如聖地牙哥，輸入城市名時會出現拉頁選項，可參考本書關於各城市的介紹及車站代碼，選取較接近目的地的選項，以免查到錯誤的資訊。

◎購買車票
　　美鐵的車票和飛機票一樣，愈靠近搭乘日期會愈貴，有時價差甚至一倍以上，因此若是行程日期確定不會更改，最好早早就先上網把票買好。

票種選擇
　　票價上有3種選擇，最便宜的是Saver，但這種票不能退票，若要更改行程時間，也會被加收25％的費用；次便宜的是Value，這種票在出發的15天前可全額退款，但在出發前14天內取消則須支付車資25％的手續費；最貴的是Flexible，出發前取消皆可獲得全額退款。

廂等方面，大多數車廂皆屬Coach，而Business的座位會比Coach更寬敞些，至於Room則是上下臥鋪的包廂。其實搭乘時間若沒有很長，行程又很確定的話，及早買Saver的Coach車票是最划算的。

購買方式

最簡單的方式就是上官網使用信用卡購買電子車票，交易完成後這張車票便會以PDF檔案寄到你的電子信箱，把它列印出來就行了。如果忘了列印，可以到火車站內的自動售票機，輸入訂位代號補印。也可以下載到手機裡，到時直接出示PDF的頁面當車票。

當然，你也可以在車站內向售票人員或以自動售票機購票，只是出發在即，不見得有便宜的價錢就是了。

◎搭乘需知

行李規定

每位乘客可攜帶2件23公斤以內的隨身行李(長寬高不得超過71、56、35.5公分)與2件11.3公斤以內的個人物品(長寬高不得超過35.5、28、18公分)，車廂前後有放置行李的空間，座位頂上也有置物架可利用。另外，每人也可托運最多4件23公斤以內的行李(長寬高總和不得超過190.5公分)，前2件免費托運，多的2件每件20美金，而行李須在火車發車至少45分鐘前完成托運手續。

查票

上了車後，一定會遇上車掌查票，因此車票記得放在隨時拿得到的地方。若使用的是電子車票，車掌同時還要查看你的ID，所以護照也要放在身邊。

加州百科
Encyclopedia of California

History of California & Nevada
加州與內華達州簡史

加入美國以前

最早以前，這片土地上散居著眾多原住民部落，部落之間雖時有衝突，但因地廣人稀，始終沒有發展出國家的形式。大航海時代，西班牙人來到美洲西岸，建立了一系列殖民地，而今日加州一帶，在當時屬於上加利福尼亞省的一部分。1821年，墨西哥從西班牙獨立，上加利福尼亞於是成為墨西哥的領土。19世紀中正逢美國擴張主義盛行，墨西哥北部的廣大土地引起美國覬覦，於是不斷煽動各地獨立，並在1846年以邊界爭議為由挑起美墨戰爭，今日美國西南半部諸州，都是這場戰爭的成果。

淘金熱1848~1855

在西部開拓史中，加州的金礦是吸引眾人西進的主要原因，1848年舊金山是個人口僅數百人的小鎮，然而在沙加緬度河谷裡發現金沙的消息傳出，引發全世界的淘金熱潮，舊金山人口在數月之間就激增至25,000人。

早期的淘金客在1849年左右抵達，因此又有「49人」之稱，現在的職業美式足球球隊舊金山49人隊，隊名就是由此而來。加州的礦區集中在北部，除了金沙外，還發現了銀礦，造就加州的蓬勃發展，更促使加州在1850年正式成為美國第31州。而淘金熱也加速了美國東西岸的交通建設，奠定美國未來百年的發展基礎。

橫貫鐵路的建立
1862~1869

為開發新興的大西部地區，1862年，橫貫美國大陸的鐵路線開始動工。將近3千公里的鐵路，是由東岸的「中央太平洋鐵路公司」從內布拉斯加州的歐瑪哈(Omaha)往西興建；而「聯合太平洋鐵路公司」則由西岸加州的沙加緬度往東前進，兩路在1869年5月10日正式於猶他州的Promontory Summit會合，完成北美橫貫鐵路的曠世傑作。

然而領土擴張和鐵路線的完工，卻造成拓荒者和原住民不可避免的衝突，19世紀末，在武器使用上處於劣勢的印第安人終究難逃被滅族的命運。現在原住民部落主要分布在亞利桑那、內華達等地區，在黃石、冰河、大峽谷等美西各大國家公園，仍有部分原住民文化保留區。

舊金山

舊金山原名為「Ohlone」，是原住民語裡的「西部人」之義。歐洲人約在18世紀中來此，並建立了兩個據點，一是現今的普雷西迪奧，另一則是多羅麗教會。1822年，正式建城並命名為芳草地(Yerba Buena)，美墨戰爭後才改名為San Francisco。

淘金熱時期，舊金山人口暴漲，成為美西第一大城，Levi's牛仔褲等著名公司即在此時順勢興起。1906年舊金山發生大地震，4分之3的市區全毀，但市民很快地重建家園，1915年以全新市容迎接世界博覽會，而藝術宮就是那次博覽會遺留的見證。舊金山也在1930年代安然度過經濟大恐慌，並在此時推行兩項重大建設：金門大橋和海灣大橋，成為今日舊金山的地標。

洛杉磯

加州南部的大城洛杉磯，最早有大規模歐洲人口定居是在1769年，主要是來自西班牙的聖方濟教士。1781年建城時，命名為「天使女王聖母瑪麗亞的城鎮」(El Pueblo De La Reyna De Los Angles)，後來簡稱為Los Angles。洛杉磯於1846年被美國佔領，1850年成為洛杉磯縣首府。1876年美國南太平洋鐵路修建到洛杉磯，加上於1890年發現石油，開啟洛杉磯的大規模發展。

由於洛杉磯氣候宜人，促使電影工業重心由紐約轉移至此，並迅速發展成美國人口僅次於紐約的大城市，同時也打造出好萊塢傳奇，影響遍及全球。

拉斯維加斯

拉斯維加斯在西班牙語的原義是「肥沃山谷」，因為是該地帶唯一有泉水的綠洲。在1905年鐵路通車並發現金銀礦後，吸引大量人潮，為了避免礦場採光後城市被廢棄的命運，1931年內華達州通過《博弈法案》，使拉斯維加斯得以開設合法賭場，也開啟了前所未見的賭城傳奇。

早期的賭場酒店多聚集於市中心的佛瑞蒙大街一帶，自1946年火鶴酒店成立，新型賭場開始在拉斯維加斯大道上百花齊放。60年代末期，富豪霍華休斯(Howard Hughes)收購許多賭場酒店，迫使黑道勢力衰微，也帶領拉斯維加斯的賭場經營進入企業化。到了1989年，夢幻金殿酒店的開幕又掀起另一波的賭場規模競爭，每年都有創紀錄的豪華賭場在大道上成立，為這則光鮮亮麗的沙漠傳奇添加更多色彩。

Best Taste in California
加州好味

文●蔣育荏　攝影●墨刻攝影組

美國食物對台灣人而言，可能不是那麼新奇，畢竟台灣人在美國文化耳濡目染之下，對於美式料理早已見怪不怪。不過，就像在美國吃東方料理，很難令你滿意一樣，美式料理就是要在美國吃，才有那種道地的fu。

酸麵包 Sourdough Bread

酸麵包在歐洲已有悠久歷史，1849年與淘金客們一同移民美國，並成為舊金山文化的一部份，譬如今日NFL舊金山49人隊的吉祥物，就叫做「酸麵包山姆」(Sourdough Sam)。

酸麵包是用裸麥的生麵糰，混合天然酵母與乳酸菌，放在室溫中長時間發酵做成引子，再用它來烘焙出麵包，而酸麵包的特殊酸味，正是由於乳酸菌的作用。酸麵包一般是做成圓盤大小，吃起來外皮相當具有嚼勁，內層則香鬆可口。除了單吃或做成三明治外，最經典的吃法是將麵包頂端剖開一小塊，內部挖空盛入奶油蛤蜊濃湯(Clam Chowder)，成為遊客到舊金山一定會嚐一碗的名物。

丹金尼斯大螃蟹 Dungeness Crab

丹金尼斯大螃蟹是來到舊金山漁人碼頭必定一吃的特產。大約一百多年前，當地的義大利漁民與中國漁民，發現在舊金山灣內孕育大量這種個頭碩大、肉質鮮美的螃蟹，不過今日灣內已不見這種螃蟹蹤跡，現在人們所吃的大蟹，主要是捕撈自金門大橋外海的法拉隆島(Farallon Islands)周邊、18~35噚深的海水裡。

漁民們將螃蟹捕撈回港後，放入大鐵桶內以滾水氽燙，再用鐵夾乒乒敲擊，然後快速地用刀切割分成塊狀，這便是漁人碼頭常見的街頭小吃。而在海鮮餐廳裡，也有不同的料理方式，或是用大汽鍋清蒸，或是放上奶油與起士焗烤，各有風味。

漢堡 Hamburger

和速食店賣的漢堡不同，專賣漢堡或三明治的餐廳，用料都比較講究，起士總是特別濃郁，漢堡肉更為實在，煎得香香脆脆的培根豐富了口感，種類多樣的配料可以玩出更多變化，精心調製的獨門醬料也讓漢堡更有個性。這樣的漢堡絕非速食店可比，吃過很容易就會上癮。

加州捲 California Roll

加州捲據說發明於70年代，當時美國人還無法接受生魚片，因此日本料理的生意普遍不是很好，於是一位壽司師傅將壽司中的刺身，以美國飲食中常用的酪梨替代，並以美乃滋調味，結果果然大受歡迎。今日美國人不但經由加州捲逐漸習慣其他日本食物，加州捲也做為一種新型態的壽司流傳回日本，成為日本料理店中的當然成員。經典的加州捲內，夾有酪梨、小黃瓜和蟹肉，後來也有各種創意版本，甚至將其他國家的食材也一起包了進去。

炸雞鬆餅
Chicken and Waffles

美國東南方由於歷史背景複雜，連帶食物也混合了法國、非洲、加勒比與美洲原住民的料理特色，南方的非裔美國人總是將其食物稱為「靈魂料理」(Soul Food)，而炸雞鬆餅便是靈魂料理當中重要的一員。醃製過的雞肉裹粉油炸後，皮脆香酥、肉嫩多汁，而香噴噴的格子鬆餅澆上奶油和楓糖，也同樣可口。不過最妙的地方在於，這兩種看似不相干的食物搭配起來竟是如此天造地設，一甜一鹹的口感，讓味覺體驗同時升級。

三明治 Sandwich

三明治據說是18世紀英國的三明治伯爵，為了能一邊打橋牌一邊用餐而發明的，用兩塊麵包夾起肉類、生菜與餡料，的確很方便進食。時至今日，三明治已發展出各種各樣的形式，例如以黑麥麵包夾進醃牛肉與俄式沙拉醬的魯本三明治(Reuben Sandwich)、麵包浸滿肉汁的法蘭西肉汁三明治(French Dip Sandwich)、包夾炸牡蠣或龍蝦肉的海鮮三明治等。在加州有不少以三明治聞名的餐廳，像是洛杉磯的Philippe the Original、Langer's等，都是人氣滿滿的排隊名店。

墨西哥料理 Mexican Cuisine

加州鄰近墨西哥邊界，從前是墨西哥的領土，現在是墨西哥移民(包括合法與非法)的大本營，所以加州的墨西哥菜比美國其他各州都要來得道地。

墨西哥菜是美洲原住民食物與殖民者西班牙料理的結晶，基本上，主要的澱粉來源為玉米，像是餐前開胃菜一定會有的玉米薄片(nachos)，一般是蘸莎莎醬(salsa)吃，講究一點的會放上起士一起烤。主食大多也有張或軟或脆的玉米餅，裡頭內餡有各種肉類、生菜、起士、墨西哥青辣椒與莎莎醬，或夾或包或捲，各有不同名目。較常吃到的主食有Taco、Burritos、Chimichangas、Fajita、Flautas等，當中的肉類以燉手撕豬肉(carnitas)為精髓，配菜則常是燜煮鷹嘴豆泥與野米飯。

美式餐廳 American Restaurant

傳統美式餐廳依其客源不同，也有多種型態，除了地方性的餐廳外，不少是全美連鎖。例如家庭式的聚會餐廳(如Chili's、TGI Friday、Applebee等)、電影裡常有人開槍的24小時早餐店(如Denny's)、下班後喝酒聊天打屁玩各種樂子的體育酒吧、或是以上各類型餐廳的「奇妙」結合(如Hooters)等，吃的食物其實都大同小異。主餐多為牛排、豬肋、魚排等排餐，以及漢堡、熱狗、三明治等；前菜或配菜則有炸薯條、洋蔥圈、起士棒、雞柳條、烤雞翅；早餐時刻多半供應鬆餅、法式土司、班乃迪克等。

速食店 Fast Food

　　到美國入境隨俗，還是要吃幾家速食店。當然不是要你去吃麥當勞、漢堡王、肯德雞云云，以上在台灣吃並沒有太大差別。美國有許多著名的連鎖速食店尚未進軍台灣，對國人來說應該有新奇的感覺，這些速食店各自有所標榜，例如以Arby 醬著稱的Arby's、物美價廉的Taco Bells、不少台灣人兒時回憶的Wendy's、近來異軍突起的墨西哥快餐Chipotle等。

　　有些速食店還有隱藏版的菜單，像是近來炙手可熱的In-N-Out漢堡店，就有多款祕密菜單。這裡教你點一款最熱門的，首先點一個漢堡，任何口味都行，然後告訴店員你要「animal style」，你的漢堡肉就會用黃芥末烤過，並附上額外的醃黃瓜、起士、烤洋蔥和特製的spread醬料，這組搭配與麵包特別相合。附帶一提的是，In-N-Out的薯條是用新鮮馬鈴薯現切現炸，吃起來口感也不太一樣。

精品咖啡館 Coffee Roaster

　　當代觀點認為，20世紀之後的咖啡有三波浪潮，第一波是簡單速食的即溶咖啡，第二波是以星巴克領軍的連鎖咖啡產業，第三波是對咖啡產地、種植、烘焙、烹製都格外講究的精品咖啡文化，而舊金山正是這第三波咖啡浪潮的發源地。舊金山最有名的四家精品咖啡品牌，分別是Blue Bottle Coffee、Ritual Coffee Roasters、Sightglass Coffee與Four Barrel Coffee，在他們的努力下，美式咖啡的內涵又向上提升了好幾個檔次，來到舊金山，一定得去品嚐看看。

美食網站

　　在美國找餐廳，這裡介紹兩個網站：Yelp和Open Table，可以利用這兩個網站的搜尋功能，根據想吃的料理型態、預算、距離遠近等篩選條件，找出最適合的餐廳。網站上能觀看餐廳的詳細資訊、菜單，以及人們用餐之後對餐廳的評價，最棒的是還有訂位功能，可以直接向各餐廳預約用餐時段及人數，有計畫去吃排隊名店時，非常好用。

Yelp www.yelp.com　　Open Table www.opentable.com

幸運餅 Fortune Cookies

　　在歐美的中國餐廳用餐後，侍者總會端上一盤幸運餅，餅中所夾籤文有時成為大家的飯後話題。外國人都以為這是中國傳統，殊不知幸運餅這玩意兒其實是從舊金山發跡的。19世紀日本的某些寺廟會將籤詩包在小煎餅中，而大約在1914年左右，金門公園日本茶園的建造者萩原真，委託日本城的勉強堂餅店(Benkyodo)製作概念類似的小餅，在花園的茶屋裡銷售。二戰時，日裔美國人被集中囚禁，結果幸運餅反而在中國人的手裡發揚光大，流傳至全美各地。

牛排 Steak

　　美國人嗜吃牛排，尤其是肋眼(Rib Eye)與沙朗(Sirloin)，許多高級餐館也以擅於烹調牛排著稱。其實牛排好吃與否，最關鍵的還是在於牛肉品質，在美國農業部的分級中，最頂級的牛肉稱為「U.S. Prime」，其次則是「U.S. Choice」，再次等的就不適合拿來做牛排了。通常高級餐館的牛排以三分熟(Medium Rare)為佳，不敢吃太生的人也可以點五分熟(Medium)，如果超過五分熟，那就浪費了。美國牛排最普遍的搭配是薯條，常以「Steak-frites」之名出現在菜單上。

National Parks in California & Nevada
加州與內華達州國家公園

美國西部的加州與內華達州相接壤，兩州加起來一共有10個國家公園，擁有海岸、高山、沙漠與盆地等各種地形，還有豐富的生態系和動植物種類。園區精心鎔冶自然生態、歷史人文與休閒活動於一爐，前往探訪絕對不會失望！

紅木國家公園
Redwood National Park

成立時間：1968年1月1日

這裡保護了北加州沿海森林生態，包括加州45%的海岸紅杉林、大草原、長達60公里的原始海岸線，以及原住民文化遺址等，因而在1980年被列為世界自然遺產。海岸紅杉是地球上最高的樹種，公園內部分樹木高度超過100公尺，其中一棵名為亥伯龍(Hyperion)的紅杉，更是高達115.66公尺，為目前世上已知最高的樹。公園內還可觀察到本地特有的羅斯福麋鹿，其體型與鹿角皆十分壯觀。

國王峽谷國家公園
Kings Canyon National Park

成立時間：1940年3月4日

國王峽谷位於加州東部、內華達山脈南端，由原本的格蘭特將軍國家公園擴增而成。園區佔地186,925公頃，主要是為了保護格蘭特將軍神木群而設立。園中的代表性巨樹「格蘭特將軍樹」是世界上總體積第三大的樹木，也是多數遊客不會錯過的拜訪對象。

尖峰國家公園
Pinnacles National Park

成立時間：2013年01月10日

這是加州最新設立的國家公園。大約2,300萬年前，這一帶經歷了大規模火山噴發，而後在長年累月的侵蝕作用下，形成今日壯觀的尖頂石峰與洞穴群。公園只有東、西兩側可通行車輛，中間全靠步道連結，以健行、攀岩和探洞為主要活動。洞穴中孕育了13種不同種類的蝙蝠，同時這裡也是草原隼和加州禿鷹的重要棲息地。

海峽群島國家公園
Channel Islands National Park

成立時間：1980年3月5日

海峽群島國家公園包含了加州南方太平洋上的五座島嶼，面積共約100,994公頃，陸地與海洋各佔一半左右。公園保護了這個區域的海洋生態，更特別的是，島嶼由於與美國本土隔絕，部分動物因此發展出富有地域特色的特殊亞種，例如體積較小的灰狐亞種——島嶼灰狐等，而國家公園的設立也保護了這些島上的獨特動植物。旅客在此除了觀察當地特有生態之外，還可進行露營、觀鳥、賞鯨、潛水和划獨木舟等休閒活動。

巨杉國家公園
Sequoia National Park

成立時間：1890年9月25日

巨杉國家公園與國王峽谷國家公園接壤為鄰，為美國成立的第三座國家公園，擁有大片珍貴的加州巨杉森林，其中的謝爾曼將軍樹被推定是世界上總體積最大的樹木，樹身高達83.8公尺，底部直徑達11.1公尺，樹齡估計約在2,300~2,700歲左右。園區東方的惠特尼山氣勢磅礴，高度達4,418公尺，是美國本土第一高峰。

拉森火山國家公園
Lassen Volcanic National Park

成立時間：1916年8月9日

拉森火山國家公園是觀察火山地形的絕佳所在，無論是穹頂火山、盾狀火山，或是火山渣錐與層狀火山，都可在此找到良好的觀測點。3,189公尺高的拉森峰是喀斯喀特山脈最南端的活火山，也是園區的主要景觀。沿著班帕斯地獄步道(Bumpass Hell Trail)走到底，可以觀看火山噴氣孔噴出蒸騰熱氣的特殊景象。

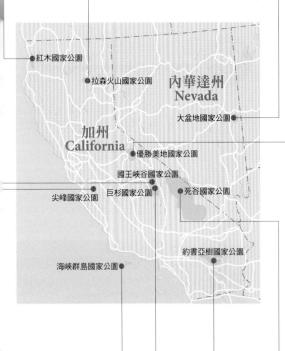

- 紅木國家公園
- 拉森火山國家公園
- 內華達州 Nevada
- 大盆地國家公園
- 加州 California
- 優勝美地國家公園
- 國王峽谷國家公園
- 尖峰國家公園
- 巨杉國家公園
- 死谷國家公園
- 約書亞樹國家公園
- 海峽群島國家公園

約書亞樹國家公園
Joshua Tree National Park

成立時間：1994年10月31日

公園以園中的代表性植物——約書亞樹命名，在園區內的莫哈維沙漠(Mojave Desert)隨處可見這種造型特殊的針葉植物。此處是攀岩愛好者的天堂，各種不同形狀的巨大岩石與不同角度矗立的岩壁，吸引各地攀岩好手來此一試身手。

大盆地國家公園 Great Basin National Park

成立時間：1986年10月27日

大盆地國家公園位於內華達州，主要目的是保護北美最大的內流盆地。高達3,982公尺的惠勒峰(Wheeler Peak)是園區主要景點，萊辛頓石拱(Lexington Arch)、雷門鐘乳石窟(Lehman Caves)和史黛拉湖(Stella Lake)也有許多遊客造訪，觀星與健行是此地最受歡迎的活動。

優勝美地國家公園
Yosemite National Park

成立時間：1890年10月1日

優勝美地是全美最知名且最受歡迎的國家公園之一，1984年被列為世界自然遺產。公園擁有內華達山脈最完整的生物棲地，加州約有7,000種植物，20%以上可在優勝美地發現，豐富多樣的植物讓此地隨著季節更迭散發不同風情。優勝美地也是觀察冰河作用下U形谷地的活教材，像是花崗巨岩的半圓頂峰與酋長岩，都是公園內的重要地標，陡直的切面有如被利刃削過一般。

死谷國家公園
Death Valley National Park

成立時間：1994年10月31日

死谷國家公園是美國本土面積最大的國家公園，沙丘、鹽鹼地、火山口與峽谷，構築了此處與其他國家公園不同的面貌。公園雖然全年開放，但夏季溫度過高，容易發生曬傷、中暑甚至脫水危險，建議旅客規畫10月中旬至4月中旬前往。

Professional Sports Teams in California
加州職業球隊

文●蔣育荏

美國四大職業運動聯盟，在加州都各有多支球隊，礙於篇幅有限，這裡僅就國人較為熟悉的NBA和MLB球隊加以介紹。

美國職籃 NBA

NBA球季於每年10月開始，翌年4月結束，接著，東、西區的第7名與第8名會再打一場附加賽，以爭奪季後賽第7種子的席次，落敗的一方則要與第9名/第10名附加賽中勝出的隊伍再比一場，以爭奪第8種子的位置。然後東、西區的前8種子便開始進行4輪7戰4勝制的季後賽，總冠軍戰通常落在6月。而加州的4支球隊屬於西區的太平洋組。⊕www.nba.com

洛杉磯湖人
Los Angeles Lakers
主場：Crypto.com Arena

湖人是NBA傳統強權，曾拿下17次總冠軍(5次在明尼亞波里斯時期)，隊史上名將如雲，多次上演紫金王朝，80年代和波士頓塞爾提克的對決與本世紀初的歐布連線，更是締造球壇佳話。不過湖人在2010年奪冠後重組失敗，一度淪為西區爐主，直到18-19球季簽下聯盟第一人LeBron James，隨後第二個賽季就拿下總冠軍，為湖人重回強權之路照亮一線曙光。然而LeBron年事已高，湖人是否準備好進入後LeBron時代，值得觀察。

洛杉磯快艇
Los Angeles Clippers
主場：Intuit Dome

本世紀的10年代，在明星控衛Chris Paul、灌籃王Blake Griffin等人合作下，一度將洛杉磯打造成令人熱血沸騰的「空拋之城」(Lob City)。儘管球隊實力與球迷人數都大幅成長，卻始終無法在季後賽中突破第一輪，於是毅然出清主力球員進行重建，隨後陸續網羅多名巨星，發下豪語要取代湖人成為洛城門面，並被視為奪冠熱門。可惜傷病始終是最大敵人，巨頭們同時出戰的時間有限，季後賽依然無法走到終點。2024球季快艇搬至位於英格爾伍德的新主場，希望能為球隊帶來新氣象。

©楊士範

© 洛杉磯旅遊局

金州勇士
Golden State Warriors
主場：Chase Center

勇士是這10年來國際球迷累積最快速的隊伍，其小球打法甚至改變了整個籃球生態！由終極射手Stephen Curry與Klay Thompson合組成聯盟聞之喪膽的「浪花兄弟」（Splash Brothers），傾盆大雨似的三分攻勢破了「跳投部隊無法奪冠」的理論，於2014-15球季贏得總冠軍，15-16球季更拿下不可思議的73勝，並在4年內拿下3座總冠軍。雖然後來因主力傷病而連兩年無緣季後賽，但就在大家以為王朝沒落時，勇士卻谷底反彈於21-22賽季重奪冠軍，狠狠打臉所有看衰的球評。不過隨著主力漸老、綠葉散去、浪花兄弟拆夥，看來王朝恐怕再起無望，但只要有Stephen Curry在，誰又敢斷言不可能呢？

沙加緬度國王
Sacramento Kings
主場：Golden 1 Center

國王在2000年代初期曾以華麗酷炫的球風，在台灣贏得廣大球迷，然而隨著看板球星陸續傷退、轉隊，球隊戰績急遽下滑。2005-06球季後，國王只有22-23球季打入過季後賽，因而成為台灣球迷不忍提起的「那個隊」。目前球隊陣中其實不乏球風紮實的好手，就看在這幾年的養成下，國王隊是否能完成重建，重返季後賽的行列。

美國職棒大聯盟MLB

大聯盟由國家聯盟和美國聯盟組成，季賽於4月初開始，例行賽結束後，兩個聯盟的6支分組冠軍，加上4支外卡球隊，會進行3輪季後賽，最後的總冠軍戰，也就是國聯冠軍與美聯冠軍對戰的世界大賽，通常在10月底舉行。 www.mlb.com

洛杉磯道奇
Los Angeles Dodgers
主場：Dodger Stadium

道奇是國聯傳統勁旅，1883年成立於布魯克林，並在那裡拿下一次世界大賽冠軍，1958年搬到洛杉磯後又贏過5次。本世紀初的道奇因於傷兵影響，戰績起伏很大，不過由於2010年郭泓志在道奇創下亮麗紀錄，使道奇在台灣也擁有許多球迷。最近幾個賽季，道奇的表現相當穩健，在賽揚強投Clayton Kershaw坐鎮下，連續8年在國聯西區封王，除了在2017、18、20年打進世界大賽，更於2020年的世界大賽中封王。2024年道奇迎來大谷翔平，雖然他因傷無法施展二刀流，卻以指定打擊的身份創下破天荒的54轟59盜紀錄，再加上Mookie Betts與Freddie Freeman，串連成火力十足的MVP打線，果然在世界大賽中擊敗洋基，拿下隊史第8座世界大賽冠軍。

洛杉磯天使
Los Angeles Angels
主場：Angel Stadium（位於安納罕）

天使自21世紀以來曾6次以分區冠軍的姿態進入季後賽，但只在2002球季拿下世界大賽冠軍。雖然之後幾年的表現依舊不俗，但最多只打到美聯冠軍賽便鎩羽而歸。好不容易在2014球季再度扣關季後賽，不料竟遭外卡的堪薩斯皇家橫掃出局。2018球季，大谷翔平從日職轉戰大聯盟，使天使隊一度成為全世界棒球迷矚目的焦點，雖然大谷的二刀流展現出驚人的投打成果，但終究缺乏隊友的有力支援，始終無緣季後賽。2024球季隨著大谷離去，天使更是彷彿失去支柱，戰績直接跌入谷底。

43

舊金山巨人
San Francisco Giants

主場：Oracle Park

巨人和道奇在東岸時代就已是世仇，到了西岸又同屬國聯西區，而在兩隊的對決史上，1951年國聯冠軍戰中，巨人石破天驚的逆轉，是許多老球迷心中永遠的經典。巨人隊在2007年擺脫巨炮Barry Bonds的合約後，積極重整球隊，培養出許多年輕好手，包括以「瘋邦」Madison Bumgarner、Tim Lincecum等人為首的超強投手群，並在2010年、2012年與2014年，完成5年內拿下3座世界大賽冠軍的壯舉。不過之後幾年，巨人戰績一直差強人意，雖然2021年拿下國聯西區冠軍，可惜最後在分區戰中仍敗給了宿敵道奇隊。

奧克蘭運動家
Oakland Athletics

主場：Sutter Health Park

2011年賣座電影《魔球》，演的就是奧克蘭運動家的故事。這支球隊在1989年之前曾拿過9次世界大賽冠軍，但之後表現卻差強人意。魔球的故事發生在02至06球季，當時運動家以極低的薪資總合卻3次打進季後賽，可惜都在美聯冠軍賽中鎩羽而歸。2024球季是運動家最後一年以奧克蘭為主場，球隊老闆在拉斯維加斯購入大片土地（原Tropicana酒店的位置），預計2028年球場建成後便要將球隊落腳賭城，而在那之前則是先遷往沙加緬度，與小聯盟的沙加緬度河貓隊暫時共用主場。

聖地牙哥教士
San Diego Padres

主場：Petco Park

國聯的教士隊成立於1969年，與創隊之初相比，目前的戰績已算稍有起色，只是進入21世紀後的頭20年，也只在05、06年打過兩次季後賽。此後雖然在2012年時陣容方面做了一些調整，但戰績依舊低迷，直到2020年才終於重回季後賽。而在2021年之後，隨著混血王子達比修有、Blake Snell與Joe Musgrove等強投加入，教士又以黑馬之姿快速崛起，並在2022年再度殺入季後賽，更在分區戰時爆冷淘汰了當年戰績第一的道奇隊。2024年兩隊再度於分區戰交手，只是這次經過一番激烈廝殺後，於殊死戰中被道奇報了一箭之仇。

編輯筆記

如何購買球賽門票

球賽門票可在聯盟官網上購買，票價因座位區域、當日對手強弱而有很大的變動。若是較熱門的球隊，可能開季前票就已賣完。不過不用擔心，因為很多買季票的人不見得場場都會去看，官網上也有開放二手票的專區（Buy on SeatGeek），所以基本上都還買得到票，只是預算就不是那麼好控制。

分區導覽
Area Guide

洛杉磯

Los Angeles

● 洛杉磯

文●蔣育荏　攝影●墨刻攝影組

不管在哪個時代，洛杉磯都是「加州夢」最亮眼的舞台，金礦、鐵路、石油、陽光，洛杉磯在過去象徵著不虞匱乏的財富與工作機會，或者更確切的說：希望。「如果我在洛杉磯，我會安全又溫暖，在這灰暗的冬日，夢懷加利福尼亞。」就像老爸老媽合唱團在經典名曲《California Dreamin'》中唱的那樣，追夢的人們懷抱各自的理想，前仆後繼來到這裡，尋找心目中的應許之地。雖然不是每個人的美夢都能成真，史坦貝克已用他的得獎小說《憤怒的葡萄》告訴了我們，但這並不能阻止愈來愈多移民在此落地生根，終於讓洛杉磯發展成美國僅次於紐約的第二大城。

洛杉磯的人口組成中，幾乎各種族群都有，如同世界的縮影，你無需想像四海一家到底是什麼樣的情景，因為在洛杉磯，這是再稀鬆平常不過的事。當然，這麼多不同文化圈的移民苗裔生活在一起，難免會有衝突發生，2005年奧斯卡最佳影片《衝擊效應》中，刻畫細膩的種族情結，便是以洛杉磯為其背景。事實上，族群之間的擦槍走火，甚至在1992年時曾引發全城性的大動亂。然而，洛杉磯最迷人的地方，也正來自於其多元的文化。或許你無法在腦海中為洛杉磯定義出鮮明的特色，但就是這目不暇給的混雜，造就出洛杉磯的獨一無二，可以說，地球上所有的城市元素，都以蒙太奇的方式拼貼於此。

隨著電影工業蓬勃發展，洛杉磯的加州夢在本質上又起了變化，無數少年男女徘徊在好萊塢街頭，竭盡腦汁地拋頭露面，希望能被星探發掘，一躍而上大銀幕的枝頭。這座代表美國文化的電影重鎮，無疑是大洛杉磯地區中最熱鬧的觀光城市，所有人來到洛杉磯，都不能免俗地要去好萊塢走一遭。鄰近的比佛利山則是洛杉磯最光鮮亮麗的區域，那裡是好萊塢巨星們聚居的地方，幾乎每一家店、每一處角落，都能感受到明星的熠熠光環。而整個洛杉磯郡的海岸線將近80英哩，由一連串海岸城市所組成，從西邊的馬里布到南邊的長灘市，綿延不絕的沙灘浪花、海濱樂園、比基尼女郎，充分傳導了加州陽光的火辣熱力。

洛杉磯之最
Top Highlights of Los Angeles

布羅德當代美術館
The Broad
　　無論館藏還是建築本身都極有看頭的布羅德當代美術館，收藏眾多當代藝術大師的著名傑作，而且免費參觀，門口總是大排長龍。（P.62）

好萊塢
Hollywood
　　我們從小對美國乃至世界的印象，往往都是來自好萊塢，這處舉世聞名的電影重鎮，不論走到哪裡都是星光十足。（P.71）

聖塔摩尼卡碼頭
Santa Monica Pier
　　陽光、沙灘、碼頭上的摩天輪與旋轉木馬，加州海岸最歡快熱鬧的形象莫過於此，儘管已有百年歷史，依然是不退潮流。（P.106）

蓋提藝術中心
The Getty Center
　　美國西岸首屈一指的美術館，收藏不但豐富，而且擲地有聲，尤其以印象派諸名家的畫作最受關注。而其建築本身也是當代經典。（P.108）

杭廷頓圖書館 The Huntington Library
　　圖書館外擁有面積廣闊、主題多元的植物花園，館內的藝術收藏亦堪稱經典。一些文化史上最重要的著作與手稿，也都向遊客展出。（P.116）

帕薩迪納
Pasadena

聖迦谷地
San Gabriel Valley

洛杉磯市中心
Downtown

好萊塢
Hollywood

洛杉磯市西區
Mid-city

洛杉磯市西側
Westside

比佛利山
Beverly Hills

聖費南度谷地
San Fernando Valley

馬里布
Malibu

聖塔摩尼卡
Santa Monica

威尼斯海灘
Venice Beach

48

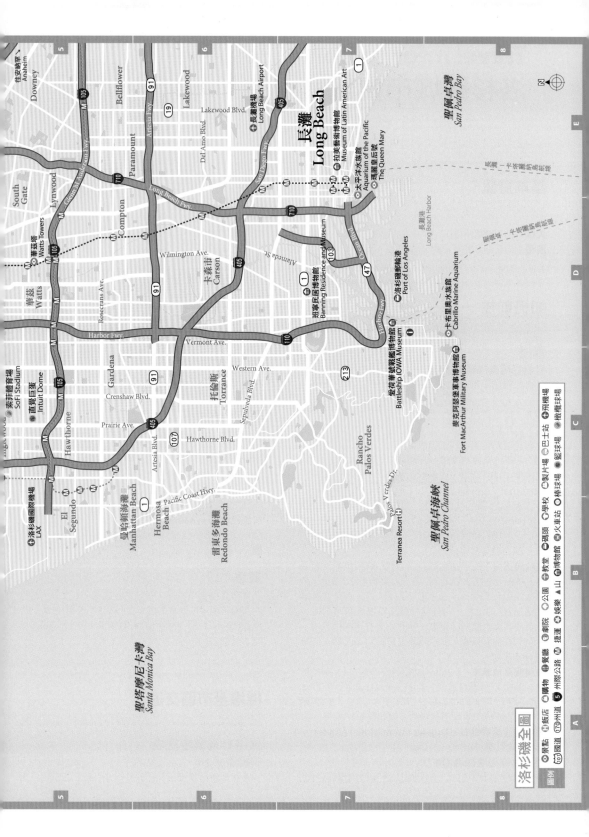

聖佩卓灣
San Pedro Bay

長灘—卡塔利娜島航線

長灘港
Long Beach Harbor

佩卓—卡塔利娜島航線

長灘
Long Beach

長灘機場
Long Beach Airport

拉美藝術博物館
Museum of Latin American Art

太平洋水族館
Aquarium of the Pacific

瑪麗皇后號
The Queen Mary

洛杉磯郵輪港
Port of Los Angeles

卡布里奧水族館
Cabrillo Marine Aquarium

麥克阿瑟軍事博物館
Fort MacArthur Military Museum

愛荷華號戰艦博物館
Battleship IOWA Museum

班寧民居博物館
Banning Residence and Museum

Terranea Resort

Rancho
Palos Verdes

Palos Verdes Dr.

聖佩卓海峽
San Pedro Channel

聖塔摩尼卡灣
Santa Monica Bay

洛杉磯國際機場
LAX

El Segundo

Hawthorne

曼哈頓海灘
Manhattan Beach

Hermosa Beach

雷東多海灘
Redondo Beach

Pacific Coast Hwy.

Prairie Ave.

Hawthorne Blvd.

Artesia Blvd.

Crenshaw Blvd.

Gardena

Sepulveda Blvd.

托倫斯
Torrance

Western Ave.

Vermont Ave.

Harbor Fwy.

Rosecrans Ave.

卡森市
Carson

Wilmington Ave.

Alameda St.

索菲體育場
SoFi Stadium

直覺巨蛋
Intuit Dome

華茲
Watts

華茲塔
Watts Towers

Compton

South Gate

Lynwood

Artesia Fwy.

Gardena (Gran A)merican Fwy.

Long Beach Fwy.

San Diego Fwy.

Del Amo Blvd.

Lakewood Blvd.

Paramount

Bellflower

Lakewood

Downey

住安納罕
Anaheim

聖佩卓灣
San Pedro Bay

N

洛杉磯全圖

圖例
◉景點　⊙飯店　◎購物　✦餐廳　Ⓜ捷運　🚂國道　⑤州際公路　🛣️州道
◎劇院　○公園　♨教堂　🏛博物館　▲山　◎娛樂　●棒球場　⊕籃球場　◐橄欖球場
○碼頭　○學校　○製片場　○巴士站　○火車站　⊕飛機場

Travel Information of Los Angeles
洛杉磯城市資訊

基本資訊

人口：約380萬(市區)
面積：約1,216平方公里(市區)

如何前往

飛機

◎洛杉磯國際機場(LAX)

洛杉磯國際機場位於太平洋海岸旁，約在市中心西南方15英哩處，是全美第二大的機場，也是從台灣入境美國西岸的主要門戶之一。機場共有9座航廈，呈馬蹄形排列，左右兩側為航廈1到8，馬蹄頂端則是湯姆布萊德利國際航廈(簡稱TBIT)，航廈包圍的中心部分為停車大樓。從美洲以外地區起飛的國際航班會在TBIT入境，而聯合航空的國內線航班則會在Terminal 7或8降落。

各航廈之間的交通，可利用免費接駁巴士LAX Shuttle的路線A，候車地點為各航廈入境樓層(地面層)外，中島上的粉紅色指標下方，每10分鐘就有一班，24小時全日無休。

從台灣出發：目前在台灣提供直飛LAX航線的，有長榮、華航及星宇3家航空公司，長榮航空每日3班，中華航空每日1~2班，星宇航空每日1班，皆是從桃園機場第2航廈出發，飛往洛杉磯國際機場TBIT航廈。也可搭乘聯合航空經東京、舊金山等城市轉機入境。從台灣直飛洛杉磯，飛行時間去程約11.5小時，回程約14.5小時。

從美國其他城市：美國各大機場都有飛往洛杉磯的航班，若是搭乘聯合航空，則有從舊金山(飛行時間約1.5小時)、拉斯維加斯(飛行時間約1小時)、紐約(飛行時間約6小時)等城市起飛的多條航線。

洛杉磯國際機場 Los Angeles International Airport
📍P.49B5 🌐www.flylax.com

◎安大略國際機場(ONT)

安大略國際機場位於洛杉磯市中心東方約38英哩的安大略市，共有航廈2與航廈4兩座航站。中華航空提供每日1班飛往安大略機場的直航航班，從桃園機場第2航廈出發，由於洛杉磯華人社區多位於市區東部，因此這條航線對許多探親訪友的旅客來說特別方便。

安大略國際機場 Ontario International Airport
📍P.7D7 🌐www.flyontario.com

火車

聯合車站位於洛杉磯市中心歷史城區附近，共有Coast Starlight、Pacific Surfliner、Southwest Chief、Sunset Limited、Texas Eagle等5條美國國鐵的鐵路線會停靠在那裡。不過美國火車由於速度太慢，像是從舊金山出發到洛杉磯，車程就要大約12.5小時，因此一般外國觀光客很少在西岸搭乘火車作長途旅行。

聯合車站 Union Station (LAX)
📍P.59B1 📍800 N. Alameda St, LA, CA 90012
美國國鐵 Amtrak
☎1-800-872-7245 🌐www.amtrak.com

長途客運

洛杉磯市中心的灰狗巴士站位於聯合車站前Patsaouras Transit Plaza上的8號站台，從舊金山出發約需7.5~11小時，從拉斯維加斯出發約需5~7小時。

灰狗巴士 Greyhound
📍801 N. Vignes St, LA, CA 90012
🌐www.greyhound.com

開車

從舊金山到洛杉磯，最快的道路是走I-5 S，路程約380英哩，不塞車的話，車程約5小時40分鐘；若是走US-101 S，路程大約430英哩，最快則要6.5小時才能抵達。

機場至市區交通

從洛杉磯國際機場
◎捷運 Metro

在各航廈入境樓層(地面層)外，中島上的粉紅色指

©洛杉磯旅遊局

標下方,可搭乘免費接駁巴士LAX Shuttle的路線M,前往捷運C線的Aviation站,再轉乘捷運A線進城。

雖然最靠近機場的LAX/Metro Transit Center站(捷運K線)已於2024年底完工,但連接機場的免費自動軌道車系統APM預計要到2026年才會通車,屆時可經由K線往北轉乘E線進城,路線上會便利許多。

◎租車 Rental Car

在LAX提供租車服務的,有包括Hertz在內的11家租車公司,但這些租車公司的服務據點與機場都還有一小段距離。在各航廈入境樓層外,中島上的紫色指標下方,可以搭乘各家租車公司的免費接駁巴士前往。預計2026年LAX的自動軌道車系統APM與租車中心ConRAC完工後,在機場租車會更加便利。

◎機場巴士 FlyAway

FlyAway機場巴士的候車地點在各航廈入境樓層外,中島上的藍色指標下方,2條路線分別直達市中

心的聯合車站與聖費南度谷地的Van Nuys。巴士每20~30分鐘發車一班,不需事先預約,車上不收取現金,可使用感應式晶片信用卡或洛杉磯捷運的TAP Card上車,或事先上官網購票。

💲單程票$9.75 🌐www.flylax.com/flyaway

◎飯店巴士 Hotel Shuttles

許多機場附近的飯店有提供接駁巴士服務,候車地點在各航廈出境樓層(上層)外,中島上的紅色指標下方。

◎計程車與叫車應用程式 Taxi & Ride-Apps

計程車候車站有3處,分別在TBIT與3航廈之間的3號停車場內、7航廈外候車道底端,與1航廈外的LAX-it,搭乘計程車從機場到市中心,車資約為$64以上。使用Uber、Lyft、Opoli等App叫車,則一律在LAX-it上車,要前往LAX-it,可在入境樓層外的綠色指標下方搭乘免費接駁車。

LAX旅客捷運系統
Automated People Mover (APM)

這是LAX目前正在興建的機場聯外自動軌道車系統，路線規劃7座車站，連結機場各航站與機場外的交通設施，包括地區客運中心、捷運K線的LAX/Metro Transit Center站、租車中心(ConRAC)等。不但車資免費，且尖峰時刻2分鐘就有一班，預計2026年啟用後，將大大便利從LAX前往市區的交通。

從安大略國際機場

◎租車 Rental Car

ONT的租車中心位於3450 E. Airport Dr，共有包括Hertz在內等10家租車公司櫃檯，從機場可在航廈外搭乘免費接駁車前往。

◎叫車應用程式 Ride-Apps

使用Uber、Lyft、Opoli等App叫車，請在航廈外的Ride-Share Pick UP指標下等候，前往安大略

市中心車資約為$15~20，前往洛杉磯市中心約為$80~100。

市區交通

洛杉磯大眾運輸由洛杉磯郡都會運輸局(LACMTA)營運，主要有捷運系統、公車系統與共享單車等數種公共交通工具。

洛杉磯郡都會運輸局
🚇 metro.net

捷運系統 Metro Rail

洛杉磯捷運系統有2條地鐵、4條輕軌，和2條快速公車路線，其中B線和D線為地鐵，B線連結洛杉磯市中心、好萊塢及環球影城，是最常被觀光客搭乘的路線；D線連結市中心與韓國城，原是B線的支線，目前已通過延伸計劃，預計2025年會通往比佛利山，2027年會通往西木區(Westwood)。

洛杉磯捷運圖

聖費南度谷地 San Fernando Valley
帕薩迪納 Pasadena
好萊塢 Hollywood
市中心 Downtown Los Angeles
韓國城 Koreatown
聖塔摩尼卡 Santa Monica
庫佛市 Culver City
東洛杉磯 East Los Angeles
洛杉磯國際機場 LAX
Pacific Ocean
南灣 South Bay
諾沃克 Norwalk
長灘 Long Beach

圖　例

輕軌地鐵系統
A　A線
B　B線
C　C線
D　D線
E　E線
K　K線(預計2022-2024年通車)

接駁巴士系統
G　G線
J　J線

　A、C、E、K線為輕軌，A線從長灘市經洛杉磯市中心後，可直達帕薩迪納與阿蘇薩(Azusa)；C線連結諾沃克(Norwalk)與雷東多海灘(Redondo Beach)，這條路線上的Aviation站有接駁巴士直達LAX國際機場；E線從聖塔摩尼卡經洛杉磯市中心後，可直達蒙特利公園(Monterey Park)附近的東洛杉磯；K線連結

E線輕軌與LAX機場，預計2026年APM通車後，將會成為從機場前往市區的主要大眾運輸方式。
　而G線與J線為快速巴士路線，行駛在專屬車道上，因此不受交通壅塞影響。前者從北好萊塢一路前往聖費南度谷地(San Fernando Valley)，後者東起愛滿地(El Monte)，途經洛杉磯市中心後，往南通往聖佩

53

德羅港，是當地市民重要的通勤工具。

雖然大洛杉磯地區的範圍實在太大，光是靠捷運路線無法涵蓋，要以捷運當作主要交通工具可能略顯不足，但若要前往市中心、好萊塢、中國城、聖塔摩尼卡、長灘市、帕薩迪納等鬧區景點，搭乘捷運不但非常方便，還可省下找停車位的麻煩。

◎購票方式

洛杉磯大眾運輸皆使用TAP Card，這是一種感應式的磁卡，可在車站或月台上的自動售票機購買及儲值。卡片本身為$2，使用效期為15年。車資不論遠近，每趟$1.75，並可在2小時內免費轉乘其他捷運系統及市區公車。若1天內搭乘車資達到$5時，便自動升級為1日票，到當日23:59前搭乘都是免費；同樣地，7天內搭乘車資達到$18時，亦會自動升級為7日票。除了實體票卡外，也可用手機下載TAP App，十分方便。

公車 Metro Bus

在捷運未及的地方，可利用公車前往，由於洛杉磯的馬路大多呈棋盤狀，主要大路上的公車路線少有轉彎，因此對出了捷運站後想少走幾步路的遊客來說，十分方便。

洛杉磯公車路線超過165條，主要分為3種：橘色車身為地方巴士(Local bus)，大約每2個路口一站；紅色車身為快速巴士(Rapid bus)，只在大路口有站牌；藍色車身為高速巴士(Express bus)，為開上高速公路的長距離路線。

◎公車車資

公車單程票價一樣為$1.75，上車感應TAP Card，

可享有2小時轉乘優惠；若是使用現金，則沒有轉乘上的優惠，且由於車上無法找零，務必先備妥確切金額。

市中心短程巴士 DASH

DASH是由洛杉磯交通部(LADOT)所營運的短程巴士，其中市中心的5條循環路線經常為遊客所搭乘，是很便利的交通工具。其A線連結小東京和城西，B線連結中國城和金融區，D線連結聯合車站和南方公園(South Park)，E線連結城西和時尚區，F線連結金融區和博覽會公園，途經活力洛城。

這些路線平日06:00~21:00，每6~10分鐘一班；週末09:00~18:00 (F線至21:00)，每10~15分鐘一班。單程票價為$0.5，若使用TAP Card則只要$0.35。4歲以下兒童免費。

洛杉磯交通部

🚌 www.ladottransit.com/dash

開車

洛杉磯地區幅員遼闊，要前往各個城市或觀光景點，開車還是最自由的方式。洛杉磯都區內沒有收費的高速公路，但在橘郡東部及南部的省道CA-241、CA-261、CA-73及部分的CA-133，則為收費道路。

如果下榻的飯店在市區外，同時又有開車的話，建議可以把車停在附有臨停停車場的捷運站，然後搭乘捷運進城，因為不管怎麼說，郊區捷運站的停車場收費還是便宜許多的。

捷運各站停車場資訊請見：

🚌 www.metro.net/riding/parking/lotsbyline

洛
杉磯
Los Angeles

計程車

洛杉磯的計程車,起錶價為\$3.1,每1/9英哩跳錶\$0.33,等待時間每37秒跳錶\$0.33。搭乘時,需注意車門上有洛杉磯市交通運輸部標誌的,才是合法計程車。

共享單車 Metro Bike

Metro Bike的站點集中在洛杉磯市中心、好萊塢、聖塔摩尼卡、威尼斯海灘與西木區。當地居民通常是以個人的捷運TAP Card來註冊帳號,就像台灣的Ubike一樣,而短期觀光客也可以利用租還站的自動服務機以信用卡做單次租借。租用一日者,可在24小時內無限次數租借,但每次不得超過30分鐘,超過的時間會被額外收取費用。

📞(323) 466-3876#3
💲每30分鐘\$1.75,一日\$5
🌐bikeshare.metro.net

觀光行程

CitySightseeing Hop-On Hop-Off

這是由Starline經營的隨上隨下露天雙層觀光巴士,共有3條路線串連:紅線連結好萊塢、洛杉磯西區及比佛利山;黃線從比佛利山開往聖塔摩尼卡與威尼斯海灘;紫線連結好萊塢與市中心諸景點;另外還有一條接駁藍線往來於好萊塢和環球影城之間。巴士

上有含中文在內的多國語音導覽耳機,對想充份了解洛杉磯這座城市的遊客而言,更具吸引力。

車票在官網上購買,憑寄送到電子信箱中的QR Code便可在任何一站上車。若想購買實體票券,也可到好萊塢杜比劇院前的Starline售票亭,或直接上車向司機購買。

📞(323) 463-3333
🕐約09:30或10:00發車,每45分鐘一班,詳細時刻請參見官網

	24小時		48小時	72小時
	單一路線	全路線	全路線	
成人	\$41	\$51	\$72	\$82
3~11歲	\$30	\$37	\$50	\$60

🌐www.starlinetours.com

Big Bus Los Angeles

Big Bus營運的隨上隨下露天雙層觀光巴士,共有2條循環路線,紅線走訪好萊塢、洛杉磯西區、比佛利山,藍線連結比佛利山、聖塔摩尼卡與威尼斯海灘。車上亦有中文語音導覽耳機。

📍6763 Hollywood Blvd, LA, CA 90028
🕐紅線10:00~16:30,每30~45分鐘一班;藍線10:45~15:15,每日發車5~6班

	1日	2日
成人	\$56	\$63
3~12歲	\$46	\$54

🌐www.bigbustours.com/en/los-angeles

55

LA Walking Tours

這間公司專營城市散步導覽行程,有多個梯次分別在洛杉磯市中心、好萊塢、聖塔摩尼卡、威尼斯海灘等地區進行導覽,其中市中心路線又分為多個不同主題的行程。

🏠 每個行程出發地點不同,詳情請見官網
🕐 行程皆為2小時,當日出發時間請見官網
💲 成人$30,5~12歲$20
🌐 www.lawalkingtours.com

Sunset Ranch Hollywood

好萊塢著名的騎馬行程,在好萊塢標誌下的山坡策馬徐行。

🏠 3400 N. Beachwood Dr, LA, CA 90068
📞 (323) 469-5450
🕐 每日09:00~15:00
💲 1小時行程:平日$75,週末$100。2小時行程:平日$125,週末$150
🌐 www.sunsetranchhollywood.com
❗ 建議至少1天前預約

優惠票券

以下票券都是在官網上購買,付款後,電子票券會寄送到電子信箱裡,可下載到手機中,或是列印下來。

Go Los Angeles Pass

票券內容:可使用Go City的景點與觀光行程多達40個以上,票券分為All-Inclusive Pass與Explorer Pass兩種,前者在限定時間內可造訪所有景點,後者是只能造訪特定數量景點,但效期長達60天。

All-Inclusive Pass	2日卡	3日卡	4日卡	5日卡	7日卡
成人	$244	$284	$344	$374	$424
3~12歲	$214	$264	$314	$344	$394

Explorer Pass	2景點	3景點	4景點	5景點	7景點
成人	$94	$119	$134	$154	$189
3~12歲	$79	$99	$104	$119	$149

使用要領:All-Inclusive Pass去的地方愈多愈划算,以門票較貴的景點為優先;Explorer Pass則適合停留天數較長,想深入特定景點的人。

🌐 gocity.com/los-angeles

Los Angeles Sightseeing Flex Pass

票券內容:可使用Sightseeing Pass的景點與觀光行程多達15個以上,可在60天效期內造訪特定數量的景點,最多可省下50%的費用。

Flex Pass	3景點	4景點	5景點	6景點
成人	$129	$149	$174	$209
3~12歲	$104	$119	$134	$169

使用要領:Sightseeing Pass與Go Pass使用方式大同小異,但內容範圍不太一樣,可上網比較哪種較適合自己的行程。

🌐 www.sightseeingpass.com/en/los-angeles

旅遊諮詢

洛杉磯旅遊局
ᴡ www.discoverlosangeles.com
❗ 目前遊客中心皆暫停開放
◎**聯合車站遊客中心**
🏠 800 N. Alemeda St, LA, CA 90012
◎**市中心遊客中心**
🏠 900 Wilshire Blvd, LA, CA 90017 (洲際酒店內)
◎**好萊塢遊客中心**
🏠 6801 Hollywood Blvd, Hollywood, CA 90028
（Ovation Hollywood內）
◎**聖佩德羅遊客中心**
🏠 390 W. 7th St, San Pedro, CA 90731

洛杉磯行程建議
Itineraries in Los Angeles

如果你有6天
　　由於洛杉磯的範圍實在太大，景點也不很集中，如果一天之內想要東南西北到處跑，只怕時間全會花在交通上。所以安排行程時不要太貪心，一天去一、兩個地區就足夠了，挑自己感興趣的部分走走逛逛，才能玩得盡興。

　　行程中一定要有一天留給好萊塢，在這座距離明星最近的城市，不追星一下怎麼行呢？就算沒能見到明星本人，這裡還是有許多東西可看，並能感受好萊塢的光環魅力。洛杉磯市中心也是必去之地，歷史古城區、中國城、小東京、金融區等，無論單純散步還是參觀博物館，都足以花上一天時間。再有一天前往海灘城市，除了聖塔摩尼卡、威尼斯與馬里布三大海灘外，鄰近的蓋提藝術中心與蓋提別墅也值得一遊。

　　當然來到洛杉磯，還有兩個城方不能不去，一是好萊塢環球影城，一是加州迪士尼樂園，前者至少花上一天，後者最好玩個兩天，並建議避開假日前往，或許能少排一些隊。

　　如果還有時間，就去比佛利山見見世面吧，特別是羅德歐大道一帶，就算消費不起，逛一逛也過癮。另外在洛杉磯西區則有些博物館，以及著名的農夫市場，也是不錯的景點。

如果你有10天
　　時間充裕的遊客可以遠離洛杉磯，來個兩天一夜或三天兩夜的小旅行，像是聖地牙哥、拉斯維加斯、優勝美地國家公園、死谷國家公園等，都是推薦的旅遊目的地。

洛杉磯散步路線
Walking Route in Los Angeles

　　讓我們從洛杉磯的①**中國城**開始這趟散步之旅，中國城最熱鬧的地方是在中央廣場附近，而重慶路則是最近繁華起來的藝廊一條街。沿著Broadway往南走，穿過中國城牌樓後，就離②**洛杉磯歷史古城區**不遠了。古城區的③**歐維拉街**是座熱鬧無比的墨西哥市場，有販賣各種墨西哥商品的小販和道地的墨西哥餐廳，而洛杉磯最古老的屋宅阿維拉泥磚屋，也位在這條街上。

　　從古城區再往南，遠遠就能看到④**市政廳**的高聳尖塔，這是洛杉磯市區的地標之一。從市政廳折而向西，兩個路口便來到⑤**洛杉磯主教座堂**，這座由當代著名建築師打造的天主教堂，完全顛覆傳統教堂的刻板印象，將神聖元素解構重組，卻更符合今日的宗教需求。教堂斜對面是由4個音樂廳及戲劇院組成的⑥**洛杉磯音樂中心**，其中的⑦**華特迪士尼音樂廳**以其獨特的不規則鋁面造型，成為市中心裡最吸引目光的建築物。音樂廳隔壁的⑧**布羅德當代美術館**是洛杉磯最新的國家級景點，無論館內館外都話題十足。而位於對街的⑨**現代藝術博物館**是美西當代藝術的大本營，有興趣的人不妨進去參觀。
距離：約3.2公里
所需時間：約1小時

洛杉磯市中心
Downtown Los Angeles

洛杉磯的名字在西班牙語中是「眾天使」的意思，這是因為1769年當西班牙遠征隊來到這裡時，正值聖母日的第二天，於是他們將這片土地稱作「眾天使的女王聖母瑪麗亞之城」，後來建鎮時將名字縮簡，才成了「眾天使之城」。此外，洛杉磯還有個別名「La-La Land」，由洛城縮寫字母組成，意為與世隔絕、充滿趣味之地，這暱稱後來因作為電影《樂來越愛你》的原文片名而廣為世人所知。

雖然洛杉磯給人泱泱大城的印象，但其實市中心的範圍並不大，大約就是10號州際公路、101號國道和100號州道之間的區域，不過這塊彈丸之地卻也是大洛杉磯摩天高樓最密集的地方，倘若來到像葛瑞菲斯天文台或蓋提中心這類視野良好的高處，便不難找到市中心的方向，因為平坦大地上驀地拔起一座鋼鐵山脈，很難忽視其存在。

這座一年四季都灑滿陽光的活力城市，市區除了玻璃帷幕的現代大樓林立，也保留多處早期移民的歷史色彩。而在小東京、中國城、墨西哥街等地，不但可看到各自的民族特色，多樣的異國傳統美食，也在此處原汁原味呈現。

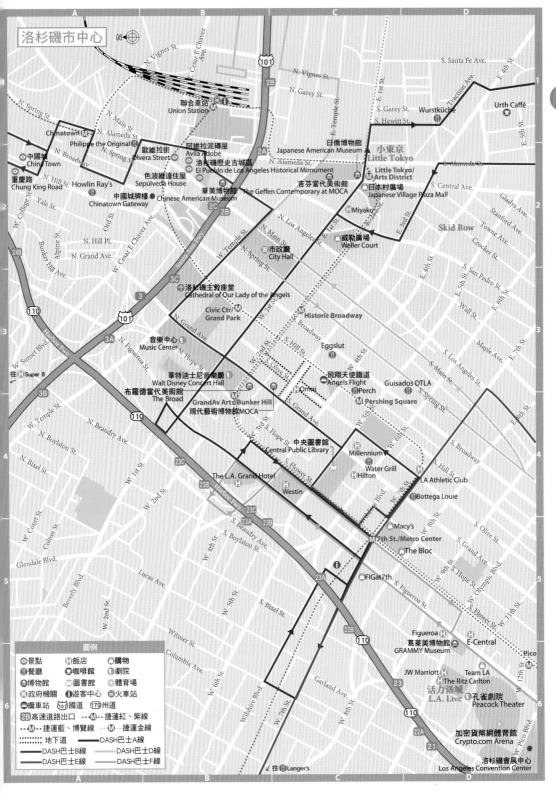

洛杉磯市中心

洛杉磯市中心 Downtown Los Angeles

洛杉磯

洛

杉磯

TONIO AGUILAR

MAP　P.59B2

洛杉磯歷史古城區

El Pueblo de Los Angeles Historical Monument

洛杉磯的誕生地

◎ 歷史古城區

🚇 搭乘捷運A、B、D線至Union Station站，從火車站正門出站；或DASH巴士B線至Alameda/Los Angeles站即達 🏠 以Alameda St、Spring St、Arcadia St和Cesar E Chavez Ave圍繞的區域為主 🌐 elpueblo.lacity.org ⏰ 週四至週六10:00、11:00、12:00有免費導覽行程

◎ 華美博物館 Chinese American Museum

🏠 425 N. Los Angeles St, LA, CA 90012 ☎ (213) 485-8567 ⏰ 10:00~15:00 ❌ 週一 💲 建議贊助：成人$3，60歲以上$2 🌐 www.camla.org

在西班牙文中，「Pueblo」乃是「印第安村落」的意思，而這裡便是洛杉磯市的發源地。1781年，一群西班牙移民者來到此地開墾，而後墨西哥脫離西班牙獨立，於1822年將洛杉磯納為墨西哥領土，直到美墨戰爭結束後，兩國於

1848年簽訂條約，上加利福尼亞才成為美國的第31個州。而後各國移民也紛紛在這裡立足生根，洛杉磯古城遂成為文化熔爐的起源之地。因此這兒不僅是洛杉磯早期歷史的寫照，更是1818至1826年間人民生活的最佳縮影。

然而隨著都市發展漸向南移，古城也逐漸被遺忘廢棄，一直到1926年，保護古城運動在有心人士發起下獲得廣泛支持，歐維拉街於是闢為墨西哥式商場，1953年更說服加州政府與洛杉磯市政府，將古城周邊44英畝範圍劃定為州立歷史紀念地。歷史城區由27棟具有歷史意義的建築組成，像是洛杉磯最古老的教堂、舊消防局、共濟會會堂、色波維達住屋、電影院、阿維拉泥磚屋、歐維拉街和充滿色彩的墨西哥市場等，洋溢濃郁的異國風情。在歷史城區一隅，還有間華美博物館，展示內容以早期華人移民在美國的生活面貌及文化演變為主，值得一看。

MAP P.59B2

歐維拉街

Olvera Street

熱情洋溢的墨西哥市集

◎ 色波維達住屋 Sepúlveda House

🏠12 Olvera St, LA, CA 90012 🕙10:00~15:00 🚫週一
💲免費

　　歐維拉街以墨西哥街著稱，是洛杉磯最古老的街道之一，名稱來自洛杉磯郡的第一位法官Agustin Olvera。這條街道在1930年重新翻修為現今的墨西哥市集，經常有音樂舞蹈表演及節慶裝飾等活動舉行。短短的紅磚徒步區上，布滿各式墨西哥商店和餐廳，不論是皮件、裝飾品、民俗藝術品，或只是一般的小玩意兒，都相當具有墨西哥風味。歐維拉街前的小型廣場上，也經常有小販兜售墨西哥小點心，如糖南瓜、棕糖筒、吉拿棒，以及剝皮芒果、木瓜等熱帶水果，非常受到遊客喜愛。

　　色波維達住屋是洛杉磯古城唯一的維多利亞式建築，呈現了洛杉磯在建築和社會方面的轉變過程：建築外觀如美式商業區，而陽台走廊和房間設計則反映了墨西哥樣式；1樓曾經作為藥局和單車行，室內裝潢色調仍保留許多當時的遺跡，目前開放為小型博物館供遊人參觀。

MAP P.59B2

阿維拉泥磚屋

Avila Adobe

時光回到1840年

🏠10 Olvera St, LA, CA 90012 🕙09:00~16:00 🚫週一
💲免費

　　阿維拉泥磚屋建於1818年，是洛杉磯歷史最悠久的房舍，低矮的平房主體由泥磚建成，說明了早期西班牙移民的生活方式。其建造者是Francisco José Avila，他是一位頗具影響力的牧場主，並曾當過本地鎮長。一直到1868年，阿維拉家族都還住在這棟屋子裡，後來他們搬到安納罕，這裡便出租作為餐廳和客棧，但在20世紀後逐漸荒廢，並一度成為市政當局拆除的對象。所幸1920年代在市民發起請願下，老宅保留了下來，今日闢為一間博物館，用來展示1840年代的居家擺設。

　　阿維拉家族在當時算是相當富裕的家庭，從屋內隔間和家具即可窺得端倪，尤其是主臥房裡的中式桌布、英式洗臉檯，還有17世紀的義大利五斗櫃，充分展現當時的流行趨勢和生活品味。

61

MAP P.59B3

布羅德
當代美術館

The Broad

MOOK Choice

走進色彩繽紛的後現代世界

🚇搭乘捷運A、E線至Grand Av Arts/Bunker Hill站，或DASH巴士區線至Grand/2nd站即達 🏠221 S. Grand Ave, LA, CA 90012 🕐平日11:00~17:00（週四至20:00），週末10:00~18:00 休週一 💲免費 🌐www.thebroad.org ❗建議事先上網預約時段券

在洛杉磯市民千呼萬喚下，布羅德美術館終於在2015年9月盛大揭幕。艾利布羅德(Eli Broad)是美國著名慈善家，也是博物館最主要的資金來源，這棟造價高達1億4千萬美金的建案，由紐約的Diller Scofidio + Renfro建築事務所標下。博物館建築以「地窖與面紗」為主題，地窖指的是建築主體部份，為一座龐大的水泥曲面構造，用來儲放未展出的館藏；而面紗則是博物館的外部結構，由2,500個玻璃纖維菱形嵌板及鋼條，組架成如蜂巢般的多孔形外觀，像外殼一樣罩在地窖上頭，也為展場引進自然光線。而參觀者便從底層大廳搭乘電扶梯穿越厚實的牆面，來到地窖與面紗之間的展覽空間，頗有種鑽進山洞來到桃花源的感覺。

除了充滿話題的建築本身外，展示在這裡的都是一流的藝術作品，年代從戰後直到當代，堪稱後現代世界最強大的藝術收藏。

編輯筆記 ✏️

沒預約門票，就要做好排隊的心理準備

布羅德當代美術館雖然門票免費，但在入場之前仍須先去領取時段門票。可別以為後現代藝術冷門，由於布羅德的館藏擲地響於金石聲，若是現場取票，可得要排上許久才能拿得到。因此不想花時間排隊的，最好早早決定參觀日期，然後上官網預約門票。每月最後一個週三的10:00開始開放下個月的預約，建議時間一到就把票訂好，免得日期近了一票難求。

傑夫昆斯 Jeff Koons

傑夫昆斯最有名的汽球動物系列，是以不鏽鋼鏡面加工，再染色做成有如汽球般的效果，是當代流傳最廣的藝術作品之一。收藏在布羅德中的，除了招牌的藍色汽球狗外，還有兔子和鬱金香，是人們最喜愛拍照的對象。

安迪沃荷
Andy Warhol

說到後現代藝術，怎能少了安迪沃荷？這位普普宗師擅長複製重現日常之物，進而改變了藝術的概念，而康寶濃湯正是他最喜愛的題材。布羅德中的康寶濃湯有兩幅，其中一幅還是包裝稍被撕爛的樣貌，附帶一提，這幅作品2006年時的成交價，高達1千1百多萬美金！

羅伊李奇登斯坦
Roy Lichtenstein

另一位普普大師羅伊李奇登斯坦擅長模仿通俗漫畫風格，並以招牌的網點畫法聞名於世。他的這幅《我很抱歉》，畫中的現代女人其實是夏娃，羅伊將她的道歉呈現得曖昧不清，讓觀者自行解讀她道歉中的真實含義。

羅伯泰里恩 Robert Therrien

羅伯泰里恩於1994年的作品《桌子底下》，這套桌椅實際高達近300公分，就算是姚明來到，也只能乖乖地待在桌子底下。其實藝術家的用意就是藉由相對尺寸的改變，引發人們看事物的另一種視角。

賈斯柏強斯 Jasper Johns

和杜象的《噴泉》小便斗類似，賈斯柏強斯的《旗》也在藝術界引起不少爭議，其爭議的點在於，人們根本不知道該從何爭議起。

©The Broad

草間彌生 Yayoi Kusama

作品中總是充滿圓點的草間彌生，應該是台灣人最熟悉的後現代藝術家了，她在布羅德的作品有兩處，原本只是作為特展，因為太受歡迎而成為永久館藏。一是在1樓樓梯後方的《無限鏡屋-數百萬光年外的靈魂》，以重覆鏡像及LED燈泡，在有限空間裡創造出一整個宇宙。要參觀無限鏡屋必須在進入博物館後以iPad登記，然後在指定時間前往排隊。另一件作品是3樓的《渴望永恆》，就像是無限鏡屋的縮小版，以萬花筒的形式及變幻的燈光色彩，呈現出炫目的璀璨世界。

村上隆 Takashi Murakami

另一位知名日本藝術家村上隆也在布羅德展示兩件大型作品，其中佔據兩面牆的《在死亡之地，踏上彩虹尾巴》，是他「超扁平運動」的代表作品之一，構圖上結合了日本動漫文化與浮世繪風格，在綺麗與古怪的背後，其實也批判著日本的現況。

尚米榭巴斯奇亞 Jean-Michel Basquiat

英年早逝的巴斯奇亞是當代最有名的街頭塗鴉藝術家之一，他狂野的用色與張力十足的構圖，使他在商業上獲得極大成功。這幅《無題》有可能是他的自畫像，表現出盛名所帶來的焦慮與狂亂，宛如穿梭在生與死之間的夢境。

塞湯伯利 CY Twombly

抽象主義大師塞湯伯利可能是當今最難解讀的藝術家，他的作品往往潦草、簡單、亂無章法，但一旦你了解他的命題所在，試著將固著的形象拆解消融，只保留概念本身時，你就會不得不讚嘆他的精妙。

現代藝術博物館
Museum of Contemporary Art (MOCA)

瞻仰當代大師風采

🚇搭乘捷運A、E線至Grand Av Arts/Bunker Hill站，步行約4分鐘，或DASH巴士B線至Grand/3rd站即達 🏠250 S. Grand Ave, LA, CA 90012 🕐11:00~17:00（週四至20:00，週末至18:00）🚫週一 💲常設展免費，特展成人$18，65歲以上$10，12歲以下免費 🌐www.moca.org 🐾每週四17:00有免費專人導覽 ❗可上網預約時段票

簡稱MOCA的現代藝術博物館，成立於1979年，由官方與私人組織共同設立，完整保存1940年迄今各種形式創作的作品，以期為後代留下珍貴的藝術寶藏。MOCA共有三個分館，除了市中心的本館外，還有位在小東京的Geffen現代館，以及西好萊塢的太平洋設計中心(Pacific Design Center)。

本館的建築相當具有特色，融合西方的幾何學和東方的傳統建築元素，是日本頂尖建築師磯崎新在美國的第一個建築作品。而重量級的永久館藏，包括塗鴉藝術家尚米榭巴斯奇亞、當代藝術巨匠羅伯特勞森伯格(Robert Rauschenberg)、抽象表現主義代表人物傑克遜波洛克(Jackson Pollock)、英國最有影響力的藝術家大衛霍克尼(David Hockney)等大師的作品。至於原本館外招牌的大型裝置藝術：由南希魯賓斯(Nancy Rubins)以飛機殘骸重組拼裝成的Mark Thompson's Airplane Parts，目前則被移至Geffen現代館外展示。

自2020年1月開始，博物館啟動「全民藝術」計劃，讓民眾得以免費參觀MOCA的常設展館，這一切都要感謝博物館董事會主席卡洛琳鮑爾斯的大方贊助，不過為了有效控管館內人數，事先上官網預約時段入館券還是必要的。

MAP　P.59B3

華特迪士尼
音樂廳

MOOK Choice

Walt Disney Concert Hall

耗資上億的閃亮地標

🚇 搭乘捷運A、E線至Grand Av Arts/Bunker Hill站，或DASH巴士 A、B線至Grand/1st站即達 🏛 111 S. Grand Ave, LA, CA 90012 🌐 www.musiccenter.org

華特迪士尼音樂廳建成於2003年，目前是洛杉磯愛樂交響樂團與洛杉磯大師合唱團的團本部，並且有一部分作為前衛劇團REDCAT的實驗劇場。

音樂廳的構想起源自1987年，華特迪士尼的遺孀莉莉安(Lillian Disney)捐了5千萬美金給市政府，要求建造音樂廳，並以她的先生命名，以榮耀他一生的貢獻，以及紀念他在音樂上的喜

走進音樂廳裡瞧一瞧

想進入華特迪士尼音樂廳，可以在10:00~14:00之間向大廳售票處租借免費的語音導覽耳機，而在12:00與13:15亦有60分鐘的免費專人導覽行程。不過音樂廳並不是每天都有開放，建議先上官網查一下行程日曆，比較保險。

好。市府於是找來定居在本市的解構主義建築大師法蘭克蓋瑞(Frank Gehry)著手規劃，前後花了16年工夫才興建完成，總支出是當時莉莉安捐獻總額的好幾倍。

這座洛杉磯市中心的地標，以瀟灑豪邁的流動線條，組構出似無脈絡可尋的不規則立面，於是隨著觀看角度移動，音樂廳的外形也不斷變化著，有時像是迎風舞動的船帆，有時又像綻開了的花朵。而以不鏽鋼材質形塑的銀白外觀，在陽光照射下更閃耀著亮眼光芒。事實上，音樂廳在建成之初遠比現在更加耀眼，但因為反射的強光容易引起交通事故，同時過度聚熱也對附近民眾造成困擾，才又在部分建材表面噴砂，以減低其亮度。

而空間概念前衛的音樂廳內部，使用柚木和松木作為主要結構，陳設復古典雅，但在日本環境音響大師永田穗及其弟子豐田泰久的努力下，這裡擁有最高科技的音響設備，並運用先進的電腦器材加以輔助，使其成為全世界聲學效果最頂尖的音樂廳之一，因此每有演出，都是全球樂壇和樂迷矚目的焦點。

MAP P.59C3

飛翔天使鐵道

Angels Flight

世界最短的登山鐵道

🚇搭乘捷運B、D線至Pershing Square站,步行約5分鐘 🏠上層車站:350 S. Grand Ave, LA, CA 90071;下層車站:351 S. Hill St, LA, CA 90013 ⏰每日06:45~22:00 💲單程$1 (使用Tap Card為$0.5) 🌐www.angelsflight.com

　　這座世界最短的登山鐵道,全長只有91公尺,連結South Hill St與Bunker Hill上的California Plaza。飛翔天使最初建於1901年,當時Bunker Hill是城裡最時髦的區域,兩台纜車:Olivet和Sinai,每日上上下下,不但滿足人們機能與景觀上的需求,也形塑了市民的共同記憶。1969年時因為都更的關係,飛翔天使宣告熄燈,然而這份記憶依然存留在市民心中,於是在1996年,當局決定讓記憶重新鮮明,將飛翔天使加以重建。27年的物換星移,飛翔天使比原先的位置南移了半個街區,但為了保持世界最短鐵道的頭銜,長度並沒有改變。因此今日登上飛翔天使,除了獲得另一個觀看市中心的角度,也是在重溫一段城市歷史。

MAP P.59C2

小東京

Little Tokyo

處處充滿日本風味

🚇搭乘捷運A、E線至Little Tokyo/Arts District站,或DASH巴士A線即達 🏠大約在1st St、Alameda St、4th St和San Pedro St之間的區域

　　這裡是南加州最大的日僑和日裔美國人社區,不論街頭景觀、餐廳店家、櫥窗陳列、視聽娛樂,甚至往來行人,處處都充滿日本風味。尤其1st St與Central Ave路口附近的日本村購物廣場(Japanese Village Plaza Mall),街道兩旁都是低矮的日式木造平房,有各式各樣的日本商店、壽司店、居酒屋、御果子司、便利商店和麵包店等,而商場入口處矗立的高架櫓樓(Yagura Tower),也早已成了小東京的地標。在San Pedro St和2nd St路口不遠處,有一條Astronaut Ellison S. Onizuka Street,這是為了紀念日裔太空人埃利森鬼塚,他是首位被選入美國太空計畫的日裔太空人,然而1986年的挑戰者號意外中,鬼塚不幸喪生,因而在此立碑紀念。位於太空人街的威勒廣場(Weller Court)成立於1970年,餐廳、商店、銀行、紀伊國屋書店、購物中心和百貨商場松阪屋等陸續進駐,使這裡成為日本移民的最愛。

MAP P.59A2

中國城
China Town
好萊塢眼中的東方世界

🚇 搭乘捷運A線至Chinatown站，或DASH巴士B線至Hill/Gin Ling Way站即達

在洛杉磯的官方資料中，最早出現華人的紀錄是在1852年，不過19世紀末逐漸發展出的華埠並不是現在的位置，而是在今日的聯合車站一帶。1930年代，為了興建聯合車站，當地華人被迫遷移，舊中國城遂成過往雲煙。今日的中國城在當時其實是小義大利，隨著義大利移民逐漸遷往他處發展，華人們也慢慢補本地人口的空缺，並在諸多民間人士協助下，於1938年為新的中國城揭幕。

新中國城牌樓位於North Broadway上鄰近Cesar Chavez Ave的地方，從這裡往北直到Bernard St都是中國城的範圍，聚集許多著名的中國餐館與商店。目前中國城人口大約有3萬左右，多半是早期華人移民的後裔與中南半島移民，新一代的華人移民則更傾向在洛杉磯市東邊的城鎮定居。

中國城裡觀光況味最濃厚的地方，是以金陵路(Gin Ling Way)和美齡路(Mei Ling Way)為重心的中央廣場(Central Plaza)，廣場上矗立一尊國父孫中山銅像，銅像後方的牌樓上書「孟歐之風」，這是早期民權鬥士洪耀宗律師為紀念母親而建，藉由孟軻和歐陽修的故事感謝母親教養之恩。由於參與興建中國城的，許多是在好萊塢工作的電影從業人員，因此五色繽紛的建築物頂部，都建起特別誇張的重簷飛角，街道上方也是張燈結綵，以符合舊時西方電影中的東方印象。

近年來，位於North Hill St西側的重慶路(Chung King Road)成了新的旅遊亮點，這個原本逐漸沒落破敗的街區，因為一批藝術家的進駐而有了新生命，現在是藝廊和古董行的聚集地。

67

MAP ▶ P.48D3

道奇球場

Dodger Stadium

棒球迷矚目的焦點

🚗建議開車前往 🏠1000 Vin Scully Ave, LA, CA 90012 🌐 www.mlb.com/dodgers/ballpark

◎ 球場導覽行程 Stadium Tour

🚪從球場的Gate A進入 ⏱10:00~15:00 (球賽日至13:00)，每小時整點出發，行程約75分鐘 💲成人$32.25，3~14歲及55歲以上$27.25

◎ 賽前導覽行程 Pregame Tours

🚪從球場的Gate B進入 ⏱球賽開始前3.5小時出發，行程約45分鐘 💲隨賽事變動 ❗球賽門票與停車票券需另外購買

要問當今最受國際矚目的大聯盟球隊，想必非道奇莫屬，原因無他，「大谷翔平」四個字便說明一切，尤其是日本球迷，因為山本由伸也在那裡，更何況早在1995年第一位到大聯盟闖蕩的日本球星野茂英雄，當年加盟的球隊正是道奇。其實對台灣球迷來說，道奇也並不陌生，郭泓志最意氣風發的時刻，就是效力道奇的那幾年；其他台灣英雄像是陳金鋒、胡金龍、曹錦輝，不論時間長短，都曾以道奇球員的身份在這座球場上奮戰。

道奇隊最初成立於1883年的布魯克林，當時用過許多名字，直到1932年才定名為道奇。1958年道奇搬遷至洛杉磯，並在1962年啟用了這座球場，這可是大聯盟僅次於芬威球場與瑞格利球場，歷史第三悠久的現役球場。球場因為碧藍的基調，而被道奇名人堂傳奇湯米拉索達暱稱為「藍色天堂」，這裡見證了道奇隊史上無數的風光時刻，參加球場導覽行程便可在照片廊中回味這些精彩鏡頭。行程中還會見識到長如星河的獎盃陣列，包括MVP、賽揚獎、金手套獎、銀棒獎，當然還有那8座世界大賽冠軍獎盃。此外還能參觀媒體區、轉播檯、復刻版的球員休息室衣櫃，並看到為數豐富的隊史文物，如各個年代的門票、球衣、看台座椅、壘包等。不過最令人興奮的，是可以走上球場邊緣，親手觸摸場上紅土，並坐在球員休息區的板凳上，想像自己也是登錄名單一員。如果是參加賽前導覽行程，還能提早入場，觀看球員們進行熱身與打擊練習。

至於球場外的數字雕塑則是已退休的背號，包括湯米拉索達的2號、大聯盟第一位非裔球員傑基羅賓森的42號、曾用14K投出完全比賽的山迪柯法斯的32號等，每一個號碼都訴說著一段豐功偉業。

©洛杉磯旅遊局

活力洛城
L.A. Live
五光十色的不夜城

🚇搭乘捷運A、E線至Pico站,步行約7分鐘,或DASH巴士F線至Olympic/Flower站,步行約2分鐘 📍約為Olympic Blvd、Figueroa St、Chick Hearn Court與LA Live Way之間的區域 🌐lalive.com

活力洛城是洛杉磯夜晚最熱鬧的複合娛樂區域,集劇院、電影院、5星級酒店(Ritz-Carlton與JW Marriott)與將近20家時髦餐館、酒吧於一處,加上旁邊就是加密貨幣網體育館與葛萊美博物館,而洛杉磯會展中心也在徒步可達的距離內,讓這裡不分畫夜都是人潮洶湧。

這裡最重要的設施為孔雀劇院(Peacock Theater,即從前的諾基亞劇院與微軟劇院,2023年由NBC環球旗下的串流平台孔雀取得新的冠名權),擁有7,100個座位,是南加州最大的舞台,一年一度的艾美獎頒獎典禮就是在此舉行,過去紅極一時的歌唱選秀節目American Idol總決賽也是在這裡舉辦。劇院前的孔雀廣場(即從前的Xbox廣場)即使時至午夜,大樓上的LED看板仍舊閃爍不停,照映流連不去的人們身影,尤其球賽前後,廣場上更是摩肩接踵、熱鬧非凡,不辱這裡的「活力」之名。

葛萊美博物館
(MOOK Choice)
GRAMMY Museum
滿是驚奇的音樂聖殿

📍位於活力洛城 🏠800 W. Olympic Blvd, LA, CA 90015 ☎(213) 725-5700 🕐11:00~17:00 (週六至18:00) ⓧ週二 💲成人\$18,65歲以上\$15,5~17歲\$12 🌐www.grammymuseum.org ❗館內禁止拍照

揭幕於2008年的葛萊美博物館是洛杉磯最有趣的去處之一,這裡沒有常設館藏,所有展覽每隔2、3個月就會輪換一次,但無論換展有多頻繁,有一點是始終不會變的,那就是展覽內容的高度互動與趣味性。譬如我們在採訪的時候,展館內有許多小錄音室,每間錄音室都有一個主題,由流行樂界的王牌製作人教導遊客如何製作一張唱片,包括填詞作曲、混音後製等音樂課程,並讓遊客親自動手嘗試,感受每個旋鈕的作用與各種組合的差異,體驗音樂世界裡的無限可能。

博物館中還有一間劇場,平日重複播放演唱會實錄或音樂電影,有時也會有現場演出。而這裡介紹的音樂類型非常齊全,說不定你能在館中找到心儀樂手的吉光片羽,或是從互動式展品的操作中發現自己的音樂潛能。

©洛杉磯旅遊局

MAP P.59D6

加密貨幣網體育館

Crypto.com Arena

NBA湖人隊的主場

📍位於活力洛城 🏠1111 S. Figueroa St, LA, CA 90015 🚇
www.cryptoarena.com

　　儘管許多老球迷仍然堅持稱這裡為「史坦波中心」(Staples Center)，但球場冠名權已在2021年被加密貨幣網買下，未來20年都要用這個新名字。這座體育館是NBA球隊湖人隊的主場(快艇隊已於2024年新球季搬遷至LAX附近的Intuit Dome)，同時也是WNBA的火花隊與NHL的國王隊主場。在沒有球賽時，加密貨幣網體育館則成為洛杉磯最炙手可熱的演唱會場地，當今樂壇最大咖的天王天后幾乎都指定要在這裡表演，從過去的瑪麗亞凱莉到當今的泰勒絲都是如此，而自2004年以來的葛萊美獎頒獎典禮，基本上都是在這裡舉行。

　　由於每天的節目都處於滿檔狀態，因此很可惜的，加密貨幣網體育館並沒有對公眾開放的導覽行程。不過球迷仍可以在中心外頭拍照留念，館

💡 **到球隊專賣店購物，記得先看賽程**
球場1樓的Team LA販賣各隊球衣、T恤與周邊產品，從體育用具到3C配備一應俱全，不過想前往採購的球迷一定要先看好賽程，因為這間店只會販賣當晚賽事球隊的商品。

外的明星廣場(Star Plaza)上共有12尊銅像，包括傳奇控衛魔術強森、「天鉤」賈霸、「Logo Man」傑瑞威斯特、冰球大帝韋恩格雷茨基、綽號「金童」的拳王奧斯卡德拉霍亞、名人堂中鋒「大鯊魚」俠客歐尼爾，與2024年才揭幕的已故球星「黑曼巴」柯比布萊恩等，都是球迷經常合影的對象。

好萊塢
Hollywood

「外 太空應該是最遙遠的邊界，卻製造於好萊塢的地下室。」多年以前放克天團嗆辣紅椒就曾經這麼唱過，這讓人不由得聯想起那則人類登月影片其實是在好萊塢拍攝的傳聞，的確，以好萊塢的電影技術，拍出任何光怪陸離的畫面都不會令人感到意外。

如果說，洛杉磯是由世界拼湊而成，那麼好萊塢則是拼湊了全世界。數十年來，好萊塢一直強勢主導著主流電影，只要是有電影的地方，就有好萊塢文化，即使在歐亞電影逐漸復興的今日，每有好萊塢強片上檔，仍是電影界的唯一話題。可以說，我們都是在好萊塢的耳濡目染下長大的，我們對於美國甚至世界的最初印象，很多時候都是來自好萊塢，而好萊塢也成了向世界傳播美國文化最強而有力的發聲筒。

走在好萊塢街頭，你會感受到一股奇妙的力量，所有庸俗的元素在這裡彷彿都能成為經典，就像安迪沃荷的藝術品般。這種情形在其他任何城市都不可能發生，畢竟只有這裡才是好萊塢，大眾流行文化的發軔地。當然，好萊塢也多的是真正的經典，那些如雷貫耳的名字、那些歷久彌新的鏡頭、那些開創時代的傑作，每一樣都讓人興奮。你可以在星光大道上追尋到痕跡，在博物館藏裡認識其過往，在片場巡禮中見識其幕後，整個好萊塢，處處都在述說一部電影發展史。

71

MAP ▶ P.48C2

好萊塢白色標誌
Hollywood Sign
加州明星夢的象徵

🏠位於Mt. Lee山頂上　🌐www.hollywoodsign.org

好萊塢最經典的地標，莫過於遠方山坡上巨大的9個英文字母「HOLLYWOOD」，每個字母高達50英呎，由薄金屬板打造而成。這些字母豎立於1923年，最初的用意其實是為了替房地產「Hollywoodland」宣傳廣告，建案完成後，土地開發商並沒有將字母拆除或加以管理，而是將它們棄置原地，任由風吹雨打，逐漸荒蕪。在一次土石流中，最後4個字母LAND遭受損毀，剩下的字母也搖搖欲墜。但這些字母早已是好萊塢歷史的一部分，終於在1978年時，由好萊塢商會出面募款重修，成為舉世聞名的景觀。

這裡提供你兩處觀賞標誌的好地方，一處是在Ovation Hollywood購物中心的天橋上，可以看到清楚的大字；另一處在葛瑞菲斯天文台，距離更近一些，但角度稍微歪斜。當然如果想運動的話，也可沿著登山步道爬上標誌後方，不過標誌周圍是通訊塔的管制區域，無法進入就是了。

MAP ▶ P.72A1-C1

星光大道
Walk of Fame

MOOK Choice

人行道上眾星閃耀

🎵搭乘捷運B線至Hollywood/Highland站即達 🚇主要在Hollywood Blvd的人行道上(介於La Brea Ave和Gower St之間)，有一小部分位於Yucca St和Sunset Blvd之間的Vine St上

星光大道上的星星和中國戲院前的手印，都是讓明星們名留千古的地方。星光大道的構想源自1950年代，歷經重重波折後，終於在1960年2月9日，為瓊安伍德沃德(Joanne Woodward)鑲上了第一顆星星。在此之前，好萊塢商會早已選出1千5百多位名人，要將他們的名字表揚在好萊塢大道兩側的人行道上，繼伍德沃德之後，剩下的星星在1年半內鋪設完成，範圍綿延18個街區。而後每個月，仍會增加1到2顆星星，截至目前為止，大道上的星星已有將近2千5百顆。

以古銅滾邊的紅色星形大理石，上面不但刻有人名，星星內的圖案也有分類，像是錄影機代表電影界，唱盤代表音樂界，收音麥克風代表廣播界，電視機代表電視圈，戲劇面具代表舞台表演等，用以褒獎娛樂圈內各領域的傑出人員，及其所做出的貢獻。

在星光大道上最大的樂趣，就是沿途尋找自己熟悉的名字，然後在偶像的名字前拍張照片留念。你也會發現，有些名字的主人是卡通中的虛構人物，像是米老鼠與唐老鴨、辛普森家庭、史瑞克、邦尼兔等，甚至連酷斯拉都名列其中。而在大道上，也有許多穿著戲服道具、打扮成超級英雄的街頭藝人，只要隨意付一點小費，就可以和他們合照，也是這一帶著名的街頭風景。

值得一提的是，位於Hollywood Blvd和La Brea Ave的交叉路口旁，矗立一座銀白色的亭台，四根角柱是身穿晚禮服的銀幕女神雕像，象徵世界演藝文化的融合。這四位代表人物分別為美國性感偶像梅蕙絲(Mae West)、墨西哥裔女演員桃樂絲黛麗歐(Dolores Del Rio)、黑人女星桃樂斯丹鐸(Dorothy Dandridge)，以及華裔影星黃柳霜(Anna May Wong)。

MAP　P.72B1

中國戲院

MOOK Choice

TCL Chinese Theatre

與明星手印擊掌

🚇搭乘捷運B線至Hollywood/Highland站即達　📍6925 Hollywood Blvd, Hollywood, CA 90028
📞(323) 461-3331　🌐www.tclchinesetheatres.com

中國戲院開幕於1927年5月，當時首演的電影是由戴米爾(Cecil B. DeMille)執導的《萬王之王》，從那時候起，好萊塢每有強片推出，多數都在這裡舉行首映。

戲院外觀有著誇張的簷角和巨柱，69英呎高的青銅色屋瓦直入天際，門口還有兩隻石獅坐鎮，標準的西式東方印象。然而專程來這裡看電影的人只占了少數，大部分遊客還是衝著戲院前庭水泥地面上的明星手、腳印而來。這些手印大多由在此進行首映會的明星或導演所留下，其他則是在當年度具有特殊意義的娛樂界人物。戲院每次舉行名人的手印儀式，都是好萊塢大道上的盛會，觀禮人潮摩肩接踵，爭著一睹巨星風采。

這些手印的由來，背後也有許多有趣的故事，其中最廣為流傳的版本，就是當時的默劇影星諾瑪塔瑪芝(Norma Talmadge)在參觀中國戲院工地時，不小心一腳踩在未乾的水泥地上，戲院老闆席德葛若曼(Sid Grauman)看到後靈機一動，便想出了這個點子。第一面紀念手印是在戲院開幕前，由席德合夥人瑪莉碧克馥(Mary Pickford)與道格拉斯費爾班克斯(Douglas Fairbanks)這對明星夫妻檔所留下，而第二面手印則是由諾瑪塔瑪芝蓋印於戲院剪綵當天。80多年來，已累積了200多組手印泥磚，只要是在好萊塢闖出名堂的，幾乎都在這裡留名了。

除了手、腳印外，也不乏將個人特色融入其中者，像是「好萊塢第一美腿」貝蒂葛萊寶(Betty Grable)留下了腿印，以大鼻子聞名的吉米杜蘭(Jimmy Durante)留下鼻印，X Japan團長Yoshiki則是把鼓棒也印了上去，甚至連唐老鴨、C-3PO、R2-D2也留下了相當另類的腳印。

MAP　P.72B1

杜比劇院

Dolby Theatre

奧斯卡金像獎的紅地毯

🚇搭乘捷運B線至Hollywood/Highland站即達　🏠6801 Hollywood Blvd, Hollywood, CA 90028　☎(323) 308-6300　🌐www.dolbytheatre.com

◎ **導覽行程**
🕐詳細日期時間於1個月前公布，請見官網　💲成人\$25，4~17歲與65歲以上\$19

　　金碧輝煌的杜比劇院造價美金9千萬元，最初是在柯達企業贊助下，於2001年建成，而柯達也取得了劇院的命名權。然而2012年時，柯達聲請破產保護，並停止對劇院的冠名贊助，最後由以研發音效聞名的杜比實驗室接續冠名合作，而劇院也於同年5月正式改名。

　　杜比劇院擁有3,500個座位，設備令人嘆為觀止，是每年奧斯卡金像獎頒獎典禮的舉辦場地。典禮中最大的話題，往往是那些超級巨星們走過紅地毯時身上的衣著，不但是電影界的盛事，也意味著時尚潮流的走向。目前這兒也時常舉辦各種戲劇表演、演唱會等活動。

MAP　P.72B2

好萊塢博物館

Hollywood Museum

回顧好萊塢的點點滴滴

🚇搭乘捷運B線至Hollywood/Highland站，步行約1分鐘　🏠1660 N. Highland Ave, Hollywood, CA 90028　☎(323) 464-7776　🕐10:00~17:00　🚫週一、二　💲成人\$15，65歲以上\$12，5歲以下\$5　🌐www.thehollywoodmuseum.com

　　好萊塢自1911年第一間電影工作室成立起，便在世界電影史上開啟嶄新的一頁，其興盛、輝煌與轉型，都由這間博物館全程記錄著。想要了解好萊塢的過去與現在，或對經典電影背後的故事感到好奇，那麼就一定要到這裡走走。博物館裡收藏超過5千件珍貴的電影寶物，像是原版的電影海報、真正在電影中出現過的道具及布景、電影主角穿過的戲服等，而這裡也擁有世界上最多的瑪麗蓮夢露收藏品。博物館的地下室則是間陰森的地窖，展示歷年對恐怖片的喜好變遷，地窖中還有個特別詭異的房間，或許你會覺得有點眼熟，因為那便是《沈默的羔羊》中的場景。

好萊塢杜莎夫人蠟像館

MOOK Choice

Madame Tussauds Hollywood

與巨星近距離接觸

🚇搭乘捷運B線至Hollywood/Highland站即達 📍6933 Hollywood Blvd, Hollywood, CA 90028 ☎(323) 798-1670 🕐大致上，週一至週四為11:00~18:00，週五至週日為10:00~20:00，詳細時間請見官網 💲官網價：週一至週四$29.99，週五至週日$34.99 🌐www.madametussaudsla.com 🎫門票含漫威4D劇場

在世界主要觀光城市的觀光區域，經常都能看到杜莎夫人蠟像館，但不知道是不是因為距離明星本人比較近的緣故，總覺得好萊塢的這間做得特別逼真。秉持杜莎夫人蠟像館一貫的佈展作風，除了緊貼最新娛樂焦點外，還想方設法增加展品與遊客之間的互動性，讓人在讚嘆蠟像唯妙唯肖的同時，也彷彿真實走進明星世界。

沿著紅地毯走進館內，迎面而來就是一群A咖在舉行派對，遊客可以踏上舞台和碧昂絲、史奴比狗狗同台獻技，或是靜靜坐在一旁與喬治克隆尼品嚐美酒，同時出席的還有威爾史密斯、賈斯汀、茱莉亞羅勃茲、布萊德彼特等當紅巨星。離開派對後，立刻進入好萊塢經典場景，遊客最喜歡做的事，就是坐在奧黛麗赫本身旁享用第凡內早餐，以及跨上駱駝與阿拉伯的勞倫斯合照，為這些黃金時代的名片增加新角色。

其他展廳也都各有主題，像是西部片、黑幫電影、現代經典、漫威英雄、大師導演、體育明星等，穿梭其中，等於重溫好萊塢數十年來的傳奇故事，而這故事還在延續下去，每幾個月就有新的明星蠟像出來亮相。而在出口前的最後一間展廳，館方安排了場奧斯卡頒獎典禮，近幾年得獎的最佳男、女主角，全都盛裝出席，以這電影界的最高榮譽，感謝影迷們對好萊塢電影的支持。

MAP　P.48C3

葛瑞菲斯天文台

MOOK Choice

Griffith Observatory

飽覽洛杉磯全景

天文台停車位週末時容易爆滿，可搭乘DASH巴士的天文台接駁車，10:00~22:00每20~25分鐘在捷運B線的Vermont/Sunset站外發車，直達天文台門口，車資為$0.5　🏠2800 E. Observatory Rd, LA, CA 90027　📞(213) 473-0800　🕐12:00~22:00（週末10:00起）　🚫週一　💲主館：免費。Samuel Oschin天象儀節目：成人$10，55歲以上$8，5~12歲$6　🔗www.griffithobservatory.org

葛瑞菲斯公園位於好萊塢東北方，面積廣達4,107英畝，是北美最大的市區公園之一。這片物業原為著名礦業主葛瑞菲斯上校(Griffith J. Griffith)所有，他於1896年將土地捐出後，後人便以捐贈者為公園命名。公園裡有森林步道、露天劇場(Greek Theatre)、博物館、迷你馬場、網球場等設施，而洛杉磯動物園也位於公園的東北一角。

公園裡最著名的設施是葛瑞菲斯天文台，這裡擁有加州最大的天文望遠鏡，以及世界最大的星空模擬儀，並提供鐳射燈光秀演出。站在天文台外，可俯瞰整個洛杉磯市中心，並能近距離眺望好萊塢白色標誌，吸引許多人專程來此拍照。而天文台右側還有一座紀念碑，這是紀念詹姆士迪恩當年在此拍攝的電影《養子不教誰之過》，在這部電影中，許多重要鏡頭都是在此取景，像是吉姆與巴茲的死亡車賽，以及結尾柏拉圖藏匿與中彈的地方，就是在天文台外。

除了擁有能眺望市容的絕佳視野，天文台內部也有不少可看之處，像是每小時展示一次的特斯拉線圈(Tesla Coil)、來自外太空的隕石、從宇宙傳回來的影像等。而每當入夜之後，只要天氣許可，天文學家們便會開放其中一具望遠鏡，讓民眾親眼一睹地球以外的景象。

MAP P.48C2

華納兄弟
製片廠行程

MOOK
Choice

Warner Bros. Studios Tour

見證電影的誕生

🚗 最好開車前往，停車費每次$15 　🏠 3400 Warner Blvd, Burbank, CA 91505　☎(818) 977-8687

行程	出發時間	行程長度	價錢
片廠行程 (基本行程)	09:00~15:30， 每30分鐘一梯	3小時	成人$73 兒童$63
經典行程 (著重在黃金時代)	11:30、12:30、 14:30、15:00出發	3.5小時	成人$95 兒童$82
片廠行程升級 (含餐點及放映室)	09:00~14:00， 每30~60分鐘一梯	4小時	成人$160 兒童$138
豪華行程 (全包式體驗)	平日09:00、09:30 出發	6小時	每人$330

🌐 www.wbstudiotour.com

編輯筆記

參觀華納兄弟片廠的注意事項

◎ 由於每個梯次名額有限，因此建議事先上網
　購票，而且還可以便宜$3元喔！

◎ 記得要攜帶護照等有個人相片的身分證明，
　並於行程出發前30分鐘完成報到。

◎ 片廠內有些正在作業的區域為商業機密，請
　確實遵守拍照及攝影規定。

◎ 5歲以下兒童謝絕參觀。

　好萊塢之所以至今仍為電影之都，正因為主流電影界最重要的幾個片廠都將總部設在這裡，於是參觀片廠便成了造訪洛杉磯時的必體驗，像是環球影業、華納兄弟、派拉蒙和新力的片廠，都有開放讓遊客參觀的導覽行程。華納兄弟是好萊塢的老牌片廠，創立於1918年，近期較賣座的大片包括《星際效應》、《瘋狂麥斯憤怒道》、《薩利機長》、《瘋狂亞洲富豪》、《小丑》、《沙丘》等，而在宇宙系列當道的現代，華納兄弟也成功開創出《哈利波特》、DC宇宙、《厲陰宅》等強檔系列電影。

　在3個小時的行程中，遊客乘坐12人座的電動車穿梭在各佈景街道之間，你會發現許多電影中的紐約、芝加哥、舊金山等城市場景，其實都在這裡。有時為了拍出情節需要的效果，像是時代、氣候等與現實不同的差異，部分搭建的場景

還必須經過特別設計，而導覽員也會一一介紹沿途的建築曾出現在哪些電影裡。當然，幕後製作的種種祕辛也是少不了的八卦話題。此外，許多知名節目的攝影棚也是位在這裡，只要沒有拍攝作業進行，遊客都有機會進入棚內參觀。

行程的重頭戲還包括展出哈利波特與DC電影中服裝道具的華納兄弟博物館，以及陳列歷代蝙蝠車的布魯斯韋恩車庫，影迷們來到這裡，手中的相機就幾乎沒有停過。最後行程會回到華納兄弟的主展示廳，當中有為數可觀的互動式多媒體設施，遊客除了可以觀賞各種影片，還能體驗動作感應模擬器、坐在《六人行》的沙發上拍紀念照、利用綠幕合成拍攝個人影片(須額外付費)等。同時也別忘了到《六人行》中的Central Perk咖啡館，享用一頓影迷式的朝聖午餐。

MAP ▶ P.48C3

好萊塢露天音樂廳

Hollywood Bowl

全球最大露天音樂廳

🚌 若是去看表演，演出前2.5小時起有接駁車接送，上車地點在捷運紅線Hollywood/Highland站附近的Ovation Hollywood停車場，以及Universal City站對面的Ventura停車場，需事先預約，來回車資為$6。至於開車的話，音樂廳有4個停車場，停車費依演出而定 📍2301 N. Highland Ave, LA, CA 90068
📞(323) 850-2000 🌐www.hollywoodbowl.com
◎ 露天劇場博物館 Hollywood Bowl Museum
🕐 夏季：週二至週五10:00至演出開始，週六至週一為演出前4小時至演出開始；其他季節：週二至週五10:00~17:00
💲免費

1922年落成的好萊塢音樂廳，其最大特色就是半遮式圓頂的露天舞台，在山林環繞之下，與自然景致完美融合。這裡是洛杉磯愛樂交響樂團夏季演出的固定場所，平日則舉辦各種藝術饗宴，也常有流行演唱會舉行，像是披頭四、BB King、山塔那、芭芭拉史翠珊等，均曾在此開唱過。每年7月4日美國國慶，當晚在慶祝音樂會結尾，更會施放精彩的煙火。

而場外的好萊塢露天音樂廳博物館，陳列了從1922年第一場音樂會迄今的點點滴滴，讓樂迷對洛杉磯音樂史有進一步的認識。博物館中播放的MTV和文字資料等，更完整重現各重要音樂會現場。

比佛利山
Beverly Hills

比佛利山其實是個擁有市議會的城市，只是在地理上被洛杉磯市包圍在內。這裡經常給人一種名流、富豪的聯想，彷彿身上沒有幾兩銀子，走在街上都會覺得不好意思。這種印象一方面由於光鮮亮麗的好萊塢明星有很多住在這裡，一方面也來自如《飛越比佛利》等美劇的渲染結果，事實上比佛利山雖然豪宅林立，但還算不上加州最有錢的區域。

比佛利山這座小巧的城市因為毗鄰好萊塢，許多演藝界的名人大老，都喜歡在這裡置產定居。其實比佛利山原本是片種植毛豆的耕地，1920年代時，地產商為當紅的瑪莉碧克馥與道格拉斯費爾班克斯夫婦建了一棟豪宅——Pickfair，從此之後，像是威爾羅傑斯、湯姆密克斯等大牌明星也紛紛搬來這裡，比佛利山的丘陵地段於是成為明星聚落，至今依然如此。

比佛利山市區觀光的精華地段，是由S. Santa Monica Blvd、Wilshire Blvd與N. Rexford Dr所圍成的三角形街區，這一帶的羅德歐大道、第二羅德歐與Brighton Way上，精品名店林立，是主要的購物大街。而N. Beverly St也是遊客常去的地方，像是洗腦先生美術館(Mr Brainwash Art Museum)與幾家著名簡餐店就是位於這條路上。

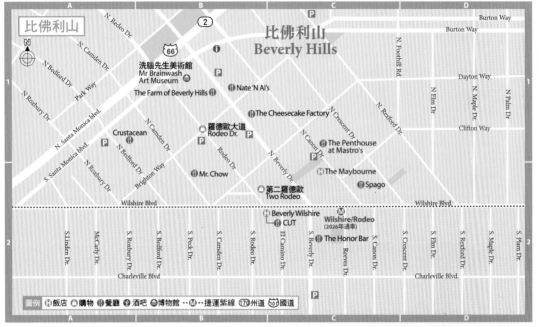

INFO

如何前往

◎公車
搭乘捷運D線至Wilshire/Western站，轉乘20號公車至Wilshire/Rodeo站即達。

◎捷運
洛杉磯的D線地鐵目前正在興建西向延伸工程，預計2026年就會開通通往比佛利山的路段，屆時新地鐵站Wilshire/Rodeo站的出口，將會位於Wilshire Bl與Reeves Dr的西南路口。

◎停車場資訊

在比佛利山的黃金三角區域，有多處由市府營運的2小時免費停車場，GPS定位地址如下：345 N. Beverly Dr、216 S. Beverly Dr、9510 Brighton Way、450 N. Rexford Dr、439 N. Beverly Dr、241 N. Canon Dr、461 N. Bedford Dr。若要停超過2小時的話，每超過30分鐘$3，當日最多$22；若是18:00之後停入，當日不論停多久都是$5。

旅遊諮詢

◎比佛利山遊客中心
🅿 P.81B1
🏠 9400 S. Santa Monica Blvd, #102, Beverly Hills, CA 90210
☎ (310) 248-1015 🕐 10:00~17:00
🌐 www.lovebeverlyhills.com

羅德歐大道
Rodeo Drive

一擲千金在這裡是家常便飯

⌂位於Wilshire Blvd與Santa Monica Blvd兩條大道之間的 N. Rodeo Dr ⦿www.rodeodrive-bh.com

　　電影《麻雀變鳳凰》中，茱莉亞蘿勃茲遭精品店店員冷言相待，後來李察吉爾帶她瘋狂血拼的地方，就是世界聞名的羅德歐大道。電影中對勢利店員的描述，可能略嫌誇張，不過羅德歐大道確實是條「高貴」的購物街，只要你想得到的世界名牌，在這都可找到專賣店。由於距離眾多國際巨星、王牌導演、製作人及富豪居住之地近在咫尺，這裡自然成為名人購物的最佳去處，據說每間高級精品店都有為貴客特別準備的VIP選購間。到此走上一遭，如同翻閱最新一期流行雜誌，就算買不下手，光是window shopping也賞心悅目。

第二羅德歐
Two Rodeo

羅德歐大道貴氣的延伸

⌂位於Dayton Way與Rodeo Dr交會處 ⦿www.2rodeo.com

　　沿著羅德歐大道與Dayton Way東側路口間的小緩坡而上，兩側有許多名店，不僅充滿歐洲風味，更有一股懷舊復古的魅力。佈滿圓石子的小街道上，有些很有情調的餐廳和露天咖啡座，另一側的西班牙式階梯，由Kaplan、McLaughlin和Diaz於1990年所設計，是觀光客喜歡坐在上面拍照的熱門地點。這裡的名店包括Tiffany & Co.、Versace、Porsche Design、Jimmy Choo、Breguet和Stefano Ricci等。而西班牙階梯上的餐廳208 Rodeo，其戶外餐座既可沾染滿街貴氣，價錢上又相對親民許多，難怪總是高朋滿座。

MAP　P.72B1

比佛利山
名人豪宅行程
Celebrity Homes Tour

MOOK Choice

把明星家當景點

🏠在杜比劇院前的售票亭購票出發(6801 Hollywood Blvd)
📞(323) 463-3333 　🕐每日10:00~17:15之間持續出團，行程約2小時，詳細時刻請上官網查詢　💲成人$49，3~11歲$39
🌐www.starlinetours.com

不管在哪裡，明星住的地方總是格外引人好奇，姑不論粉絲與否，經過明星家門時很難不多瞄一眼，一則想像明星的私人生活，一則賭賭看自己夠不夠運氣，可以看到明星本人現身。而在好萊塢和比佛利山這種地方，明星家宅的密度比便利超商還高，粉絲們正好可以大飽眼福，滿足自己的窺探欲望。於是滿街都是販售明星地圖的小販，只要按圖索驥，就能找到巨星現居或曾經住過的房子。更有甚者，還有旅遊業者推出明星家宅旅行團，把名人住家當成景點，搞得跟在非洲草原safari一樣。而Star Line公司正是其中翹

楚，其規劃的行程包括至少40棟與名人有關的屋宅，沿途還會清楚講解每一棟建築的來歷及名人故事，現已成為遊客來到好萊塢的Must Do之一。

其實參加這類活動，你也無需為自己的狗仔行為感到抱歉，因為這個行程早在1935年便開始運作，所有住在這裡的明星在搬來之前，都已有家門每天被人觀看的覺悟。事實上，他們還很樂意如此，因為Star Line每年都會公布一份名單，列出最多人要求觀看的前十名，而這排名對明星人氣來說，具有指標意義。不過，明星畢竟不是國家公園裡的野生動物，他們一方面期待自己家被要求觀看，另一方面又做起種種措施來維護隱私。例如瑪丹娜的豪宅，高門大牆是你唯一看得到的東西；又如湯姆克魯斯，環境綠化得非常徹底，只讓遊客看到從樹頂露出的煙囪。當然也有君子坦蕩蕩如艾爾帕西諾者，其宅院就沒有什麼特殊防備。而一些比佛利山的著名街道與別具意義的地點，像是灰石莊園、比佛利山大飯店、重金屬搖籃Whiskey A Go Go Live House等，也在Star Line的行程路線上。

洛杉磯西區
Westside Los Angeles City

洛杉磯西區集悠閒氣氛與文藝精神於一身，因為靠近比佛利山和好萊塢，讓這一帶成為名人經常流連之處。和比佛利山相較起來，這裡少了高不可攀的貴氣，多了怡然自得的情調；而同好萊塢相比，這裡也沒有如沙丁魚般的觀光人潮與光怪陸離的街頭風景。

威爾夏大道(Wilshire Boulevard)是洛杉磯市區的東西向主要幹道之一，地鐵D線自韓國城向西延伸的新增路段，便是沿著這條大道一路通往比佛利山和西木區。而威爾夏大道在洛杉磯西區的Highland Ave與Fairfax Ave之間的這段，素有「奇蹟一英哩」(Miracle Mile)之稱，雖然所謂「奇蹟」最初只是地產開發商所用的宣傳話術，但後來倒也不負眾望，不但建築上的裝飾藝術引領風潮，更擁有當時最進步的道路系統，而一間間博物館的開幕，也為這一英哩引來全球目光。來到這裡，主要的觀光活動就是參觀洛杉磯幾個極富特色的博物館，有經典藝術，有古代生物化石，也有現代動力科技，想看什麼，全憑你的喜好，重點是，它們全都能讓你眼界大開，心靈滿載而歸。

過去要到奇蹟一英哩的博物館區，開車是最簡單的方式，但在2025年新的地鐵站Wilshire/Fairfax站即將通車，出口就位在彼得森汽車博物館旁，屆時前往此區的交通將更加便利。

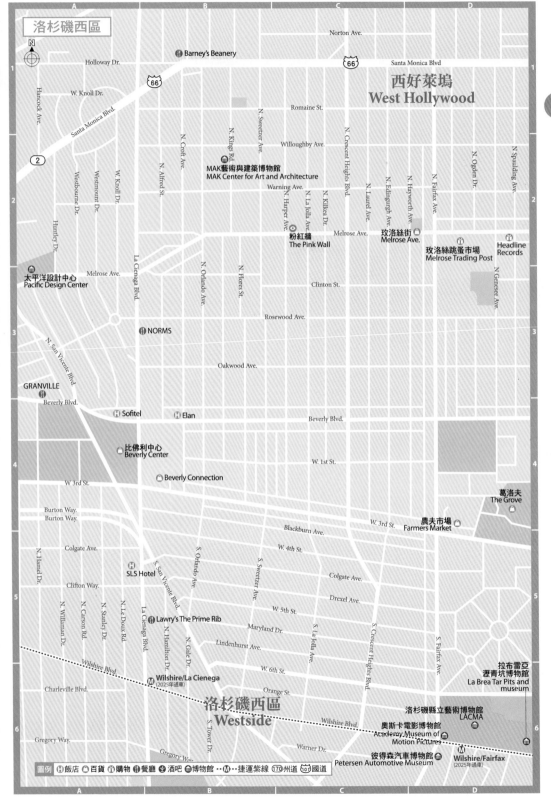

洛杉磯西區

N

西好萊塢
West Hollywood

Barney's Beanery

Norton Ave.

Holloway Dr.

Santa Monica Blvd

W. Knoll Dr.

Santa Monica Blvd.

Romaine St.

Willoughby Ave.

Warning Ave.

MAK藝術與建築博物館
MAK Center for Art and Architecture

粉紅牆
The Pink Wall

Melrose Ave.

玫洛絲街
Melrose Ave.

玫洛絲跳蚤市場
Melrose Trading Post

Headline
Records

太平洋設計中心
Pacific Design Center

Melrose Ave.

Clinton St.

Rosewood Ave.

NORMS

Oakwood Ave.

GRANVILLE

Beverly Blvd.

Sofitel   Elan

Beverly Blvd.

比佛利中心
Beverly Center

W. 1st St.

Beverly Connection

W 3rd St.

葛洛夫
The Grove

Burton Way.
Burton Way.

Colgate Ave.

Blackburn Ave.

W. 3rd St.

農夫市場
Farmers Market

W. 4th St.

SLS Hotel

Clifton Way.

Colgate Ave.

Drexel Ave.

Lawry's The Prime Rib

W. 5th St.

Maryland Dr.

Lindenhurst Ave.

拉布雷亞
瀝青坑博物館
La Brea Tar Pits and
museum

Wilshire Blvd.

W. 6th St.

Wilshire/La Cienega
(2025年通車)

Orange St.

洛杉磯縣立藝術博物館
LACMA

洛杉磯西區
Westside

Charleville Blvd.

Wilshire Blvd.

奧斯卡電影博物館
Academy Museum of
Motion Pictures

Gregory Way.

Gregory Way.

Warner Dr.

彼得森汽車博物館
Petersen Automotive Museum

Wilshire/Fairfax
(2025年通車)

圖例 H飯店 百貨 購物 餐廳 酒吧 博物館 M··捷運紫線 170州道 101國道

MAP P.48C3

日落大道
Sunset Boulevard
洛杉磯看現場表演的重鎮

🚇搭乘捷運B線至Vermont/Sunset 站，轉乘2號公車即達。若開車前往，路旁有許多限停2小時的投幣式停車格

　　日落大道的菁華地段，在Crescent Heights Blvd與Doheny Dr的路口之間，長達1.5英哩的街道兩旁，有許多精品專賣店，而延伸至戶外的咖啡館，總是坐滿衣著光鮮亮麗的居民或遊客。這一帶又以Live House酒吧、秀場夜店聞名於世，素有「Sunset Strip」的稱號，最有名的是8901號的Whisky a Go Go，像是The Doors、槍與玫瑰、范海倫等搖滾天團，最初就是在這裡表演而走紅的。而8433號的The Comedy Store也捧紅不少喜劇泰斗，例如羅賓威廉斯、金凱瑞、克里斯洛克等人，都曾在此表演。

MAP P.85B2-D2

玫洛絲街
Melrose Avenue
個性鮮明的次文化大街

🚇搭乘捷運B線至Vermont/Santa Monica站，轉乘204號公車至Melrose/Vermont站，再轉乘10號公車即達。若開車前往，路旁有許多限停2小時的投幣式停車格　🏠最熱鬧的區域在Highland Ave與La Cienaga Blvd之間

　　好萊塢西邊的玫洛絲街，在80年代之前只是個寧靜的小街道，蛻變之後展現洛杉磯年輕的一面，成為市民與觀光客尋寶的重要去處。長達2英里的街道上，有各種稀奇古怪的商店，這裡的店家雖然不盡然是名牌，但大都極具個性，許多主打新潮誇張的造型，適合喜好次文化或另類品味的人。

　　而8221號的品牌服飾店Paul Smith，其外牆由於粉紅得實在太過夢幻，因而成為網紅們自拍打卡的熱門背景，在社群網站推波助瀾下，如今已是玫洛絲街上頗具代表性的地標景點。

MAP　P.85D4

農夫市場

MOOK Choice

Farmers Market

洛杉磯最容易看到名人的地方

🚇 搭乘捷運B線至Vermont/Santa Monica站，轉乘4號公車至Fairfax/Santa Monica站下車，再轉乘217、218號公車至Fairfax/3rd站即達。捷運D線的Wilshire/Fairfax站通車後，亦可從奧斯卡電影博物館外轉乘217號公車前往 🏠6333 W. 3rd St, LA, CA 90036 ☎(323) 933-9211 🕐平日09:00~21:00，週六10:00~21:00，週日10:00~19:00 🌐farmersmarketla.com

　　這裡不只是販賣蔬果雜貨的市集而已，事實上，它是全市最有可能看到名人的地方。市場的悠閒氣氛與多樣繽紛的色彩，將人們從市內各個角落吸引到這裡來，其中當然包括明星在內，時常可以看到演員、導演們坐在露天餐桌上討論劇本，也或許只是單純喝杯咖啡，於是市集裡最常聽到的竊竊私語就是：「嘿，你看，那是不是某某某啊？」

　　設立於1934年的農夫市場，伴隨好萊塢走過70多個年頭，不少超級巨星把這裡當作放鬆自己的空間，也有許多名人軼事以此作為場景。例如消防隊員曾為了從瘋狂粉絲群中救出可愛童星雪莉鄧波，不惜在店家屋頂上砸出一個大洞；華特迪士尼也曾坐在這裡的陽台上，畫出迪士尼樂園的草圖。

　　市集中也不乏特色店家：Patsy D'Amore's是南加州第一家披薩店；Bennett's Ice Cream首創全球獨賣的卡本內蘇維濃紅酒雪糕；Light My Fire的貨架上排列了上百瓶不同等級的辣椒醬；艾森豪和披頭四是Magee's House of Nuts堅果醬的死忠顧客；Du-Par's的鬆餅和Bob's的甜甜圈，都被評為西岸美味。就連市場的綠色木製購物車也是獨樹一幟，受歡迎的程度甚至成為經常遭竊的對象，據說最遠曾有在德州鄉下被尋獲的紀錄。

MAP P.85D6

洛杉磯郡立美術館

Los Angeles County Museum of Art (LACMA)

美國西岸最大的藝術博物館

🚇搭乘捷運D線至Wilshire/Western站，轉乘20號公車至Wilshire/Ogden站即達。捷運D線的Wilshire/Fairfax站通車後，出站即達。若開車前往，地下停車場入口位於6th St上，每次\$21 🏠5905 Wilshire Blvd, LA, CA 90036 🕐平日11:00~18:00 (週五至20:00)，週末10:00~19:00 🚫週三 💲成人\$28，65歲以上\$24，3~17歲\$13 🌐www.lacma.org 🎁每月第2個週二免費參觀 ❗建議事先上官網預購時段門票

　　洛杉磯郡立美術館成立於1961年，是美國西岸最大的藝術博物館，永久館藏多達15萬餘件，展出內容從古希臘羅馬到現當代藝術，從亞洲文化到拉美文明，從繪畫雕刻到影像媒介，幾乎各種藝術類型無所不包，東西方大師級名作皆在此匯聚。

　　由於收藏日益豐富，為了提升觀展品質，博物館也不斷進行擴建工程，最新一期工程是大衛格芬美術館(David Geffen Galleries)，就位於現在主展館的東側，由普立茲克獎得主彼得卒姆托(Peter Zumthor)所打造，如波浪般流線的外型，橫跨威爾夏大道兩側，本身就很有藝術感。工程目前已接近完工狀態，預計開放之後展覽面積將增加一倍以上。

城市之光 Urban Light

中央大道前的「城市之光」由202座路燈排列而成，這是表演藝術家克里斯伯登(Chris Burden)的作品，他四處蒐集1920年代的古董路燈，將其依照高矮形制，排出這道宏偉的街燈方陣，每當夜晚燈火亮起，實在有種超現實的奇幻美感。

Band

極簡主義藝術家李察塞拉(Richard Serra)創作的Band，與在舊金山現代藝術博物館展示的Sequence是姐妹作，利用巨大的耐候鋼板塑造出一座雄偉卻又曲線優雅的弧形空間，參觀者可以走入其中，有如造訪外星球的峽谷迷宮般，令人讚嘆創作者的雄心壯志。

懸浮的巨石 Levitated Mass

博物館北側空地上有一道139公尺長的壕溝通道，通道正中央上方卡了一顆龐然巨石，這是麥可海澤(Michael Heizer)最負盛名的作品之一。巨石重達340噸，高6.55公尺，當年從採石場運送了170公里遠，過程勞師動眾，費盡千辛萬苦。原本海澤的構想是利用錯視效果，讓人從壕溝中往上觀看時，巨石有如懸浮一般，但石頭實在太過龐大，不得不動用支架，使懸浮效果大打折扣，不過已足以動搖人們對於形態與重量的認知概念。

大都會二號 Metropolis II

這也是克里斯伯登的作品，以鋼架搭建出結構紛雜的微型城市，除了形式不拘一格的高樓大廈外，還穿插交纏了十多條複雜的道路系統，動態的車潮時而順暢時而壅塞，體現了大都市中的快速節奏，令人感到活力十足，同時卻又壓力煩躁。

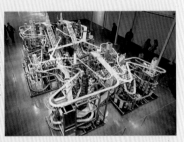

畢卡索展廳

提起畢卡索(Pablo Picasso)，可能會直接聯想起他那形象歪七扭八的人物畫像，其實他的企圖是要在有限的平面維度中，展現出人類與物體的各種面向，包括視覺上與精神上，因而這種風格被稱為「立體主義」。不過畢卡索的創作生涯非常漫長，風格也經歷多次轉變，其中也有包括非常具像的時期，這間展廳收藏了畢卡索各個階段的作品，參觀者可以看到即使是同一個命題，在畢卡索的筆下是如何不斷地演變。

No.15

抽象主義畫家傑克森波洛克(Jackson Pollock)1912年出生於懷俄明州，後來定居紐約，曾經跟隨班頓(Thomas Hart Benton)學畫。1947年，他開始以畫筆或棍棒沾滿顏料後，滴在置於地板的畫布上，並隨意走動，形成支離破碎或錯綜複雜的線條與網路，展現出移動的能量與生命力，造就他獨一無二的「滴畫法」(drip painting)。

花園裡的茶 Tea

亨利馬諦斯(Henri Matisse)以大膽的用色及狂野的線條，開創了「野獸派」的繪畫風格。這幅畫的是1919年的夏日午後，馬諦斯的女兒瑪格麗特與他的模特兒安東內特坐在巴黎住家的院子裡喝下午茶，而他的狗則在一旁慵懶地搔著癢。瑪格麗特當時正從手術中休養，因此用了一條黑領巾遮掩脖子上的疤痕。從構圖中可以看出，即使只是單純地描寫日常，仍掩不住馬諦斯探索圖形與色彩間相互作用的濃烈興趣。

一群形體 Group of Figures

西班牙內戰開打沒多久，胡安米羅(Joan Miró)便逃往巴黎避難，儘管生活困頓，當時局勢又飽受納粹威脅，米羅仍創作出不少尺寸精小的傑作。他畫出了一些怪誕的、富於幻想的圖形，來傳達出他潛意識中的世界。在這幅作品中，左上角的形體舉著手、豎著毛，一臉驚恐的模樣，彷彿被其他形體攻擊般，也許正是他這段時期的心理寫照。

形象的叛逆
The Treachery of Images

這是雷內馬格利特(René Magritte)最具代表性的作品之一，雖然怎麼看都像是一支菸斗，但圖像下方卻用法文寫著「這不是一支菸斗」，畢竟你無法把菸草塞進這幅畫裡，也不能點火湊近嘴巴抽，這麼說來你又怎麼能說它是支菸斗呢？由此所帶出的哲學與藝術上的思辨，讓這幅畫經常出現在教科書中。

Ceci n'est pas une pipe.

勒達 Leda

勒達是斯巴達國王廷達瑞俄斯的妻子，希臘神話中她受到化身為天鵝的宙斯引誘，生下了兩對雙胞胎。德國新即物主義代表人物奧圖迪克斯(Otto Dix)曾經參與第一次世界大戰，在前線目睹最赤裸裸的暴力與破壞，戰後他受到達達主義的影響甚鉅，加上戰敗後的德國局勢惶惶不安，因此與其他相同主題的畫作相比，迪克斯的勒達與天鵝顯得暴力而直接。

MAP P.85D6

奧斯卡電影博物館

MOOK Choice

Academy Museum of Motion Pictures

訴說電影的漫長故事

🚇搭乘捷運D線至Wilshire/Western站，轉乘20號公車至Wilshire/Fairfax站即達。捷運D線的Wilshire/Fairfax站通車後，出站即達。 🏠6067 Wilshire Blvd, LA, CA 90036 📞(323) 930-3000 🕙10:00~18:00 ⊗週二 💲成人\$25，62歲以上\$19，17歲以下免費。奧斯卡體驗與影片觀賞需另外購票 🌐www.academymuseum.org ❗建議事先上官網預約時段門票

　　電影這門工藝自19世紀末葉問世以來，很快就成為主流的敘事媒介，它可以是藝術的表現，也可以是單純的娛樂，又或者遊走在兩者之間，講述一個個引人入勝的故事，影響著整個世代的文化內涵。而這間博物館所要訴說的，則是電影本身的故事，說故事的人，正是奧斯卡金像獎的主辦單位──電影藝術與科學學院。

　　博物館開幕於2021年9月，是洛杉磯最新的重量級景點，建築外觀特色獨具，由蜚聲國際的建築大師倫佐皮亞諾(Renzo Piano)設計，巨大的球

體內部是擁有1千個座位的大衛格芬劇院(David Geffen Theater)，每天播放不同主題的經典電影，用最直接的方式讓電影自我表述。博物館的其他展覽不只介紹電影的劇作內容與風格演變，由於製作一齣好電影除了演員、導演、編劇的努力，其他工作人員的發揮也同等重要，像是服裝、剪輯、音樂、攝影等，皆是缺一不可，而他們的成果也都呈現在這間博物館之中。至於實物館藏方面，博物館擁有大量早期攝影機與畫片收藏，算是保存了電影的身世起源，另外像是1939年《綠野仙蹤》中茱蒂嘉蘭穿過的紅寶石拖鞋、童星鼻祖雪莉鄧波穿過的戲服、1985年《大白鯊》裡碩果僅存的鯊魚道具等，都是鎮館之寶。而不朽名片《北非諜影》與《教父》，也都有專門的展廳陳列劇中場景、服裝與重要道具，像是山姆彈奏的鋼琴與沃爾茨愛馬的斷頭，都能看得到。

　　此外，若想親身感受出席奧斯卡獎頒獎典禮，可以另外加購奧斯卡體驗門票，在杜比全景音效環繞下，風光走過紅地毯，並在得獎名單揭曉時聽到自己的名字，上台抱走大獎，對著鏡頭錄下光榮片段。

彼得森
汽車博物館

Petersen Automotive Museum

對汽車重新了解

搭乘捷運D線至Wilshire/Western站，轉乘20號公車至Wilshire/Fairfax站即達。捷運D線的Wilshire/Fairfax站通車後，出站即達。若開車前往，博物館停車場前2小時$17，當日最高$23 ⊘6060 Wilshire Blvd, LA, CA 90036 ☏(323)930-2277 ⊘每日10:00~17:00 (售票至16:30) ⑨

	成人	4~11歲	12~17歲	62歲以上
只買門票	$21	$12	$13	$19
門票+Vault	$49	$24	$40	$47

🌐www.petersen.org ❶建議事先上官網預約時段門票

　　由洛杉磯雜誌大老羅伯彼得森所創立的這間博物館，擁有美國西岸最驚人的汽車館藏，光是展出的車輛就已多達100多台，另外還有幾乎為數相等的車輛定期輪替換展。2015年底，整修後的博物館重新開張，除了內部動線更加流暢，嶄新的外觀更是令人眼睛發亮，巨大的鏤空不鏽鋼板如緞帶般飛揚，圍繞在通紅的建築本體外，營造出流動奔放的意象，極符合汽車博物館的旨趣。

　　與一般汽車博物館不同的是，這裡除了以各個時代的經典車款來介紹汽車發展歷史外，更以全面的角度探究整個汽車工業，從技術原理、風格設計、創新概念、實用性能、獨特性、未來趨勢，到以汽車為素材的藝術表現等，都有詳細且別出心裁的展示。館藏重要的車款包括1939年的布加迪Type 57C、1952年的法拉利212/225 Barchetta、1961年的福斯金龜車、1964年的保時捷901、1982年的法拉利308GTSi、1993年的積架XJ220、2006年的福特GT等，另外還會有尚未上市的未來車款在此搶先展出。

　　與大眾文化相關的展廳是Cars of Film and Television，像是《回到未來》中的那輛DMC-12就在展示之列，其他還有82年版《銀翼殺手》中的懸浮車，與89年米高基頓版《蝙蝠俠》的蝙蝠車等。另一個受歡迎的展廳是The Vault，展出超過250輛在汽車史上具有標誌性或稀有性的汽車與摩托車，不過這個展廳不包含在一般門票中，必須另外購買導覽才能參觀。

MAP P.85D6

拉布雷亞
瀝青坑博物館

La Brea Tar Pits and Museum

世界知名的古生物化石挖掘地

🚇搭乘捷運D線至Wilshire/Western站,轉乘20號公車至Wilshire/Curson站即達。捷運D線的Wilshire/Fairfax站通車後,出站步行約6分鐘。若開車前往,停車場入口位於Curson Ave上,停車費$18 🏛5801 Wilshire Blvd, LA, CA 90036 📞(213) 763-3499 🕐每日09:30~17:00 (冰河時代劇場時間為週四10:30、11:30及週日11:00、13:00) 🚫每月第1個週二 💲成人$18,3~12歲$7,62歲以上$14。冰河時代劇場$6,3D劇場$6 🌐www.tarpits.org 🎫門票含博物館及瀝青坑導覽 ❗建議事先上官網預購門票

這個地方在冰河時代便是一處瀝青坑,大量黏稠的瀝青從地表滲出,上面卻被樹葉或雨水覆蓋,不知情的動物經常誤陷坑中,無法自拔,最後被大自然所吞噬。而又有些肉食動物為了捕食被困住的受難者,結果自己也一頭栽進,與牠的獵物同歸於盡。也因此,這裡保存了極大量的遠古化石,為今人提供完整的本地生態研究材料。

自20世紀初以來,這裡已挖掘出數百萬具生物骸骨與化石,年代橫跨距今4萬到1萬年前,物種超過600個,其中包括不少大型哺乳類,如猛獁象、劍齒虎、恐狼、地懶、野牛等。譬如近年出土完整度最高、曾在考古界引發熱議的哥倫比亞猛獁象「Zed」,就是從拉布雷亞所挖掘出的。目前這裡的考古工作仍在進行,預計未來還會發現更多古生物化石。

在瀝青坑旁的博物館內,可看到各種代表性的冰河時代生物骨骼,遊客也能透過玻璃觀看科學家們在實驗室內研究化石,而這裡還有一間3D劇場,播放關於冰河時代的影片。而在博物館外的漢考克公園(Hancock Park)裡,不但有大片綠地與遠古動物造景,還能參觀曾挖掘出大量化石的第91號坑(Pit 91),與目前正在進行中的23計劃(Project 23)工作現場。

博覽會公園
Exposition Park

博覽會公園位於市中心南邊，毗鄰名校南加州大學(USC)。公園內聚集了自然歷史博物館、加州科學中心與加州非裔美國人博物館等3座博物館，原本這裡算不上什麼熱門景點，但一切在2011年開始有了改變，那一年自然歷史博物館的恐龍廳開幕，為博覽會公園製造了不少話題，這還只是暖場而已。翌年9月，剛退役的太空梭奮進號挾帶全城人氣，旗鼓喧天地運進加州科學中心，從此不只當地居民，就連外國遊客都把來此看太空梭列入標準行程。而由星際大戰導演喬治盧卡斯所籌劃的盧卡斯敘事藝術博物館，目前正緊鑼密鼓興建中，預計2025年完工後又會帶來一波新話題。

除此之外，這裡還有一座歷史地位崇高的洛杉磯紀念體育競技場(LA Memorial Coliseum)，這座體育館啟用於1923年，曾在1932及1984年兩度作為夏季奧運會的主場館，並且在2028年洛杉磯奧運時也將作為田徑場館使用，到目前為止，這在世界體育史上可是唯一的紀錄，那曾經點燃聖火的火炬塔，破例地保存至今，而場館也被列為美國國家歷史地標。

如何前往

◎**大眾交通**：搭乘捷運E線至Expo Park/USC站，或DASH巴士F線至Exposition & Trousdale站即達。
◎**停車場資訊**：主停車場從39th St與Figueroa St路口進入(距加州科學中心較近)，停車費為每次$15。

MAP　P.94A1

加州科學中心

MOOK Choice

California Science Center

貨真價實的太空梭體驗

700 Exposition Park Dr, LA, CA 90037　每日 10:00~17:00　博物館常設展免費。特展、IMAX劇院與各項模擬機需另外購票　www.californiasciencecenter.org　奮進號目前休展中，重新開放日期請關注官網

加州科學中心展示的內容包羅萬象，人們在這裡可以發現新的視角以了解生命的起源與演化、透過遊戲與操作學習防災知識，並穿梭在大型水族箱與各類型生態展示區間，認識深海、沙漠、極地、島嶼等不同環境的動植物生態。至於航太科技的展示，更是這裡的重頭戲，除了正門口那架F/A-18大黃蜂戰鬥機外，後院更停了世界唯一一架A-12黑鳥教練機呢！

而最重量級的館藏就是奮進號(Endeavour)，

編輯筆記

逛加州科學中心要看準時間
加州科學中心週末及假日時人潮眾多，即使是在平日，也最好選在13:00之後到訪，因為上午會有許多校外教學的孩童，可能會讓你無法好好看展；至於週末，則是愈早來愈不會人擠人。

這艘NASA麾下實際執行過太空任務的太空船，2011年將阿爾法磁譜儀送上太空站並順利返航後，旋即宣告退役。為了容納奮進號，加州科學中心不惜砸下重金興建山繆奧欣航太中心(Samuel Oschin Air & Space Center)，讓民眾得以用最親近的距離仔細觀看這艘曾經翱翔在宇宙中的英雄。不過目前山繆奧欣航太中心正在進行升級改建工程，想要一睹奮進號的風采，可能還要等上幾年。

美國NASA的太空梭
NASA一共製造過7艘太空梭，其中企業號與開路者號只是模擬測試機，真正出過太空任務的則有哥倫比亞號、挑戰者號、發現號、奮進號與亞特蘭提斯號，前兩艘在最後一次任務時不幸爆炸，後三艘則皆已退役。除奮進號外，發現號現展示於華府附近的史蒂文烏德沃爾哈齊中心，亞特蘭提斯號位於佛羅里達的甘迺迪太空中心，而企業號則位於紐約的無畏號海空暨太空博物館內。

盧卡斯 敘事藝術博物館

Lucas Museum of Narrative Art

用視覺藝術改變世界

lucasmuseum.org

人只要活著，便無法不與敘事產生連結，任何眼睛看到的畫面、耳朵聽到的故事，都或多或少對我們產生影響，日積月累，形塑了我們的價值觀、啟發了我們的思想、增進了我們的勇氣；而這種影響從個人出發，遍及社會，最後乃至於全人類，於是一幅圖畫、一本小說、一部電影，都擁有足以改變世界的力量。

要說明圖像如何講述故事，或許沒有人比《星際大戰》的創造者喬治盧卡斯(George Lucas)更具有說服力，他創立這間博物館，收藏大量繪畫、雕塑、攝影、漫畫、書籍、插圖、電影等作品，希望藉由這些跨越文化、地理、時代與媒介的視覺敘事，讓人們思考該如何看待與理解接收到的訊息、引發想像與創意，或是了解權力結構之間的關係，進而與其他人、其他族群的生活聯繫起來，共同塑造更公正理想的社會。

博物館建築由MAD建築師事務所的馬岩松設計，五層樓的流線型外觀，看上去彷彿停泊在此的宇宙星艦般，預計2025年正式開幕後，將成為洛杉磯最令人雀躍的話題。

©Lucas Museum of Narrative Art

玫瑰花園

Rose Garden

綻放萬紫千紅的浪漫

701 State Dr, LA, CA 90037　每日08:30到黃昏　免費

從捷運站的方向進入博覽會公園，首先會看到的是一座玫瑰花園。這片7英畝大的土地，早期是洛杉磯市區的農耕地帶，後來曾短暫作為馬場與賽車場，直到1927年才開闢成一處市區花園。目前花園裡的玫瑰品種約莫多達200種，總數超過2萬叢，每年春、秋的玫瑰花季，各種顏色與大小的玫瑰齊開盛放，純色的玫瑰嬌豔，雜色的玫瑰典雅，共同綻放成博覽會公園裡最美麗的風景，吸引不少新人來此拍攝婚紗照。花園內還有一座中央噴水池及四座小亭台，當中的雕像是丹麥女藝術家提拉包德森(Thyra Boldsen)於1936年的作品，她一反當時專為男性展現雄風的雕塑風氣，以女性角度刻畫少女的喜悅與母親的慈愛，深受遊人喜愛。

SCHOLZITE
Hydrous calcium
zinc phosphate
Reaphook Hill
South Australia, Australia

MAP　P.94A1

自然歷史博物館
Natural History Museum

歡迎來到恐龍世界

🏠900 Exposition Blvd, LA, CA 90007　📞(213) 763-3466
🕐每日09:30~17:00　✖每月第1個週二　💲成人$18，13~17
歲與62歲以上$14，3~12歲$7。恐龍秀：每人$6。蜘蛛館：每
人$8　🌐www.nhm.org　❗建議事先上官網購買時段票

　　這是美國西部最大的自然歷史博物館，館藏超
過3千5百萬件標本、模型及工藝品，展出內容
包括哺乳類的演化史、非洲和北美的哺乳類動
物、鳥類、昆蟲、貝殼、寶石與礦物等，同時也
有像是加州發展史、古代南美原住民藝術等人文
性主題。而這座博物館最引人入勝的部份，就是

　　2011年夏天開幕的恐龍廳，廳內收藏超過300
種恐龍化石，其中包括20組完整的全身化石，不
但比原先的恐龍館大上兩倍，陳列時所使用的科
學技術也是目前世界上最先進的。遊客可利用各
種互動式的多媒體設施，學習關於恐龍的大小知
識，或者單純近距離觀賞這些不可思議的龐然大
物，想像億萬年前牠們統治地球時的情景。

　　而博物館每週五的10:30與11:30，以及每
週六的11:00與13:00，會有「與恐龍相遇」
(Dinosaur Encounters)的劇場表演，真人大
小、造型逼真的恐龍戲偶，加上博物館古生物學
家的豐富知識，讓孩子們在歡笑中認識遠古生
態，是很受小朋友喜愛的熱門節目，不過需要另
外買票進場。

長灘
Long Beach

長灘是洛杉磯郡最南端的城市，靠著航運和石油成為加州第7大城，集合時尚潮流、悠閒娛樂的情調，是一處很適合度假的目的地。這裡的觀光集中在彩虹港(Rainbow Harbor)附近，招牌景點首推港灣西側的太平洋水族館。水族館前有遊船碼頭，可在各售票亭報名遊港或賞鯨行程，前往度假勝地卡塔麗納島(Catalina Island)的渡輪也是從這裡出發。彩虹港北側的The Pike，過去曾是擁有輝煌歷史的遊樂園，樂園關閉後，現由一家暢貨中心進駐，但仍可看到古董級的旋轉木馬和摩天輪。而從海濱村再往東走，穿過遊艇港與停車場後，就是長灘名字中那道一望無際的長沙灘了。

INFO

如何前往
◎大眾交通

搭乘捷運A線至Downtown Long Beach站即達。

◎開車

走I-710 S，快到長灘時靠左行駛，走往Downtown Aquarium的車道，再順著往Shoreline Dr的車道走，公路終點後即是Shoreline Dr，再開約1.4英哩即達彩虹港邊。

◎停車場資訊

若你會在港邊待上一段時間，建議停在The Pike的停車場，停車費為前30分鐘免費，1.5小時內$3，2.5小時內$6，4小時內$9，5小時內$12，8小時內$15，當日最高$16。若有消費憑證，還可享有優惠。

◎市區交通

長灘市中心範圍不大，旅遊精華區域用步行足以遊覽。市區交通也可利用長灘交通公司(LBT)營運的公車路線，單程$1.25，可使用TAP Card支付。

而在週五至週日，也可於捷運Downtown Long Beach站前搭乘免費的Passport接駁公車，前往太平

洋水族館、瑪麗皇后號、
海濱村等景點，每30分鐘
發車一班。

旅遊諮詢

◎長灘市旅遊局

🌐visitlongbeach.com

◎ 市區遊客中心

🏠130 E. 1st St, Long
Beach, CA 90802

⏰平日07:00~18:00，週
末08:00~17:00

洛杉磯……

長

灘 Long Beach

MAP P.99B3

海濱村

Shoreline Village

熱鬧歡娛的海濱購物區

🚇從捷運Downtown Long Beach站，步行約12分鐘，
或搭乘Passport接駁巴士前往 🏠401-435 Shoreline
Village Dr, Long Beach, CA 90802 📞(562) 435-2668
⏰每日10:00~21:00 (夏季週五、六至22:00) 🌐www.
shorelinevillage.com

　　彩虹港東側的海濱村是長灘的人氣商圈，其
在長灘的地位，相當於碼頭棧橋之於聖塔摩尼
卡。今日這裡聚集了7間餐廳、6間小吃點心
鋪，與11家有趣的紀念品店與獨立品牌小店，
店家小屋色彩鮮豔的外牆，讓遊客的心情也跟
著明亮起來。每到假日，海邊餐廳紛紛擺出露
天桌椅，讓走道上總是人潮滿滿，熱鬧的氣氛
更勝The Pike購物區。

太平洋水族館

MOOK Choice

Aquarium of the Pacific

與海洋生物近距離接觸

🚇從捷運Downtown Long Beach站，步行約10分鐘，或搭乘Passport接駁巴士前往。若要停車，憑參觀蓋印，全日停車費為$8 🏠100 Aquarium Way, Long Beach, CA 90802 ☎(562) 590-3100 ⏰每日09:00~18:00 💲成人$44.95，3~11歲$29.95，62歲以上$41.95 🌐www.aquariumofpacific.org ❋可加購賞鯨或遊港行程 ❗週末及假日前往，必須事先上官網預約時段票

太平洋水族館是長灘市的觀光指標，也是大洛杉磯地區首屈一指的水族館。館內飼養了超過11,000隻海洋生物，將近500個物種，展館主要由南加州與下加利福尼亞展廳、北太平洋展廳、熱帶太平洋展廳與海洋科學中心所組成。你可以在此看到活化石大鸚鵡螺、超巨型蜘蛛蟹、世界最毒的火焰墨魚、可愛的水獺、以及珍貴瀕危的麥哲倫企鵝、美麗突額隆頭魚、花園鰻等美麗生物。

戶外還有座鯊魚潟湖，共有包括豹紋鯊在內的150多隻鯊魚及魟魚，最特別的地方在於，這個鯊魚潟湖裡居然還有座觸摸池，當中飼養了一些溫馴無害的鯊魚品種，讓遊客伸手觸摸，光是想到能親自撫摸到貨真價實的鯊魚，就足以令人興奮不已。另一處最受孩子喜愛的就是企鵝區，這群可愛的麥哲倫企鵝完全不會怕生，經常隔著玻璃與遊客們互動，能夠在這麼近的距離把企鵝看得如此仔細，也是個相當難得的體驗。

館內定時會有潛水秀、餵食秀等表演，由專業飼養員為遊客解說不同生物的生態習性。除此之外，還有間寓教於樂的太平洋全景劇場，透過先進的投影技術，讓觀眾彷彿沉浸在海底世界中。

MAP P.99B4

瑪麗皇后號

MOOK Choice

The Queen Mary

愈超自然愈迷人

可搭乘Passport接駁巴士前往。若要停車,全日停車費為$25 1126 Queens Hwy, Long Beach, CA 90802 (562) 435-3511

各設施與行程	時間
光榮時代行程	每日11:15~17:15,每2小時一梯
撞鬼行程	每日11:30~17:30,每2小時一梯
蒸汽與鋼鐵行程	每日10:45~16:45,每2小時一梯
各特展及4D電影院	每日10:00~18:00
船上甲板	每日09:00~20:00

參加行程:成人$47.7,3~11歲$37.1 (含登船證、4D電影、船上行程、引擎室與船舶模型展廳) queenmary.com

　瑪麗皇后號打造於1930年,曾作為世界最大的遊輪而風光一時,然而二戰被徵召從軍後,命運就此改變。戰後瑪麗皇后被長灘市買下,成為永久停靠港邊的水上旅館,至今船上仍保留30年代的木飾傢俱,314間客房也恢復懷舊的豪華裝潢。目前船上除了提供住宿和餐飲外,也作為熱門景點供遊客登船參觀,人們可以在瑪麗皇后的7層甲板上隨意遊走,見識豪華遊輪的優雅風華,也可以登上頂層甲板,眺望長灘的美麗景致。而在四樓的主甲板上,有艘以25萬塊樂高積木拼組成的瑪麗皇后號,一旁的模型展廳裡,亦有9艘包括鐵達尼號在內的巨型遊輪模型,從其剖面可清楚觀察船上各個部分的結構與裝飾,精緻的程度令人嘆為觀止。另外在底層甲板,則有數間不同主題的特展廳,與一間播放4D影片的電影院。

　不過來到瑪麗皇后一定要做的,就是參加船上的各項行程,目前白天出發的行程有三種,長度都是1小時:光榮時代行程(The Glory Days Historical Tour)從瑪麗皇后造船的背景開始介紹,帶領遊客漫步在她的歷史故事中,與她重溫環遊世界的歡樂與戰爭的慘酷;蒸汽與鋼鐵行程(The Steam & Steel Tour)則比較適合理科腦袋,參觀的是位於水面下的輪機室、引擎室等機房,向遊客講解蒸汽巨輪的動力原理,以及如何將硬水軟化的程序。然而最熱門的,是這裡的撞鬼行程(Haunted Encounters),以一艘將近百歲的船來說,發生在這裡的故事肯定不少,這當中有意外、有謀殺,尤其是她在服役期間還曾經上過戰場。不過美國人毫不忌諱,許多遊客就是為了見鬼而來,也讓瑪麗皇后的另類魅力遠近馳名。

愛荷華號戰艦博物館

Battleship USS Iowa

戰功彪炳的海軍戰艦

🚇搭乘捷運藍線至Beacon/1st站即達。若開車前往，停車場頭1小時免費，之後每小時$2，當日最多$20 🏠250 S. Harbor Blvd, San Pedro, CA 90731 (Port of Los Angeles的87號錨位) ☎877-446-9261 ◷每日10:00~17:00 (最後一梯行程於16:00出發) 💲成人$29.95，62歲以上$26.95，3~11歲$21.95 🌐www.pacificbattleship.com ✿可加購各式導覽行程

　　愛荷華號第一次服役是在1943年，是美軍6艘愛荷華級戰艦中的第一艘。當時太平洋戰爭正如火如荼，愛荷華號投入戰局後屢建功勳，並曾護送小羅斯福總統及他的幕僚安全抵達北非，而1945年的東京灣受降儀式中也有它的身影。二戰結束後，愛荷華號又參與了韓戰與兩伊戰爭，直到2006年才正式從海軍除籍。綜觀其軍旅生涯，一共獲得11枚戰鬥之星與14枚勛表，可謂戰功彪炳。2011年，政府將愛荷華號捐贈給民間組織，並於翌年拖到長灘附近的聖佩德羅港(San Pedro)作為海上博物館之用。

　　現在民眾可上船參觀戰艦上的各單位設備與廳室內觀，一窺當年海軍官士兵們在海上的生活環境。不過這裡最精彩的，還是艦上的各種武器。愛荷華號最恐怖的火力，來自3組配備16英吋/50倍口徑艦炮的炮塔，每組炮塔各有3門巨炮，每門炮都可以從45度仰角到5度俯角獨立發射和移動，其裝載彈藥時的重量達2千噸，幾乎和一艘驅逐艦的重量相當。其他武裝則隨著時代演進而一一加載，包括6門5英吋/38倍口徑雙聯裝高射炮、4個密集陣近程防禦武器系統、箔條誘餌彈發射器、魚叉反艦導彈，與用來發射戰斧式巡弋飛彈的ABL裝甲箱筒發射器等。參觀之後便不難理解，其赫赫威名可不是僥倖得來。

MAP　P.49D5

華茲塔

Watts Towers

平凡人的堅持成就不平凡的藝術

🚇搭乘捷運A線至103rd St/Watts Towers站，出站後步行約8分鐘。若開車前往，藝術中心設有免費停車場 📍1727 E. 107th St, LA, CA 90002 ☎(213) 847-4646 🕐11:00、11:30、12:00、14:00、14:30、15:00出發(週六增開10:30) 🚫週日至週三、雨天 💲成人$7，13~17歲及62歲以上$3 🌐www.wattstowers.org ❗只收現金

西蒙羅迪亞(Simon Rodia)是個來自義大利的平凡工人，周遭親友認為他不切實際，但他說：「我腦子裡有個想法，要搞出點什麼名堂，而且是大名堂！」1921年，西蒙42歲，白天仍到處打零工，下工後就埋首在他的怪異工程中。他在地面埋上4根鋼管，頂部用自製的環圈束尖，外纏鐵絲網眼，覆上灰泥後，在上面貼滿馬賽克裝飾。沒有特殊器材，用的全是手工具，沒有規劃藍圖，任憑

興之所至，沒有資金援助，全靠熱情堅持。馬賽克的素材來自西蒙不懈的資源回收，包括碎瓷片、玻璃瓶、小瓷磚、貝殼，以及其他他所能找到的物件。在西蒙成長的義大利小鎮Nola，每年的Gigli Festival慶典上，村民會扛著一排貼滿華麗紙飾的木塔遊行，據信這便是啟發西蒙靈感的來源。

西蒙用了他人生中將近一半的時光建造華茲塔，當他完成時已是個75歲的老人了，他將這群奇異的傑作命名為Nuestro Pueblo，意思是「我們的小鎮」，然後為了不知名的原因離開了華茲鎮，搬到加州中部的馬丁尼茲，從此再沒有回來過。西蒙走了之後，政府一度下令拆掉這怪誕的建築，所幸一群電影工作者發現了這處奇觀，他們訝異於一位沒沒無名的素人，竟能成就出與高第相頡頏的作品，與政府周旋數年後，終於保住這份財產。而華茲塔也於1990年名列國家史蹟名錄，西蒙立志搞出的大名堂，他真的做到了。

聖塔摩尼卡
Santa Monica

聖塔摩尼卡自1870年代起，就以海邊度假勝地聞名，並建立起美國西岸海灘城市的範本原型。洛杉磯人喜愛這裡的程度，讓漫長的10號州際公路變成永不打烊的停車場，就算是捷運E線於2016年春天完工通車，也絲毫沒有獲得改善。

超過百年歷史的碼頭是這裡最熱鬧的地方，碼頭不分平日假日，總是人山人海。棧橋上豎立的「Route 66路標」，標誌著這裡便是美國「公路之母」66號公路的終點，這條美國第一條橫貫公路通車於1927年，在州際公路建造之前，可以從芝加哥一路開往聖塔摩尼卡，並曾為加州帶來一段輝煌的時光。

棧橋兩旁是聖塔摩尼卡長達2英哩的海灘，前有一望無際的太平洋，背倚市中心的天際線，遠方還能看到聖塔摩尼卡山。這裡是衝浪、游泳、沙灘排球、釣魚，及各種水上活動的理想場地，事實上，沙灘排球就是從這裡發揚光大的。據說沙灘排球最初在1915年時起源於夏威夷的威基基海灘，5年後，聖塔摩尼卡海灘設立了全世界第一座固定式沙灘排球場，從此這項運動開始風靡全球，到了1996年還成為奧運的正式比賽項目。

而市區最繁忙的逛街區域，以市中心西側的第三街徒步區居首，熱鬧程度不下碼頭棧橋，著名的聖塔摩尼亞廣場購物中心就位在這裡。

圖例
- ◎ 景點 ⑪ 飯店
- ◎ 購物 ⑪ 餐廳
- ◎ 娛樂 ⑫ 停車場
- ⓘ 遊客中心
- ⋯Ⓜ⋯ 捷運
- 🛣 國道 🛣 州道
- 🛣 州際公路
- 🛣 高速道路出口

往馬里布 Malibu
Wilshire Blvd.
第三街購物徒步區 Third Street Promenade
The Georgian
Arizona Ave.
HI Los Angeles Santa Monica Hostel
Santa Monica Blvd.
66
聖塔摩尼卡廣場 Santa Monica Place
Broadway St.
Shore Hotel
Colorado Ave.
Mariasol
The Lobster
Downtown Santa Monica
太平洋遊樂公園 Pacific Park
聖塔摩尼卡水族館 Santa Monica Aquarium
10
聖塔摩尼卡碼頭 Santa Monica Pier
太平洋 Pacific Ocean
Hilton
Appian Way
Shutters on the Beach
Pico Blvd.
Cha Cha Chicken
Bayside
Bay St.
Hyatt Centric Delfina
往威尼斯海灘 Venice Beach↓
Neilson Way
Main St.
Ocean Ave.
3rd St.
4th St.
5th St.
Strand St.
聖塔摩尼卡

INFO

如何前往
◎大眾交通
搭乘捷運E線至Downtown Santa Monica站即達。

◎停車場資訊
聖塔摩尼卡車多,但停車場也多,停車不算太大的問題,這裡推薦幾個最便利的公共停車場。若這些停車場都滿了,在市區裡繞繞,停車場還多的是。

地點	停車費
1550 Pacific Coast Hwy(棧橋旁)	每次$15 (冬季平日$7,週末$10)
1555 2nd St (聖塔摩尼卡廣場旁)	前90分鐘免費,2小時$2,之後每30分鐘$1.5~$3。平日最高$20,週末最高$25
333 Civic Center Dr (市政中心)	前30分鐘免費,之後每30分鐘$0.5~$1.5,平日最高$14,週末最高$5

關於聖塔摩尼卡的停車場資訊,可參考以下網站:
www.santamonica.gov/places/parking-lots

市區交通
在當地不想移車又懶得走路,這裡有個很酷的服務叫Santa Monica Ride Circuit,這是行駛在Montana Ave、Ocean Ave、Marine St與7th St之間的電動接駁車,隨招隨停,隨上隨下,而且因有企業贊助,所以完全免費。行駛時間為每日11:30~21:00,在棧橋、聖塔摩尼卡廣場、第三街、Main St等地很容易就能招到車。也可上官網www.ridecircuit.com下載APP。

旅遊諮詢
◎聖塔摩尼卡旅遊局
☎800-771-2322
🌐www.santamonica.com
◎ 遊客中心
🏠2427 Main St, Santa Monica, CA 90405
🕐09:00~17:30 (週末至17:00)
◎ 棧橋遊客服務櫃台
🏠200 Santa Monica Pier, Santa Monica, CA 90401
🕐09:00~17:00 休週二
◎ 旅遊資訊亭
🏠1400 Ocean Ave, Santa Monica, CA 90401
🕐09:00~17:00

聖塔摩尼卡碼頭

Santa Monica Pier

摩肩接踵的熱鬧

MOOK
Choice

🔗 santamonicapier.org

◎ **聖塔摩尼卡碼頭水族館**

📍 1600 Ocean Front Walk, Santa Monica, CA 90401 📞 (310) 393-6149 🕐 12:00~16:00 ❌ 冬季週一、二 💲 成人$12，65歲以上$10，12歲以下免費 🔗 healthebay. org/aquarium

◎ **旋轉木馬**

🕐 11:00~17:00 (週五~週日至19:00) ❌ 週二、三 💲 每人$3

　建於1909年的聖塔摩尼卡碼頭，已有超過一百年的歷史，是聖塔摩尼卡最熱鬧的地方。長長的棧橋上滿是海鮮餐廳、酒吧與紀念品商店，木板道上甚至還有一座遊樂場與水族館！而鄰近太平洋遊樂公園的Maria Sol餐廳，就位在碼頭末端，不僅可以欣賞海天美景，更可眺望夕陽西下。而靠近棧橋入口處的Hippodrome建於1916年，是碼頭上最古老的建築物，當中的木造旋轉木馬亦是1920年代的老古董，陪伴加州人渡過了超過100個年頭，至今仍在帶給人們歡樂。

太平洋遊樂公園

Pacific Park

海濱樂園的完美典型

📍 380 Santa Monica Pier, Santa Monica, CA 90401 📞 (310) 260-8744 🕐 約11:00~22:00 (冬季平日約12:00~19:00)，每日開放時間請上官網查詢 💲 每樣設施$8~15。無限暢遊手環：成人$50，7歲以下$30 🔗 www. pacpark.com

　這座位於碼頭棧橋上的遊樂園，小巧的園地裡，遊樂項目竟多達12項！最出名的是高約40公尺的太平洋之輪，這是全球唯一靠太陽能發電的摩天輪，每分鐘旋轉2.5圈，是聖塔摩尼卡天際線上最經典的輪廓。另一項必玩的是西岸唯一架設在碼頭上的雲霄飛車，雖然時速只有56公里，但飛馳在海中央的感覺很特別。其他像是海盜船、自由落體、碰碰車等遊樂園標準設施，以及射氣球、投籃機等遊戲，這裡也一應俱全。遊樂設施雖然稱不上刺激，卻散發一股懷舊式的經典氛圍。

MAP │ P.48B4

威尼斯海灘

MOOK Choice

Venice Beach

奇異的海邊嘉年華會

🎵從聖塔摩尼卡廣場位於4th St側的公車站，搭乘Big Blue Bus的1號公車前往。若開車前往，沿著威尼斯海灘有3處公共停車場，其入口分別從Rose Ave、N. Venice Blvd、W. Washington Blvd進入，夏季停車費每次\$15（09:00前停入為\$9），冬季每次\$9（09:00前停入為\$5）ⁿ www.visitveniceca.com

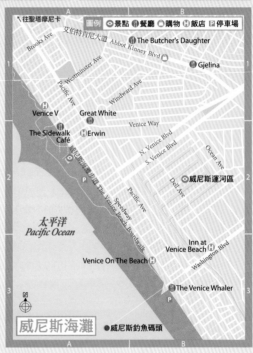

威尼斯的城市之名其來有自，20世紀初時，煙草商艾伯特肯尼(Abbot Kinney)想要建立一個與義大利威尼斯相同風格的社區，利用表演藝術和文化教育，激發屬於美國本土的文藝復興。他於是在這塊土地上開通數條威尼斯式的運河，更遠從義大利引進貢多拉船下水慶祝。雖然這些運河如今已多半淤積而乏人問津，但造就海灘地區的繁榮，艾伯特依然功不可沒。

目前威尼斯海灘受歡迎的程度直逼聖塔摩尼卡，各項戶外活動都很發達，事實上，這裡正是「肌肉海灘」(muscle beach)的發源地，沙灘上不但有許多健身設備，更時常有肌肉猛男進行健美表演，為附近的健身房打廣告。

而沿著海濱步道(Ocean Front Walk)漫步，亦能感受此地獨特的藝術氣息，新奇多變的街頭表演、不可思議的神奇魔術、音樂、舞蹈、繪畫，加上西班牙風的建築與市集，在陽光照耀下融化成燦爛的午後奇景，讓這片太平洋海灘沾染上波希米亞式的華麗浪漫，就像走進一場綺麗的嘉年華般。而每個週末下午，沙灘上更是熱鬧非凡，圍觀的人群中傳出陣陣非洲手鼓聲，表演者隨著鼓曲起舞，令周遭遊客也不由自主地手舞足蹈起來，這便是著名的威尼斯鼓樂團(Venice Beach Drum Circle)，如今已成了沙灘上的一項傳統。

蓋提藝術中心
The Getty Center

MOOK Choice

古代藝術大師與當代建築大師的對話

🚗 建議開車前往，停車費$25 (15:00後$15，週六18:00後$10) 🏠1200 Getty Center Dr, LA, CA 90049 ☎(310) 440-7300 🕐10:00~17:30 (週六至20:00) 🚫週一 💲免費 🌐www.getty.edu ⚑憑當日停車證證，可免費停進蓋提別墅停車場 ❗必須事先上官網預約免費時段門票

保羅蓋提(Jean Paul Getty)出生於明尼蘇達的石油世家，年輕時就跟著父親鑽油田，1949年他靠著精準眼光，在沙烏地阿拉伯與科威特取得荒地開採權，4年後果然湧出源源不斷的石油，讓蓋提在1957年被《財富》雜誌列為美國首富，1966年《金氏世界紀錄》更認證他是當年最富有的平民階級。

蓋提雖然連對待家人都極其吝嗇，但購買藝術品時卻花錢毫不手軟，當他還活著的時候就已蓋了間博物館用以陳列收藏(即蓋提別墅)，去世後留下的龐大遺產，更足以讓蓋提信託基金會買下聖塔摩尼卡山脈丘陵上的土地，並在眾多設計案中選出知名建築師理查梅爾(Richard Meier)的藍圖，於1989年開始興建新的美術館。1997年蓋提藝術中心完工後，不但成為洛杉磯的必遊景點，也為國際博物館界增添一顆閃耀新星，因為這裡不但收藏豐富，而且展出的都是擲地有聲的偉大傑作，素質遠遠超出一般的私人博物館。

上山電車 Tram
由於美術館建在山丘上，而停車場位於山腳下，因此遊客必須搭乘5分鐘的免費電車上山，才能抵達大廳前的廣場，沿途可鳥瞰市景和公路上穿梭的車潮。在山下車站會先檢查預約的時段門票，所以請不要遲到，但也不要太早就到。

博物館建築與中庭
Museum Buildings and Courtyard

總建築師理查梅爾以方格及圓形營造視覺結構，融入既有的山勢地形，風格巧妙而獨特，卻又絲毫不顯突兀。雖然他早在1984年就已獲得建築界最高榮譽的普立茲克獎，但這座蓋提藝術中心無疑是他生涯的代表作。

梅爾是白派建築的代表，這座「白色小城」的入口，是座直徑75英呎、挑高3層樓的大廳；大廳後方是被展館包圍的中庭，梅爾與景觀建築師羅瑞歐林(Laurie Olin)透過匠心獨運的巧思，利用噴泉、流水、植栽、奇石，搭配建築物與天空對比而成的線條，營造出處處都是畫面的景觀效果。

博物館的展示空間為6棟相連的建築物，展廳屋頂利用電腦調節自然天光，營造柔和的光線，烘托出藝術品的原色質感，這也是梅爾的一大創意。而淡褐色的粗面石灰岩，則是梅爾選擇的外觀建材，所要呈現的概念是「石材象徵永恆」，刻意以粗糙的質地表現，與整體環境互相呼應。又據說因為他的魔術數字是30，因此每一塊岩石的切割，都以30英吋或其倍數為單位。

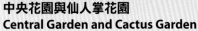

中央花園與仙人掌花園
Central Garden and Cactus Garden

　　來到蓋提藝術中心，別忘了到庭園露台咖啡亭坐坐，從這裡可以欣賞由園林造景師羅伯厄文(Robert Irwin)創作的「中央花園」。他受到加州及古代地中海庭園啟發，將園區造景與大自然融合，並在中心安排一道人工瀑布，層層水簾沿著石階流下，流水被引進花園底部由400株杜鵑花

叢所建構出的迷宮中，猶如渾然天成的藝術品。而站在花園眺望台上，既能欣賞洛杉磯的遼闊市景，也能從另一種角度觀看蓋提藝術中心。

　　另外，在南館與西館之間的室外露台上，還有一處自建築主體延伸出去的仙人掌花園，以精巧的配色及構圖，形成一幅以仙人掌為素材的點彩畫。由於正對著洛杉磯市中心的方向，視野甚至更勝於中央花園的觀景台。

北館 North Pavilion

走出大廳，第一個來到的便是北館，這裡展示16世紀之前的藝術作品，因此能看到不少文藝復興時期的名畫，尤其以宗教藝術居多。必看名畫包括老克拉納訶的《亞當與夏娃》雙聯畫與《牧神與他的家人以及一隻被殺死的獅子》、提香的《維納斯與阿多尼斯》與《懺悔者抹大拉》、艾葛雷柯的《十字架上的基督》、多索多西的《財富的寓言》、簡提列·德·菲布里阿諾的《耶穌誕生》與《聖母加冕》、迪里克·鮑茨的《聖母領報》等，較早期的作品還有貝爾納多·達迪繪於1335年的《聖母瑪利亞與聖多瑪斯阿奎那與保羅》的三聯畫。北館1樓的廣場層展示的則是同時期的雕塑與裝飾藝術、泥金裝飾的手抄古籍等。

東館 East Pavilion

東館收藏17世紀的作品，主要是北方文藝復興時期、法蘭德斯畫派、巴洛克繪畫的傑作。在這裡可以看到魯本斯如何運用巧妙的構圖，讓極具張力的畫面獲致平衡；可以看到僕辛與羅倫如何描繪牧歌式的風景，讓人們心中的懷舊之情油然而生；可以看到哈爾斯宛如隨機快照般的肖像畫技巧；可以看到林布蘭如何用他那著名的「林布蘭光線」為畫面增添了戲劇性，而蓋提中心內的林布蘭自畫像更能看到他難得一見的大笑模樣。另外包括真蒂萊斯基的《達妮與黃金雨》、德布哈根的《酒神女祭司與猿猴》、凡戴克為熱那亞共和國總督阿格斯諾·帕拉維尼亞繪製的肖像、與貝尼尼為教皇保祿五世雕刻的胸像等，都是一定要欣賞的名作。

南館 South Pavilion

　　南館展示的是18世紀到19世紀初的繪畫與雕刻，以巴洛克晚期、洛可可風格，以及緊接其後的新古典主義畫派為主軸，能清楚觀察歐洲繪畫在這一百多年間，無論是關注對象還是著重技巧上的轉變。在這裡能看到的名畫包括弗拉戈納爾的《春之泉》、根茲巴羅為切斯特菲爾德女伯爵安娜所畫的肖像、約瑟夫萊特的《兩個男孩與豬膀胱》、里奇的《珀修斯以美杜莎的頭對抗菲紐斯》等。而法國名畫家大衛也有多幅作品被收藏於此，像是《特勒馬科斯和歐夏麗斯的告別》、《蘇珊娜・勒・佩萊蒂埃肖像畫》、以及他為拿破崙的侄女塞奈達與夏洛特波拿巴兩姐妹所繪的肖像，都值得駐足品賞。

　　至於南館廣場層則是展示巴洛克時期的宮廷傢俱擺飾，也頗有看頭。

西館 West Pavilion

　　許多時間並不充裕的遊客，來到蓋提藝術中心都會選擇先衝西館，因為這裡展示的是19~20世紀初的畫作，尤其是大名鼎鼎的印象派重要大師傑作，這裡可說是齊全了。最有名者諸如梵谷的《鳶尾花》、莫內的《日出》、《垂柳與睡蓮池》及《晨光中的盧昂大教堂正門》、馬內的《插滿旗幟的莫斯尼爾街》與《春》、雷諾瓦的《漫步》與《艾伯特康達維斯肖像》、塞尚的《桌旁的義大利少婦》、孟克的《星夜》、竇加的《沐浴後》與《女帽匠》等，其他像是高更、西斯萊、畢沙羅等人，也都有多幅畫作陳列。

　　除了印象派之外，也有不少19世紀早期的作品，例如透納的《現代羅馬-放牧場》、傑利柯的《一個模特兒的研究》、溫特哈爾特的《李奧妮娜公主肖像畫》、巴比松派畫家柯洛與盧梭的多幅風景畫等，皆堪稱一時之選。

MAP P.48A3-A4

馬里布

Malibu

豪宅林立的衝浪天堂

🚇搭乘捷運E線至Downtown Santa Monica站，出站後沿Colorado Ave往海灘走，於Ocean Ave路口轉乘134號公車即達。若開車前往，靠近潟湖海灘的路旁皆有停車場

馬里布的海灘長達27英哩，是加州最美麗的海岸線之一，因此打從好萊塢的黃金時代起，就連綿著一線大明星們的豪宅。目前定居於此的名人，包括李奧納多狄卡皮歐、奧茲歐斯朋、亞當山德

勒、布魯斯威利等，就連電影《鋼鐵人》中東尼史塔克的豪宅，也被設定位於杜馬角(Point Dume)的海角懸崖上。想瞧瞧這些人的家宅，Star Line公司的明星之家旅行團也有推出馬里布的路線。

然而，馬里布一舉成名的主要原因，有很大一部分其實是來自這裡的浪高，長久以來，馬里布潟湖海灘(Malibu Lagoon State Beach)與祖馬海灘(Zuma Beach)便被公認是南加州的衝浪天堂，如果你也是箇中同好，記得帶上你的裝備。不想下水的人，則可以在規劃良好的海邊步道上慢跑或騎單車。

MAP P.112D1

蓋提別墅

The Getty Villa

典藏希臘羅馬古典美

🚗 建議開車前往，停車費\$25（15:00後\$15）　🏠17985 Pacific Coast Hwy, Pacific Palisades, CA, 90272　☎(310) 440-7300　🕐10:00~17:00　🈹週二　💲免費　🌐www. getty.edu　🅿️憑當日停車憑證，可免費停進蓋提藝術中心停車場　❗必須事先上官網預約免費時段門票

　　保羅蓋提在經營產業之餘，也是位藝術收藏愛好者，早在1954年便開了間藝廊用以展示其戰利品。隨著藝廊空間不敷使用，蓋提決定蓋一間真正的博物館，可惜蓋提別墅於1976年完工後，蓋提沒能親自驗收，即在2年後逝世。這裡專門收藏古希臘、古羅馬與伊特魯里亞文化

的古物，年代橫跨西元前6500年至西元後400年，著名館藏不計其數，其中的蘭斯當的海克力斯(Lansdowne Heracles)被視為羅馬時代仿製古希臘塑像的代表性作品，而獲勝的青年(Victorious Youth)則被早期學者認定出自偉大的希臘雕刻家留西波斯(Lysippos)之手。其他如刻有阿基里斯生活場景的石棺、古希臘雅典運動會的獎盃、距今有4千多年歷史的基克拉澤斯文明(Cycladic)雕像等，也都值得一看。

　　至於博物館本身則是仿建古羅馬的帕比里別墅(Villa dei Papiri)，那是凱撒老丈人的宅邸，與龐貝城一同毀於維蘇威火山。別墅最有名的景致，是中央有著狹長水池的列柱廊中庭，中庭裡佈置許多羅馬雕像，附近還有一座香草花園，與450個座位的希臘式劇場，常有夜間表演在此演出。

帕薩迪納
Pasadena

是否看過美劇《宅男行不行》？劇中主角工作的地方「加州理工學院」，就在洛杉磯東北邊的帕薩迪納。帕薩迪納因為是許多科技、文化機構的所在地，因而有「西方的雅典」美稱。其老城區是有著懷舊外表的時尚區域，每年元旦在這裡舉行的花車遊行(Rose Parade)，是洛杉磯最重要的大事之一。這裡也是美式足球的重鎮，玫瑰盃美式足球場(Rose Bowl)是美國大學足球聯賽的場地，同時也以每月一次的跳蚤市場聞名遐邇。至於帕薩迪納最重要的旅遊景點，則當屬杭廷頓圖書館，不但收藏的典籍在學術上擁有重要地位，廣大而美麗的庭園更是遊客心之所好。

圖例 ⊙景點 ⊞餐廳 ⋒博物館 ⊙公園 ℗停車場 Ⓗ飯店 Ⓜ捷運 (134)州道 ⑳州際公路

甘博屋 Gamble House

Walnut St

Courtyard Ⓗ℗

Memorial Park
老城區

Holly St

Union St

Colorado Blvd.

Dog Haus Biergarten
Colorado Blvd.

諾頓西蒙博物館 Norton Simon Museum

Green St

帕謝區購物中心 Paseo Colorado

Central Park

帕薩迪納

Del Mar Blvd. Ⓜ Del Mar

Where to Explore in Pasadena
賞遊帕薩迪納

MAP P.114B1-B2

帕薩迪納老城
Old Town Pasadena
古老外表中的時髦內在

🚇搭乘捷運A線至Memorial Park站下車即達。若開車前往，老城有3處公有停車場，分別位於45 S. De Lacey Ave、171 N. Raymond Ave與33 E. Green St，前2小時\$1，之後每小時\$2，當日最高\$12 🏠約為S. Pasadena Ave、W. Walnut St、S. Arroyo Pkwy與W. Del Mar Blvd之間的區域 🔗www.oldpasadena.org

　　距離洛杉磯市區東方不遠的帕薩迪納，是美國老城復興的典範之一。這座加州第二古老的城市，在20世紀初因為66號公路橫貫而過，曾是盛極一時的繁華大城。然而1940年代之後，這個地區突然迅速凋零，淪為色情業、當鋪和煙毒犯的大本營，直到80年代市府下令強加整頓，帕薩迪納老城才又重現生機。

　　目前老城市容已恢復成1940年之前的模樣，紅磚牆面散發著工業時代的古色古香，街景巷弄涵藏著過往記憶的優雅韻致，然而開設在這些歷史建築中的，卻是引領潮流的時尚店鋪。老城的商業活動集中在Colorado Blvd兩旁及附近小巷中，這條大道是從前66號公路中的一段，如今依舊風姿綽約，精品名牌與個性小店交錯，高級餐廳與異國小吃並存，同時這裡的夜生活也頗為出名。每年新年，Colorado Blvd都會舉行玫瑰盃花車遊行，是洛杉磯地區的年度盛事，而就算在平時，帕薩迪納老城的街道上也是藝術味濃厚，隨處可見藝術家們在街頭的創作。

MAP P.114A2

MOOK Choice

諾頓西蒙博物館
Norton Simon Museum
古今大師群集的經典藝術

🚇從捷運A線的Memorial Park站步行約15分鐘。若開車前往，停車場免費 🏠411 W. Colorado Blvd, Pasadena, CA 91105 ☎(626) 449-6840 🕐12:00~17:00（週五、六至19:00），閉館前45分鐘停止入場 🚫週二、三 💲成人\$20，62歲以上\$15，18歲以下免費 🔗www.nortonsimon.org 🎫每月第1個週五16:00後免費

　　諾頓西蒙博物館的前身是創立於1954年的帕薩迪納藝術博物館，因為在70年代時受到實業家諾頓西蒙在資金與收藏上的大力襄助，因而改為現名。博物館曾在90年代末期改建，當時負責的設計師是以解構主義聞名的法蘭克蓋瑞。

　　新的建築主要分為5個區域：14~16世紀歐洲藝術展出文藝復興時期諸大師的傑作，像是拉斐爾、多納太羅、提香、魯本斯、杜勒、老克拉納訶等人的作品，都有豐富收藏；17~18世紀歐洲藝術的重點館藏，則有林布蘭、羅倫等人的畫作；19世紀歐洲藝術以印象派繪畫為主，梵谷、竇加、莫內、馬內、雷諾瓦的作品，常是遊客特別搜尋的目標；現代及當代藝術的年代自20世紀至今日，收藏範圍從畢卡索、康汀斯基、保羅克里，到安迪沃荷、約瑟夫亞伯斯等人，盡是擲地有聲的名作。地下層則是展出亞洲藝術，包括書法水墨、佛教造像、印度及伊斯蘭文物等，也相當具有看頭。

MAP P.48E2

杭廷頓圖書館

(MOOK Choice)

Huntington Library

不只是書本而已

🚗 建議開車前往,停車場免費 🏠1151 Oxford Rd, San Marino, CA 91108 🕐10:00~17:00 (最後入場時間為16:15) 🈺週二 💲成人$29,12~18歲及65歲以上$24,4~11歲$13 🌐www.huntington.org ✳每日10:30、11:00及11:30有免費花園導覽(免費日除外) ❗週五至週日及假日旺季,必須事先上官網預約時段票,平日雖沒有強制,但還是建議提早把時段訂好

編輯筆記 🖊

免費參觀日的門票一定要先搶先贏!

　　每月第1個週四為免費參觀日,不過為了控管參觀品質,遊客必須事先在官網上預約這一天的門票。免費票在每月最後一個週四的09:00開放預約,最好開放時間一到就先訂好,不然很快就會被搶光。另外在參觀杭廷頓圖書館時,由於展覽廳及藝廊關閉的時間會比花園早半個小時,因此建議先從室內開始參觀。

　　亨利杭廷頓(Henry E. Huntington)是19世紀末的美國鐵路大王,他晚年趁著歐洲經濟蕭條之際,蒐購大量珍貴善本文獻與藝術品,並在他過世之後的1928年,將其收藏連同豪宅開放給大眾參觀。整個圖書館的範圍廣達207英畝,包括1棟圖書館、4間美術館,和120英畝的花園及植物園。圖書館中收藏超過6百萬冊珍本古籍與手稿,大多為英美文學和史學著作,許多已有5、6百年歷史。絕大多數收藏僅供學術研究之用,一般人只能從門窗後面窺其書背,不過館方也將幾本特別珍貴的善本公開展示。至於佔地遼闊的植物園,共分14個主題園區,最有名的是日式花園、禪園、玫瑰園、仙人掌溫室,與號稱全美最大中式古典園林的流芳園。

圖書館展覽廳 Library Exhibits Hall

這裡展出的都是震古爍今的曠世文本，包括梭羅《湖濱散記》的初稿、莎士比亞劇本的首刷版等。光是能親眼看到這些典藏，就足夠值回票價。

《坎特伯里故事集》
Canterbury Tales

坎特伯里故事集是英國詩人喬叟大約在1386年所著，是中世紀歐洲非常重要的詩歌故事文本。這本以泥金裝飾的精緻手抄本，名為埃爾斯米爾手抄本(Ellesmere manuscript)，抄寫於15世紀初，是坎特伯里故事最著名的初期手抄版本。

移民教戰守則

這是加州第一位華人律師洪耀宗於1930年為新移民所準備的「考前猜題」，上面詳列移民官可能會問的問題，以及相對的應答技巧。

《古騰堡聖經》
Gutenberg Bible

1455年古騰堡以他發明的印刷機印製了第一批聖經，從此書籍不再需要漫長的抄寫，而書本普及的結果，知識也不再被少數階級所壟斷，並進而引發宗教革命、啟蒙運動與各種思潮的誕生，最後更連帶改變東方世界的發展脈絡。而此地展出的這本聖經，就是《古騰堡聖經》首刷版中的其中一本。

傑克倫敦《白牙》的手寫稿
Jack London's White Fang

《白牙》是當代美國文學的經典之一，描述半狼半狗的主角歷盡艱辛最終找到歸宿的故事。傑克倫敦當初只花了3個多月便完成了這部名作，而其手寫稿就收藏在這裡。

《美國鳥類圖鑑》
The Birds of America

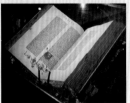

由美國畫家兼博物學家奧杜邦所繪製的鳥類圖鑑，出版於1820~30年代，書中鳥類以1比1的比例呈現，使得這本書的尺寸出奇的大。這本書不但畫風精緻，對後世鳥類及生態研究也有著無比貢獻，因而被視為「美國國寶」。

《獨立宣言》 Declaration of Independence

1776年7月4日，在費城召開的大陸會議決定與英王喬治三世決裂，各州代表簽署宣言後，當晚就送到附近的John Dunlap印刷廠印製，傳送到各州。據說當時一共印了近200份，但目前僅有留存25份，杭廷頓的這份便是其中之一。

科學史展覽廳 Dibner Hall of the History of Science

與圖書館展覽廳位於同一棟建築的，還有間科學史展覽廳，展示歷代在科學、生物學、天文學方面的重要文獻與著作，包括牛頓在1687年出版的《自然哲學的數學原理》、笛卡兒在1637年出版的《方法論》、湯姆斯萊特發表於1750年的宇宙起源假說等。

杭廷頓藝廊 Huntington Art Gallery

這裡展示18世紀的英國肖像畫與法國傢俱，而豪宅當年的內部裝潢，也是參觀重點之一。鎮館之寶是由英國宮廷畫家根茲巴羅(Thomas Gainsborough)所繪的《藍衣少年》(Blue Boy)，他師承肖像畫大師范戴克，這幅畫無論筆法用色、人物神情、服裝細節，都傳承到范戴克的精髓。擺放在藍衣少年正對面的，是由湯瑪士勞倫斯(Thomas Lawrence)所繪的《粉紅女孩》(Pinkie)，因此不少好事者將它們配對，成為美國有名的名畫伴侶。

史考特藝廊 Scott Art Gallery

史考特藝廊展示的是19、20世紀的美國藝術，館藏大多是在1979年時由史考特基金會捐贈而來，著名作品包括瑪麗卡薩特(Mary Cassatt)的《床上早餐》(Breakfast in Bed)、約翰科普里(John Singleton Copley)的《魏斯騰兄弟》(the Western Brothers)與哈里特霍斯默(Harriet Goodhue Hosmer)的《戴著鎖鏈的芝諾比亞》(Zenobia in Chains)等。

日本庭園 Japanese Garden

開放於1928年的日本庭園，擁有最道地的日本情調，包括月橋、錦鯉池、枯山水、禪園、盆栽等，許多甚至是從日本運來。像是園中的日式主屋就是在1904年建於日本，不少建築細節為美國學者展現了寶貴範例；而茶屋也是在京都興建，甚至2010年還整棟送回日本整修

中國庭園(流芳園) Chinese Garden

流芳之名來自曹植《洛神賦》中的一句：「步蘅薄而流芳」，同時也呼應了明代山水畫家「李流芳」之名。這座園林廣達4英畝，且仍在擴建當中，其工匠與設計師皆來自中國蘇州，佇立湖畔的太湖奇石，也是從蘇州運來。這裡從亭台樓閣、花窗雕樑，到瀑布流水、植栽造景，無不體現中國式的哲學與美感，是美國最著名的中國園林。

玫瑰園 Rose Garden

玫瑰是亨利之妻Arabella的最愛，因此這裡早在1908年就有了一座玫瑰花園。今日的玫瑰園面積約3英畝，種植了3千多株玫瑰，拜加州的溫和氣候所賜，每年約從3月下旬開始，一直到感恩節前後，都能看到不同品種的花卉輪番綻放。園內有個愛神丘比特與祂的青年俘虜的雕塑，據信是18世紀的法國藝術作品。而在玫瑰園旁，還有間英國茶館，許多人專程前來享用正統英式下午茶，不過由於非常熱門，最好事先訂位。

洛杉磯市中心 Downtown Los Angeles

MAP ▶ P.59D4 **Bottega Louie**

🚇搭乘捷運A、B、D、E線至7th St/Metro Center站，步行約2分鐘 🏠700 S. Grand Ave, LA, CA 90017 ☎(213) 802-1470 ⏰平日08:00~23:00（週五至24:00），週六09:00~24:00，週日09:00~23:00 💲早餐$$$，午、晚餐$$$$ 🌐www.bottegalouie.com

Bottega Louie是近年來炙手可熱的義大利餐廳及甜點鋪，店主開店時的期望，是要在市中心打造一家擁有國際水準的高級店面，但又是一般人能負擔得起的價錢，現在他不但做到了，還成了同業爭相模仿的樣板。店內明亮潔淨的空間，配上粉色系的妝點，給人置身天堂的夢幻感。半開放式廚房，將大廚們烤製比薩、烹調義大利麵的過程完全透明化，成為供人欣賞的表演。甜點是另一重頭好戲，五彩繽紛的馬卡龍可愛地堆疊排列，女性顧客沒幾個能招架得住。而寬廣的店面內，除了有餐廳、酒吧和甜品鋪外，還有一間專賣高級食材的市場。

洛杉磯市中心 Downtown Los Angeles

MAP ▶ P.59D3 **Guisados DTLA**

🚇搭乘捷運B、D線至Pershing Square站，步行約4分鐘 🏠541 S. Spring St, # 101, LA, CA 90013 ☎(213) 627-7656 ⏰09:00~22:00（週五、六至01:30，週日至21:00）💲$ 🌐www.guisados.co

Guisados是家專賣墨西哥傳統塔可玉米餅的小店，2010年從洛杉磯市區東邊的Boyle Heights發跡，現在在市內已開有7家分店。其塔可餅的餡料維持傳統家常的燉煮方式，不依賴速成調味料，完全展現食材本身的自然風味，再搭配與各食材相應的手工醬料，既新鮮而味覺豐富。用店主的話來說，就像「媽媽從前在廚房裡待上一整個下午時做的那樣，單純而令人迷戀」。這裡的塔可餅主要有牛肉、雞肉、豬肉、海鮮、素食等類別，如果想多嚐試幾種，可以點份「Sampler」，自選6個不同口味的迷你塔可餅，只要8.5美元。

洛杉磯市中心 Downtown Los Angeles

MAP ▶ P.59C3 | **Perch**

🚇搭乘捷運B、D線至Pershing Square站，步行約1分鐘 🏠448 S. Hill St, LA, CA 90013 ☎(213) 802-1770 🕐平日16:00~01:00（週四、五至01:30），週末10:00~15:30、16:30~01:30（週日至01:00）💲早午餐\$\$\$，晚餐\$\$\$\$ 💻perchla.com ❗週五、六22:45過後，只准許21歲以上成人進入

既名為「棲木」，這間法式小酒館已用店名說明了它的特色。餐廳位於一棟老式大樓的15樓，內部以古董像俱佈置得豪華典雅，不過大多數客人卻偏愛坐在戶外平台，因為洛杉磯的夜景要比復古裝潢更加迷人。而在16樓還有個露天的頂樓酒吧，站在洛杉磯的天際線上，璀璨的高樓燈火在微醺的眼前展開，讓Perch成為城裡最熱門的聚會地點。這裡的餐點以法式酒館菜為主，像是牛排薯條、扇貝、豬腩、烤乾酪派等。著名的調酒有以雷克伏特加為基酒，調和蜜桃香甜酒、蔓越莓汁、萊姆汁的My Fair Lady，以及用蘇托力伏特加為基酒，調和接骨木花利口酒、氣泡酒、葡萄柚、小黃瓜與萊姆的Lolita等。

洛杉磯市中心 Downtown Los Angeles

MAP ▶ P.59C4 | **Water Grill**

🚇搭乘捷運B、D線至Pershing Square站，步行約5分鐘 🏠544 S. Grand Ave, LA, CA 90071 ☎(213) 891-0900 🕐11:30~22:00（週五、六至23:00）💲\$\$\$\$\$ 💻www.watergrill.com

這是洛杉磯市中心最好的海鮮餐廳，以食材新鮮和品項豐富為標榜。在這裡可以品嚐到各式各樣的海鮮料理，像是緬因州的活龍蝦和黑鮪魚、太平洋的劍旗魚、馬里蘭的軟殼蟹、阿拉斯加的比目魚、美國野生鮭魚等。而光是生鮮吧台上的生蠔就有10多個不同產地的品種。菜單依照當季漁產進行調整，每天也會根據進貨狀況推出當日特餐，在洛杉磯市區擁有很高的評價。

洛杉磯市中心 Downtown Los Angeles

MAP ▶ P.59C3 | **Eggslut**

🚇搭乘捷運A、E線至Historic Broadway站，步行約4分鐘 🏠317 S. Broadway, LA, CA 90013（大中央市場內）☎(213) 625-0292 🕐每日08:00~14:00 💲\$ 💻grandcentralmarket.com/vendors/eggslut

每天早晨當大中央市場(Grand Central Market)內絕大多數店家都尚未開市時，Eggslut的門口早已大排長龍。這間美式早餐店最出名的，就是被用來當作招牌的slut，做法是在玻璃罐中填入馬鈴薯泥，上面打一顆生雞蛋，再撒上海鹽與細香蔥，密封後浸在水槽中，以真空低溫的舒肥烹調法將蛋煮至半熟。用這種方法煮出來的蛋，滋味純粹，水份也不因外力而增減，口感和一般水煮蛋或煎蛋都不一樣，非常有趣。吃的時候稍微攪拌，再搭配一根小的法國麵包。不過slut的份量以男生而言可能吃不夠飽，不在乎預算的話不妨再點份三明治，這裡三明治的餡料炒得香氣四溢，麵包也很實在，最多人推薦的口味是Gaucho與Fairfax。

藝術區 Arts District

MAP ▶ P.59D1 **Wurstküche**

🚇搭乘捷運A、E線至Little Tokyo/Arts District站，步行約7分鐘 🏠800 E. 3rd St, LA, CA 90013 ☎(213) 457-7462 🕐11:30~24:00 (週五、六至01:00) 💲\$ 🌐www.wurstkuche.com

　　這間餐廳位於藝術區一棟舊工廠倉庫內，三角形的紅磚建築，從路口尖端的大門進去是間德國啤酒吧，偌大空間充滿工業時代的粗獷況味。這裡的啤酒以德國、比利時及北美的精釀廠牌為主，新鮮而又甘醇。和德國啤酒最搭的食物就是香腸，從Traction Ave上的側門進去，便是Wurstküche的香腸店了，除了經典的豬肉、牛肉與素肉腸外，還有許多特別口味，像是加了糖漬櫻桃與薄荷的野牛肉腸、以地中海香料佐味的羊肉腸、灌進韭蔥和胡蘿蔔的兔/豬肉混合腸等。不過最多人推薦的獨家款，還是搭配了墨西哥辣椒的兔肉與響尾蛇肉腸，吃起來火辣中又帶點奶油的滑順感，十分特別。而每份香腸堡上，還可以自選兩種配料與沾醬。

中國城 Chinatown

MAP ▶ P.59A1 **Philippe the Original**

🚇搭乘捷運A線至Chinatown站，步行約6分鐘，或DASH巴士B線至Alameda/Main站即達。有附設免費停車場 🏠1001 N. Alameda St, LA, CA 90012 ☎(213) 628-3781 🕐每日06:00~22:00 💲\$\$ 🌐www.Philippes.com

　　這家開業於1908年、擁有百年歷史的三明治店，是洛杉磯速食業的一頁傳奇，因為這裡正是洛城美食「法蘭西肉汁三明治」(French Dip Sandwich)的發源地。這種三明治用的是蘸飽肉汁的法國軟麵包，當中夾上大量肉片，雖然賣相單純，卻十分美味，如果喜歡多一點味道，不妨要求加上店家自製的黃芥末。據說故事發生在1918年，老闆不小心將麵包掉進剛出爐的烤肉盤中，當時的客人大概出於趕時間，便將蘸到肉汁的三明治帶走，沒想到翌日這位客人帶著一票朋友前來，指名要吃蘸了肉汁的三明治，於是店裡熱賣至今的招牌，就這麼陰錯陽差地誕生了。除了肉汁三明治外，這裡的烤蘋果與各式沙拉也非常有名，建議用來和三明治搭配。

中國城 Chinatown

MAP ▶ P.59A2 **Howlin' Ray's Hot Chicken**

🚇搭乘捷運A線至Chinatown站，步行約8分鐘；或DASH巴士B線至Broadway/Alpine站，再步行約3分鐘 🏠727 N. Broadway #128, LA, CA 90012 🕐11:00~19:00 🚫週一、二 💲\$ 🌐howlinrays.com

　　這是家專賣辣味炸雞的小吃店，話要說在前頭，他們的辣粉是真的很辣，雖然辣度有分6種等級，但即使只是Medium就已足夠嗆人，要想吃吃看Hot，請務必多點幾杯飲料；再以上的話可別貿然嘗試，這邊已經警告過了！不過話說回來，Howlin' Ray's的辣絕對是好吃的那種，火熱之餘又帶著點香甜，與從鮮嫩雞肉中流出的肉汁混合在一起，雖然辣到流淚，依然讓人意猶未盡地吃得乾乾淨淨。在這裡可以單純點雞胸、雞翅或雞腿，餐點會附上一片麵包與醃黃瓜；如果要當正餐的話，乾脆直接來份炸雞堡(Sando)，保證令你大呼過癮。

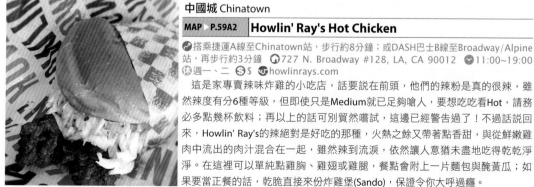

韓國城 Koreatown

MAP ▶ P.48C3　Hae Jang Chon Korean BBQ

🚇 搭乘捷運D線至Wilshire/Western站，步行約5分鐘　🏠3821 W. 6th St, LA, CA 90020　📞(213) 389-8777　🕐11:00~24:00 (週五、六至02:00)　📅週日　💲$$$$　🌐www.haejangchon.com

這家韓國烤肉在洛杉磯市區頗有名氣，店門永遠擠滿了人，就算到了深夜，依然門庭若市。如果沒有預約的話，少說也得等上一、兩個鐘頭，即使已經預約，也不保證可以準時入座。然而大家還是心甘情願地餓著飢腸等位，因為他們知道等待絕對值得。以吃到飽來說，這裡的價錢相當划算，包括牛、豬、雞、烏賊、章魚等在內的30樣肉品任君點選，另外還加上泡菜、醃物、蒸蛋等小菜，最後再炒個經典韓式炒飯，餓扁了的肚子馬上便被幸福地填滿。用來燒烤的石盤全都是在韓國製造，可以較長時間保持肉質鮮嫩，同時也比較合乎健康；而豬肉則嚴選肥瘦均勻的加拿大肉豬，是這裡的一大招牌。

格蘭戴爾 Glendale

MAP ▶ P.48D2　Porto's Bakery & Café

🚇 建議開車前往，路邊有付費停車格　🏠315 N. Brand Blvd, Glendale, CA 91203　🕐每日06:30~20:00　💲$　🌐www.portosbakery.com

Porto's是一家需要排隊的麵包店，而且從早到晚都生意興隆。Porto's創始於1960年，創始人Rosa Porto生長於古巴，在古巴革命後舉家來到加州另謀新生，並靠著她自小耳濡目染的烘焙技藝撐持起家計，最初只是賣給親朋好友和街坊鄰居，現在已在洛杉磯地區開有6家分店，而且每一家生意都好得不得了。這裡的麵包種類非常多，最多人推薦的是焦糖牛奶千層酥派(Nepoleon Dulce de Lecho)，真正做到酥而不油、甜而不膩。其他像是包著各種餡料的拉丁麵包餃Empanada，也非常美味。如果想要吃點熱食，不妨點份古巴三明治與熱咖啡，坐在店裡享用一餐。

西湖 Westlake

MAP ▶ P.59C6　Langer's

🚇 搭乘捷運B、D線至Westlake/MacArthur Park站，步行約1分鐘。停車場位於7th/Westlake東北角，憑店章90分鐘免費　🏠704 S. Alvarado St, LA, CA 90057　📞(213) 483-8050　🕐08:00~16:00　📅週日　💲$$$　🌐www.langersdeli.com

Langer's位於佬墨區，相對來說治安比較不好，但是不入虎穴，焉得虎子？為了「全世界最好吃的煙燻牛肉三明治」，這一趟勢在必行。這家創立於1947年的老店，靠著口味繁多的三明治獨步江湖，這裡的三明治都用編號作為名稱，假如你沒有特定偏好的話，不用看菜單，直接選第19號就對了，因為第19號三明治就是Langer's揚名四海的最大功臣。19號三明治的主料是手切的煙燻牛肉(Pastrami)，拌上碎捲心菜沙拉、瑞士白起司與俄式辣沙拉醬，一起夾進烤過兩次的黑裸麥麵包裡，這種滋味只能用魂牽夢縈來形容。

好萊塢 Hollywood

MAP ▶ P.72D2　Roscoe's House of Chicken & Waffles

🚇 搭乘捷運B線至Hollywood/Vine站，步行約9分鐘　🏠 1514 N. Gower St, LA, CA 90028　📞 (323) 466-7453　🕐 08:00~24:00（週五、六至04:00）　💲 $$$　🌐 www.roscoeschickenandwaffles.com

　　Roscoe's是洛杉磯最具指標性的庶民美食，1975年由Herb Hudson開業於長灘，目前在洛杉磯地區共有7家分店。Roscoe's受歡迎的程度得到許多名人認證，饒舌教父史努比狗狗曾在節目上公開宣稱Roscoe's是他的最愛，而像路達克里斯、大個小子等嘻哈歌手也多次在歌詞中提及這家餐館。最有名的事件是2011年歐巴馬總統造訪洛杉磯時，特地跑到Roscoe's外帶了兩大袋Chicken & Waffles，事後還在《傑雷諾今夜秀》上大談此事。這裡賣的是南方的Soul Food，招牌是炸雞配鬆餅。老實說，單論炸雞或鬆餅，雖然美味，但其實並不怎麼特別，妙就妙在這兩種看似不相干的食物，搭配著吃竟是如此天造地設的一對！一甜一鹹的口感，讓炸雞與鬆餅的味覺體驗同時升級。

好萊塢 Hollywood

MAP ▶ P.72D2　Stout Burgers & Beers

🚇 搭乘捷運B線至Hollywood/Vine站，步行約9分鐘　🏠 1544 N. Cahuenga Blvd, LA, CA 90028　📞 (323) 469-3801　🕐 每日12:00起，週一~週三至22:00，週四、日至23:00，週五、六至24:00　💲 $$　🌐 www.stoutburgersandbeers.com

　　Stout立志要為漢堡這種食物創造出新風格，並做出全洛杉磯最好吃的漢堡。他們的漢堡又厚又大，肉排選用上等牛肉，並只煎至三分熟，因此肉汁飽滿、鮮嫩綿軟。其招牌的Stout Burger，在牛肉排上夾進了藍起士、格呂耶爾起士、迷迭香培根、焦糖洋蔥、烤番茄等，再淋上辣根奶油醬，層次豐富的刺激口感，令人一試難忘。另一款Six Weeker，和牛肉排搭配的是布利起士、芝麻葉、焦糖洋蔥和厚厚一層無花果醬，也很受到歡迎。另外，這裡也有品項多樣的手工精釀啤酒，可以和漢堡搭配。

亞特華德村 Atwater Village

MAP ▶ P.48D2　The Morrison

🚇 建議開車前往，有附設停車場　🏠 3179 Los Feliz Blvd, LA, CA 90039　📞 (323) 667-1839　🕐 12:00~21:00（週四至22:00，週五、六23:00）　💲 $$$　🌐 www.morrisonatwater.com　🎉 Happy Hours為12:00~18:00

　　The Morrison是洛杉磯最熱門的英式小酒館，尤其在四大職業球賽有比賽的時候，人們總會群集於此，挑一面自己感興趣的電視面前坐下，喝酒、聊天、看球。這裡的餐點以特色漢堡為主，每日下午6點之後推出；飲料方面則有品項繁多的啤酒與調酒，在每天的Happy Hour菜單上，所有酒精飲料與下酒餐點大多都不到10美金。另外不得不提的是，這裡的甜點也很有名，其中的奶油糖麵包布丁(Butterscotch Bread Pudding)還被Yelp網站推選為全洛杉磯最好吃的麵包布丁。

比佛利山 Beverly Hills

MAP ▶ P.81B1　**Nate'n Al's**

🚇搭乘捷運D線至Wilshire/Western站，轉乘20號公車至Wilshire/Rodeo站，再步行約8分鐘。D線的Wilshire/Rodeo站通車後，從該站步行約8分鐘 🏠414 N. Beverly Dr, Beverly Hills, CA 90210 ☎(310) 274-0101 🕐每日08:00~21:00 💲💲💲 ⓦwww.natenals.com

1945年時，Nate與Al這對好友在比佛利山開了家猶太熟食店，由於用料實在，份量又很飽足，很快就成為本地人經常光顧的小店。隨著時光流轉，這裡的名氣也愈來愈響亮，許多外地遊客來到比佛利山都一定要吃過Nate'n Al's才算行程完滿，而這家店也幾乎成了比佛利山理所當然的一部分。然而2018年，家族第三代無意經營，眼看老店即將消失，一位多年老主顧決定接下傳統，讓人們得以繼續享用美味。店裡最有名的是猶太三明治，招牌的The Nate'n Al's，裸麥麵包內夾著疊得厚厚的燻牛肉片，配上新鮮萵苣和蕃茄，以及特製的俄羅斯沙拉醬，再附上一碗堆得像山一樣的碎菜沙拉，份量令人感動。另外，這裡的猶太丸子湯(Matzo ball soup)也被評為洛城第一。

比佛利山 Beverly Hills

MAP ▶ P.81C2　**The Honor Bar**

🚇搭乘捷運D線至Wilshire/Western站，轉乘20、720號公車至Wilshire/Rodeo站，再步行約4分鐘。D線的Wilshire/Rodeo站通車後，從該站步行約3分鐘 🏠122 S. Beverly Dr, Beverly Hills, CA 90212 ☎(310) 550-0292 🕐每日11:30~22:00 💲💲💲 ⓦhonorbar.com

這是家氣氛輕鬆舒適的時髦酒吧，既顯著著比利佛山的時尚品味，又沒有那麼高不可攀。供應的餐點很奇妙，一半是漢堡三明治，另一半是生魚片壽司，招牌的Honor Burger用的是牛頸絞肉排，上頭配上切達起士、蕃茄及碎菜沙拉，麵包鬆軟而有彈性，肉排鮮嫩而多汁，份量相當實在。另一款Ding's Crispy Chicken Sandwich也很熱門，脆皮炸雞上面是羽衣甘藍菜沙拉，香而不膩，口碑極佳。至於壽司則是典型的加州風格，色彩繽紛鮮豔，有如甜點一般精緻，用來搭配漢堡，也是一種新潮。

比佛利山 Beverly Hills

MAP ▶ P.81C2　**Spago**

🚇搭乘捷運D線至Wilshire/Western站，轉乘20、720號公車至Wilshire/Rexford站，步行約4分鐘。D線的Wilshire/Rodeo站通車後，出站即達 🏠176 N. Canon Dr, Beverly Hills, CA 90210 ☎(310) 385-0880 🕐17:00~22:00 (週五、六至22:30) 💲💲💲💲💲 ⓦwolfgangpuck.com/dining/spago

Wolfgang Puck出生於奧地利，曾在巴黎的米其林三星餐廳中見習，他搬到洛杉磯後，其料理本事大放異彩，旗下在全世界最多擁有過37間餐廳，總共拿過4顆米其林星星，而他本人也兩度獲選詹姆斯比爾德獎的年度主廚頭銜，是當今全球最有影響力的主廚之一。而比佛利山這間Spago就是Wolfgang開的第一間餐廳，也是他率領團隊親自坐鎮的地方，他的4顆星中有2顆就是這裡拿到的。Wolfgang利用本地當季食材，加上見多識廣的巧思，創作出許多令人意想不到的新美式料理。晚餐供應的是三道式料理，也有提供最多6人一桌的桌餐，至於紅白葡萄酒，當然也都是一時之選。

洛杉磯⋯**吃** 在洛杉磯 Where to Eat in Los Angeles

西好萊塢 West Hollywood

MAP ▶ P.48C3 **The Griddle Café**

🚇 搭乘捷運B線至Hollywood/Highland站，轉乘西向的217號公車，於Sunset/Fairfax站下車即達 🏠 7916 Sunset Blvd, Hollywood, CA 90046 ☎(323) 378–6311 🕐 08:00~15:00 🈺 週一、二 💲 $$$ 🌐 www.thegriddlecafe.com

　　尷尬的是，來這間早餐店的時候既不能不餓，也要避免太餓。如果太餓的時候來，看到長長的人龍必定抓狂；如果來的時候不餓，看到送上來的餐點可能也會大驚失色，因為這裡最著名的煎鬆餅，不但比史瑞克的臉還大，而且一來就是三片！難得的是，搭配鬆餅的楓糖不是平常吃到的廉價糖漿，而是貨真價實的佛蒙特楓糖，光是這點就值得大大加分。其他餐點還有法式吐司與炒蛋，法式吐司用料大方，雖然看上去很甜膩，但其實甜度控制得恰到好處；炒蛋中則推薦Slash's World on Fire，這可是槍與玫瑰吉他手Slash貢獻的私房菜單呢！

西好萊塢 West Hollywood

MAP ▶ P.85B1 **Barney's Beanery**

🚇 搭乘捷運B線至Vermont/Santa Monica站，轉乘4號公車，在Santa Monica/Kings站下車，步行約2分鐘。路邊有付費停車格 🏠 8447 Santa Monica Blvd, West Hollywood, CA 90069 ☎(323) 654-2287 🕐 11:30~02:00 (週末10:00起) 💲 $$$ 🌐 www.barneysbeanery.com

　　1927年，當聖塔摩尼卡大道還是66號公路的一部分時，Barney's就在這裡開張了。這家道地的美式啤酒屋，由於老闆好熱鬧的經營模式，吸引不少名人前來捧場。像是克拉克蓋博和茱蒂嘉蘭，下戲後一定來此報到；吉姆莫里森曾因在店裡小便被轟出店外；珍妮絲賈普林的白金唱盤Cheap Thrills，封面上就出現此店身影；社會詩人查理布考斯基經常在此尋找靈感；藝術家金霍茲甚至把店景做成了藝術品。這裡的餐點以美式為主，店內彈子檯、投籃機等各式遊戲機一應俱全，數台電視播放不同體育頻道，到了球季季後賽時，會特別熱鬧。

長灘 Long Beach

MAP ▶ P.99B1 **George's Greek Café**

🚇 搭乘捷運A線至Downtown Long Beach站，步行2分鐘 🏠 135 Pine Ave, Long Beach, CA 90802 ☎(562) 437-1184 🕐 週一至週四10:00~20:30，週五、六08:00~21:00，週日08:00~20:30 💲 $$$ 🌐 www.georgesgreekpine.com

　　這家希臘餐館從一間小熟食鋪起家，到現在已發展成3間店面的規模，而位於長灘市中心的本店，整體氣氛輕鬆休閒，還擁有不少半露天的室外雅座，在南加州的和煦陽光下，的確很有種在希臘度假的感覺。這裡的餐點新鮮美味，老闆遵照自家祖傳的食譜料理，最有名的就是烤羊小排，其所選用的都是上等食材，油是從希臘進口的特級冷壓初榨橄欖油，羊排則是來自紐西蘭的頂極草飼羊，不但鮮嫩多汁，而且毫無騷味，再搭配各種香料及香噴噴的烤餅，果然名不虛傳。

聖塔摩尼卡 Santa Monica

MAP ▶ P.105A2 **The Lobster**

🚇搭乘捷運E線至Downtown Santa Monica站，步行約6分鐘 🏠1602 Ocean Ave, Santa Monica, CA 90401 ☎(310) 458-9294 ◔週一至週四12:00~21:00，週五、六11:30~22:00，週日11:30~21:00 💲主餐$$$$，龍蝦主餐$$$$$ ⓤwww.thelobster.com

位於聖塔摩尼卡碼頭大門旁的The Lobster，20世紀初時盛極一時，幾乎成了本地地標，然而1985年歇業後，這裡成了一處廢墟，一度面臨拆除命運。現任老闆將此地及時買下，決心重振餐廳聲威，於是找來南加州名廚Collin Crannell掌管廚房，而現任主廚Govind Armstrong更是來自Top Chef節目的當紅名廚。一如餐廳其名，龍蝦是這裡的必點菜餚，來自緬因州的活龍蝦，在主廚的精巧手藝下，或清蒸，或碳烤，鮮嫩的蝦肉盈滿甜美的湯汁，吃來實在過癮。而享有180度太平洋美景的露台，也是座位搶手的一大主因，假日時如果沒有訂位，時常要等2個鐘頭以上。

馬里布 Malibu

MAP ▶ P.112A1 **Geoffrey's Malibu**

🚗建議開車前往，代客停車$14 🏠27400 Pacific Coast Hwy, Malibu, CA 90265 ☎(310) 457-1519 ◔平日11:00~20:30（週五至21:00），週六10:00~21:00，週日10:00~20:30 💲$$$$$ ⓤwww.geoffreysmalibu.com

Geoffrey's的前身是馬里布最星光燦爛的旅館及酒吧Holiday House，流連於此的名人多不勝數，最有名的當屬當時還是麻省參議員的約翰甘迺迪和好萊塢女神瑪麗蓮夢露。Holiday House轉手變成餐廳後，星光未曾減損半分，依舊是當紅明星、政商名流和當地居民的聚會場所，當然，慕名而來的觀光客也不在少數。吸引人的原因，除了餐點新鮮美味外，近在咫尺的無敵海景更是令人陶醉，天氣好的時候，露台座位簡直一位難求，因為任誰都想在和煦海風吹襲下，一邊欣賞海豹游泳，一邊享用美食。而這裡的料理以海鮮為主，食材新鮮，醬汁也烹調得精緻，與美景十分相襯。

©The Bloc

洛杉磯市中心 Downtown Los Angeles

MAP ▶ P.59C5	**The Bloc**

🚇搭乘捷運A、B、D、E線至7th St/Metro Ctr站即達 ⊙
700 Flower St, LA, CA 90017 🕐平日約11:00~21:00，
週六10:00~21:00，週日11:00~19:00 🌐www.
theblocla.com

　　The Bloc是洛杉磯市中心新興的露天城市廣場，就位
於捷運7th St/Metro Ctr車站正上方，向來是人氣聚集之
地。廣場由喜來登酒店、梅西百貨旗艦店與其他購物商
場及電影院所包圍，結合了交通運轉、金融辦公、時
尚娛樂等功能。除了梅西百貨之外，主要的店鋪還有
UNIQLO、Marco Valentino等，以及10多家餐館、咖啡
店。另一方面，廣場上還有一塊綠地草皮，供市民坐臥
野餐、運動休憩，假日也常有街頭藝人表演，或是現場
音樂演奏，宛如繁忙鬧區中的一處放鬆綠洲。

好萊塢 Hollywood

MAP ▶ P.72B1	**Ovation Hollywood**

🚇搭乘捷運B線至Hollywood/Highland站即達 ⊙
6801 Hollywood Blvd, Hollywood, CA 90028 🕐
約10:00~20:00（週五、六至21:00） 🌐www.
ovationhollywood.com

　　Ovation Hollywood的前身即是大名鼎鼎的好萊塢高地中
心(Hollywood & Highland Center)，這座佔地廣達6萬平方
公尺的多元化娛樂廣場，結合購物中心、餐廳、飯店、
酒吧、藝廊、遊樂場和戲院等設施，其中包括名聞遐邇
的杜比戲院，以及超過25家國際級精品名牌專賣店。
2022年翻修完成重新開放，雖然撤除了廣場上著名的巴
比倫裝飾，但也讓這座購物中心有了令人耳目一新的氣
象。從購物中心3樓的長廊上，可以盡情眺望遠方翠綠的
山景，而「HOLLYWOOD」的白色大字也清晰可見。

好萊塢 Hollywood

MAP ▶ P.72B1	**La La Land**

🚇搭乘捷運B線至Hollywood/Highland站，步行約3分鐘 ⊙
7001 Hollywood Blvd, LA, CA 90028 ☎(323) 871-9330
🕐每日09:00~23:00 🌐www.hollywoodmegastore.com

　　走在星光大道上，很難不被這家紀念品店給吸引進去，擺
放在門口那幾尊真人比例的大型公仔，包括蝙蝠俠、掠奪
者、T-800魔鬼終結者等，似乎都在告訴你店裡有些新奇有趣
的好東西。這家店的規模相當龐大，販賣的商品也是五花八
門，從鑰匙圈、磁鐵、車牌等典型紀念品，到T恤包包、玩具
公仔、文具圖書等應有盡有。最熱賣的當然還是來到好萊塢
必買的奧斯卡小金人，有各種各樣的得獎名目，很適合拿來
送人。雖然這裡的價格比其他地方貴一些，但品項齊全，不
想花時間慢慢逛的人，可以在這裡一次買齊所有伴手禮。

洛杉磯市西區 Westside Los Angeles City

MAP ▶ P.85D4 葛洛夫 The Grove

🅿️建議開車前往，可由The Grove Dr進入停車場，前1小時$5，2小時$10，3小時$15，之後每半小時$2，當日最高$35。部分商家提供停車折抵 🏠189 The Grove Dr, LA, CA 90036 ☎️(323) 900-8080 🕐週一至週四10:00~21:00，週五、六10:00~22:00，週日11:00~20:00 🌐www.thegrovela.com
🚋電車行駛時間為每日13:00~20:45 (15:45~17:00充電不發車)

農夫市場旁的葛洛夫購物村，是洛杉磯最時髦的購物去處。在這裡逛街，完全不會浪費加州的好天氣，因為整座購物村的主要動線，是一條戶外徒步街道，陽光直落落灑在鋪滿紅磚鵝卵石的地面上，兩旁歐式風格的櫥窗也頓時耀眼起來。大街中央廣場上，噴泉翩翩跳起水舞，更有甚者，這裡還有一輛古董電車穿梭路上，載著人們到購物村另一頭，完全免費。由於葛洛夫就像個現成的40年代小鎮佈景，常有許多電視影集在此拍攝，也是個容易見到明星的地方。

洛杉磯市西區 Westside Los Angeles City

MAP ▶ P.85A4 比佛利中心 Beverly Center

🅿️建議開車前往，停車費前4小時每小時$1，之後每小時$2，當日最高$18 🏠8500 Beverly Blvd, LA, CA 90048 ☎️(310) 854-0070 🕐10:00~20:00 (週日11:00~18:00) 🌐www.beverlycenter.com

比佛利中心是許多明星藝人喜愛的購物去處，常可看到明星們帶著專屬造型顧問同行。1樓主要是間保齡球館與健身房，商店樓層位於6~8樓，中間則是停車場。6、7兩樓的南北兩端分別坐鎮Bloomingdale's與Macy's兩大百貨公司，中央走道兩旁則羅列70多家名牌專賣店，品牌以中、高價位為主。而8樓則是UNIQLO、H&M、XXI Forever等三家中、平價品牌的大面積店鋪，足以滿足各式各樣的消費需求。同時，這裡也常有優惠折扣推出。

帕薩迪納 Pasadena

MAP ▶ P.114B2 帕謝區購物中心 The Paseo

🅿️搭乘捷運A線至Memorial Park站，步行約7分鐘。開車者，憑店家蓋章可免費停90分鐘，之後每30分鐘$1.5，當日最高$12 🏠300 E. Colorado Blvd, Pasadena, CA 91101 ☎️(626) 795-9100 🕐11:00~20:00 (週日至18:00) 🌐www.thepaseopasadena.com

帕謝區位於老城附近，原名帕薩迪納廣場，2017年才改成現在的名字。這是這一帶最有規模的購物中心，橫跨三個街區，以Garfield徒步街為界，分為東、西兩個區域。2層樓的商場裡，坐落了40多間店面、14間餐廳與食肆、1間電影院，以及一家新蓋好的星級酒店Hyatt Place。最特別的是位於Garfield街邊的帕薩迪納古董商場(Pasadena Antique Mall)，雖然進門覺得裡面沒有很大，但事實上有好幾個房間，每間都分門別類陳列不少有趣的二手舊貨，頗值得逛逛。

MAP ▶ P.48E4 **城堡暢貨中心 Citadel Outlets**

📍距洛杉磯市中心約8英哩,可開車前往,停車場免費。暢貨中心也有提供從市中心來回的免費接駁服務,上車地點和詳細時刻表請上官網查詢 🏠100 Citadel Dr, LA, CA 90040 📞(323) 888-1724 🕐每日10:00~21:00 🌐www.citadeloutlets.com

　　城堡暢貨中心是少數非由賽門地產營運的暢貨中心,這間戶外平面式商場,設計風格上以亞述宮殿為主題,裡面的折扣商店約有120家,雖然比起沙漠山丘,規模要小一些,但城堡最大的優勢就在於地點,這應該是洛杉磯最靠近市區的暢貨中心了,而且還提供市中心免費接駁車服務,對沒有車或不想大老遠開車的人來說,最是方便。

MAP ▶ P.48D2 **阿美利卡娜廣場
The Americana at Brand**

📍建議開車前往,停車場前1小時$5,之後每15分鐘$1,當日最高$30。部分商家提供停車抵扣 🏠889 Americana Way, Glendale, CA 91210 📞(818) 637-8982 🕐週一至週四10:00~21:00,週五、六10:00~22:00,週日11:00~20:00 🌐americanaatbrand.com

　　2008年開幕的阿美利卡娜廣場,與葛洛夫同屬Caruso地產公司的旗下產業,因此風格極為相近,同樣都是古典小鎮型式的購物村,同樣都有大面積的公園草坪,同樣都有電影院,同樣都有噴泉水舞表演,就連穿行於街道上的復古電車都如出一轍,簡直就是把葛洛夫紋風不動地搬到了格蘭戴爾來。只是阿美利卡娜廣場更新、更大、店家更多、更好逛,加上相鄰的格蘭戴爾廣場,給購物狂一整天的時間都不夠用。

MAP ▶ P.48D2 **格蘭戴爾廣場
Glendale Galleria**

📍建議開車前往,有免費停車場 🏠100 W. Broadway, Glendale, CA 91210 📞(818) 459-4184 🕐週一至週四11:00~20:00,週五、六10:00~21:00,週日11:00~19:00 🌐www.glendalegalleria.com

　　格蘭戴爾廣場由Brookfield集團經營,其商場面積達160萬平方英呎,是洛杉磯郡第三大的購物中心。商場共有3層樓,分屬兩棟建築,由2樓的連通廊連結成L型的購物空間,而這L型所包夾住的地方,就是阿美利卡娜廣場,於是兩個商場共同構成範圍廣大的購物地帶。格蘭戴爾廣場裡頭的商家超過200個,包括Bloomingdale's、Macy's、JCPenny、Target等4家百貨公司在內,由於2013年才完成整修,因此室內環境明亮潔淨,逛起來非常舒服。

聖塔摩尼卡 Santa Monica

MAP ▶ P.105B1
第三街購物徒步區
Third Street Promenade

🚇搭乘捷運E線至Downtown Santa Monica站,步行約4分鐘 🌐www.downtownsm.com

聖塔摩尼卡的第三街是洛杉磯地區數一數二的購物天堂,從聖塔摩尼卡廣場所在的Broadway,一直延伸到Wilshire Blvd之間,被規劃為行人專用徒步區,街道兩旁有大約100家服飾、鞋類與飾品店,超過75家餐廳、咖啡館,以及藝廊、書店等,人行道上還有販賣各種小玩意兒的攤販。由於聚集許多名牌及平價商品,各種價位應有盡有,因此受到當地居民與外來遊客喜愛。除了購物之外,更不能錯過精彩的街頭表演,尤其夜晚在燈光裝飾下,身懷絕藝的藝人或歌或舞,成為另一特色。

聖塔摩尼卡 Santa Monica

MAP ▶ P.105B2
聖塔摩尼卡廣場
Santa Monica Place

🚇搭乘捷運E線至Downtown Santa Monica站,出站即達 🏠395 Santa Monica Pl, Santa Monica, CA 90401 📞(310) 499-2928 🕐10:00~20:00 (週日11:00~19:00) 🌐www.santamonicaplace.com

由建築師Frank Gehry設計的聖塔摩尼卡廣場,以巨型白色天窗為視覺重點,加上不對稱的特殊手法,在夜晚中更突顯其時髦、現代的外觀。這座購物中心共有3層樓高,佔地面積廣大,涵蓋Colorado Ave、Broadway St、第二街和第四街之間的範圍,包含Nordstrom百貨公司在內,大約有60多家店面以及1間兒童博物館。

威尼斯海灘 Venice Beach

MAP ▶ P.107B1
艾伯特肯尼大道
Abbot Kinney Boulevard

🚗建議開車前往,路旁有許多限時2小時的免費或付費停車格 🌐abbotkinneyblvd.com

當外來遊客都還擠在人聲嘈雜的威尼斯海濱步道時,鄰近不遠的艾伯特肯尼大道卻已逐漸在當地人的圈子裡蓬勃起來,如今已開滿商店、餐廳、酒吧、家飾店和藝廊。這裡原先是塊廢棄的街區,充滿空蕩蕩的工廠磚房,低廉的租金與寬敞的空間吸引新鋭設計家與藝術家進駐,久而久之發展出一條具有自我品味的時髦街道。一般來説,這裡的氛圍被歸類為「boho-chic」,也就是結合波希米亞與嬉皮的風格,拜當地商家與居民的共識所賜,連鎖品牌在這條街道上幾乎無法生存,因此開在這裡的都是個人風格強烈、拒絕大眾市場的獨立品牌,每家都擁有獨特的個性。

世紀城 Century City

MAP ▶ P.48B3 **西田世紀城Westfield Century City**

🚗建議開車前往，停車平日頭1小時免費，90分鐘內$4，之後每半小時$1；假日每15分鐘$1；當日最高$30。捷運D線的Century City/Constellation站通車後，出站即達 ⚲10250 Santa Monica Blvd, LA, CA 90067 ☎(310) 553-5300 ◷週一至週四10:00~21:00，週五、六10:00~22:00，週日11:00~20:00 🌐www.westfield.com/centurycity

西田世紀城開幕於1964年，是洛杉磯最早成立的購物中心之一，也是西田集團旗下的旗艦商場，雖然只有2層樓的樓層，商場面積卻有130萬平方英呎，可以想見其範圍之大。這裡有超過250家品牌專賣店與餐廳，其中有些品牌在一般商場中並不容易見到，因此每到週末假日總是人山人海。尤其是在近幾年重新整修過後，購物動線變得更加舒適，數個大型天井讓商場採光自然明亮，戶外連通長廊上貼心設置各有巧妙的休憩空間，充滿了藝術氣息，讓逛街購物也變得氣質高雅起來。

長灘 Long Beach

MAP ▶ P.99B2 **派克暢貨中心 The Pike Outlets**

🚇搭乘捷運A線至Downtown Long Beach站，步行約5分鐘 ⚲95 S. Pine Ave, Long Beach, CA 90802 ☎(877) 225-5337 ◷平日11:00~21:00，週六10:00~21:00，週日10:00~19:00 🌐thepikeoutlets.com

彩虹港北側的The Pike，過去曾是擁有輝煌歷史的遊樂園，至今仍可看到古董級的旋轉木馬和摩天輪。樂園關閉後，現在成為當地一處暢貨中心，店家包括Cotton On、H&M、GAP與NIKE的工廠店等，另外也有像Bubba Gump Shrimp Co、Chili's、Hooters等知名連鎖餐廳進駐。

安大略 Ontario

MAP ▶ P.7D7 **安大略購物中心 Ontario Mills**

🚗距洛杉磯市中心約40英哩，建議開車前往，停車場免費 ⚲1 Mills Cir, Ontario, CA 91764 ☎(909) 484-8300 ◷週一至週四10:00~20:00，週五、六10:00~21:00，週日11:00~20:00 🌐www.simon.com/mall/ontario-mills

安大略購物中心位於10號州際公路與15號州際公路的交會處，距離洛杉磯與安納罕都不遠。這裡擁有超過200家商店，是加州最大的暢貨折扣中心。不像大多數暢貨中心為戶外街道式規劃，安大略購物中心為一整棟建築物，所有商店都在室內，因此購物時不會受到天候影響。特別的是，近年來在亞洲非常流行的潮牌A&F，其outlet在西岸只有三家，其中一家就位於這裡，A&F的鐵粉們可千萬不要錯過啊！

卡巴松 Cabazon

MAP ▶ P.7D7

沙漠山丘暢貨中心
Desert Hills Premium Outlet

📍距洛杉磯市中心約85英哩,建議開車前往,停車場免費
🏠48400 Seminole Dr, Cabazon, CA 92230　📞(951) 849-6641　🕐10:00~21:00 (週五至20:00)　🌐www. premiumoutlets.com/outlet/desert-hills

這間暢貨中心分為東、西兩村,西村為一字形購物大道,最大的店面為薩克斯第五大道百貨公司;東村呈梯字形,商家以兩個對稱的直角三角形分布,主要的名牌多半位於東村。沙漠山丘的品牌店多達近180間,除了大之外,這裡最誘人的地方在於,許多奢侈品牌都把折扣店開設在這裡,像是Gucci、Prada、Burberry等,這在暢貨中心可是相當罕見的;而如Armani、Swarovski、AllSaints、Balmain等國際品牌,在以美國品牌為主導的暢貨中心裡也並非常見。可以說,這裡的店面結構與一般購物中心類似,商品卻仍是暢貨中心的低價格,難怪會吸引這麼多人前來,並幾乎成為加州購物的代名詞。

賽門地產公司(Simon Property Group)是目前美國最大的暢貨中心經營者,在全美擁有將近200間暢貨中心與購物商場,光是加州與內華達州就有26間。想去血拼的人,可以在台灣先上Simon官網,點選首頁右上角的「VIP Club」加入免費會員,將頁面列印下來,到Simon的暢貨中心後先去找服務中心,憑列印券與護照兌換一本折價券(VIP Coupon Book),這本折價券在大部店家都適用,可以再省下一點錢。

🌐www.premiumoutlets.com

科斯塔梅薩 Costa Mesa

MAP ▶ P.161B4

南海岸購物廣場
South Coast Plaza

📍距洛杉磯市中心約40英哩,建議開車前往,停車場免費
🏠3333 Bristol St, Coast Mesa, CA, 92626　📞1-800-782-8888　🕐10:00~20:00 (週日11:00~19:00)　🌐www.southcoastplaza.com

銷售樓層面積廣達26萬平方公尺的南海岸購物廣場,是美國西岸最大的購物中心,全美排名第四大,常被當地人暱稱為「Mall of Malls」。除了四大百貨公司外,還有超過250間品牌專賣店,從平價的GAP、UNIQLO到高端的Hermes、Patek Philippe,從賣玩具的LEGO Store到賣3C的Apple Store,幾乎想得出來的品牌,這裡都找得到。另外,這裡也有近50家餐廳,其中最具話題的,就是目前正在積極擴充海外市場的鼎泰豐。

卡馬里奧 Camarillo

MAP ▶ P.7C7

卡馬里奧暢貨中心
Camarillo Premium Outlets

📍距洛杉磯市中心約55英哩,建議開車前往,停車場免費　🏠740 E. Ventura Blvd, Camarillo, CA 93010　📞(805) 445-8520　🕐每日10:00~20:00　🌐www.premiumoutlets.com/outlet/camarillo

卡馬里奧暢貨中心位於洛杉磯前往聖塔芭芭拉途中的101號國道旁,商店總共有將近160家,規模也算相當龐大,該有的牌子全員到齊,年輕設計師的品牌尤其眾多。不過這裡在格局上有些分散,隔著馬路又分為Fashion Court、Main Court、The Promenade三個區域,建議可以用開車的方式在區域間移動,不然從頭走到尾可是會鐵腿。

南加州

Southern California

文●蔣育荏　攝影●墨刻攝影組

洛杉磯

洛杉磯南邊的聖地牙哥與北邊的聖塔芭芭拉，距離洛杉磯都只要2個多小時車程，很適合作為兩天一夜小旅行的目的地。聖地牙哥是加州的邊境大城，既有充滿西部氣息的歷史古鎮，也有現代化的國際大都會，美麗的渡假沙灘近在咫尺，遊樂園及博物館也都是世界級水準，無論你想用什麼方式度假，聖地牙哥都能給你大驚奇。

聖塔芭芭拉以和煦的氣候、優雅的海灘，與氣味濃郁的葡萄酒著稱於世，許多名人富豪都選擇在此購置家產，可見得這處「美國里維耶拉」的魅力非同一般。聖塔芭芭拉西邊的索爾凡，是許多台灣遊客鍾愛的觀光小鎮，這座「小丹麥」堪稱全美國最像歐洲的城市，由一群丹麥裔移民精心打造。在這裡可以吃到最丹麥的食物，買到最丹麥的紀念品，就連空氣和水也彷彿是從丹麥飄流過來的。

南加州之最 Top Highlights of Southern California

聖地牙哥野生動物園
San Diego Zoo Safari Park
提供多種特殊行程與活動，就像在非洲大草原上遊賞，甚至還有機會親手餵食半野生的長頸鹿與犀牛，絕非一般動物園可同日而語。（P.147）

中途島號航空母艦博物館
USS Midway Museum
曾在太平洋上叱吒風雲的航空母艦，如今退役成為博物館，除了能參觀艦上各單位與儀器，停機坪上的23架退役戰機更是精彩。（P.140）

巴博雅公園
Balboa Park
公園內座落著19間博物館，是美國西岸博物館最密集的區域，素有「西岸的史密森尼」之稱，而著名的聖地牙哥動物園也是位在這裡。（P.142）

史登碼頭
Stearns Wharf
聖塔芭芭拉海灘的觀光重心，兩旁便是熱鬧的東、西海灘，碼頭棧橋上不但有餐廳、商店、品酒室，甚至還有一間水族館。（P.151）

哥本哈根大街
Copenhagen Drive
小丹麥索爾凡鎮上的主要大街，兩旁販賣道地的丹麥麵包、點心、冰淇淋與各種雜貨，街景幾乎讓人忘了身在美洲。（P.158）

聖地牙哥
San Diego

洛杉磯
聖地牙哥

加州第二大城聖地牙哥，是加州最南端的城市，跨過邊界就是墨西哥了，可以想見這裡的氣候，即使到了冬季，最高溫度都還有攝氏19度，而且難得見到雨天。近乎完美的度假天氣，一年到頭都吸引世人前來享受假期。

聖地牙哥有風光明媚的70哩海岸線，有熱力豐沛的墨西哥拉丁風情，有多采多姿的戶外水上活動，也有天際線凹凸有致的都會城中心，度假的典型元素，這裡幾乎是齊備了。同時，美國最大的海軍基地也位於這裡，退役的航空母艦中途號就停泊在港灣內，如今已改為博物館供民眾參觀，是軍事迷實際登船親眼見識的難得機會。

從洛杉磯出發到聖地牙哥只有2小時車程，當天就可以來回，不過如果時間充裕的話，最好還是留宿個幾晚，因為舉世聞名的海洋世界、聖地牙哥動物園與樂高樂園，也是人們來到聖地牙哥的一大理由，而這些地方不玩上一整天是絕對不夠的。

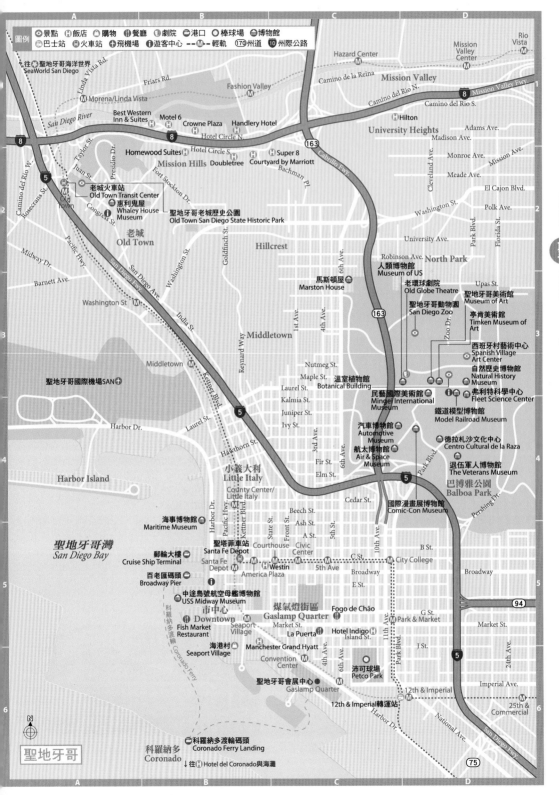

聖地牙哥
San Diego

圖例　🏛景點　🏨飯店　🛍購物　🍴餐廳　🎭劇院　⚓港口　⚾棒球場　🏛博物館
　🚌巴士站　🚉火車站　✈飛機場　ℹ遊客中心　──M──輕軌　🛣170州道　⑩州際公路

✈往 聖地牙哥海洋世界
SeaWorld San Diego

Hazard Center

Mission Valley Center

Rio Vista

Linda Vista Rd.

Friars Rd.

Fashion Valley

Camino de la Reina

Camino del Rio N.

Mission Valley

8 Mission Valley Fwy.

Morena/Linda Vista

Camino del Rio S.

Hilton

University Heights

Adams Ave.

Best Western Inn & Suites

Motel 6

Crowne Plaza

Handlery Hotel

Madison Ave.

Cleveland Ave.

Mission Ave.

Monroe Ave.

Meade Ave.

El Cajon Blvd.

Polk Ave.

Homewood Suites

Hotel Circle S.

Super 8

Doubletree

Courtyard by Marriott

Mission Hills

Bachman Pl.

Washington St.

Park Blvd.

Florida St.

老城火車站
Old Town Transit Center

惠利鬼屋
Whaley House Museum

聖地牙哥老城歷史公園
Old Town San Diego State Historic Park

University Ave.

老城
Old Town

Hillcrest

Robinson Ave. North Park

人類博物館
Museum of US

馬斯頓屋
Marston House

老環球劇院
Old Globe Theatre

Upas St.

聖地牙哥美術館
Museum of Art

亭肯美術館
Timken Museum of Art

聖地牙哥動物園
San Diego Zoo

Middletown

Middletown

1st Ave.

4th Ave.

6th Ave.

西班牙村藝術中心
Spanish Village Art Center

自然歷史博物館
Natural History Museum

聖地牙哥國際機場SAN

Nutmeg St.

Maple St.

溫室植物館
Botanical Building

民藝國際美術館
Mingei International Museum

弗利特科學中心
Fleet Science Center

Laurel St.

Kalmia St.

鐵道模型博物館
Model Railroad Museum

Juniper St.

德拉札沙文化中心
Centro Cultural de la Raza

Ivy St.

汽車博物館
Automotive Museum

航太博物館
Air & Space Museum

退伍軍人博物館
The Veterans Museum

Harbor Island

小義大利
Little Italy

County Center/ Little Italy

Fir St.

Elm St.

3rd Ave.

6th Ave.

Park Blvd.

巴博雅公園
Balboa Park

Pershing Dr.

聖地牙哥灣
San Diego Bay

Harbor Dr.

Kettner Blvd.

Pacific Hwy.

Cedar St.

Beech St.

Ash St.

A St.

B St.

國際漫畫展博物館
Comic-Con Museum

海事博物館
Maritime Museum

聖塔菲車站
Santa Fe Depot

Courthouse

Civic Center

5th St.

10th Ave.

郵輪大樓
Cruise Ship Terminal

Santa Fe Depot

America Plaza

Westin

5th Ave

C St.

City College

Broadway

Broadway

百老匯碼頭
Broadway Pier

E St.

94

中途島號航空母艦博物館
USS Midway Museum

煤氣燈街區
Gaslamp Quarter

Fogo de Chão

G St.

Market St.

市中心
Downtown

Fish Market Restaurant

Seaport Village

Market St.

La Puerta

Hotel Indigo

Park & Market

Island St.

Market St.

海港村
Seaport Village

Manchester Grand Hyatt

J St.

Convention Center

4th Ave.

6th Ave.

11th Ave.

Park Blvd.

聖地牙哥會展中心
Gaslamp Quarter

沛可球場
Petco Park

12th & Imperial

Imperial Ave.

12th & Imperial轉運站

24th Ave.

25th & Commercial

N

科羅納多渡輪碼頭
Coronado Ferry Landing

科羅納多
Coronado

✈往 Hotel del Coronado與海灘

National Ave.

San Diego Fwy.

75

聖地牙哥

INFO

基本資訊
人口：約139萬(市區)
面積：約844平方公里(市區)

如何前往
◎飛機
聖地牙哥國際機場位於市中心與老城之間，共有兩座相連的航站，兩航站間也有免費接駁車聯絡。若是搭乘聯合航空班機，則會在2航廈起降。目前從台灣並沒有直飛聖地牙哥的班機，可在洛杉磯或舊金山等城市轉機。

聖地牙哥國際機場
San Diego International Airport (SAN)
⚑P.137A3 🌐www.san.org

◎火車
聖地牙哥城區共有2個火車站，市中心的車站又常被稱為「Santa Fe Depot」，位於郵輪大樓附近；老城的火車站則位於老城歷史公園對面。

美國國鐵的Pacific Surfliner線，每日有多班列車往返於聖塔芭芭拉與聖地牙哥之間(中途行經洛杉磯)，從洛杉磯出發，到老城約2小時40分鐘，到市中心約2小時55分鐘，票價$35起。

聖地牙哥車站（SAN）
⚑P.137B5
🏠1050 Kettner Blvd, San Diego, CA 92101

聖地牙哥老城車站（OLT）
⚑P.137A2
🏠4005 Taylor St, San Diego, CA 92110

美國國鐵 Amtrak
☎1-800-872-7245 🌐www.amtrak.com

◎開車
從洛杉磯到聖地牙哥，走I-5 S，路程約120英哩。從拉斯加斯，走I-15 S，路程約330英哩。

機場至市區交通
◎市區公車 City Bus
各航站外皆有992號公車的站牌，可通往市中心的Santa Fe火車站，與橘、綠、銀線的路面輕軌站。
🕐05:00~24:00，平日每15分鐘一班，週末每30分鐘一班
💲$2.5

◎輕軌接駁車 Trolley→Terminal Shuttle
在各航站外，亦可搭乘免費的接駁車前往綠線路面輕軌的Middletown站附近，約10~15分鐘一班。

◎租車 Rental Car
租車中心位於機場附近，內有多家租車公司櫃檯，可搭乘機場的接駁巴士前往。

◎老城接駁車 San Diego Flyer
前往老城區交通轉運站的免費接駁巴士San Diego Flyer可在各航站外搭乘，每日04:45~00:30之間，每20~30分鐘一班。

市區交通
◎大眾運輸系統
聖地牙哥的大眾運輸分為MTS與NCTD兩大系統，共有路面輕軌、城區公車、通勤火車、通勤輕軌、北郡巴士等交通工具。一般遊客比較會搭乘到的，只有MTS的路面輕軌及城區公車，單程票可在車站售票機或公車上向司機購買(車上不找零)，現金購票沒有轉乘優惠。如果需要經常搭乘，建議於車站售票機購買感應式儲值票卡PRONTO，PRONTO Card一張$2，每次加值至少$3，當日搭乘車資達到$6時，則視為一日票，過卡後則不再扣款。此外使用PRONTO亦可享有2小時內不限次數轉乘優惠。

都會運輸系統 MTS 🌐www.sdmts.com
‧路面輕軌 MTS Trolley
MTS路面輕軌共有4條路線：綠線從城東北的Santee，經老城區到市中心的火車站、煤氣燈街區與交通轉運站。橘線從市中心的地方法院，往東開往El Cajon。藍線從聖地牙哥北邊的大學城，往南開往墨西哥邊界的San Ysidro。銀線則是市中心由以上3條軌道所組成的環狀線，僅在假日行駛。
🕐約15至30分鐘一班 💲$2.5

‧城區公車 MTS Bus
MTS的公車大致有3種：一般公車和快速巴士(Rapid)行駛於聖地牙哥地區，也就是聖地牙哥郡的南部，車資為$2.5。高速巴士(Rapid Express/Premium)號碼為280、290，為開上高速公路的長距離巴士，車資$5。

◎計程車

計程車站通常位於各大飯店、景點與購物中心，車資起錶為$3，每英哩跳錶$3.3，等待時間每分鐘$0.4，從機場上車的附加費$2。

觀光行程

◎Old Town Trolley Tour

復古電車造型的隨上隨下觀光巴士，停靠站點包括老城區、海事博物館、海港村、煤氣燈街區、科羅納多、巴博雅公園、小義大利等。車票可在官網上購買，效期為12個月。

📞(866) 754-0966

🕐每日09:00從老城歷史公園出發，每20分鐘一班。末班車發車時間：夏季16:00，冬季15:00

💲官網價：1日票$51.3起，2日票$93起

🌐www.trolleytours.com/san-diego

◎The Seal Tour

這是水陸兩棲的觀光巴士，從海港村出發，沿著Harbor Dr到Shelter Island後下水，在聖地牙哥灣中遊港一圈再上岸。全程約100分鐘，其中有1小時是在水上。車票在官網上購買。

📞(866) 955-1677

💲官網價$51.3起

🌐www.sealtours.com

優惠票券

◎San Diego CityPASS

票券內容：這本通票是先選擇聖地牙哥海洋世界或加州樂高樂園作為主要造訪的景點(也可選擇兩處都去)，然後再從聖地牙哥動物園或野生動物園、中途島航空母艦博物館、港灣遊船、老城電車觀光巴士、博趣水族館、海事博物館等7個景點中挑選3處，最多可省下45%的費用。

效期：連續9天，自第一張票券使用起計算。

購買方式：在官網上購買，付款後，電子票券會寄送到電子信箱裡，可下載到手機中，或是列印下來。

價錢：

主要景點	成人	3~12歲
海洋世界	$169	$144
樂高樂園	$179	$159
海洋世界+樂高樂園	$236	$214

使用要領：一定要所有票券都有用到，才會真的省到錢。

🌐www.citypass.com/san-diego

◎Go San Diego Pass

票券內容：可使用Go City的景點與觀光行程多達55個以上，票券分為All-Inclusive Pass與Explorer

Pass兩種，前者在限定時間內可造訪所有景點，後者是只能造訪特定數量景點，但效期長達60天。

購買方式：在官網上購買，付款後，電子票券會寄送到電子信箱裡，可下載到手機中，或是列印下來。

價錢：

All-Inclusive Pass	1日卡	2日卡	3日卡	4日卡	5日卡	7日卡
成人	$134	$194	$249	$289	$334	$399
3~12歲	$119	$174	$234	$274	$304	$374

Explorer Pass	2景點	3景點	4景點	5景點	7景點
成人	$119	$144	$169	$184	$209
3~12歲	$99	$119	$129	$139	$159

使用要領：All-Inclusive Pass去的地方愈多愈划算，以門票較貴的景點為優先；Explorer Pass則適合停留天數較長，想深入特定景點的人。

🌐gocity.com/san-diego

旅遊諮詢

◎聖地牙哥旅遊局

🌐www.sandiego.org

市中心遊客中心

📍P.137B5

📍996 N. Harbor Dr, San Diego, CA 92101

📞(619) 737-2999

🕐每日10:00~16:00

老城遊客中心

📍P.137A2

📍2415 San Diego Ave, #104, San Diego, CA 92110

📞(619) 291-4903

巴博雅公園遊客中心

📍P.137D3

📍1549 El Prado - House of Hospitality, Suite I, San Diego, CA 92101

📞(619) 239-0512

MAP P.137B5

中途島號航空母艦博物館

MOOK Choice

USS Midway Museum

體驗航空母艦上的軍旅生活

🚃搭乘藍線或綠線輕軌至Santa Fe Depot站,步行約10分鐘。開車前往者,停車場位於Navy Pier上,停車6小時以內$20 (10~3月$15),超過6小時則一律$25 🏠910 N. Harbor Dr, San Diego, CA 92101 ☎(619) 544-9600 🕙每日10:00~17:00 (16:00後停止入場) 💲成人$34,4~12歲$24 🌐www.midway.org ✱官網購票可享$2折扣

　　中途島號航空母艦打造於1943年,不過當它正式下水服役時,二戰已經結束1個多月。戰後的中途島號曾參與韓戰、越戰與波灣戰爭,並於西太平洋、南中國海及阿拉伯海域執行多次人道救援任務,1992年結束協防日本橫須賀港返航後,即於聖地牙哥港退役。除役後的中途島號停泊在聖地牙哥港海軍碼頭,2004年開放為博物館供民眾參觀。

　　登艦之前要先估量一下時間,因為這艘龐然巨物不是一時半刻能夠看得完的。艦船上可以參觀到將領、軍官與水手們的生活空間,你會發現航空母艦就像一座微型城市,足以維持所有生活機能,像是起居、飲食、娛樂、醫療、信仰,都能在船上獲得滿足。而想要知道如何執行航母勤務,這裡也有詳細的實物介紹,如戰情分析、炸彈裝填、雷達操作、資訊收發等,許多勤務複雜的程度教人嘆為觀止,果然不是一般未經嚴格訓練的人所能勝任。另外,也別忘了到頂層甲板參加免費的艦橋導覽,行程中可以看到艦長寢室、駕駛台與指揮塔。

　　當然,最精彩的部分是在飛行甲板上,這裡停了30多架退役戰機,包括F4幻影戰鬥機、F14雄貓戰鬥機、F/A18大黃蜂攻擊機、SH2海妖直昇機等,許多甚至讓遊客爬進駕駛艙內,親手拉起操縱桿過過乾癮。如果真的那麼想要「飛」一下,艦內也有幾台貨真價實的飛行模擬機,雖然需要額外付費,不過看在機會難得的份上,去排隊吧!

MAP P.137B4

MOOK Choice

聖地牙哥
海事博物館

Maritime Museum of San Diego

一探船舶世界的大觀園

🚆搭乘藍線或綠線輕軌至County Center/Little Italy站，步行約8分鐘 🏠1492 N. Harbor Dr, San Diego, CA 92101 🕐每日10:00~17:00 (16:00後停止入場) 💲成人$24，13~17歲及62歲以上$18，3~12歲$12。含搭乘Pilot號遊港的門票，每人多收$10 🌐sdmaritime.org 🎫憑門票參觀中途島號航空母艦博物館，成人可折抵$5，長者與兒童折抵$3

在過去一項針對海事博物館的公開票選中，聖地牙哥海事博物館被評選為全美國最棒的海事博物館，而在全球則排名第三。這裡一共擁有9艘船舶，其中4艘名列國家歷史名錄，是美國最大的歷史船隊收藏，而且每一艘船都可以上去隨意參觀。鎮館之寶「印度之星」(Star of India)是打造於1863年的三桅鐵皮帆船，也是目前世界上最古老的現役商船，曾繞行地球多達21次；主展館

「柏克萊號」(Berkeley)是建於1898年的蒸汽渡輪，過去航行在舊金山灣上，提供載運客貨的服務，今日內部則用來陳列船舶模型及各類型歷史文物，遊客也可走下引擎室，欣賞其巨大的蒸汽引擎；而1542年第一艘抵達此地的歐洲船艦「聖薩爾瓦多號」(San Salvador)，向來被視為聖地牙哥的起源象徵，館方也在2015年考據歷史文獻，複製出高度還原的成品，開放讓遊客欣賞。

其他重要船舶還包括服役於1968至2007年，曾創下深潛世界紀錄的「海豚號」柴電潛艇(USS Dolphin)、複刻自18世紀英國皇家護衛艦，擁有24門火炮的「驚奇號」(HMS Surprise)、以及下水於1904年，曾參與過二次大戰的蒸汽遊艇「美狄亞號」(Medea)等。

除了靜態參觀之外，遊客也可加購港灣巡航行程，搭乘1914年的港口領航船Pilot號，在聖地牙哥灣中出海繞行一圈，沿途欣賞聖地牙哥港灣天際線的景致。

巴博雅公園

MOOK Choice

Balboa Park

聖地牙哥的博物館區

在Front St以東的Broadway上搭乘7號公車，至Park Bl & Village Pl站下車，過天橋即達博物館最集中的El Prado。開車前往者，公園內有11處免費停車場 各博物館不同 購買博物館套票(Balboa Park Explorer Pass)，可在連續7天內參觀所有博物館，票價成人$67，3~11歲$43。或購買一日票，於當日參觀任4間博物館，票價成人$56，兒童$35 www.balboapark.org 公園內有免費遊園巴士，行駛於各博物館及花園密集的區域，每日09:00~20:00（冬季至18:00），約15分鐘一班

巴博雅公園佔地1,200英畝，是美國最大的都會公園，不但聞名遐邇的聖地牙哥動物園就位在這裡，還聚集了19間博物館，因而有「西岸的史密森尼」之稱，足以和華盛頓特區著名的博物館區相媲美。除了博物館外，公園內還有許多美輪美奐的花園與劇場，其中的老環球劇院常有盛大的戲劇節目演出。

聖地牙哥航太博物館
San Diego Air & Space Museum

2001 Pan American Plaza (619) 234-8291 每日10:00~16:30 成人$28，65歲以上$23，3~11歲$17 sandiegoairandspace.org

這間博物館探究的是人類為了離開地面、翱翔於天際，所做過的種種努力，從1783年孟格菲兄弟發明的熱氣球成功升空開始，到萊特兄弟重新為飛行器定義，直到人類終於突破大氣層，邁向浩瀚的宇宙。館內收藏的飛機多到讓人目不暇給，從二次大戰時期的阿公級戰鬥機，到穿越音障的噴射科技，而阿波羅9號任務時所使用的太空艙，也在博物館的展示之列。除了實物展示外，也介紹各種飛行的機械原理，許多部分還設計成互動式的電子遊戲，對航太迷來說，吸引力可能不小於中途島號航空母艦博物館。

©San Diego Zoo

聖地牙哥動物園 San Diego Zoo

搭乘7號公車至Park Bl & Zoo Pl站下車即達。開車前往者，免費停車場入口位於Zoo Plaza上 2920 Zoo Dr (619) 231-1515 每日09:00開門，關門時間依季節而異 成人$74，3~11歲$64（觀看4D劇場再加$7）sandiegozoowildlifealliance.org 官網購票享$4優惠

位於巴博雅公園北區的聖地牙哥動物園，曾是世界最大的動物園，同時也是美國最早獲得大貓熊並成功繁殖的動物園。雖然隨著時代推移，已有愈來愈多動物園在規模及設施上超越聖地牙哥這座，但人們提起這裡仍不由得滿懷敬意，因為正是它樹立了現代動物園的模式典範。除了大貓熊外，明星動物還有北極熊、雪狐、無尾熊、袋獾、袋熊、小貓熊等，園內亦有各種動物秀、附導覽的遊園巴士、空中遊園纜車Skyfari和4D動感劇場，提供遊客新奇的動物生態體驗。

聖地牙哥人類博物館
Museum of Us

🏠1350 El Prado ☎(619) 239-2001 🕐每日10:00~17:00 💲成人$18，6~17歲及62歲以上$16.95 (加利福尼亞塔行程，每人多加$10) 🌐museumofus.org

　　這間外觀華麗的博物館，講述著不同文明、不同種族的故事，探究的不只是人類起源的歷史，也包括現代生活的面貌，當中還有不少沈浸式的體驗。其實博物館的目的，就是希望人們能從多樣的特殊性中，發現普遍的共同價值，進而達成不再有種族主義的公平世界。而參加博物館的加利福尼亞塔導覽行程，可登上8層樓高的觀景台，飽覽巴博雅公園的美麗景色。

聖地牙哥美術館
The San Diego Museum of Art

🏠1450 El Prado ☎(619) 232-7931 🕐10:00~17:00 (週日12:00起) 🚫週三 💲成人$20，65歲以上$15，17歲以下免費 🌐www.sdmart.org

　　美術館收藏了來自世界各地的繪畫、雕塑等藝術品，年代從西元前3千年橫跨到現當代。其中尤以西班牙文藝復興時代及巴洛克時代的諸位大師作品，如艾葛雷柯、里韋拉、科坦、祖巴茲、哥雅等人的傑作收藏最為出名。

聖地牙哥汽車博物館
San Diego Automotive Museum

🏠2080 Pan American Plaza ☎(619) 398-0306 🕐10:00~17:00 (16:30後停止入場) 🚫週一 💲成人$16.5，65歲以上$12.5，4~15歲$10.75 🌐sdautomuseum.org

　　這裡陳列超過75輛汽車與摩托車，以具有歷史意義的古董車和標誌著引擎動力革新的經典款跑車為主，像是1914年的福特T型三門房車，以及上世紀中葉車界名人Louie

Mattar所擁有的那台著名凱迪拉克，都在展示之列。另外包括保時捷、哈雷與印地安的重機、發揚南加州改裝車文化的各色Lowrider等，都設有專門展區特別介紹。

弗利特科學中心
Fleet Science Center

🏠1875 El Prado ☎(619) 238-1233 🕐10:00~17:00 (每月第1個週三至20:15，每月第3個週六09:00起) 💲成人$24.95，65歲以上$22.95，3~12歲$19.95 🌐www.fleetscience.org

　　這是個寓教於樂的園地，透過各種互動式展示，讓人得以輕易理解日常生活中常見的科學原理，而且大人小孩都能樂在其中。人們在這兒可以動手嘗試不同的實驗，或是探索宇宙間的奧祕，門票還包含一部在圓頂劇場中觀看的IMAX影片，而針對小小孩也有特別規劃的遊戲空間。

民藝國際博物館
Mingei International Museum

🏠1439 El Prado ☎(619) 239-0003 🕐10:00~17:00 (週五至20:00) 🚫週一 💲成人$15，65歲以上$10，17歲以下免費 🌐mingei.org 🎁每月第3個週二免費

　　民藝展示的是來自世界各地、各個時代、不同素材的民間藝術作品，包括繪畫、雕刻、編織、藍染等手工藝品等，有些是實用的器物，有些則是單純的精神展現。這些沒有在歷史上留名的創作者，或許技術上的造詣不如有名的藝術家，意境也沒有那般深奧，但他們表現藝術的方式往往更加直接而純粹，看著看著，說不定能就此啟發出你獨有的創造力來。

聖地牙哥自然史博物館
San Diego Natural History Museum

🏠1788 El Prado ☎(619) 232-3821 🕐每日10:00~17:00 💲成人$24，62歲以上$20，3~17歲$14 🌐www.sdnhm.org

　　位於聖地牙哥南方的下加利福尼亞半島，地形上有山脈、有峽谷、有沙漠、有叢林、有海岸、有河流，因而得以孕育出極為多樣性的物種。有著這樣的地利條件，被當地居民暱稱為「The Nat」的聖地牙哥自然史博物館，其館藏量之豐富，也是令人嘆為觀止，從遠古生物的化石，到各式各樣動植物的骨骼與標本，數量超過8百萬件，堪稱古今物種的百科全書。

聖地牙哥鐵道模型博物館
San Diego Model Railroad Museum

🏠1649 El Prado 📞(619) 696-0199 🕙10:00~16:00 ❌週
一 💲成人$20，65歲以上$12，13~18歲$10，12歲以下免費 🚇
www.sdmrm.org

　　鐵道迷一定會喜歡這間博物館，在佔地27,000平方英呎
的空間裡，架設了十多組精巧的鐵道模型，模型大都以
1950年代南加州的實際景觀作為場景，於是你可以看著列
車穿越特哈查皮隘口、經過卡爾斯巴德的花田，或是行駛
在卡里索峽谷的橋樑上。許多細節甚至還隱藏了惡搞的趣
味，像是泳池裡居然會有鯊魚，而月台旁的站務人員居然
牽著一隻劍龍！令人不禁莞爾。

亭肯美術館 Timken Museum of Art

🏠1500 El Prado 📞(619) 239-5548 🕙10:00~17:00 ❌週
一、二 💲免費 🚇www.timkenmuseum.org

　　這裡的藝術品多半來自Putnam姐妹的收藏，她們從1930
年代開始收購古代歐洲大師與美國本土名家的作品，還有
為數可觀的俄羅斯圖像畫。原本她們將這些珍藏出借給國
家藝廊、大都會美術館、芝加哥藝術學院等有名的博物館
展出，但在1965年亭肯美術館成立後，這些作品又物歸原
主，回到了聖地牙哥。而亭
肯最感人的地方在於，門票
完全免費，於是你不用花一
毛錢就能欣賞到林布蘭、魯
本斯、祖巴蘭、凡戴克等人
的真跡，實在划算。

聖地牙哥國際漫畫展博物館
Comic-Con Museum

🏠2131 Pan American Plaza
📞(619) 546-9073 🕙
10:00~17:00 ❌週三 💲成人
$25，13~17歲及65歲以上$18，
6~12歲$12 🚇www.comic-con.org/museum

　　每年7月的聖地牙哥國際漫畫展，至今已舉辦了50多個年
頭，是流行文化界一年一度的重要大事，許多業界知名人士
與曾扮演過動漫人物的明星都會盛裝出席，湧入的人次數以
萬計。這間博物館展出的就是歷年來的漫畫乃至於動畫與奇
幻文學的發展成果，從漫威、DC到鋼彈、七龍珠，從大力
水手、貝蒂娃娃到天行者與阿基拉，你可以看到這股文化的
流行趨向與時代演變，是動漫迷不可錯過的景點。

溫室植物館 Botanical Building

🏠1550 El Prado ❗目前整修中，重新開放時間請關注官網

　　美輪美奐的溫室植物館，當初是為了1915~16年的博覽
會而興建，裡頭種植有超過2千種植物，是公園內的地標
建築之一。

西班牙村藝術中心 Spanish Village Art Center

🏠1770 Village Pl 🕙每日11:00~16:00 🚇svac.
villageartsandeducation.com

　　這處色彩繽紛可愛的廣場，周圍的每間房子都進駐有藝
術家，你可以一一拜訪參觀，並購買他們的創作，或是買
份餐點與咖啡，單純地坐在院落裡享受陽光。

煤氣燈街區
Gaslamp Quarter

最時髦的歷史老街

🚃搭乘綠線輕軌至Gaslamp Quarter站，往北1個路口；或藍、橘、銀線輕軌至5 Ave站，往南1個路口即達 🏠由Broadway、4 Ave、6 Ave與L St包圍起來的區域 🌐www.gaslamp.org

MAP　P.137C5

煤氣燈街區是聖地牙哥新城的發源地，於19世紀後半葉才開始發展，但因為靠近港灣的緣故，因而迅速取代老城，成為新的城市中心。煤氣燈區的範圍超過16個街塊，於90年代整修過後，街區內的歷史建築又再度散發出典雅光芒，這些建築大多是維多利亞樣式，縈繞浪漫的古典情調。不過夜晚風情大不相同，輪到音樂和酒精引領風騷，因為今日聚集於此的，是超過150家名廚餐廳、爵士酒吧、頂樓餐館、俱樂部夜店與時尚精品店。

至於煤氣燈街區這個奇怪的名字，來自於19世紀裝設於此的煤氣燈，在重修街區時，當局也在Market St與5th Ave的路口裝上4盞復古煤氣燈，藉此喚回大家對這裡的歷史記憶。

MAP　P.137B6

海港村
Seaport Village

享受海邊逛街的悠閒氣氛

🚃搭乘綠線輕軌至Seaport Village站，步行約7分鐘 🏠849 W. Harbor Dr, San Diego, CA 92101 📞(619) 530-0704 🕐每日約10:00~21:00 (各店家略有不同) 🌐www.seaportvillage.com

緊鄰聖地牙哥灣的海港村開幕於1980年，前身是一處鐵路站場，今日則成了聖地牙哥市中心內最具有觀光味的濱海購物及餐飲區。整個海港村佔地廣達14英畝，目前約有70多家店面進駐，其中包括Edgewater Grill、Malibu Farm等4間高級海景餐廳，以及13家較為平價的餐館及點心鋪，另外像是Mike Hess精釀啤酒廠與San Pasqual Winery的品酒室等，也都在此佔有一席之地。至於商店的面貌更是五花八門，包括服飾、保養品與紀念品店，有不少都是在地的獨立品牌，熱鬧滾滾的氣氛，令人聯想起舊金山漁人碼頭的風景。

在海港村內還有座最初打造於1895年的旋轉木馬，當它1904年在德州嘉年華上首次亮相時，中華民國都還沒有建立呢！

聖地牙哥 老城歷史公園

MOOK Choice

Old Town San Diego State Historic Park

西部小鎮的活化石

🚊搭乘綠線或藍線輕軌至Old Town站，下車即達。開車前往者，免費停車場入口在Congress St上 📍4002 Wallace St, San Diego, CA, 92110 ⏰開放式公園。遊客中心及大部分商店每日10:00開始營業，關門時間則不一定 💲免費

聖地牙哥建城的年代很早，早在1769年時，西班牙人就在這裡建了第一座教堂。1821年，墨西哥從西班牙獨立，到了1846年美墨戰爭爆發，美國入侵墨西哥領土，4年後將加州納為美國第31州，聖地牙哥才成為美國領地。今日老城歷史公園內的建築遺跡，大約建於1821至1872年，正好見證了這段主權變遷的歷史，當聖地牙哥快速發展之際，這塊街區幸甚至哉地保留下來，並於1968年規劃為州立歷史公園，讓我們有機會得以穿越時代，回到將近二百年前的西部小鎮。

公園內的20多棟歷史建築，有一部分為原屋整修，其他則是依照原來樣子重建。訪客可以看到早期的墨西哥式平房與後來興建的美國式木造房舍，包括民居、商店、旅館、法院、學校、報社、馬廄、鐵匠鋪等，許多建築的內部擺設，都還原成昔日面貌開放讓人進去參觀。最有看頭的一棟，是建於1827年的La Casa de Estudillo，這是園內原始建築之一，為墨西哥時期本地最具影響力的豪族所有，宅邸內共有13個房間，臥室、作坊、書房、起居室、餐廳、廚房、禮拜堂等一應俱全，為當時統治階層的日常生活提供完整樣本。另外，同為原始建築的Cosmopolitan Hotel現在也重新營業，讓遊客體驗住進19世紀的氛圍。

其他也有一些老建築改建成商店與餐館，角落一帶還有墨西哥市集，許多商家甚至應景地穿著古裝應客，讓人恍惚之間分不清今夕是何年。

MAP P.7D8

聖地牙哥野生動物園

San Diego Zoo Safari Park

(MOOK Choice)

宛如置身非洲大草原

🚗 距聖地牙哥市中心約32英哩，建議開車前往，停車費$20
🏠 15500 San Pasqual Valley Rd, Escondido, CA 92027
📞 (619) 231-1515 ⏰ 每日09:00開門，關門時間依季節而異
💲 成人$74，3~11歲$64 🌐 sandiegozoowildlifealliance.org 🎫 官網購票享$4優惠

來到野生動物園，若只是購買入園門票，雖然可搭乘遊園列車與欣賞動物表演，但那就和一般動物園沒啥兩樣，不足以感受這裡的獨特之處。閘門外的廣大草原才是此地精彩所在，羚羊、犀牛、長頸鹿、班馬等動物，正自由自在地徜徉著，牠們雖然不是正港的野生動物，但打從出生起便以半野生的方式飼養，園方也小心地保留動物們的自然習性，因此假設牠們有天回歸原野，仍擁有基本求生能力。

要來到閘門外，必須參加園方的各種Safari行程，其中最熱門的是搭乘篷頂卡車穿梭在非洲大草原間的Deluxe Wildlife Safari，除了可近距離觀看動物，還能親手餵食長頸鹿與白犀牛，不必再遠赴非洲肯亞，便能輕易達成心願。

經典Safari一覽

Safari行程	特色	價錢	時間長度	年齡限制
Wildlife Trek	徒步穿越野生動物保護區	$29	1.5小時	無年齡限制
Cart Safari	搭電動車遊覽非洲或亞洲園區	$60	1小時	無年齡限制
Wildlife Safari	搭乘篷頂卡車近距離觀看動物	$92	1小時	3歲以上
Wild Cat Adventure	欣賞獵豹等貓科動物奔馳英姿	$92	1.5小時	3歲以上
Deluxe Wildlife Safari	近距離與長頸鹿、白犀牛接觸	$117	1.5小時	6歲以上
Behind the Scenes	近距離認識非洲叢林中的動物	$117	2小時	3歲以上
Roar & Snore	在帳篷營區中過夜	$160+	過夜	無年齡限制
Ultimate Safari	VIP等級的全日體驗	$710	5或7小時	無年齡限制

聖塔芭芭拉
Santa Barbara

聖塔芭芭拉氣候宜人，平均月均溫在攝氏18到24度之間，一年之中有至少300天可以見到陽光，加上蔚藍無比的太平洋，與連綿100英哩的棕櫚樹沙灘，向來以「美國的里維耶拉」(The American Riviera)自豪。打從20世紀初開始，聖塔芭芭拉就已和羅曼蒂克劃上等號，費雯麗和勞倫斯奧利佛在這裡舉行婚禮，約翰甘迺迪與賈桂琳也在這裡度蜜月，聖塔芭芭拉白牆紅瓦的地中海情調，即使在熱鬧的海邊，也散發一股優雅的魅力，每年都吸引無數情侶戀人來此共享浪漫時光。

充足的日照、適當的降雨量，以及周遭的山谷丘陵地形，讓聖塔芭芭拉也成為南加州的酒鄉之一，像是卡本內和黑皮諾，在這裡都有很好的收成。從聖塔芭芭拉一直到聖塔伊內茲谷地(Santa Ynez Valley)的索爾凡，結實纍纍的葡萄園佈滿田野，許多人都以為2004年的酒鄉電影《尋找新方向》(Sideways)的背景是在納帕或索諾瑪，但其實這部電影從頭到尾都在聖塔芭芭拉拍攝。最棒的是，許多酒莊在聖塔芭芭拉市區都設有門市，遊客無需開車大老遠地一家家拜訪，在離海灘不遠的地方走上幾步路，就能喝遍本地葡萄酒的精華。

聖塔芭芭拉

往○聖塔芭芭拉修道院
Old Mission Santa Barbara

Garden St.

Palihouse

Garden St.

東海灘
East Beach

聖塔芭芭拉郡法院
Santa Barbara
County Courthouse

Santa Barbara St. Kunin

放克區
Funk Zone

自然史博物館海生中心
Museum of Natural
History Sea Center

Simpson
House Inn

歷史博物館
Historical Museum

Anacapa St.

普雷西迪奧州立歷史公園
Presidio State Historic Park

Pali Wine Co.

Test Pilot

Municipal Winemakers

Santa Barbara
Winery

藝術博物館
Museum of Art

奎拉大屋 Casa de la Guerra
El Paseo

State St.

史登碼頭
Stearns Wharf

Deep Sea Tasting Room

State St.

Sola St.

Victoria St.

Anapamu St.

州街 State St.

Paseo Nuevo

Transit Center

Chapala St.

Figueroa St.

Carrillo St.

Canon Perdido St.

De La Guerra St.

Cota St.

Haley St.

Gutierrez St.

Harbor View

西海灘
West Beach

De La Vina St.

Micheltorena St.

Arrellaga St.

Montecito St.

Cabrillo Blvd.

Bath St.

Castillo St.

Bath St.

西海灘旅館
West Beach Inn

Castillo St.

Shoreline Dr.

98B

98

98A

97

海事博物館
Maritime Museum

Brophy Bros.

圖例 ◎景點 ⛨飯店 🛍購物 🍴餐廳 🍷品酒室 🏛博物館 🚌巴士站 🚃火車站 ℹ遊客中心 🛣國道 🛣州道 高速道路出口

南加州…… 聖 塔芭芭拉 Santa Barbara

INFO

基本資訊

人口：約8萬6千　**面積**：約50.5平方公里

如何前往

◎飛機

聖塔芭芭拉機場位於市區西方7英哩處，飛航洛杉磯、舊金山、拉斯維加斯、丹佛、鳳凰城等美西城市。在航站對面可搭乘11號公車前往市中心。

聖塔芭芭拉機場

Santa Barbara Municipal Airport (SBA)

🌐 flysba.santabarbaraca.gov

◎火車

聖塔芭芭拉火車站位於史登碼頭附近，美國國鐵有兩條路線會經過此地，分別是Pacific Surfliner(聖塔芭芭拉－洛杉磯－聖地牙哥)，與Coast Starlight(西雅圖－舊金山－聖塔芭芭拉－洛杉磯)。從洛杉磯出發，車程約2.5小時，票價$21起。

下了火車後，若需立即轉乘市區公車，可出示火車票根，免費轉乘。

聖塔芭芭拉車站（SBA）

📍 P.149C1

📍 209 State St, Santa Barbara, CA 93101

美國國鐵 Amtrak

☎ 1-800-872-7245

🌐 www.amtrak.com

◎開車

從洛杉磯出發，走US-101 N，在96B出口(Garden St)下交流道，於Garden St左轉，走到底即達海灘，路程約100英哩。

◎長途巴士

聖塔芭芭拉的灰狗巴士站牌位於火車站附近，從洛杉磯出發，車程約2.5小時。

灰狗巴士 Greyhound

📍 224 Chapala St, Santa Barbara, CA 93101

☎ (800) 231-2222

🌐 www.greyhound.com

市區交通

聖塔芭芭拉市區範圍不大，若沒有開車的話，可利用市區的MTD公車前往各街區。公車路線以Chapala St/W. Figueroa St路口附近的轉運中心(Transit Center)為樞紐，大部分路線都會經過這裡。而一般

遊客較常搭乘的是市區－海岸接駁巴士(Downtown–Waterfront Shuttle)，這條循環路線連結東海灘、史登碼頭與聖塔芭芭拉港，並從史登碼頭沿著州街貫穿市中心。

♥ 接駁巴士為夏季週五至週日10:00~18:00行駛，每20分鐘一班

💲

	成人	62歲以上	一日券
一般公車	$1.75	$0.85	$6
接駁巴士	$0.5	$0.25	$1

🐞 若在到達目的地前需要轉乘，可在上車時向司機索取免費轉乘券，每趟旅程限轉乘2次，且不可用於回程或重覆路線

🚍 sbmtd.gov

觀光行程

◎Santa Barbara Trolley Tours

復古電車造型的觀光巴士，路線經過史登碼頭、東海灘、動物園、聖塔芭芭拉修道院、自然歷史博物館、郡法院大樓等12處景點，全程90分鐘

🏠 發車地點為花園街遊客中心

☎ (805) 965-0353

♥ 6~8月每日，其他月份週四至週日10:00、12:00、14:00出發

💲 成人$28起，兒童$10起

🚍 www.sbtrolley.com

◎Condor Express賞鯨船

🏠 301 W. Cabrillo Blvd, Santa Barbara, CA 93101

☎ (805) 882-0088

♥ 每日10:00出發，行程4.5小時

💲 每人$129.38

🚍 condorexpress.com

旅遊諮詢

◎聖塔芭芭拉旅遊局

🚍 www.santabarbaraca.com

州街遊客中心

🔺 P.149C1

🏠 120 State Street, Santa Barbara, CA 93101

☎ (805) 869-2632

♥ 每日11:00~17:00

花園街遊客中心

🔺 P.149D1

🏠 1 Garden St, Santa Barbara, CA 93101

☎ (805) 965-3021

♥ 週末10:00~15:00

住宿資訊

聖塔芭芭拉出門最便利、風景最優美的住宿選擇，當然還是沿著東、西海灘旁Cabrillo Blvd上的諸家旅館，不過每晚價格也會稍微偏高。若是有開車的話，出了市中心北邊的州街兩側，可以找到不少房價相對便宜的汽車旅館。

南加州···**聖** 塔芭芭拉 Santa Barbara

MAP P.149D1

史登碼頭與
東、西海灘

MOOK
Choice

Stearns Wharf, East & West Beach

真正能讓人發呆的優雅海灘

🚌 搭乘市區-海岸接駁巴士至Cabrillo & State站即達

◎ **自然史博物館海生中心 Santa Barbara Museum of Natural History Sea Center**

🏠211 Stearns Wharf, Santa Barbara, CA 93101 ☎(805) 962-2526 🕐每日10:00~17:00 💲成人\$15，13~17歲及65歲以上\$13，2~12歲\$11 🌐www.sbnature.org

◎ **海事博物館 Santa Barbara Maritime Museum**

🏠113 Harbor Way, Suite 190, Santa Barbara, CA 93109 ☎(805) 962-8404 🕐每日10:00~17:00 💲成人\$10，65歲以上\$7，6~17歲\$5 🌐www.sbmm.org

◎ **Brophy Bros.**

🏠119 Harbor Way, Santa Barbara, CA 93109 ☎(805) 966-4418 🕐每日11:00~22:00 💲\$\$\$ 🌐www.brophybros.com

聖塔芭芭拉這處度假勝地，和加州其他觀光海灘有點不太一樣，少了幾許紛亂喧囂的熱鬧氣息，多了幾分寧靜安逸的優雅特質。舉個例來說

吧，在這裡就不常看到動感刺激、搏命演出的街頭表演，取而代之的是一群藝術家們，沿著海岸步道展出他們意境獨特的藝術創作。也許這是因為來這裡度假的，半多不是那種精力充沛、馬不停蹄想要找尋樂子的年輕人，而是真正想要放鬆自己，只想好好享受眼前美景和好天氣的上班族與退休人士。

史登碼頭是聖塔芭芭拉海灘的觀光重心，這座始建於1872年的碼頭上，至今仍雲集了眾多餐廳、小商店與品酒間，棧橋中央甚至還有間隸屬於自然史博物館的海生中心。碼頭左右即是聖塔芭芭拉的東、西海灘，最熱門的戶外活動是風帆和衝浪，衝浪界的傳奇人物、11屆世界冠軍Kelly Slater正是因為看上這裡的浪頭，而選擇在此定居。西海灘的西邊是聖塔芭芭拉的遊艇港，這裡的海事博物館展示許多船舶模型與海洋探測儀器。附近有間Brophy Bros.海鮮餐廳，以辣醬生蠔享譽當地，其戶外露台正對著港灣景致，得事先預訂才有辦法坐到位子。

MAP　P.149B1

州街

State Street

熱鬧的購物大街

◎ **Paseo Nuevo**
⌂651 Paseo Nuevo, Santa Barbara, CA 93101　◷每日
11:00~19:00　🌐paseonuevoshopping.com

◎ **奎拉大屋**
⌂15 E. De La Guerra St, Santa Barbara, CA 93101　◷
12:00~16:00　㊡週一至週三　💲成人$5，62歲以上$4，
16歲以下免費　🌐www.sbthp.org/casa-de-la-guerra

　　州街的精華地段是在Sola St與Gutierrez St
之間，漫長的10個街區兩側，盡是流行品牌服
飾店、家居生活用品店、餐廳與咖啡館。其中
又以De la Guerra St路口一帶最為熱鬧，佔地
廣達兩個街區的Paseo Nuevo購物中心裡，不
但有像是Hollister、GAP等美國潮牌，聖塔芭
芭拉的跳蚤市場也進駐於此，吸引遊人前往尋
寶。而位於Paseo Nuevo正對面的El Paseo，
更是加州第一間購物中心，建立於1920年代，
如今依然有不少商店及酒莊的品酒室營業。從
El Paseo的門廊進去，便會來到奎拉大屋(Casa
de la Guerra)，這是建於1820年代的歷史建
築，在墨西哥時代曾是本地社會中心，今日則
是間博物館。

MAP　P.149C1-D1

放克區

Funk Zone

結合美食、美酒與藝術

　　放克區的範圍西起州街，東至Garden St，
北自Montecito St，南達太平洋海濱，而以
Yanonali St與Anacapa St路口為最熱鬧的中
心點。過去這一帶是工業區，工廠外移後，空
下來的倉庫、廠房立刻被本地商家、廚師、釀
酒人與藝術家所接收，由於商業活動密集，這
裡很快就成了聖塔芭拉新崛起的時髦區域。
有別於州街以品牌專賣店為主，放克區大都是
具有地方特色的小商家、品酒室與藝廊，尤其
入夜之後，更是熱鬧非凡。

南加州…聖 塔芭芭拉 Santa Barbara

MAP P.149B1

聖塔芭芭拉郡法院大樓

MOOK Choice

Santa Barbara County Courthouse

當地人最引以為傲的建築

搭乘市區－海岸接駁巴士至Anacapa & Anapamu站即達 1100 Anacapa St, Santa Barbara, CA 93101 08:00~17:00（週末10:00起）。鐘樓開放至16:45 sbcourthouse.org 平日10:30、14:00與假日14:00有免費專人導覽，從委員會議事廳出發 由於是尚在運作的政府部門，雖然歡迎遊客隨意參觀，但記得不要打擾法庭秩序

1925年6月時，聖塔芭芭拉遭受了一場6.8級的大地震，大多數建物毀得只剩斷垣殘壁，其中也包括舊法院大樓在內。為了回溯早期西班牙殖民時代的歷史，新的法院大樓決定以西班牙摩爾樣式(Spanish Moorish Style)重建，當1929年新大樓揭幕時，所有人都雀躍不已，因為這棟正立面帶有塔樓與羅馬式拱門的雄偉建築，絕對足以成為這座城市最醒目的地標。

來到這裡有幾個參觀重點，首先是二樓的委員會議事廳，這裡以精彩的壁畫著稱，這些壁畫出自藝術家Dan Sayre Groesbeck之手，內容描述本郡歷史，從原住民初次看到由Juan Rodriguez Cabrillo率領的第一批歐洲船隊，到美墨戰爭時美軍將領John Fremont率軍越過聖馬可士隘口，畫面色彩斑斕，極具風格。而議事廳內的木製牆板、議事桌，與精巧華麗的天花橫樑，也相當具有可看性。

位於同一樓層的法學圖書館，如果參觀時剛好有開的話，可進去欣賞裡頭的富麗拱頂、牆上壁畫的古地圖，與古董胡桃木傢俱。除了這幾個房間，整棟法院裡的各種裝飾，包括圖案繁複的樓梯瓷磚、迷人的玻璃花窗、雕刻精緻的燈具、花邊鑄鐵欄杆，與隨處可見的繪畫、雕塑等，都十分賞心悅目。

最後當然別忘了登上26公尺高的法院鐘塔「El Mirador」，從這裡可遠眺聖塔芭芭拉紅頂白牆的完整市容，襯著遠方的山脈與大海，著實教人心曠神怡。

153

MAP ▶ P.149A1

聖塔芭芭拉修道院
Old Mission Santa Barbara
本地歷史上的宗教重心

🚌 於轉運中心搭乘6、11號公車至State & Pueblo站,再步行約15分鐘。開車者,有免費停車場 📍2201 Laguna St, Santa Barbara, CA 93105 🕐每日09:30~17:00 (16:00後停止售票) 💲成人$17,65歲以上$15,5~17歲$12 🌐www.santabarbaramission.org

聖塔芭芭拉修道院是西班牙聖方濟會在加州創立的第10個修道院與佈道所,前9個修道院都由塞拉神父(Padre Junipero Serra)所創,原本這第10座也是出於他的規劃,只是未及實施,他便於1784年去世。後來他的同伴拉森神父與帕特納神父繼承其遺願,終於在1790年完成了一座小型佈道所。

經歷了兩次政權轉移與百多年社會變遷,這個教會逐漸發展壯大,教堂與修道院的規模也跟著擴張。目前這座正立面有著對稱雙塔與粉紅色裝飾柱的教堂,建於1812年的大地震之後,雖然在1925年大地震中遭受損毀,但很快便修復完成。由於外觀優雅可愛,為它贏得了「修道院之后」的稱號,不少加州人選擇這裡作為婚紗照的拍攝場景。

目前這裡已沒有修道士居住,原本的起居空間現在大部分改建為博物館,展示早年修道士的生活、教堂原始的裝飾物件與工匠們的藝術成就。除了博物館外,遊客還可參觀教堂與墓地花園,教堂內部雖不似外觀看起來那般雄偉,但富於色彩的主祭壇與牆壁裝飾仍值得一看,而這裡的藝術品則大多出自18、19世紀的墨西哥藝術家之手。

幽靜的墓地花園裡,埋葬著早期開拓者與本地居民,最有名的是Juana Maria,她原是聖尼古拉斯島上的原住民女孩,由於其族人被外來捕獵者屠殺,聖塔芭芭拉修道院於是派出船隻將倖存的島民接回大陸安置,不料獨獨遺漏了她,結果她就在孤島上獨自生活了18年,直到1853年才被發現。後來這個故事還被改編成暢銷兒童名著《藍色海豚島》。

索爾凡
Solvang

索爾凡以「小丹麥」著稱，要說這裡是全美國最像歐洲的城鎮，可一點也不為過。19世紀末葉，丹麥遭受連年災荒，加上兵敗普魯士而失去大片領土，迫使許多丹麥人遠走他鄉，在新大陸尋找新生活。最初丹麥移民大多選擇在氣候條件較接近祖國的中西部落腳，後來才慢慢往西南部發展。1911年時，3個丹麥人集股在加州的聖塔伊內茲谷地買下一大片土地，並建立路德派教堂與民族學校，招徠其他丹麥移民來此定居。這座新建立的村鎮被命名為索爾凡，丹麥文的意思是「陽光原野」。

雖然丹麥的語言文化、風俗習慣，一直支配著這個小鎮，但其實直到二戰結束前，這裡看起來非但不怎麼丹麥，還和其他加州小鎮一樣有點西班牙。1945年時，水管工費德索倫森(Ferd Sorensen)為自己蓋了棟童話森林小屋，隔年他又完成了一座丹麥式的鄉間風車，於是「丹麥村就該有丹麥樣子」的議題迅速發酵，整個小鎮都動了起來，進行徹頭徹尾的大改造：光是丹麥風車，鎮上就豎立了7座，一般房屋外牆皆改為半木材式，屋間做成蓬草模樣的斜頂，加裝彩色玻璃老虎窗，架上風格獨特的風向標，並在屋頂安置一隻象徵幸運的木鶴，同時在許多地方都用上維京人的傳統裝飾。街邊出現丹麥王室守衛亭造型的電話亭，甚至還仿照哥本哈根的大圓塔(Rundetårn)，在鎮上以1/3的比例複製了一座（現為Tower Pizza餐廳）。如今，索爾凡已成為不折不扣的小丹麥，堪稱丹麥本土以外最像丹麥的地方，原本寧靜的鄉間小鎮也蛻變成人來人往的觀光勝地，每天都吸引大批遊客前來感受北歐風情。由於這項功績，費德被譽為「索爾凡的丹麥建築之父」，1976年時還接受丹麥女王封爵授勳的殊榮。

INFO

基本資訊
人口：約6千
面積：約6.3平方公里

如何前往
◎**火車+巴士**
　　從洛杉磯聯合車站搭乘美國國鐵至聖塔芭芭拉，再從聖塔芭芭拉火車站轉乘國鐵的接駁巴士(Thruway Bus)到索爾凡市中心(站牌位於1630 Mission Dr)。火車車程約2.5小時，巴士車程約50分鐘。

美國國鐵
📞1-800-872-7245　🌐www.amtrak.com
◎**開車**
　　從洛杉磯出發，走US-101 N，在140A出口下交流道，於Mission Dr/CA-246 E右轉，約3英哩即達哥本哈根大街附近，路程約145英哩。

市區交通
　　索爾凡的市區範圍不大，步行即可走遍全鎮。開車者，鎮上有3處主要的免費停車場，分別位於1639 Copenhagen Dr、464 Alisal Rd與1616 Oak St。

觀光行程
◎**Solvang Trolley Co.觀光馬車**
🏠上車地點在Copenhagen Dr與2nd St路口(遊客中心對面)
📞(805) 794-8958
🕐週末12:00~17:00出發，行程約25分鐘
💲成人$18，65歲以上$16，3~11歲$14
🌐www.solvangtrolley.com
❗氣溫超過35℃則不會出發

旅遊諮詢
◎**索爾凡遊客中心**
📍P.156B1
🏠1637 Copenhagen Dr, Solvang, CA 93463
📞(805) 465-7298
🕐每日09:30~17:30
🌐www.solvangusa.com

MAP P.156B1

安徒生博物館

H. C. Andersen Museum

向偉大的童話作家致敬

🏠1680 Mission Dr, Solvang, CA 93463 ☎(805) 688-6010 ⏰10:00~18:00（週日~週二至16:00）💲免費 🌐www.bookloftsolvang.com

雖然安徒生在世時，索爾凡還未建村，但既然作為丹麥小鎮，又怎能不對這位最出名的丹麥人表達一些敬意？於是便有了這間安徒生博物館，用以展示一代童話大師的生平與作品。博物館位於**The Book Loft**書店樓上，除了文字敘述、作品陳列、手稿真跡與歷史照片外，較有趣的展品包括由本地藝術家創作的《豌豆公主》場景模型、故事中的人物娃娃、古董印刷機具，以及世界各國版本的《安徒生童話故事集》與名家所繪的繪本等。由於安徒生的父親是位鞋匠，這裡也展示了一些19世紀的製鞋工具。

走出博物館，大街對面便可看到安徒生童話中最為人熟悉的角色——小美人魚，這座噴泉是鎮民們仿造哥本哈根的地標而建，只是在比例上縮小了1/2。

MAP P.156A2

艾佛荷伊博物館

Elverhøj Museum

走訪丹麥人的世界

🏠1624 Elverhoy Way, Solvang, CA 93463 ☎(805) 686-1211 ⏰11:00~17:00 🚫週二、三 💲成人建議捐獻$5 🌐www.elverhoj.org

這棟可愛的屋子為丹麥裔藝術家Viggo Brandt-Erichsen於1950年所建，1988年整修後開放為博物館，展示丹麥裔美國人移民新大陸後的生活。其實房子本身就已極富丹麥色彩，當初Viggo在建造時，以18世紀丹麥北方農莊為藍本，並大量使用斯堪地那維亞的元素，包括鑄鐵裝飾、紅木雕飾的大門和手繪壁櫥牆板，都是出自他的巧手。

博物館中的陳列主題，有很大一部分是關於丹麥裔移民在美國的生活經驗，他們在融入新社會的同時，仍不忘致力於維護傳統，於是他們建立學校，教授丹麥傳統技藝，並將丹麥的習俗與價值觀繼續傳承給下一代。有些房間也佈置成19世紀一般丹麥農村家庭的擺設，像是傢俱、廚房、火爐、地板等，都和其他美國家庭很不相同。主廳中展示為數眾多的丹麥手工藝品，如木鞋、剪紙、服飾、陶瓷、戰船模型和古維京工藝等，還有工作人員現場示範蕾絲編織，並回答訪客的各種疑問。而屋主從前的工作室，現則闢為一間藝廊，陳列Viggo本人的藝術創作。

哥本哈根大街

MOOK Choice

Copenhagen Drive

幾乎忘了自己身在美國

哥本哈根大街本來是索爾凡的Main St，1940、50年代，當索爾凡正如火如荼進行丹麥化改建運動時，這條大街也全面翻新成丹麥風格，正式定名為哥本哈根大街。索爾凡主要的觀光商業活動，都集中在這條大街上，紀念品店、酒莊門市、餐廳、麵包店林立，熱鬧非凡。

H&P Vinhus

440 Alisal Rd　(805) 688-7117　10:00~17:30　週二、四　vinhus.online

大街與Alisal Rd路口的H&P Vinhus，是鎮上字號最老的商店之一，vinhus在丹麥文中即是wine house的意思，不過這家小店除了販賣附近酒莊產出的稀有葡萄酒外，也有不少進口的起士、零嘴、調味料、燻肉等雜貨，其中許多是來自丹麥和其前殖民地，使索爾凡居民的日常所需與丹麥本土零時差。

丹麥日慶典
Danish Days

每年9月第三週的五、六、日，是索爾凡一年一度的「丹麥日慶典」，屆時鎮上會陷入一片狂歡，音樂會、遊行、市集輪番上陣，而整個嘉年華的最高潮，就是選出當年度的「丹麥小姐」。如果你剛好在這時造訪南加州，記得來此共襄盛舉

Ingeborg's
🏠1679 Copenhagen Dr
☎(805) 688-5612
🕐09:30~17:30 (週六至18:00)
🌐www.ingeborgs.com

專賣手工巧克力與冰淇淋的Ingeborg's，也是直接從哥本哈根搬遷來的店家，其配方及工法完全依循丹麥的古老食譜，調味用的則是新鮮的上等食材，因而能在索爾凡風行半個世紀，成為這條街上的亮眼明星。

Birkholm's Bakery
🏠460 Alisal Rd ☎(805) 688-8188 🕐07:00~17:00 (週五、六至18:00，週日至17:30) ❌週二 🌐www.birkholmsbakery.com

到了丹麥鎮，當然要一嚐丹麥麵包，開業於1951年的Birkholm's，是鎮上第一家麵包店，其店標早已成了當地人對麵包的自然聯想，好吃的程度連丹麥王室都曾慕名而來。

Danish Mill Bakery
🏠1682 Copenhagen Dr ☎(805) 688-5805 🕐每日08:00~18:00 🌐www.danishmillbakerysolvang.com

說起麵包店，Danish Mill亦不遑多讓，雖然比Birkholm晚開業9年，但這個家族在移民美國之前就已在丹麥經營麵包生意，口味自然道地。

Solvang Restaurant
🏠1672 Copenhagen Dr ☎(805) 688-4645 🕐平日07:00~15:00 (夏季至16:00)，週末07:00~17:00 💲Æbleskiver三顆$5.2 🌐www.solvangrestaurant.com

在Solvang Restaurant可吃到傳統的丹麥甜點Æbleskiver，這是種圓球形的煎餅，外面裹上一層糖粉和覆盆子果醬，味道不會太甜，相當可口，是人們來到索爾凡一定會排隊品嚐的點心。

加州主題樂園

Theme Parks

文●蔣育荏　攝影●墨刻攝影組

遊樂園是小孩子才會去的地方？如果真的這樣想的話，人生將會失去很多樂趣，至少在加州的遊樂園裡，可不是只有雲霄飛車和海盜船而已。無論你的目的是追求刺激快感，還是單純喜歡感受歡樂的氣氛，又或者想要沈浸式地體驗經典場景，又或者對可愛的事物沒有抵抗能力，在加州，都能找到可以滿足願望的主題樂園。

打從1955年，華特迪士尼把他的第一座遊樂園落腳在南加州的安納罕(Anaheim)開始，加州迪士尼樂園度假區就註定要成為加州主題樂園的門面。對孩子們來說，這裡的一切都充滿了新奇的魔幻魅力，成年人來到這裡，則會不由自主地重溫起童年時的甜蜜；而不論男女老少，一旦踏進星際大戰與漫威宇宙的世界裡，都很難不被迎面

而來的諸多驚奇所震撼，於是那種過癮、感動、教人說不出話來的意猶未盡，又成了他們跨越世代的共同記憶。

說到沈浸式體驗的樂園模式，身為電影業龍頭的環球影城當然還是箇中翹楚，各種眩人耳目的聲光特效，各種栩栩如生的逼真場景，幾乎讓人以為熟悉的電影化為現實，而自己則是成了當中的主角。而以「世界驚叫之都」聞名的六旗魔幻山樂園，雖然除了雲霄飛車外，還是只有雲霄飛車，但你會驚訝於雲霄飛車居然也能玩出這麼多的花樣，彷彿讓你放開矜持地大聲尖叫，就是這裡顛撲不破的真理。至於聖地牙哥海洋世界，過去以可愛的海洋動物表演為號召，近年來則增加了許多「thrill」的元素，似乎有愈來愈向六旗魔幻山靠攏的趨勢，令人忍不住躍躍欲試起來。

加州主題樂園相關資訊

優惠票券

◎ Southern California CityPASS

票券內容： 包括加州迪士尼樂園2~5日門票、環球影城1~2日門票、聖地牙哥海洋世界門票、加州樂高樂園1~2日門票、聖地牙哥動物園或野生動物園的1~2園門票，可根據自身需求任意搭配，選擇愈多省愈大。但要注意的是，有些樂園的票券必須先決定好使用日期才能購買。

購買方式： 在官網上購買，付款後，電子票券會寄送到電子信箱裡，可下載到手機中，或是列印下來。

💲 根據所選擇的內容而變動

🚇 www.citypass.com/southern-california

加州迪士尼樂園度假區 Disneyland Resort

©Disneyland Resort

迪士尼公司創辦人華特迪士尼，是個擁有赤子之心的人，他從製作卡通動畫起家，獲得了熱烈的迴響與成功，但是他一生最大的夢想卻是創建迪士尼樂園，讓所有人都能在這裡找回童心。現在迪士尼樂園度假區的規模已擴增至包含兩個主題樂園：加州迪士尼主題樂園與迪士尼加州冒險樂園，周邊還有餐飲購物區「迪士尼小鎮」以及三家旅館。直到今天，它們依然在忠誠地履行創辦人的初衷，帶給所有大朋友和小朋友歡樂與夢想。

經過100年來的發展累積，迪士尼所代表的不再只是卡通本身，從早期的米老鼠與唐老鴨、白雪公主、小飛象、小熊維尼，到後來的阿拉丁、獅子王、玩具總動員，再到更新的冰雪奇緣、動物方城市等，時至今日，迪士尼早已成為歡樂的象徵，甚至更帶有夢想的情懷。不過明眼人也看得出來，進入21世紀的迪士尼變得有點不一樣，所呈現的面向更多元了，除了一

手在2009年把漫威娛樂併為子公司，另一手又在2012年收購了盧卡斯影業，於是復仇者聯盟與星際大戰這兩個浩瀚的宇宙，就這樣被納入迪士尼麾下。這些轉變自然也延伸到迪士尼樂園中，於是在樂園裡，彼得潘與彼得帕克結伴而行，巴斯光年與天行者同遊星際，迪士尼的夢想愈做愈大，歡樂更加無遠弗屆。

INFO

基本資訊
📍 P.161B2
🏠 1313 S. Disneyland Dr., Anaheim, CA 92802
📞 (714) 781-4636
🕐 每日不同，加州迪士尼主題樂園約08:00~24:00，迪士尼加州冒險樂園約08:00~22:00，當日確切時間請查詢官網
🌐 disneyland.disney.go.com

如何前往
◎開車
從洛杉磯市區開車，走I-5 S，在110B出口(往Disneyland Dr)下交流道，出匝道口左轉，沿Disneyland Dr南行，靠左側車道，上主題樂園專用的Express Lane，直達停車場。停車一天收費＄35。
◎大眾運輸
沒有開車的人，可在市中心的Flower/7th路口(捷運A、B、D、E線的7th St/Metro Center站附近)，或捷運C線的Norwalk站，搭乘往迪士尼的460號公

車，可直達樂園門口。

前往迪士尼市區
◎迪士尼單軌電車 Disneyland Monorail
在樂園門口與樂園內，頭上不時會看到單軌電車經過，該列車是從明日世界直達迪士尼市中心(Downtown Disney District)，車資已包含在門票中。

門票價格

	成人	3~9歲兒童
1日票	＄104~194	＄98~183
2日票	＄310	＄290
3日票	＄390	＄365
4日票	＄448	＄417
5日票	＄480	＄450
當日雙園票	原票價外加＄65~75	

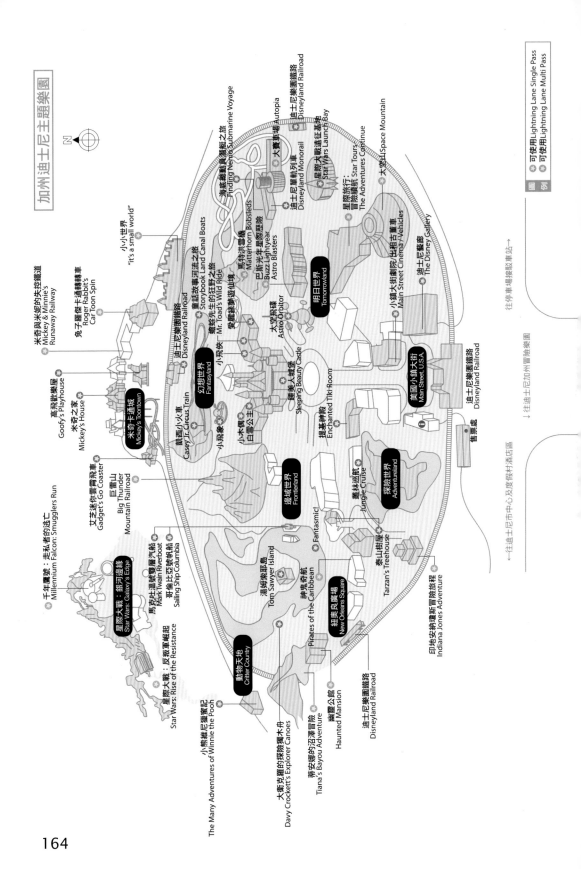

N

"it's a small world"
小小世界

米奇與米妮的失控鐵道
Mickey & Minnie's
Runaway Railway

兔子羅傑卡通轉轉車
Roger Rabbit's
Car Toon Spin

迪士尼樂園鐵路
Disneyland Railroad

童話故事河流之旅
Storybook Land Canal Boats

蟾蜍先生的狂野之旅
Mr. Toad's Wild Ride

彼得潘夢遊仙境
Peter Pan's Flight

海底總動員潛艇之旅
Finding Nemo Submarine Voyage

大賽車場 Autopia

迪士尼單軌列車
Disneyland Monorail

星際大戰征服基地
Star Wars Launch Bay

迪士尼樂園鐵路
Disneyland Railroad

馬特洪雪橇
Matterhorn Bobsleds

巴斯光年星際歷險
Buzz Lightyear
Astro Blasters

太空飛碟
Astro Orbitor

大空山 Space Mountain

星際旅行：
冒險續航 Star Tours:
The Adventures Continue

太空山出租台車
Main Street Cinema Vehicles

迪士尼藝廊
The Disney Gallery

高飛歡樂屋
Goofy's Playhouse

米奇之家
Mickey's House

米奇卡通城
Mickey's Toontown

凱西小火車
Casey Jr. Circus Train

小飛象
Dumbo

小木偶
Pinocchio

白雪公主
Snow White

幻想世界
Fantasyland

明日世界
Tomorrowland

睡美人城堡
Sleeping Beauty Castle

提基神殿
Enchanted Tiki Room

美國小鎮大街
Main Street, U.S.A.

迪士尼樂園鐵路
Disneyland Railroad

售票處

艾芝迷你雲霄飛車
Gadget's Go Coaster

巨雷山
Big Thunder
Mountain Railroad

邊域世界
Frontierland

Fantasmic!

叢林巡航
Jungle Cruise

探險世界
Adventureland

往停車場接駁車站→

千年鷹號：走私者的逃亡
Millennium Falcon: Smugglers Run

星際大戰：銀河邊緣
Star Wars: Galaxy's Edge

馬克吐溫號雙層汽船
Mark Twain Riverboat

哥倫比亞號帆船
Sailing Ship Columbia

湯姆索耶島
Tom Sawyer Island

紐奧良廣場
New Orleans Square

神鬼奇航
Pirates of the Caribbean

泰山樹屋
Tarzan's Treehouse

印地安納瓊斯冒險旅程
Indiana Jones Adventure

←往迪士尼市中心及度假村酒店區

星際大戰：反叛軍崛起
Star Wars: Rise of the Resistance

小熊維尼獵蜜記
The Many Adventures of Winnie the Pooh

動物天地
Critter Country

大衛克羅的探險獨木舟
Davy Crockett's Explorer Canoes

蒂安娜的沼澤冒險
Tiana's Bayou Adventure

幽靈公館
Haunted Mansion

迪士尼樂園鐵路
Disneyland Railroad

↓往迪士尼加州冒險樂園

圖例
🅐 可使用Lightning Lane Single Pass
🅑 可使用Lightning Lane Multi Pass

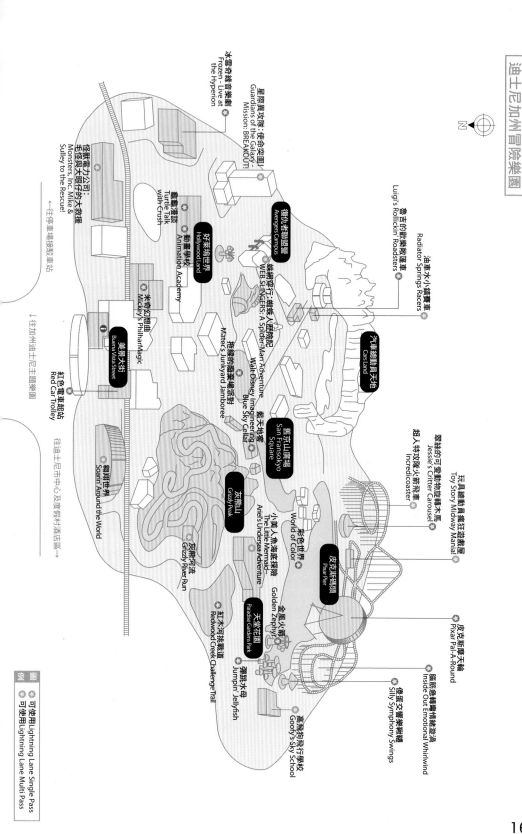

迪士尼加州冒險樂園

加州主題樂園…加 州迪士尼樂園度假區 Disneyland Resort

冰雪奇緣音樂劇
Frozen - Live at
the Hyperion

星際異攻隊.使命突破！
Guardians of the Galaxy -
Mission: BREAKOUT!

魯吉的歡樂賽道飛車
Luigi's Rollickin' Roadsters

怪獸電力公司：
毛怪與大眼仔的大救援
Monsters, Inc. Mike &
Sulley to the Rescue!

←往停車場接駁車站

油車水小鎮賽車
Radiator Springs Racers

復仇者聯盟營
Avengers Campus

蜘蛛俠飛行.地球人驚援記
WEB SLINGERS: A Spider-Man Adventure

好萊塢世界
Hollywood Land

動畫學院
Animation Academy

海龜夏談
Turtle Talk
with Crush

米奇幻想曲
Mickey's PhilharMagic

汽車總動員天地
Cars Land

華特迪士尼創意工程
Walt Disney Imagineering
Blue Sky Cellar

脫線的廢棄場派對
Mater's Junkyard Jamboree

←往停車場接駁車站

↓往加州迪士尼主題樂園

美景大街
Buena Vista Street

紅色電車趨車
Red Car Trolley

紅色電車趨站
Red Car Trolley

往迪士尼市中心及度假村商店區→

舊金山廣場
San Fransokyo
Square

小美人魚海底探險
The Little Mermaid-
Ariel's Undersea Adventure

藍天地窖
Blue Sky Cellar

灰熊山
Grizzly Peak

灰熊河流
Grizzly River Run

灰熊河泛舟道
Grizzly Creek Challenge Trail

翱翔世界
Soarin' Around the World

彩色世界
World of Color

玩具總動員瘋狂遊戲屋
Toy Story Midway Mania!

潔絲的可愛動物旋轉木馬
Jessie's Critter Carousel

超人特攻隊火前飛車
Incredicoaster

皮克斯碼頭
Pixar Pier

皮克斯摩天輪
Pixar Pal-A-Round

腦筋急轉彎情緒漩渦
Inside Out Emotional Whirlwind

糊塗交響樂鞦韆
Silly Symphony Swings

高飛狗飛行學校
Goofy's Sky School

金風火輪
Golden Zephyr

天堂花園
Paradise Gardens Park

彈跳水母
Jumpin' Jellyfish

165

圖例
❖ 可使用Lightning Lane Single Pass
✪ 可使用Lightning Lane Multi Pass

想要在迪士尼玩出效率，就請看這邊！

快速通關 Lightning Lane

在迪士尼要玩得盡興有效率，首先一定要下載Disneyland App並加入會員，使用這個APP，可以輕鬆搞定購買門票、預約入園日期、酒店訂房，甚至還可以用來預約樂園裡的餐廳並在線上點餐。

這時重點來了，大家最關心的應該還是快速通關的方法，只要Disneyland App上有綁定門票與入園預約，就可以事先購買Lightning Lane Multi Pass (即之前的Genie+)，價錢為＄30。在APP上選定想預約的設施，系統就會告訴你可以前往排隊的時間，只要在指定時間內抵達入口，就能排在快速通道上，再用手機叫出通行證，拿去機器掃描，即可繞過大排長龍的隊伍，迅速入場。原則上一次只能預約一個項目，玩完之後才能再選擇下一個設施，不過若是等待時間需要超過2個小時，系統倒是允許額外再預約一個。Lightning Lane可一再預約直到樂園關門為止，但每個項目只能使用一次。

雖然Lightning Lane Multi Pass適用於樂園裡大部分遊樂項目，卻有2個最熱門的設施無法預約，分別是加州迪士尼主題樂園的「星際大戰：抵抗勢力崛起」，與迪士尼加州冒險樂園的「油車水小鎮賽車」，想要預約這兩個設施，就要在入園後另外加購或單獨購買Lightning Lane Single Pass，價錢因日期與當時的隊伍長短而異。

精靈管家 Genie

下載Disneyland App除了付費購買Lightning Lane，還能啟動免費的Genie功能，取這個名字的用意，就是形容它像《阿拉丁》中的神燈精靈一樣，能成為你最可靠的個人化電子夥伴。Genie會告訴你每個遊樂設施即時的隊伍長短，並提醒你即將開始的表演活動，還能陪你聊天，回答你的各種問題。更有甚者，只要你點選有興趣的項目及個人喜好，Genie就會為你量身排定一套最順暢的行程，跟著這套行程走，一點時間都不會白白浪費。

魔術手環 MagicBand+

魔術手環其實並非必須，但很酷很炫。這個手環可以綁定迪士尼的門票，無論入園還是快速通關，都只要感應手環即可，毋需再掏出手機，這樣便能空出雙手。

別光顧著玩遊樂設施，樂園中的表演節目也很精彩！

①彩色世界 World of Color

🏠 皮克斯碼頭(迪士尼加州冒險樂園) ⏱ 每晚1場，每場22分鐘

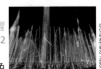

幾乎每晚都有演出的彩色世界，是樂園晚上的重頭大戲，結合水舞、火焰與音樂，迪士尼的經典片段投影在水幕之上，特別美麗而壯觀。

②Fantasmic!

🏠 邊域世界(加州迪士尼主題樂園) ⏱ 每晚1場，每場22分鐘

迪士尼老字號的夜間表演，以人偶、道具、雷射、煙火等特效，在美國河上上演一場驚天動地的正邪大戰。

③遊行 Parades

在加州迪士尼主題樂園每天都有一場遊行，但遊行的人物與主題會依季節或節慶而更換，時間也不一定在下午或晚上，記得先上官網或用APP查詢。

④煙火 Fireworks

週末晚上千萬不要太早離開樂園，因為沒看到加州迪士尼主題樂園的煙火是一件令人扼腕的事。這場煙火秀長達16分鐘，並播放迪士尼名曲當作背景音樂，結束時還會有迪士尼朋友出來送客。晚間煙火秀最適合觀看的地點在睡美人城堡前、小小世界前、以及先鋒樂園旁的美國河。

MagicBand+有多款造型設計，並能在夜間自訂燈光變化，在遊玩特定設施時還能產生脈衝振動，增加遊戲的實境感。魔術手環可在迪士尼園區及市區的商店中購買，只是一條並不便宜，要價＄34.99。

另類的快速通行

如果不在乎個別行動，許多項目也有開放單人的排隊入口(Single Rider Entrance)以填補零星的空位，會比較容易更快玩到。

在迪士尼樂園住一晚

基本上，要在一天內玩完迪士尼樂園是不可能的，再說如果想看煙火秀或其他夜間表演，離開的時間都已經很晚了，因此最理想的計劃就是住在迪士尼樂園裡。在樂園外的迪士尼市區(Downtown Disney District)西邊有3間酒店，分別有不同定位與特色，只要走上10分鐘路程便能到達樂園大門，如此一來就算玩到早出晚歸，也能馬上獲得休息。

Disneyland Hotel
⌂1150 West Magic Way, Anaheim, CA 92802
☎(714) 778-6600

這是迪士尼樂園裡最大的酒店，共有4棟大樓，圍繞著中央的泳池與餐廳區域，其中的探險塔(Adventure Tower)、幻想塔(Fantasy Tower)與邊域塔(Frontier Tower)是標準房型，名字與大廳裝潢分別在向樂園最原初的部分致敬。客房裡可以看到不少迪士尼的經典元素，最令人印象深刻的是床頭的飾板，上面刻畫著大家最熟悉的睡美人城堡，只要把房間的燈光暗下，再打開飾板上的燈，就能重現夢幻的煙火景致。而新大樓發現塔(Discovery Tower)則是公寓式的套房，不但有1至3房的超大空間、全套傢俱設備，還擁有獨立的酒店泳池，裝潢新潮而又色彩繽紛。

Disney's Grand Californian Hotel & Spa
⌂1600 S. Disneyland Dr, Anaheim, CA 92802
☎(714) 635-2300

這是樂園裡最高級的酒店，當然也是最昂貴的。整體氛圍流露出一股典雅、懷舊的氣息，但又不失新潮，處處都充滿了藝術感。酒店緊鄰著樂園大門，甚至還有專屬的通道可以直接進出迪士尼加州冒險樂園！同時酒店裡還有水療中心與精品店，提供遊客最尊貴的享受。而最令孩子們雀躍的，是在Napa Rose餐廳中享用的3道式早餐，因為在用餐的同時，不時會有迪士尼的公主們來到餐桌旁和孩子親密互動呢！

Pixar Place Hotel
⌂1717 S. Disneyland Dr, Anaheim, CA 92802
☎(714) 999-0990

這家酒店雖然距離樂園大門最遠，但鍾愛皮克斯動畫的人們必定會臣服於其魅力，因為酒店從大廳、客房、餐廳到頂樓的泳池，無不在向皮克斯工作室所製作過的所有電影致敬。於是在你入住時，毛怪與大眼仔、胡迪與巴斯光年、尼莫與多莉、閃電麥坤與拖線等皮克斯經典角色，都會一直陪伴著你。其中也有許多令人發嘍的巧思，例如交誼廳的火爐居然是《腦筋急轉彎》中怒怒的頭，而房間書桌上的檯燈，理所當然正是作為皮克斯標誌的那盞「頑皮跳跳燈」囉！

加州迪士尼主題樂園
Disneyland Park

1955年開幕的加州迪士尼主題樂園，是全世界第一座迪士尼樂園。它存在的年頭可能比許多人的年紀都還要大，但是它的遊樂設施與服務可是與時俱進，一點都不顯老！這裡處處新穎且充滿美式迪士尼風情魅力，堪稱迪士尼樂園系列中的經典版。

美國小鎮大街
Main Street, U.S.A

華特迪士5至8歲的童年時光，是在密蘇里州的小鎮瑪瑟林(Marceline)渡過的，根據他後來的回憶，那是他一生中最快樂的日子。而這裡便是依據20世紀初美國的小鎮模樣打造，充滿復古氣息。街道兩旁有火車站、市政廳(真實身分是遊客中心)、銀行、餐廳、商店與消防局等，遊客可以在這裡悠閒的散步、用餐和購物。

迪士尼樂園鐵路 Disneyland Railroad

華特迪士尼的叔叔是一名火車駕駛員，因此華特從很小的時候就對火車著迷，終其一生都對火車維持這份濃厚的愛。因此他在規劃迪士尼樂園時，第一個構想就是建造遊園鐵路，現在樂園裡共有4個車站，分別位於美國小鎮大街、紐奧良廣場、米奇卡通城、明日世界，遊園一圈約需18分鐘。

小鎮大街古董車 Main Street Vehicles
小鎮大街上的古董車有馬車、復古小巴士、雙層公車、老式消防車等，載著遊客回到上個世紀初。

迪士尼藝廊 The Disney Gallery
迪士尼藝廊算是樂園裡的博物館，展示迪士尼動畫誕生的背景與過程。

探險世界
Adventureland

探險世界以熱帶叢林為基調，這裡有群樹環繞的泰山樹屋和特意營造神祕氣氛的提基神殿可以參觀。

印地安納瓊斯冒險旅程
Indiana Jones Adventure
❗身高限制：117公分

主題取材自電影《法櫃奇兵》，遊客跟著揮舞長鞭的冒險家印地安納瓊斯坐上吉普車，在巨石、烈火與種種危險中前進，過程精彩刺激。

叢林巡航 Jungle Cruise

乘著小船在解說員領航下，深入東南亞、非洲與南美洲的叢林中冒險，沿途會看到許多動物與土著。

紐奧良廣場
New Orleans Square

紐奧良廣場顧名思義，即是複製美國南方城市紐奧良。紐奧良是美國的爵士樂之都，因此這裡隨處可見爵士樂手的表演，街道上的房子、露天咖啡座都散發著輕鬆隨性的氣氛。

幽靈公館 Haunted Mansion

幽靈公館是樂園裡的元老設施，讓遊客搭乘軌道車一起加入妖魔鬼怪們的派對，不過不用驚慌，這群已經卡通化的鬼一點都不可怕。

神鬼奇航 Pirates of the Caribbean

以電影《神鬼奇航》系列為藍本，乘坐小船進入加勒比海的海盜世界，一路走訪藏寶洞穴、海盜窟，並經歷一場海戰，航程中還會見到大名鼎鼎的傑克史派羅船長。

邊域世界
Frontierland

邊域世界的背景是美國西部拓荒時代，遊客可以在這裡搭乘「哥倫比亞號帆船」和「馬克吐溫號雙層汽船」，還能參觀《湯姆歷險記》中的湯姆索耶島。

巨雷山 Big Thunder Mountain Railroad
❗身高限制：102公分

巨雷山是以採礦作為背景，遊客乘坐礦車式的雲霄飛車，在曲折漫長的坑道中穿梭，巨石滾滾而下的山崩奇景，逼真得讓人緊張冒汗。

星際大戰：銀河邊緣
Star Wars: Galaxy's Edge

　　由名導演喬治盧卡斯所創作的《星際大戰》系列，憑藉史詩級的敘事架構與別開生面的科幻元素，自1977年橫空出世以來，至今已風靡了億萬人口。星際大戰：銀河邊緣於2019年正式登場，園區場景設計成宇宙邊境的巴圖行星，系列電影中那種既科幻未來又粗獷蠻荒的獨特氛圍，在這裡可說是忠實呈現。

星際大戰：反叛軍崛起
Star Wars: Rise of the Resistance

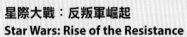

❗ 身高限制：102公分

　　這是相當複雜的遊樂項目，全程分成好幾個階段，集多種不同設施型態於一身。遊客所要扮演的，是剛被抵抗組織召募的新兵，第一個階段是在要前往與莉亞公主會合的運輸艦上，原本順利的航程卻突然遭受第一軍團殲星艦襲擊，待艙門打開，看到機庫中列隊整齊的風暴兵行伍，你知道自己已經被帝國俘虜了。第二個階段中，遊客被扮演帝國軍官的工作人員命令著穿越基地，在牢房前排排站好，即將關入大牢。還好天無絕人之路，前風暴兵芬恩及時趕來救援，於是第三個階段便是搭上自動行駛的無軌運輸車，展開一段驚心動魄的大逃亡，一路上遭遇槍法出名不準的風暴兵守衛、碩大無朋的裝甲走獸、當然還要被動用光劍和原力的凱羅忍死命追殺，所幸每次都在千鈞一髮之際逃脫。隨著殲星艦外正展開一場波瀾壯闊的空戰，旅程也進入了最後一個階段，當無軌運輸車開進逃生艙後，設施立刻轉變為模擬飛行模式，經過一連串死裡逃生的刺激飛行後，終於跌跌撞撞地回到了巴圖星。

千年鷹號：走私者的逃亡
Millennium Falcon: Smugglers Run

❗ 身高限制：97公分

這是互動式的模擬飛行艙，讓遊客親自體驗駕駛千年鷹號的樂趣。每個飛行艙內可乘坐6名遊客，並依據位置賦予不同角色：前面2位是駕駛員，操縱千年鷹的橫向移動與起降，中間2位是負責射擊敵人的槍炮手，後面2位是負責修復損壞的工程師。發動引擎，穿越一段超空間跳躍後，便與第一軍團正面遭遇，而玩家的任務是要從一架鈦戰機手上奪取貨物後逃離，一路纏鬥尾追、撞擊閃躲，整趟飛行高潮迭起、驚險無比。玩家要做的事其實很簡單，看到燈亮按就對了，技巧好壞並不會影響任務成敗，跌跌撞撞一樣可以過關，只是最後螢幕會顯示出成功率，杭多讚許的話也會有所不同。

加州主題樂園⋯加州迪士尼樂園度假區 Disneyland Resort

動物天地
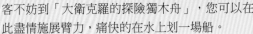

Critter Country

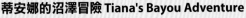

　　動物天地以戶外探險為主題，自認強壯的遊客不妨到「大衛克羅的探險獨木舟」，您可以在此盡情施展臂力，痛快的在水上划一場船。

蒂安娜的沼澤冒險 Tiana's Bayou Adventure

❗ 身高限制：102公分

這是2024年11月才揭幕的新設施，取代了原本的飛濺山(Splash Mountain)。故事背景為2009年的電影《公主與青蛙》，遊客可以乘著小船，跟著蒂安娜公主深入路易西安那的河口沼澤地帶，一路上遇見許多新舊角色，來場不一樣的音樂體驗。

小熊維尼獵蜜記
The Many Adventures of Winnie the Pooh

　　小熊維尼獵蜜記是迪士尼最溫馨可愛的設施，列車設計成維尼故事中的蜂窩模樣，車身外還沾著半融化的蜂蜜！如果您是小熊維尼的粉絲，千萬不要錯過這裡。

171

明日世界

Tomorrowland

明日世界旨在呈現未來的世界樣貌，科技感和未來感是這一區最主要的風格，而在迪士尼將盧卡斯影業買下之後，這裡更是多了幾許「星際大戰」的味道。

星際旅行：冒險續航
Star Tours - The Adventures Continue

❗身高限制：102公分

這是個3D模擬飛行劇場，玩家扮演星際旅客，準備搭乘StarSpeeder 1000運輸艦前往另一個星球旅行。原本只是上機維修的C-3PO陰錯陽差之下成了機長，不斷向R2-D2碎嘴抱怨，但麻煩事不只這一椿，起飛之前竟被發現有叛軍間諜混進乘客之中！想當然爾，這趟旅程同樣飛天遁地、九死一生，尤其一路伴隨著C-3PO歇斯底里的驚叫，更讓氣氛充滿緊張。旅程中一共會經歷4段追逐冒險，這是從21個片段中隨機播放，加上多個不同的目的地介紹與結尾影片，排列組合下來多達上千種播放模式，因此每次搭乘都會有不一樣的體驗。

巴斯光年星際歷險
Buzz Lightyear Astro Blasters

極受孩子喜愛的互動式遊樂設施，在軌道車行進途中，拿起你的雷射槍朝向四周札克天王的黨羽射擊，最後再來比比看誰得的分數最高。

大賽車場 Autopia

❗身高限制：81公分

從迪士尼樂園開園之初，大賽車場就存在於此了。色彩豐富的賽車算是半手動操作，可以踩下油門加快速度，也可以轉動方向盤，不過在路線上還是由軌道來控制。對還沒有資格領取駕照的孩子來說，是難忘的駕駛經驗。

太空山Space Mountain

❗身高限制：102公分

太空山從過去就是迪士尼樂園最熱門的排隊項目，畢竟這可是世界首創的室內黑暗雲霄飛車，在伸手不見五指的黑暗宇宙中快速翻轉前進，時而還有隕石襲來，是本區令人百玩不厭的刺激經驗。

海底總動員潛艇之旅
Finding Nemo Submarine Voyage

搭乘潛水艇來到水面下的世界，拜訪《海底總動員》中的各個角色，並跟著馬林與多莉一同去尋找尼莫在哪裡。

米奇與米妮的失控鐵道 Mickey & Minnie's Runaway Railway

搭上軌道車，進入米奇、米妮與他們的朋友們的世界！不過，怎麼好像一直出狀況？各種異想天開的劇情、不斷變換的場景，時而令你捧腹大笑，時而令你驚奇連連。

米奇卡通城
Mickey's Toontown

米奇卡通城的構想來自電影《威探闖通關》中卡通人物居住的小鎮，米奇、米妮、唐老鴨與奇奇蒂蒂的家都在這裡，建築造型完全是卡通模樣，乍看下還有些東倒西歪。這裡到處暗藏著可愛「機關」，等著給遊客們意外驚喜！

兔子羅傑卡通轉轉車 Roger Rabbit's Car Toon Spin

《威探闖通關》是史上第一部結合真人與卡通的跨時代作品，而兔子羅傑就是這部電影中的卡通主角。如果不記得這部1988年的電影演了些什麼，那就坐上這輛軌道小車來回味回味吧！

幻想世界
Fantasyland

幻想世界的建造與童話密不可分，矗立在此區中的睡美人城堡是樂園的重要地標，遊客可以在這裡參觀各個故事中的場景，包括愛麗絲夢遊仙境、白雪公主和小飛俠等。

童話故事河流之旅 Storybook Land Canal Boats

搭乘小船一一走訪童話故事中的場景，沿途會看到吞了小木偶的那隻大鯨魚、小矮人住的童話村莊、阿拉丁的宮殿、冰雪奇緣中的艾倫戴爾城堡等。

小小世界 "it's a small world"

小小世界是歷史悠久的經典之作，乘坐小船環遊在載歌載舞又繽紛多彩的世界場景中。

馬特洪雪橇 Matterhorn Bobsleds

❗ 身高限制：107公分

馬特洪雪橇是幻想世界裡唯一有身高限制的刺激設施，坐在失控的飛速雪橇上，在瑞士馬特洪峰的山洞裡穿梭疾行，中途還會遇到傳說中的雪怪擋路，驚險萬分。

蟾蜍先生的狂野之旅 Mr. Toad's Wild Ride

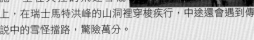

靈感來自兒童文學名著《柳林中的風聲》，遊客乘坐室內小電車，跟著主角上上下下、橫衝直撞，忽而撞開圖書館大門，忽而又差點撞到另一列火車，車速頗快加上場景逼真，是這一區的特別推薦。

迪士尼加州冒險樂園
Disney's California Adventure Park

2001年開幕的迪士尼加州冒險樂園，位置就在加州迪士尼主題樂園旁，有些遊客會規劃2天或3天的行程，一次玩足兩個樂園。迪士尼加州冒險樂園以「加州」作為主題，園內許多遊樂設施是針對成人而設計，豐富性或許有些不及加州迪士尼主題樂園，但刺激程度絕對更勝一籌。

美景大街
Buena Vista Street

美景大街是迪士尼加州冒險樂園的入口區域，據說這裡是華特迪士尼初到加州時所看到的街景樣貌。這一區的街道、建築與電車都呈現出復古的風格，設計靈感來自1920年左右的堪薩斯與加州。這裡提供許多餐飲與購物服務，有需要的旅客可以在此駐足休息。

紅色電車 Red Car Trolley

紅色電車是全長8分鐘的復古電車路線，穿行於美景大街和好萊塢世界之間，共有4個站點。有時車上還會載著神秘嘉賓，猜猜看會是誰呢？

好萊塢世界
Hollywood Land

好萊塢世界以1930年代的好萊塢為設計靈感，在迪士尼動畫大樓(Disney Animation building)裡，小朋友們可以在「動畫學校」學習迪士尼的卡通人物繪畫，也可以和《海底總動員》中的龜龜對話互動。

怪獸電力公司：毛怪與大眼仔的大救援
Monsters, Inc. Mike & Sulley to the Rescue!

以電影《怪獸電力公司》為主題，坐在軌道車上遊走在怪獸們的世界裡，最後的高潮當然就是在數以百計的任意門之間，從藍道手中把可愛的小女孩布搶救出來。

復仇者聯盟營
Avengers Campus

既然加州迪士尼主題樂園有星際大戰系列加盟，對面的迪士尼加州冒險樂園怎能甘願示弱？於是2021年時，原本的蟲蟲樂園就這樣被新落成的復仇者聯盟營給取代了，畢竟這十多年來主宰好萊塢的，可是漫威宇宙的英雄們啊！

蛛網穿行：蜘蛛人歷險記
WEB SLINGERS: A Spider-Man Adventure

這是一座穿行在互動式螢幕場景中的軌道車設施，遊客首先被邀請參觀WEB總部，並由首席工程師彼得帕克向遊客介紹他新發明的蛛網投擲裝置，不過他渾然沒有察覺身旁的蜘蛛機器人助手已然失控，並且永無止境地自我複製，直到事態嚴重，他才趕緊「呼叫」蜘蛛人救援，然而為時已晚，只好讓遊客戴上蛛網投擲裝置，一起幫忙收拾殘局。每個車廂共有4個座位，遊客戴上3D立體眼鏡後，對著前方的場景模仿電影中蜘蛛人噴絲的動作，就能發射蛛網攻擊蜘蛛機器人。隨著場景轉換，關卡難度也愈來愈高，而最後得到的分數則會顯示在大螢幕上，可以和同車夥伴們一較高下。

星際異攻隊：使命突圍！
Guardians of the Galaxy - Mission: BREAKOUT!

🔴 身高限制：102公分

這是由原本的驚魂古塔改建而成，因此也是個垂直上下的電梯型式。故事場景發生在收藏者帝凡的私人收藏室內，我們勇敢又胡鬧的星際異攻隊居然著了帝凡的道，變成了他的收藏品！還好自稱異攻隊第一聰明的火箭逃了出來，並想出一整套拯救夥伴的計畫，只是牠的浣熊小手無法通過生物掃瞄，因此必須借助遊客幫忙才能啟動電梯。在救援過程中，電梯不但忽上忽下，還會突然變成自由落體，讓遊客感受屁股懸空的滋味。每次電梯門開啟，都會看到異攻隊們越獄時精彩又搞笑的打鬥畫面，搭配星爵隨身聽內80年代的熱鬧音樂，氣氛一整個歡樂。過程中的高潮莫過於電梯上升到頂點，當鐵門拉開時，看到的竟是俯瞰整片遊樂園的景色，而接著便是最長距離的急速下墜！星際異攻隊：使命突圍共有6個影片版本，因此每次玩的時候，看到的突圍內容可能都不相同，值得重覆再玩好幾次！

汽車總動員天地

Cars Land

汽車總動員天地面積廣達12英畝,以皮克斯動畫《汽車總動員》為藍圖,打造出電影中極富老美國情懷的油車水小鎮場景。而油車水鎮上的店家,如餐廳Flo's V8 Café、Cozy Cone Motel等,也紛紛在這裡做起生意,於是當這些動畫場景落腳在現實世界的同時,也將遊人從現實世界帶進了動畫場景。

油車水小鎮賽車Radiator Springs Racers

❗身高限制:102公分

這裡最重要的遊樂項目,是將軌道做成公路模樣的油車水小鎮賽車,遊客一開始會跟著閃電麥坤走訪油車水鎮中的朋友,為即將到來的賽車做準備。一切準備妥當之後,便是飆風極速的試車之旅了,除了有多處迴旋急彎的刺激設計外,也能欣賞沿途的66號公路風光。

拖線的廢棄場派對
Mater's Junkyard Jamboree

❗身高限制:81公分

拖車拖線是閃電麥坤最好的朋友,跟著腦袋總是少一根筋卻又忠誠可靠的他,在廢棄場裡忽左忽右地轉圈圈,也相當有趣味。

魯吉的歡樂敞篷車
Luigi's Rollickin' Roasdsters

❗身高限制:81公分

魯吉是油車水鎮的輪胎店老闆,這個設施有點像是咖啡杯,卻又優雅和諧許多,色彩鮮豔的敞篷車走位有致地翩翩起舞,譜成歡樂的汽車圓舞曲。

皮克斯碼頭

Pixar Pier

　　皮克斯碼頭其實就是從前的天堂碼頭，改建後以皮克斯的經典電影為主題，夜間的彩色世界秀也是在這裡的湖面上登場。

超人特攻隊火箭飛車
Incredicoaster

🛈 身高限制：122公分

　　原本的米奇雲霄飛車現在加裝了超人特攻隊的故事場景，不過原有的軌道設施並沒有改變，依然擁有360度迴轉與36公尺的高低落差，仍是整個加州迪士尼樂園度假區最長也最驚險刺激的軌道遊樂設施！

皮克斯摩天輪 Pixar Pal-A-Round

　　摩天輪分為內外兩圈，外圈是固定的摩天輪車廂，內圈車廂卻是架設在軌道上，隨著摩天輪的轉動而搖擺、滑行。而在車廂內則增加了許多皮克斯元素，像是腦筋急轉彎、可可夜總會等。

玩具總動員瘋狂遊戲屋
Toy Story Midway Mania!

　　這是讓遊客戴上3D眼鏡坐在軌道車上，與玩具總動員中的角色一起互動玩遊戲，總共有射飛鏢、套圈圈、丟盤子等6個不同關卡。

舊京山廣場

San Fransokyo Square

　　原本的太平洋碼頭(Pacific Wharf)在2023年時改建為《大英雄天團》中的舊京山市容，揉合舊金山與東京的街道景觀，重現出電影中美日合璧的獨特氛圍，是許多遊客喜歡拍照打卡的區域。這裡雖然沒有遊樂設施，但有各國料理餐廳，

©Disneyland Resort

其中包括主角濱田廣的阿姨凱絲(Cass)所開設的餐館，而最熱門的點心則是由Lucky Fortune Cookery販售的杯麵造型馬卡龍。此外，附近還有麵包工廠可以參觀。

天堂花園

Paradise Gardens Park

天堂花園是從前的天堂碼頭中，沒有被劃為皮克

斯碼頭的那一部分，這裡的遊樂設施大多比較經典而傳統。像是「彈跳水母」是水母造型的輕量級自由落體，「金風火箭」與「傻蛋交響樂鞦韆」則都是旋轉型的遊樂設施。比較有迪士尼特色的是「小美人魚海底探險」，讓遊客乘坐在貝殼造型的軌道車上，穿梭在小美人魚電影中的各個場景。

高飛狗飛行學校
Goofy's Sky School

❗身高限制：107公分

以高飛狗為主題的迷你雲霄飛車，在一連串的髮夾盤旋後，起伏在藍天白雲之間的飛行訓練就此展開。

灰熊山

Grizzly Peak

加州擁有好幾座風景優美的國家公園，園方以此為靈感建立了灰熊山。除了幾項刺激的遊樂設施外，還有專為孩童設計的繩索攀爬公園「紅木河挑戰道」。

灰熊河流Grizzly River Run

❗身高限制：107公分

灰熊河流是這裡的熱門遊樂設施，遊客坐在圓形小艇上，在湍急水流的擊打中上下衝撞前進，不時還會激起萬丈高的噴泉，怕溼的人最好先穿上雨衣。

翔翔世界Soarin' Around the World

❗身高限制：102公分

這是令人驚奇的模擬航空飛行體驗，雖然實際上是坐著，但卻感覺自己好像真的飛起來一樣，跟著畫面飛到天上、穿過白雲，在世界各地的上空翔翔。

好萊塢環球影城
Universal Studios Hollywood

顧影像工藝的歷史，遙想兩百年前，人們光是看到單純的顯影成像技術，就已驚訝得目瞪口呆，而後的動態影片、有聲電影，直到現在的電腦特效，一次又一次地衝擊著人們的感官，讓接受刺激的飽和度不斷提升，於是人們開始追求超越想像的各種可能，十年前前所未見的震撼，十年後就成了理所當然的無奇。拜科技日新月異之賜，現代人的每一天都過得很精彩。而遊樂園也是一樣，在這追求更多刺激滿足的時代，軌道的雲霄飛車已不夠看，單純的3D電影也同樣老套，如果設施一成不變，到最後也只剩下懷舊而已，因此經營者們無不絞盡腦汁，想方設法推陳出新，務讓遊客體驗到超乎想像的新奇。

結合AR擴增實境，化身主角潛行至遊戲與

電影當中，正是當今遊樂園的王道。至於打造出逼真震撼的電影特效，可不是件容易的事，而就這點來說，又有哪家遊樂園比環球影城更具資格，畢竟搞出好萊塢那些驚天動地的大場面，正是他們的老本行啊！既然如此，那就交給專業的來吧！

INFO

基本資訊
🅐P.48C2
📍100 Universal City Plaza, Universal City, CA 91608
🕐 每日不同，平日約10:00~18:00，假日約08:00~19:00，夏季每日約08:00~23:00。當日確切時間，請上官網查詢
🌐www.universalstudioshollywood.com
🎫可加購開園前1小時提早進入任天堂世界的門票(SUPER NINTENDO WORLD Early Access Ticket)

如何前往
◎開車
從洛杉磯市區開車，走US-101 N，在11B出口(往Universal Studios Bl)下交流道，順著藍色的

Universal City與Parking指標走，即達停車場。

環球影城的停車場有好幾處，下交流道後首先抵達的立體停車場大樓，是一般的大眾停車場(General Parking)；如果想少走幾步路，可以停在環球市大道外的首選停車場(Preferred Parking)；若是實在行動不便，還可以把車停在靠近影城大門的停車場(Front Gate Parking)。當然，愈便利的停車場，停車費也會愈貴。

停車場價格	17:00之前	17:00之後
一般停車場	$ 35	$ 10
首選停車場	$ 55	$ 20
前門停車場	$ 75	

此外，環球影城也提供代客停車服務，頭2個小時$ 25，超過2個小時$ 60。
◎捷運
沒有開車的人，可搭乘捷運B線至Universal/Studio City站，出站後經行人天橋至馬路對面的環球

影城接駁車站，每10~15分鐘一班免費接駁車，直達影城門口。接駁車行駛時間為每日07:00至關園後2小時。

門票價格

好萊塢環球影城門票票價	成人	3~9歲兒童	特色
現場購票或預購彈性日期票	$ 154	$ 144	
官網購買一日票	$ 109~149	$ 103~143	時常有買1天送第2天優惠
Universal Express	$ 199~319（現場購買多$ 10）		各項設施可優先進場一次
官網購買二日票	$ 159~204	$ 153~198	第2日須在第1日的7天內
VIP體驗	$ 369~499（限5歲以上）		含專人導覽、餐點及代客停車
開園前1小時提早入園票	$ 20~30		僅有任天堂世界提早開園

該買Universal Express嗎？

　　玩環球影城，最多人問的就是這個問題。以小編的經驗來說，環球影城因為範圍較小，只要能避開人潮，即使沒有購買Express，該玩的還是都能玩到。這裡教你一些小撇步：

1. 首先在官網售票頁面挑選最便宜的日期前往，因為票價總是和人潮成正比。
2. 愈早入園愈好，早起的遊客排隊少。
3. 最好加購Early Access Ticket，入園先衝任天堂世界，接著是哈利波特，然後是侏儸紀世界與變形金剛，把人氣項目玩完後，再好整以暇玩其他設施。
4. 手機下載Universal Studios Hollywood App，可即時查詢各遊樂設施的等待時間、表演場次時刻等資訊，而園區內也有XFINITY的免費WiFi供遊客使用。

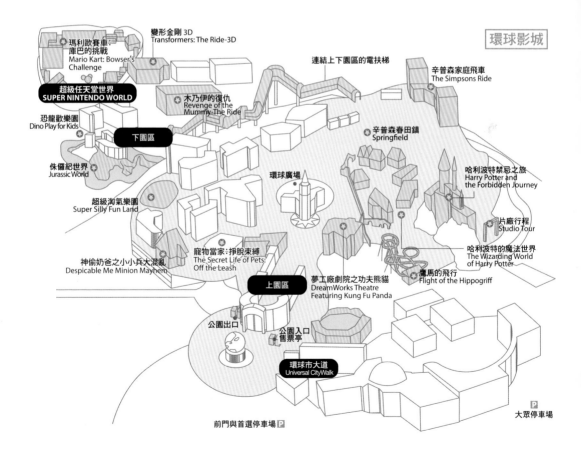

環球影城

變形金剛 3D
Transformers: The Ride-3D

瑪利歐賽車：庫巴的挑戰
Mario Kart: Bowser's Challenge

超級任天堂世界
SUPER NINTENDO WORLD

恐龍歡樂園
Dino Play for Kids

木乃伊的復仇
Revenge of the Mummy-The Ride

下園區

連結上下園區的電扶梯

辛普森家庭飛車
The Simpsons Ride

辛普森春田鎮
Springfield

侏儸紀世界
Jurassic World

環球廣場

哈利波特禁忌之旅
Harry Potter and the Forbidden Journey

超級淘氣樂園
Super Silly Fun Land

片廠行程
Studio Tour

神偷奶爸之小小兵大混亂
Despicable Me Minion Mayhem

寵物當家：掙脫束縛
The Secret Life of Pets: Off the Leash

哈利波特的魔法世界
The Wizarding World of Harry Potter

鷹馬的飛行
Flight of the Hippogriff

上園區

夢工廠劇院之功夫熊貓
DreamWorks Theatre Featuring Kung Fu Panda

公園出口

公園入口售票亭

環球市大道
Universal CityWalk

前門與首選停車場 P

大眾停車場 P

環球市大道
Universal CityWalk

環球市大道裡有電影院、餐廳、咖啡廳、酒吧、服飾店、禮品店及其他各種商店，遊客在進入影城前會先經過這處熱鬧的徒步區，常見熙來攘往的人潮走在街道上。兩旁的商店林立著充滿美式風格的巨大誇張招牌，動輒兩三層樓高的大猩猩、大吉他等招牌，是遊客最愛的拍照背景。環球市大道不用購票即可進入，無論是進園遊玩的旅客，或是純粹想來逛街血拼、吃飯喝酒的人，這裡都能滿足他們的需求。

辛普森家庭飛車
The Simpsons Ride

✦刺激度★★★
❗身高限制：102公分(122公分以下須由成人陪伴)

如果你是卡通辛普森家庭的粉絲，那麼絕不能錯過這裡。河馬、美枝、霸子、點子和奶嘴一家

夢工廠劇院之功夫熊貓
DreamWorks Theatre Featuring Kung Fu Panda

夢工廠劇院是2018年6月才開放的設施，取代已經上映15年的史瑞克4D影院，在技術上可說是舊影院的升級版，結合光雕投影技術、180度的舞台、360度環繞音響與風吹、水霧、震動等身體感官效果。目前劇院播放的內容是功夫熊貓的番外篇，帶領遊客跟著阿波、師父與蓋世五俠一起搭上護送神奇藥水的探險船，在急流、海盜、魔法的聲光刺激下，進入夢工廠驚險又爆笑的功夫世界。

五口，以及春田市的鄉親父老都會出現在場景中。辛普森家庭是4D的虛擬雲霄飛車，立體眼鏡加上劇烈晃動的車廂，讓遊客恍如跟著列車疾駛在失控樂園的軌道上，而幽默無厘頭的劇情，極盡惡搞之能事，更是讓人笑聲不斷。而在排隊時別忘了看一看一旁的電視，因為那是這趟飛車的「前情提要」。

同時這一帶也重現了卡通中春田市(Springfield)的景色，包括Lard Lad Donuts與Luigi's Pizza等經常在劇情中出現的店家，都有在這裡真實營業。

加州主題樂園⋯好 萊塢環球影城 Universal Studios Hollywood

哈利波特的魔法世界
The Wizarding World of Harry Potter

　　千呼萬喚之下，好萊塢環球影城的哈利波特魔法世界終於在2016年4月正式迎接遊客了！這座園區完整打造出系列電影中的霍格華茲魔法學校(Hogwarts)與活米村(Hogsmeade)，從建築、道具、影像，到商店裡販賣的紀念品與餐廳供應的餐點，電影中的每一個細節都在這裡「活生生」地呈現，每一處角落都潛藏著令眾麻瓜們訝異的驚喜。

編輯筆記

哈利波特的煉金術

　　在活米村中你會看到一個須要排隊的地方，進去之後原來是家魔杖商店。魔法店員會請一位孩童上前，向他介紹魔杖的法力，並告訴他魔杖如何挑選自己的主人，表演結束，櫃門打開，外頭就是真實世界的魔杖專賣店。話說這枝要價不菲的魔杖有什麼功用呢？原來在活米村的商店街上，有13處櫥窗藏有感應裝置，只要站在地磚上有標示的地方，以特定動作揮舞魔杖，櫥窗內就會有驚奇發生。於是在環球影城裡，幾乎人手一枝魔杖，吸金的本事簡直比佛地魔還要邪惡啊！

鷹馬的飛行 Flight of the Hippogriff
☀ 刺激度 ★★★
❗ 身高限制：99公分(122公分以下須由成人陪伴)

　　哈利波特魔法世界的另一項遊樂設施「鷹馬的飛行」，則是戶外實體的軌道雲霄飛車，由奇獸飼育學教授海格，來教導大家如何駕馭這種奇妙的生物。

哈利波特禁忌之旅
Harry Potter and the Forbidden Journey

🎡 刺激度★★★★★
❗ 身高限制：122公分

　　霍格華茲城堡內的「哈利波特禁忌之旅」，是哈利波特魔法世界中最熱門的遊樂設施，和變形金剛有點類似，都是利用3D特效螢幕，但更接近實體軌道飛車，同時車廂還會依慣性而翻轉。至於場景則是學校上空的魁地奇大賽，遊客彷彿跟著哈利跨上光輪2000飛天掃帚，在高速飛行中躲避火龍、八眼巨蛛阿辣哥、渾拚柳等怪物的攻擊，並遇見許多不可思議的魔法生物。而在排隊過程中，也會穿過鄧不利多的辦公室、黑魔法防禦教室等重要情節場景，並與胖女士、分類帽等角色對話，簡直就像來了趟霍格華茲導覽之旅。

©Universal Studios Hollywood

環球影城的置物櫃
　　到遊樂園玩，包包愈輕便愈好，不要帶太多不必要的東西。如果真的帶了太多東西，要玩一些刺激項目而又沒有人可以幫忙顧包包時，就只能租用設施附近的置物櫃。置物櫃有三種尺寸，租金分別為＄8、＄12、＄15，第一次使用前會先掃描你的指紋，之後再憑著指紋開鎖，並且在當日內皆可無限次數使用。

神偷奶爸之小小兵大混亂
Despicable Me Minion Mayhem

🎡 刺激度★★★
❗ 身高限制：102公分(122公分以下須由成人陪伴)

©Universal Studios Hollywood

　　這個遊樂項目集幽默、刺激與可愛於一身，走進格魯的大房子，立刻就被告知好(壞)消息，你已經被奈安內博士的特殊裝置改造成一位小小兵了！這座劇場式的3D動感模擬雲霄飛車，就是你加入小小兵前的魔鬼特訓，當然，大部分的驚險刺激都是因為小小兵們搞砸所造成的。在格魯的家門外，也別忘了按一按電鈴，猜猜看來應門的會是誰？至於一旁的超級淘氣樂園(Super Silly Fun Land)則是以電影中的碼頭公園為原型，基本上就是個要讓孩子全身溼透的地方。

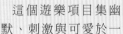

加州主題樂園…**好**萊塢環球影城 Universal Studios Hollywood

片廠行程
Studio Tour

⚙ 刺激度 ★★★

　　在全球5座環球影城中，好萊塢環球影城可說是最特別的一座，不僅是因為它的歷史最為悠久，更在於「好萊塢」這三個字，因為樂園的所在位置就位於環球影業的製片廠裡面！

　　片廠行程全程約1個小時，每日有多個梯次出發，坐上開放式的遊園車後，螢幕上便出現知名主持人Jimmy Fallon的身影，並在他的解說下遊走在4英畝的片廠佈景中。這些為了拍片而搭建的場

景，從紐約的高樓街頭，轉個彎就來到住宅郊區，再跨過路口又變成19世紀的西部小鎮，簡直就像穿梭在任意門之間一樣，而螢幕上也會配合經過的區域，播放在這些場景中拍過的電影片段。

　　想當然爾，出品不少動作片與驚悚片的環球影業，是不會讓片廠之旅如此平淡安詳的，在接下來的行程裡，遊客既要面對《侏儸紀世界》中迅猛龍的虎視眈眈，還要躲開《大白鯊》突然的襲擊，在經過《驚魂記》中的Bates Motel時更得逃開殺人犯經理的追殺，一路上爆破、洪水、地震不斷，彷彿把遊園車開進了電影當中。

　　不過這些都還不是最驚心動魄的，在最新的片廠行程中有兩個地方需要戴上3D立體眼鏡，首先會遭遇的，是由大導演彼得傑克森打造的《金剛3D》(King Kong 360 3-D)，特殊的螢幕效果讓遊客有如被夾在金剛與暴龍的廝殺之間，當牠們激烈打鬥時，就好像真的直接朝遊客揮拳或撲咬，幾乎可說是觸手可及，而遊園車的軌道同時營造出搖晃飛甩的震動，坐在外圍的人說不定還會被暴龍的口水給噴到呢！不過若要說起競速刺激，試問有哪部電影比《玩命關頭》系列更不講理？因此另一項會用到3D眼鏡的部份，正是《玩命關頭-極度增壓》(Fast & Furious - Supercharged)，在360度環型螢幕與3D-HD高畫質技術引領下，遊客也跟著唐老大與路克哈柏展開一場出生入死的飆速之旅，而在這場油門沒有極限的公路追殺中，直升機爆破、機關槍掃射、飛彈襲擊都以逼真的方式在眼前掠過，簡直就是把片廠行程當作AR雲霄飛車來玩！

編輯筆記 ✎

片廠行程也有中文梯次！
　　參觀片廠最怕的就是聽不懂解說，連現在是走到哪部電影裡都一頭霧水，如果擔心英文講解會讓你錯過很多資訊，旺季每日與淡季週末也會有中文梯次，當日時間可利用環球影城的APP查詢。另外，片廠行程末班車的結束時間比樂園關門時間早，因此別拖到最後才要參加。

寵物當家：掙脫束縛
The Secret Life of Pets: Off the Leash

🌀 刺激度★
❗ 身高限制：86公分(122公分以下須由成人陪伴)

　　這是環球影城內的新遊樂項目，為老少咸宜的情境遊覽式軌道車設施，遊客將化身為小動物，坐在紙箱造型的軌道車裡，與麥斯、公爵、小潔、雪球等電影主角，一同流落紐約市混亂的街頭。而在排隊路線上則可到凱蒂家中四處看看，可以撞見許多片中寵物們的祕密生活。

木乃伊的復仇
Revenge of the Mummy-The Ride

🌀 刺激度★★★★
❗ 身高限制：122公分

　　這是以電影《神鬼傳奇》系列為背景的室內實體雲霄飛車，進入古墓之內，坐上軌道列車，在一片漆黑中開始探險。忽上忽下、忽左忽右，甚至還會「倒退嚕」的列車行進方向讓人捉摸不定，在伸手不見五指的黑暗中特別使人驚膽跳，不時還有古埃及的木乃伊從四面八方跳出來驚嚇遊客。想要考驗自己的膽子有多大，不妨來這裡試試。

變形金剛們的見面會

在變形金剛3D外頭，每個小時都有變形金剛的見面會，柯博文和大黃蜂等會輪流出現，與遊客們互動、合照。不過猜猜看，見面會中最受歡迎的是哪一位？答案是密卡登！因為他是整個園區中唯一可以合法說垃圾話嗆爆遊客的角色，而人們也常被他「霸氣」的言論逗得哈哈大笑。

變形金剛3D
Transformers: The Ride-3D

🌀 刺激度★★★★★
❗ 身高限制：102公分(122公分以下須由成人陪伴)

　　這是將雲霄飛車結合4D投影螢幕技術的跨時代傑作，光是想到坐雲霄飛車時還要戴上3D立體眼鏡，就足以讓人興奮不已。其實變形金剛的實體軌道並不算長，也沒有太多翻轉起伏，然而因為軌道車穿行於數個全幕大型放映室間，立體聲光特效配合激烈晃動的座椅，在感官上製造出飛天遁地的超速刺激。於是遊客從壓下安全桿的那一刻起，便身歷其境地捲入狂博兩派的槍林彈雨中，在毀天滅地、驚險萬狀的戰場上，不斷遭受各種攻擊，當然，也總在千鈞一髮之際順利獲救。

加州主題樂園…**好**萊塢環球影城 Universal Studios Hollywood

侏儸紀世界

Jurassic World-The Ride

❄刺激度★★★★★
❗身高限制：107公分(122公分以下須由成人陪伴)

過去的侏儸紀公園一直是環球影城裡的招牌遊樂項目，遊客坐在軌道船上，穿梭在恐龍的世界中，剛開始時風和日麗，周遭都是溫馴的草食恐龍，然而隨著警報響起，肉食恐龍的出沒讓這趟旅程變了調。而最後的高潮，便是列車爬升到25公尺的高處，然後在暴龍的血盆大口下，急速衝向水面。不過話說回來，第一部《侏儸紀公園》上映至今也有30多年了，新的《侏儸紀世界》系列已然重啟，遊樂設施也應該要跟得上電影腳步才是。於是環球影城在2019年將舊的「侏儸紀公園」升級成新的「侏儸紀世界」，有更多的恐龍、更先進的特效與更刺激的畫面，帶給遊客更過癮的恐龍體驗。

超級任天堂世界

SUPER NINTENDO WORLD

好萊塢環球影城最近的轟動話題，毫無疑問，當然就是2023年挾著電影熱潮隆重揭幕的「超級任天堂世界」。這是繼大阪環球影城之後，全世界的第二座超級任天堂世界，和哈利波特魔法世界一樣，也是個沉浸式的遊樂園區。走出彷彿若有光的水管洞口，迎面而來的豁然開朗可不是土地平曠、屋舍儼然，而是五彩繽紛的磚塊世界！來回巡邏的慢慢龜、突然升起的吞食花、左右飄移的雲朵，還有金幣、問號與偌大的庫巴城堡，跑酷始祖瑪利歐的整套關卡都在這裡完美重現了！

瑪利歐賽車：庫巴的挑戰
Mario Kart: Bowser's Challenge

刺激度★★★★★

身高限制：102公分(122公分以下須由成人陪伴)

超級任天堂世界的主要遊樂項目，背景是庫巴為了迎娶公主，向瑪利歐下了戰帖，要在賽車場上一決勝負。玩家於是戴上瑪利歐的帽子，坐上卡丁車造型的軌道賽車，準備試平日裡打電動所訓練出的成果。這個年代，相信完全沒玩過瑪利歐賽車的人就像從前沒玩過紅白機瑪利歐的

孩子一樣稀少，基本上這個遊樂項目的過程就和Switch的瑪利歐賽車差不多，但這可不是光是動動手指、盯著電視螢幕而已，而是化身為遊戲人物親自上陣，其關鍵就在於帽子上的護目鏡，那其實是面AR電子螢幕，可以隨著玩家的操控呈現出身歷其境的場景。於是你必須轉動方向盤來收集金幣及道具、發射龜殼來攻擊對手，同時還要閃避香蕉皮、墨汁等暗算，而各種加速衝刺、飛天遁地等刺激情節，一樣都不缺少，這可是比在家裡打電動要來得過癮一百倍！

六旗魔幻山樂園
Six Flags Magic Mountain

六旗的名稱由來

連鎖主題樂園品牌「六旗」的總部設在德州，因德州在歷史上曾先後飄揚過西班牙、法國、墨西哥、德克薩斯共和國、美利堅合眾國與美利堅聯盟國等6面旗幟，遂以此為名。自其第一座樂園在1961年創立以來，至今在美、加、墨已有18座主題樂園和水上樂園，皆以刺激聞名於世。

魔幻山樂園是六旗旗下主題樂園中最具有代表性的一座，這裡以各式各樣驚險刺激的雲霄飛車作為最大賣點，即使遠在停車場外，仍可聽到此起彼落的尖叫聲，「世界驚叫之都」果然名不虛傳。或許這些雲霄飛車的設計者就是想要測試人類膽量的極限；也或者是把雲霄飛車當成一門藝術，想盡辦法標新立異；又或者只是單純想在金氏世界紀錄榜上留名。在這裡，360度旋轉一點都不稀奇，兩腳懸空也

編輯筆記 ✎

玩樂有撇步

◎ 千萬別到了現場才買門票，在官網上購買指定日期票，有時甚至連半價都不到。不過雖然加州很少下雨，但還是最好先查一下一週天氣預報，再決定前往日期。

◎ 感覺上魔幻山的人潮沒有很多？這是因為大家都在排隊！感覺上設施前的隊伍沒有很長？這是因為隊伍都排在你看不見的地方！如果你是在假日前來，那更是少不了排隊！如果不想把時間都花在排隊上，就買一張閃電俠通行證吧，雖然好像有點貴，但看在樂園門票便宜的份上，加起來還是很划算。

◎ 先用手機下載Six Flags Mobile App，可用來向園內餐廳訂位點餐，並查看遊樂項目的等待時間，以及接收表演活動的即時提醒，在安排動線行程上會更有效率。而園內也有免費WiFi訊號供遊客使用。

◎ 別在正常時間用餐，利用別人吃飯的時候再多玩幾項。別花太多時間在餐廳裡，簡單買些東西吃就行了(樂園禁帶外食)，反正吃得太飽，說不定待會兒又吐了出來~

◎ 別帶太多東西出門，最好連背包都不帶。玩設施時，可能脫落的物品一定要放置物櫃。

沒什麼大不了，站著衝、趴著飛、懸吊著轉才能真正試出你的膽識。各種超乎想像的雲霄飛車，在在顛覆人們對雲霄飛車的既有印象，若說這裡是座露天雲霄飛車博物館，可真一點也不為過。

另外，不像迪士尼與環球影城有自家人物角色，六旗魔幻山則是與華納兄弟的DC漫畫系列合作，於是像超人、蝙蝠俠、神力女超人等，都成了雲霄飛車的場景設定。

INFO

基本資訊

🅿 P.7C7

📍 26101 Magic Mountain Pkwy, Valencia, CA 91355

🕐 每日不同，平日約10:30~18:00，假日約10:30~21:00，夏季每日約10:30~21:00。當日確切時

閃電俠通行證 THE FLASH Pass

THE FLASH Pass是六旗樂園的快速通行票，可在購買門票時加購。園內大部份刺激設施都可使用THE FLASH Pass，選定設施後即可加入虛擬等候隊伍，此時可先去玩其他等待時間較短的項目，或是四處吃喝遊逛，等時間快到了再回到預約的設施入場。

THE FLASH Pass有3種不同等級，等級愈高，等候時間愈短，當然價錢也愈貴，只能說時間就是金錢啊！

FLASH Pass	價錢	說明
Standard	$70~150	等待時間與實際排隊時間相同，但好處是人並不用卡在隊伍裡。
Premium	$95~185	等待時間為實際排隊時間的一半。
Ultimate	$170~275	可立即進入快速通道。

間，請上官網查詢

💲 門口購票$119.99，官網購票$49~75，2歲以下免費

🌐 www.sixflags.com/magicmountain

❗ 樂園內只收信用卡，不收現金(包含停車)

如何前往

◎開車

從洛杉磯開車，走I-5 N，於170出口(往Magic Mtn Pkwy)下交流道，出匝道口左轉，順著路走到底即達停車場。停車費一日$30~35 (前門停車場$70~75，首選停車場$50~55)。

◎大眾運輸

搭乘捷運B線到North Hollywood站，轉乘757號快速公車至McBean Regional Transit Station站，再轉乘聖塔克拉利塔的3、7號公車前往。

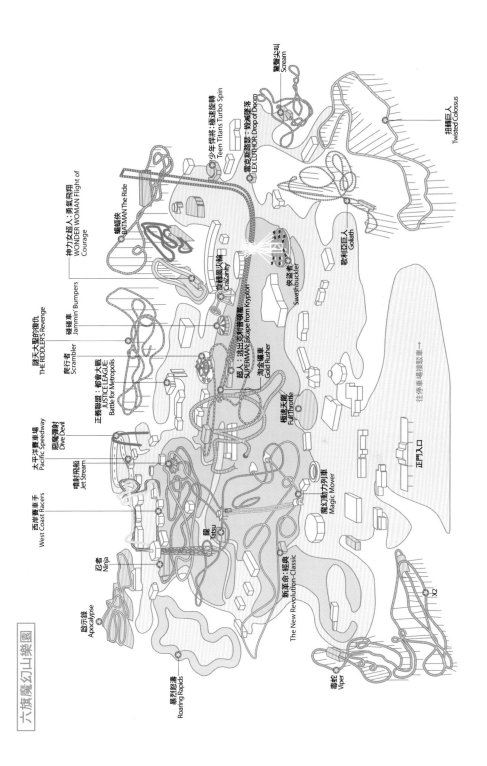

六旗魔幻山樂園

扭轉巨人
Twisted Colossus

驚聲尖叫
Scream

少年悍將：極速旋轉
Teen Titans Turbo Spin

雷克斯路瑟：致死墜落
LEX LUTHOR: Drop of Doom

歌利亞巨人
Goliath

神力女超人：勇氣飛翔
WONDER WOMAN Flight of
Courage

蝙蝠俠
BATMAN The Ride

俠盜者
Swashbuckler

旋轉瘋狂輪
CraZanity

謎天大聖的復仇
THE RIDDLER'S Revenge

碰碰車
Jammin' Bumpers

爬行者
Scrambler

超人：逃出克利普頓彗星
SUPERMAN: Escape from Krypton

淘金礦車
Gold Rusher

正義聯盟：都會大戰
JUSTICE LEAGUE:
Battle for Metropolis

極速天際
Full Throttle

太平洋賽車場
Pacific Speedway

惡魔彈射
Dive Devil

西岸賽車手
West Coast Racers

噴射飛船
Jet Stream

龍
Tatsu

魔幻動力列車
Magic Mover

往停車場接駁車→

正門入口

忍者
Ninja

啟示錄
Apocalypse

暴烈怒濤
Roaring Rapids

新革命·經典
The New Revolution·Classic

毒蛇
Viper

X2

190

X2

❀刺激度★★★★★
❗身高限制：122公分

　　X2的特色是座椅可以360度旋轉，雖然大部份時間都是頭朝前、臉朝下，但是當軌道俯衝翻轉時，你整個人也會跟著天旋地轉，尤其在經過2個鴉迴彎時，剛衝上的半圓軌道突然又急遽掉落，再搭配Metallica的重金屬樂與軌道旁噴出的火焰，真的會讓人飛盪到第五次元中。

蝙蝠俠

BATMAN The Ride

❀刺激度★★★★★
❗身高限制：137公分

　　雖然蝙蝠俠沒有超能力，但是他有高科技，一樣可以飛天遁地。蝙蝠俠的軌道不算頂高，速度也不算頂快，然而懸掛式的軌道加上完全無包覆的座椅，讓離心力的感覺更加明顯，甚至可產生4G力。而360度迴圈翻轉、橫轉、螺絲式俯衝，喜歡的人說是凌空飛翔，害怕的人只覺得被甩來甩去。想要拯救高譚市，沒有那麼容易。

超人：逃出克利普頓星

SUPERMAN: Escape from Krypton

❀刺激度★★★★　　❗身高限制：122公分

　　一坐上車，你便要體驗時速從0到160公里只要7秒的快感，可是等等，車子前方並沒有軌道啊！因為這一開始的狂飆是倒退嚕的！不但如此，你還會垂直90度倒退著飛上126.5公尺的高塔，真是冤家路窄，這正是超人死對頭雷克斯路瑟的同一座塔。接著再以147公里的時速回到原點，比子彈飛得還快，總該順利逃出克利普頓了吧！

新革命：經典

The New Revolution–Classic

❀刺激度★★★★★
❗身高限制：122公分

© Six Flags Magic Mountain

　　「革命」最初是1976年時為慶祝美國建國200週年而建，對許多從小玩魔幻山長大的美國人而言，具有特別的意義，也許也算是種「革命」情感吧。2016年時革命升級改造，除了防護措施讓人感覺更「自由」外，配色也換成了美國國旗中的紅、白、藍。不過坐上飛車可沒有那種閒情逸致讓你緬懷開國精神，因為一連串激烈而疾速的俯衝、翻轉、迴圈，絕對刺激到想不起來喬治華盛頓是誰！

雷克斯路瑟：毀滅墜落

LEX LUTHOR: Drop of Doom

❀刺激度★★★★　　❗身高限制：122公分

　　這項設施無需多說，一目瞭然，就是個自由落體。不過，這可是當今世界上最高且最快的自由落體！當你緩緩上升到126.5公尺的高空中時，可能是你人生中最漫長的90秒，但是當你以136公里的時速往下墜落，絕對快到你連尖叫的時間都沒有！

扭轉巨人
Twisted Colossus

❀刺激度★★★★
❗身高限制：122公分

2015年5月揭幕的扭轉巨人，是在1978年的歷史木造軌道上，加上新的鋼鐵軌道，並設計成雙車雙軌交纏的路線，於是兩輪飛車就像盤旋共舞一般，忽前忽後，時遠時近，甚至面向面並馳，這便是樂園最引以為傲的「High Five」設計。巨大的軌道長達1,524公尺，整個過程需時4分鐘，實在讓人過足了癮。

啟示錄
Apocalypse

❀刺激度★★★★
❗身高限制：122公分

啟示錄相對來說是個比較正常的雲霄飛車，時速只有83公里，也沒有迴圈或螺旋式軌道，有的只是無盡的俯衝與橫轉。不過你卻無法否認，啟示錄有種獨特的味道，因為這可是完全以木頭打造的龐大軌道。穿梭在高大的木架與隧道間，超現實感油然而生，不過也因為是木造結構，顛簸得特別厲害。

龍
Tatsu

❀刺激度★★★★★
❗身高限制：137公分

人人都盼魚躍龍門，但你有沒有想過當一頭龍是什麼感受？這是世界最長、最高、最快的飛翔式雲霄飛車，所謂「飛翔式」，意思是懸掛式座椅，而座椅的角度使你頭朝前、面朝下。長達1,097公尺的軌道中，有迴圈、有扭轉，時速亦達99公里，於是你便化身為龍，上窮碧落下黃泉，享受翱翔天際的快感。

驚聲尖叫
Scream

❀刺激度★★★★★
❗身高限制：137公分

從停車場外就能看見驚聲尖叫的軌道全貌，像條揮舞的彩帶般，中間還有一道超大迴圈。這條軌道長達1,219公尺，第一次俯衝高度達43公尺，最快時速104公里，總共要顛倒翻轉7次。最後再告訴你一個驚人事實，這座雲霄飛車採無包覆的座椅設計，換言之，你將在雙腳懸空的情況下完成上述那些翻轉，也難怪要叫做驚聲尖叫。

謎天大聖的復仇
THE RIDDLER'S Revenge

☆ 刺激度★★★★
❶ 身高限制：137公分

玩過坐著、騎著、趴著的雲霄飛車，但你有玩過站著的嗎？雖然醫生總是要你寧站不坐，但謎天大聖的軌道有47.5公尺高，時速高達104公里，外加4.2的G力，迴圈、翻轉無一不缺，這樣的飛車就連用坐的都覺得膽戰心驚，何況是用人類防禦力最薄弱的姿勢，所以你準備好要接受挑戰了嗎？

毒蛇
Viper

☆ 刺激度★★★★★
❶ 身高限制：137公分

如果你喜歡翻圈軌道式的雲霄飛車，毒蛇絕對會讓你轉個過癮！打從開始俯衝起，立刻就是一個大迴圈，緊接著線圈式連續迴圈、螺旋式迴圈、垂直式迴圈，一個接著一個，絲毫不讓人有喘息的機會。其中最高一處迴圈有14層樓高，時速則達112公里，令人驚嘆這條大蛇，果然夠毒！

歌利亞巨人
Goliath

☆ 刺激度★★★★★
❶ 身高限制：122公分

這是魔幻山最變態的雲霄飛車之一，最高離地71.6公尺，時速高達136公里，其著名的第一次俯衝直下77.7公尺，數字沒有寫錯，因為第一衝將會鑽進地面下的隧道中。緊接著高達56.4公尺的第二次俯衝後，是一連串的側向迴旋，過程中所產生的G力高達4.5，實在是太超過了。果然大衛王不是人人都可以當的。

極速天龍
Full Throttle

☆ 刺激度★★★★★
❶ 身高限制：137公分

極速天龍的軌道上只有一個迴圈，但卻是世界最高、最大且最快的迴圈，最高處離地48.8公尺，時速高達112公里。如此壯觀的迴圈，只旋轉一次實在不夠，因此極速天龍讓你旋轉兩次，而且第二次走的是外圈。在此之前還會經歷一次急速倒退，過程中會聽到Ozzy Osbourne的名曲《Crazy Train》，他唱的一點也沒錯！

神力女超人：勇氣飛翔
WONDER WOMAN Flight of Courage

☆ 刺激度★★★★★　❶ 身高限制：122公分

這是魔幻山的第20座雲霄飛車，也是全世界最高且最長的單軌雲霄飛車，其軌道全長1006公尺，最高約13層樓高，最快時速則有92.8公里。由於是單軌，整體行進更為流暢，已接近飛行的感覺，而第一次俯衝就是87度急墜，過程中還會

© Six Flags Magic Mountain

經歷3次戲劇性的翻轉，包括180度扭轉、鴉式翻轉俯衝與零重力翻滾。坐完全程，你會覺得自己就像神力女超人一樣，無敵了！

洛杉磯

聖地牙哥海洋世界

聖地牙哥海洋世界
SeaWorld San Diego

雖然海洋世界一直以來都有不少機械式的遊樂設施，但大多不以挑戰刺激的極限為取向，在寬闊的海洋劇場觀賞動物表演以及到水族箱前欣賞魚群泳姿，仍是遊人來到海洋世界的主要娛樂。不過隨著時代推移，在各種技術升級與聲光特效圍繞下，人們對於刺激感官的飽和需求早已非上個世代所可同日而語。為了與時俱進，海洋世界也開始往「thrill」的象限靠攏。

於是在這裡，你可以像巨魟一樣在洶湧的波濤中翻騰飛舞，像電鰻一樣在曲折的礁岩間盤旋穿梭；像企鵝一樣躍下高崖，在遼闊的大海裡優雅泅泳，就像解鎖變身魔法，可以輕鬆轉換這三種姿態，只是過程可能遠比你所想像的更加刺激。才扣好安全桿，不等列車爬上坡頂，迅即全力加速衝刺，乘客們感受著強大的離心力，一路翻騰扭轉、左右折衝，360度的環狀迴旋、90度垂直的高空俯衝，thrill級雲霄飛車該具備的刺激元素，這裡一樣也少不了，如果不特別說明的話，還以為又是六旗魔幻山樂園的新傑作。曾幾何時，那個以虎鯨和海豚表演打響名號的水族樂園，如今也變得這麼飆人腎上腺素了！

編輯筆記

遊園小撇步

◎ 最好在官網上先購票，除了比在現場買票便宜許多外，有時還會遇到意想不到的限時優惠。

◎ 建議下載SeaWorld App，在官網和樂園中的地圖看板上都可以找到載點。使用App可以觀看動態地圖，並查詢各項設施的排隊時間，同時也能提醒即將開始的動物劇場表演。而園區內也有免費的WiFi可以連線(SeaWorldGuest)。

◎ 海洋世界平日人潮不像迪士尼或環球影城那樣擁擠，但假日或有活動時遊人也是不少，尤其幾乎每小時都有動物表演，若不想因卡在隊伍裡而錯過演出，可考慮加購Quick Queue Unlimited快速通關，除少數項目外，可在當日內無限次使用，每人＄19.99~＄49.99 (因日期而異)。

◎ 觀看動物表演時，如果想坐在保留席，在購買Quick Queue Unlimited時也有加購Reserved Seating Plus的選項，每人＄39.99~＄69.99 (因日期而異)。

◎ 具刺激性質的遊樂設施都不能攜帶包包，如果沒有人可以幫忙看顧，就要用到置物櫃了。入口附近的服務台有可租用全日的置物櫃，一次＄15 (大型置物櫃＄20)；而在曼塔飛車、電鰻飛車、亞特蘭提斯冒險與船難急流附近有按小時計費的置物櫃，頭1個小時＄2，超過時間後每小時＄3。可使用現金或信用卡支付。

INFO

基本資訊

🅐 P.137A1

📍 500 Sea World Dr, San Diego, CA 92109

📞 (619) 222-4732

🕐 每日10:00開園，夏季平日約21:00，週末約22:00關園；冬季平日約17:00，週末約19:00關園。當日確切時間，請上官網查詢

💲 現場購票＄129.99，官網購票＄59.99~＄84.99

🌐 seaworld.com/san-diego

如何前往

◎開車

從聖地牙哥市區，走I-5 N往北，於21出口(Sea World Dr.)下交流道，左轉Sea World Dr.，約1.5英哩後注意指標，走右側車道進入樂園停車場。

從洛杉磯方向，走I-5 S往南，於21出口下交流道，右轉Sea World Dr.，約1.4英哩後注意指標，走右側車道進入樂園停車場。

一日停車費為＄32，但在特定節日則是＄37，可預先在官網購買停車券。

◎大眾運輸

從聖地牙哥搭乘綠線或藍線輕軌至Old Town站，轉乘9號公車至SeaWorld站即達。

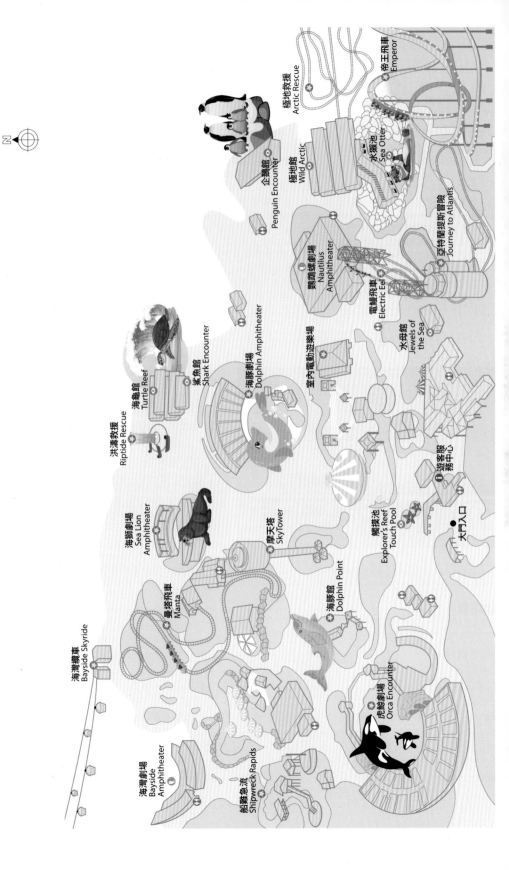

聖地牙哥海洋世界

N

海溝纜車
Bayside Skyride

海溝劇場
Bayside
Amphitheater

船難急流
Shipwreck Rapids

曼塔飛車
Manta

海獅劇場
Sea Lion
Amphitheater

洪濤救援
Riptide Rescue

海龜館
Turtle Reef

鯊魚館
Shark Encounter

企鵝館
Penguin Encounter

極地館
Wild Arctic

極地救援
Arctic Rescue

帝王飛車
Emperor

水獺池
Sea Otter

鸚鵡螺劇場
Nautilus
Amphitheater

海豚劇場
Dolphin Amphitheater

電鰻飛車
Electric Eel

亞特蘭提斯冒險
Journey to Atlantis

室內電動遊樂場

水母館
Jewels of
the Sea

摩天塔
SkyTower

海豚館
Dolphin Point

觸摸池
Explorer's Reef
Touch Pool

遊客服
務中心

大門入口

虎鯨劇場
Orca Encounter

曼塔飛車

Manta

❗ 身高限制：122公分

不同於一般雲霄飛車總是先緩緩爬上坡頂再疾速俯衝，曼塔飛車一出發就是時速70公里的全力衝刺，在全長853公尺的軌道上一路翻騰扭轉，尤其是左右突然間變換行進方向，更是讓人在措手不及中大呼過癮。難能可貴的是海洋世界不忘初衷，曼塔飛車再瘋狂刺激，仍然緊扣海洋主題。Manta即是鬼蝠魟的意思，列車在出發之前會先停在一座由270度投影螢幕仿照的海底隧道內，螢幕上珊瑚礁岩遍佈，大小魚群悠然其間，偶有幾隻鬼蝠魟優雅游過，那便是牠們棲息的環境。而整條飛車的軌道，也都是依據鬼蝠魟的行進方式來設計的，於是遊客彷彿乘坐在巨魟背上，隨著強勁的海流忽上忽下。另一方面，原本就已存在的水族展區「禁忌暗礁」也被納入曼塔的一環，在前往排隊的途中便會經過，在那裡可以看到鬼蝠魟的真實生態。

電鰻飛車

Electric Eel

❗ 身高限制：137公分

曼塔飛車的成功，證明了海洋世界朝thrill靠攏的方針無誤，於是2018年趁勝追擊，打造了一座更高、更快的雲霄飛車：電鰻。望名可知，電鰻飛車模仿的是電鰻的姿態，其軌道最大的特色便在於一道碩大的圓形迴圈，以及永無止盡的螺旋扭轉。和曼塔飛車一樣，電鰻飛車也是起步即加速，其最快時速高達100公里，過程中還會隨著軌道曲度前後來回擺盪，而在離地46公尺高的軌道上用的竟是心線翻滾(heartline roll)的設計，也就是以乘客的胸口位置為軸心，作360度的側向翻轉！簡直吊足了人們的心膽。

帝王飛車
Emperor

⚠ 身高限制：132公分

　　或許是玩出心得了，帝王飛車於2022年接續上陣，這次模擬的是皇帝企鵝在大海中矯健敏捷的泳姿。毫不囉嗦，列車一開頭便爬上46公尺高的坡頂，然後從將近14層樓的高度垂直急墜，俯衝之前還先在頂端停頓個幾秒，彷彿就是要人享受這驚心動魄的瞬間時刻！列車絲毫不給人喘息機會，俯衝之後立刻就是道誇張的英麥曼迴圈(Immelmann loop)，接著再做個鎚頭式旋轉(hammerhead turn)與桶式翻滾(barrel roll)，最後以連續的平旋(flat spin)作結，短短70秒內就示範了5種雲霄飛車軌道結構。帝王飛車的速度最快也可達到時速100公里，同時車體設計成雙腳踏不著底板的懸空狀態，若論能讓遊客驚聲尖叫的程度，絕對是海洋世界裡的登峰造極之作。

虎鯨劇場
Orca Encounter

　　「同一片海洋」過去是聖地牙哥海洋世界的招牌表演，這裡的虎鯨也是廣受遊客喜愛的重量級巨星，牠們在訓練師的指揮下，靈巧地表演出跳躍、旋轉、甩尾、後空翻與躍上平台等動作。隨著動保意識抬頭，今日的虎鯨劇場取消了高難度的特技表演，取而代之的是呈現虎鯨日常的真實面貌，不過牠們仍會不時跳出水面，展現碩大卻又優雅的身姿，或是可愛地揮動尾鰭向觀眾打招呼，而調皮的虎鯨們還會冷不防搨下巨鰭，奮力濺起鋪天大浪，把前排觀眾弄得一身溼，讓所有人都樂不可支。

　　如果對虎鯨有興趣的話，也可以購買與虎鯨共餐(Dine With Orcas)的行程，不但可以在虎鯨們的身邊享用美味的自助餐點，還能就近觀察虎鯨姿影，學習更多關於牠們的知識。

海豚劇場
Dolphin Amphitheater

於2015年取代原本「藍色地平線」的海豚劇場，雖然取消了許多強度較高的訓練，不過這一點也沒有減損表演的精彩程度，可愛的海豚們依舊用拿手的跳躍來展現牠們活力十足的本事，光是看著牠們跳出水面，就足以湧出源源不絕的療癒力量。飼育員們也會向觀眾介紹瓶鼻海豚的生態習性，而人們也能發現這些擁有超高智商的海洋動物們淘氣活潑的一面，因為讓前排觀眾淋得渾身清涼，可不是虎鯨的專利。

海獅劇場
Sea Lion Amphitheater

海獅劇場表演的節目以輕鬆搞笑為主要特色，主持人將流行歌曲與戲劇綜藝的哏鋪陳在節目中，與加州海獅、亞洲小爪水獺們進行各種互動與演出，同時也會詳細解說牠們的生活習性與特殊技能，並讓觀眾了解如何保護牠們的生存環境。

企鵝館
Penguin Encounter

遍地白雪的企鵝館模擬了企鵝原本的生活環境，好讓將近400隻企鵝在這裡生活得更舒適。居住在這裡的嬌客包括阿德利企鵝、國王企鵝、巴布亞企鵝、馬可羅尼企鵝、皇帝企鵝與海鸚，而在室外區域則有麥哲倫企鵝與洪堡企鵝，身為企鵝控，絕對會被這群可愛又美麗的生物所融化。

海龜館
Turtle Reef

聖地牙哥海洋世界的海龜館保護了大約60種瀕臨危險的海龜,包括赤蠵龜、綠蠵龜與玳瑁等,而在館中容納30萬加侖海水的巨大展示區內,還有各種顏色繽紛豔麗的熱帶魚。館方特別為遊客設置了互動遊戲與觸碰式螢幕,大人可以藉此帶著孩子追蹤海龜在大自然中的蹤跡,讓他們認識海龜的生命週期、築巢與覓食方式,以及牠們所面臨的生存威脅,十分富有教育意義。

鯊魚館
Shark Encounter

鯊魚館中的重頭戲,就是那長達17.4公尺的海底鯊魚隧道,透過安全的透明壓克力玻璃,遊客可以清楚地觀察到加州海域的十多種鯊魚。

極地館與極地救援
Wild Arctic & Arctic Rescue

❗ 極地救援身高限制:122公分

極地館模擬北極與亞北極地帶的氣候環境,這裡最受歡迎的明星動物是總是笑臉迎人的可愛白鯨,對白鯨著迷的遊客甚至還能報名特殊行程,在訓練師的陪同下,穿上潛水衣下水與白鯨互動,只是價錢並不便宜就是了。而身軀龐大的海象,人氣也不甘示弱,牠們喜歡隔著玻璃與遊客對望,模樣十分逗趣。極地館裡也布置了極地探測隊的工作環境,並打造出一處貨真價實的冰窟讓人們進去探險。

至於2023年登場的極地救援,則是仿照雪地摩托車的造型,載著乘客呼嘯飛馳,一路上急彎起伏不斷,並且經歷3次加速。其總長850公尺的軌道、時速64公里的速度,是美國西岸最長且最快的騎跨式雲霄飛車!

摩天塔
SkyTower

💲 每人$6　❗身高限制：122公分以下必須有成人陪同

　　無論在海洋世界的哪個角落，都能看見高聳入雲的摩天塔，這座景觀塔高達98公尺，其圓形觀景艙可在6分鐘內緩緩上升至塔頂，一面上升的同時，還會緩慢地360度旋轉。隨著高度逐漸增加，整座海洋世界的園區景色次第展開，就連遠處的使命灣(Mission Bay)與太平洋海景也歷歷在目。只可惜為了艙內舒適度，玻璃上貼有隔熱紙，對觀景多少有點影響。

海灣纜車
Bayside Skyride

💲 每人$6　❗身高限制：142公分以下必須有成人陪同

　　如果嫌摩天塔的視野不夠開闊，半露天的海灣纜車可能是更好的選擇，可以飛越港灣上空，飽覽使命灣一望無際的景致。這條纜車長約480公尺，來回約需25分鐘，適合好整以暇的遊人抱著平靜的心情享受這片美景。

船難急流
Shipwreck Rapids

❗身高限制：107公分

　　船難急流的乘載主體是一艘圓形橡皮艇，隨著湍急的人工河水一路向前奔流。水道中經常出現高低落差，小艇在水中還會不時自行旋轉，增加驚險與樂趣。

亞特蘭提斯冒險
Journey to Atlantis

❗身高限制：107公分

　　這是遊樂園中常見的俯衝式濺落設施，遊客搭乘小船沿著水道繞行，最後的高潮就是從18公尺高的水道頂端向下直衝，激起漫天大浪，其威力不小於虎鯨的襲擊，在總是豔陽高照的南加州是很受歡迎的遊樂項目。

納氏草莓樂園
納氏草莓樂園●
安納罕

Knott's Berry Farm

過去人們只知道加州有迪士尼與環球影城，但近年來已有愈來愈多台灣遊客，注意到距離迪士尼其實並不遠的納氏草莓樂園，這多半是受到史努比的可愛號召，因此也有不少人乾脆把這裡暱稱為史努比樂園。納氏草莓園的歷史比迪士尼還要來得悠久，可追溯到1920年！不過當時真的只是座草莓園，後來華特納特(Walter Knott)開始兼營起炸雞餐廳生意，並造了一座觀光鬼鎮來招攬顧客，60年代時可能受到鄰近迪士尼樂園的啟發，他的鬼鎮一步步朝著遊樂園的方向邁進，80年代更與《花生漫畫》結盟，終於成功躋身加州五大樂園的行列。雖然今日人們多半衝著史努比而來，但史努比其實並非納氏草莓樂園的全部，這裡還有許多驚險刺激的遊樂設施，等著大家一一前去挑戰！

INFO

基本資訊
🏠 P.161A1
📍 8039 Beach Blvd, Buena Park CA 90620
📞 (714) 220-5200
🕐 每日不同，平日約10:00~18:00 (假日約至22:00)，夏季約10:00~22:00 (週六約至23:00)。當日確切時間，請上官網查詢
💲 現場購票＄99.99。官網購票：成人＄59.99~＄81.99，3~11歲＄54.99~＄76.99 (因日期而異)
🌐 www.knotts.com

如何前往
◎開車

編輯筆記

需要買Fast Lane嗎？

◎ 和其他樂園一樣，這裡也有免排隊的Fast Lane快速通道票，不過一張要價＄74~＄129，比門票本身還要貴。其實這裡在平日時的隊伍和迪士尼相比起來簡直小巫見大巫，去得早的話，很多項目都能馬上玩到，個人覺得沒有必要。

◎ 下載免費的Knott's Berry Farm APP，可即時查詢遊樂設施等待時間、表演節目時刻、線上購買門票，以及記錄你停車的位置，免得出園後找不到車。

從洛杉磯方向，走I-5 S，於116出口下交流道，右轉Beach Blvd，約1.4英哩後，靠右側車道進入Grand Ave，依指標進入停車場。停車費一日＄30。

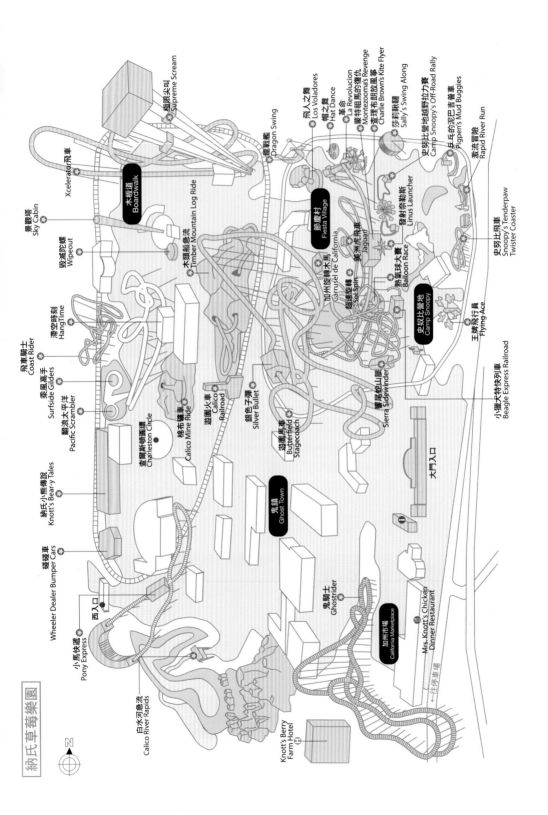

加州主題樂園……

納 氏草莓樂園 Knott's Berry Farm

納氏草莓樂園

N

海豚尖叫 Supreme Scream
龍戰艦 Dragon Swing
飛人之舞 Los Voladores
帽之舞 Hat Dance
革命 La Revolucion
蒙特祖馬的復仇 Montezooma's Revenge
查理布朗放風箏 Charlie Brown's Kite Flyer
莎莉鞦韆 Sally's Swing Along
史努比營地越野拉力賽 Camp Snoopy's Off-Road Rally
乓毛的泥巴吉普車 Pigpen's Mud Buggies
激流冒險 Rapid River Run

Xcelerator飛車
木板道 Boardwalk
景觀塔 Sky Cabin
毀滅蛺蝶 Wipeout
木頭船急流 Timber Mountain Log Ride
節慶村 Fiesta Village
加州旋轉木馬 Carrusel de California
美洲虎飛車 Jaguar!
發射奈動斯 Linus Launcher
超速旋轉 Sol-Spin
熱氣球大賽 Balloon Race
史努比推車 Snoopy's Tenderpaw Twister Coaster
飛車騎士 Coast Rider
凌空時刻 HangTime
乘風高手 Surfside Gliders
翻浪太平洋 Pacific Scrambler
查爾斯頓圓環 Charleston Circle
棉布礦車 Calico Mine Ride
遊園火車 Calico Railroad
銀色子彈 Silver Bullet
遊園馬車 Butterfield Stagecoach
響尾蛇山脈 Sierra Sidewinder
王牌飛行員 Flying Ace
小獵犬特快列車 Beagle Express Railroad
史奴比營地 Camp Snoopy
納氏小熊傳說 Knott's Bear-y Tales
碰碰車 Wheeler Dealer Bumper Cars
西入口
鬼鎮 Ghost Town
鬼騎士 Ghostrider
大門入口
加州市場 California Marketplace
Mrs. Knott's Chicken Dinner Restaurant
往停車場
小馬快遞 Pony Express
白水河急流 Calico River Rapids
Knott's Berry Farm Hotel

203

史奴比營地
Camp Snoopy

　　這是遊樂園最知名的部分，無所不在的史努比與他的朋友們，讓人彷彿走進《花生漫畫》的世界中，甚至還有間史努比專賣店，各式各樣的可愛商品，讓每個史迷們都買得心滿意足。這裡的遊樂設施大多針對年齡較小的幼兒，也有些開放讓大人親子同樂。每項設施都呼應漫畫中的主題，譬如「王牌飛行員」(Flying Ace)是引用史努比在幻想中與紅爵士的纏鬥，「查理布朗放風箏」(Charlie Brown's Kite Flyer)則來自吃風箏的樹的經典橋段。小朋友們也可坐上乒乓髒兮兮的吉普車，或是趴在奈勒斯的毛毯上被史努比拉著飛行。比較刺激一點的，則有「響尾蛇山脈」雲霄飛車(Sierra Sidewinder)。

節慶村
Fiesta Village

　　節慶村是樂園中最小的區域，以墨西哥色彩為其特色，像是墨西哥帽造型的旋轉咖啡杯與西班牙戰艦造型的海盜船。較刺激的則有雲霄飛車「蒙特祖馬的復仇」(Montezooma's Revenge)，與大幅旋轉兼擺盪的空中座椅「革命」(La Revolucion)等。

木板道
Boardwalk

　　若是要找刺激，那就一定要到木板道去。第一個要玩的就是樂園最顯眼的地標「極限尖叫」（Supreme Scream），這座自由落體高達76.8公尺，下墜時速80公里，足以讓乘客感受3秒無重力狀態。第二個要玩的是「Xcelerator」雲霄飛車，以90度垂直爬升與俯衝聞名於世，而且不像一般雲霄飛車是慢慢爬升，Xcelerator一啟動便開始衝刺，只花了2.3秒便加速到時速132公里，爬升途中就已出現扭轉軌道，而62公尺高的垂直俯衝更是令人記憶深刻。至於「滯空時刻」（HangTime）則是以衝浪為其主題，先是垂直爬升46公尺高，然後在浪頭上以俯角60度停滯數秒鐘後，瞬間以時速92公里俯衝下傾斜96度的軌道。而其667公尺長的軌道會歷經5次翻轉，包括英麥曼迴旋、切回轉向、螺旋軌道、眼鏡蛇迴旋等，絲毫不給乘客任何喘息機會！

鬼鎮
Ghost Town

　　這是樂園最原始的部分，華特納特打造了一座西部拓荒時代的小鎮，有造景、商店、餐廳、表演等，帶領遊客回到19世紀的大西部。重要的遊樂設施首推「鬼騎士」（Ghostrider），這座巨大無比的木造雲霄飛車，軌道總長1381.7公尺，為慶祝鬼鎮建立75週年，於2016年時整修後重新開放。其他像是兩腳懸空翻轉的「銀色子彈」（Silver Bullet）、騎跨式雲霄飛車「小馬快遞」（Pony Express）、要把遊客弄得溼答答的「白水河急流」（Calico River Rapids）等，也都刺激滿點。至於遊園火車「Calico Railroad」與遊園馬車「Butterfield Stagecoach」，也是從鬼鎮出發。

國家公園群

National Parks

文●蔣育荏　攝影●墨刻攝影組

優勝美地國家公園
死谷國家公園
巨杉與
國王峽谷國家公園

加州東部的山區是造物者用來收藏美景的地方，數千萬年前，祂以花崗岩高地為畫布，以冰河為畫筆，揮毫出一幅幅曠世鉅作，後來祂又塗抹上巨杉種子為裝飾，然後端坐天庭，顧盼自得。只是造物者的構圖比例，實在不是一般凡夫俗子所可等量齊觀。從凡人的角度看，打從走進這處深山密林起，視力所及的一切都巨大得拍案驚奇，每一棵巨杉都高可參天，每一座峽谷都深不見底，連山岩壁像堵橫絕天地的巨牆，瀑布之水彷彿從天上落下。

所謂奇景，並不只是大而已。平凡的美景是符合人類的美感想像，僅夠讓人賞心悅目之後，轉頭便忘，因為它和其他美景並無差別。但這裡的奇景卻是在創造人類的美感經驗，它們具有一種獨特性，使你很容易就能在千山萬水中辨認出它們，並在經歷過的多年之後，仍對它們印象深刻、念念不忘，還會把它們拿來當作審美指標。

加州最負盛名的國家公園，就是大家耳熟能詳的優勝美地，這裡集冰河地形、瀑布峽谷、花崗巨岩與巨杉神木於一身，野生動物及林相都很豐富，是許多遊客來到加州都會專程造訪的地方。但也別忘了在優勝美地南邊不遠處，還有另外兩座相連的國家公園——巨杉與國王峽谷，景色同樣美不勝收。世界最大的神木謝爾曼將軍樹位於這裡，加州第一高峰惠特尼峰(Mt. Whitney)也位於這裡，公園裡甚至還有一些鐘乳石洞，開放讓遊客進去探險。而在加州與內華達州交界處的死谷，則呈現另一種截然不同的景象，遼闊的大地以各種不可思議的姿態展示著諸般蒼涼，荒蕪到了極致竟也幻化出無限美感，使人分不清到底該稱之為地獄還是天堂。

國家公園之最
Top Highlights of National Parks

優勝美地瀑布
Yosemite Falls
　　落差高達739公尺的優勝美地瀑布，分為上、中、下三段，是加州最高的瀑布，除了滂沱水勢，這裡也是少數能看見月虹的瀑布之一。（P.211）

半圓頂峰
Half Dome
　　被冰河切去一半的圓頂石峰，是優勝美地最具有辨識度的地標，不論從何種角度觀看，皆充滿壯麗之美。（P.214）

謝爾曼將軍樹
General Sherman Tree
　　這棵巨杉高達83公尺，直徑也有11公尺，是目前世上已知總體積最龐大的神木，站在它的腳下，人類也顯得如蟻螻般渺小。（P.221）

但丁瞭望點
Dante's View
　　從標高1,669公尺的山頭上眺望整片死谷，壯麗而荒涼的景色延伸到世界盡頭，彷彿踏上了銀河系中的另一座星球。（P.227）

魔鬼的高爾夫球場
Devil's Golf Course
　　遠古時代的鹽湖蒸發後，形成一望無際的崎嶇，再覆上一層白色的岩鹽結晶，彷彿是月球表面，彷彿是另一個奇異的幻境。（P.228）

優勝美地國家公園

優勝美地國家公園
Yosemite National Park

「優勝美地」這個中文實在翻得很好,把這座國家公園的神髓都表達出來了,要在地球上找出比優勝美地還要美的地方,的確不是件容易的事。不過,Yosemite這個字在當地原住民語中,卻是「殺人者」的意思,這是19世紀中葉周邊部族對統治谷地的Ahwahnechee族的畏稱,而美國騎兵隊誤以為這個字指的是「灰熊」,便拿它來替谷地命名。

其實,優勝美地河谷的原住民名字,還真的跟熊有點關係,Ahwahnechee族人稱這個地方為Awooni,意思是「大嘴」,這是因為從族人的村落看過去,河谷的形狀就像熊張大的嘴巴。這座全世界最有名的U型谷,是冰河地形

的絕佳教材,谷地內最引人入勝的風景,像是半圓頂峰、酋長岩,以及一道道高掛在岩壁上的瀑布,都是當年冰河退去時切割出的產物。

美國人早在1851年便發現了這個地方,並於1890年把這裡設為國家公園,不過優勝美地最動人的畫面,卻是在20世紀中葉透過著名攝影師安塞爾亞當斯(Ansel Adams)的鏡頭,才廣為世人所知。你一定見過優勝美地的風景,它們經常出現在廣告看板、明信片和網路流傳的相片中,無論這些畫面的構圖有多完美,拍攝技巧有多高明,都比不上親眼所見的震撼。唯有在少了框架的限制下,才能感受到那種令人屏息的美。

優勝美地公路

Miguel Meadow（僅夏季）
Hetch Hetchy Reservoir
Rancheria Falls
Rancheria Mountain
Hetch Hetchy Backpackers Camp（需野外許可）
Grand Canyon of the Tuolumne River
Pacific Crest Trail
Cold Canyon
Lee Vining
Tuolumne River
Waterwheel Falls
Glen Aulin
公園Tioga Pass入口（11~5月封路）
公園Hetch Hetchy入口（僅夏季）
Mather
Hetch Hetchy Rd.
Harden Lake
White Wolf
Tioga Rd.（1-5月封路）
Mono Pass
Parker Pass
Evergreen Rd.
May Lake
May Lake
Tenaya Lake
Tuolumne Meadows遊客中心
公園Big Oak Flat入口
South Fork Tuolumne River
Porcupine Flat
Olmsted Point
Sunrise
Cathedral Range
Potter Point
Kuna Crest
Hodgdon Meadow
Yosemite Creek
Tenaya Canyon
John Muir Trail
Vogelsang
Jevelyn Lake
Ireland Lake
Donohue Pass
Waugh Lake
Tamarack Flat
谷地遊客中心
酋長岩El Capitan
半圓頂峰 Half Dome
Bunnell Point
Big Oak Flat Rd.
Crane Flat
冰河觀景點 Glacier Point
Little Yosemite Valley
Merced River
Merced Lake
Merced Lake（僅夏季）
Washburn Lake
Big Oak Flat Rd.
Inspiration Point
Old Inspiration Point
優勝美地谷地 Yosemite Valley
Mt. Starr King
公園Arch Rock入口
Dewey Point
El Portal
Glacier Point Rd.（11-5月封路）
Merced River
Badger Pass Ski Area（僅冬季開放）
Bridalveil Creek
Horizon Ridge
Clark Range
Isberg Pass
Post Peak Pass
Ostrander Ski Hut
Horse Ridge
Merced Pass
Buena Vista Crest
Wawona Rd.
Turner Ridge
Chilnualna Fall
Fernandez Pass
Wawona遊客中心（僅夏季）
Wawona
Buck Camp（僅夏季）
拓荒者歷史中心 Pioneer Yosemite History Center
Wawona Hotel
Chiquito Pass
公園南入口
馬利波薩神木群 Mariposa Grove
Fish Camp
N

INFO

如何前往

◎開車

　　從洛杉磯出發，走I-5 N，於221號出口靠左側車道接上CA-99。到了Fresno時，於131號出口接上CA-41。過了Oakhurst後，再開約15英哩，即達公園南入口。路程約280英哩。

　　從舊金山出發，走I-80 E，過海灣大橋後靠右側車道接上I-580 E，約46英哩後切左側車道走I-205 E。公路匯入I-5 N後，於461號出口接上CA-120 E。接著靠右側車道走CA-99 S，到了Merced後，於186B出口下交流道，出匝道後左轉，沿著CA-140 E一直走，可達公園Arch Rock入口。路程約200英哩。

園區交通

　　優勝美地谷地內，共有2條免費循環巴士路線，於每日07:00~22:00間行駛：

優勝美地河谷

圖例
◎景點　𝐇飯店　𝐦博物館
🍴餐廳　▲營地　𝐏停車場
✚醫院　✝教堂　𝐢遊客中心
- - - - - - 登山步道

Yosemite Point
上優勝美地瀑布 Upper Yosemite Fall
優勝美地博物館 Yosemite Museum
下優勝美地瀑布 Lower Yosemite Fall
Columbia Rock
谷地遊客中心
Royal Arch Cascade
鏡湖 Mirror Lake
Lower Yosemite Fall Trail
Housekeeping Camp
The Ahwahnee
Yosemite Valley Lodge 𝐇
Chapel ✝
North Pines
Lower Pines
半圓頂峰 Half Dome
酋長岩 El Capitan
Curry Village
Upper Pines
Ribbon Fall
馬尾瀑布 Horse Tail Fall
Moran Point
階梯瀑布 Staircase Falls
Little Yosemite Valley（僅夏季）
Merced River
Northside Dr. ←單行
Southside Dr. ←單行
冰河觀景點 Glacier Point
自然中心 Nature Center at Happy Isles
維儂瀑布 Vernal Fall
Clark Point
內華達瀑布 Nevada Fall
John Muir Trail
河谷觀景點 Valley View
El Portal Rd.
新娘面紗瀑布 Bridalveil Fall
Sentinel Falls
Sentinel Dome ▲
隧道觀景點 Tunnel View
Wawona Rd.
教堂岩 Cathedral Rocks
Taft Point
Washburn Point
Glacier Point Rd.（11~5月封路）
Illilouette Ridge
Illilouette Fall

17:30出發，行程約2小時　💲成人$40，2~12歲$28

國家公園門票
◎一般門票
　　入園費以車計算，每輛車$35，門票效期為7天。請將門票放在擋風玻璃上，以備遇到票亭時查驗。若是搭乘巴士進入，則是每人$20，15歲以下免費。門票只能在入口收費亭現場購買，並且不接受現金。
◎國家公園年票 America the Beautiful
　　如果一年之內有計畫造訪4個以上國家公園，建議買張$80的國家公園年票，卡片自啟用起，效期至翌年同月份，適用於全美國的國家公園與國家紀念地。

旅遊諮詢
📞(209) 372-0200 #3-5　🌐www.nps.gov/yose
◎谷地遊客中心 Yosemite Valley Welcome Center
🔺P.210C1　🚌搭乘優勝美地谷巴士或東谷地巴士，在2下車。　🕐每日09:00~17:00
◎瓦沃納遊客中心 Wawona Visitor Center
🔺P.209B3　🕐夏季08:30~17:00
◎大橡樹資訊站 Big Oak Information Station
🔺P.209A2　🕐夏季08:00~17:00

住宿資訊
　　公園內有許多旅館及營地選擇，不過因為供不應求，常要提早數個月預定。如果訂不到房，也可住在公園南入口外的Oakhurst小鎮，只是開車到谷地需要1個小時。
📞(602) 278-8888
🌐www.yosemitepark.com/lodging.aspx

關於入園預約
　　優勝美地是世界級的旅遊勝地，為了控管車流量，若要在夏季開車入園，或是春、秋兩季的週末及假日入園，同時入園時間在05:00~15:00之間，都需要上官網預約登記，手續費為$2，效期為連續3天。需要入園預約的日期，請見官網公告。若是不想預約，可在05:00之前或15:00之後入園。入園預約與門票是分開的，即使車上已貼有門票，依然需要有效的登記才能在時段之內入園。
🌐www.nps.gov/yose/planyourvisit/reservations.htm

◎Valleywide Shuttle
　　約12~22分鐘一班，路線行經谷地內所有步道口、住宿及用餐地點。
◎East Valley Shuttle
　　約8~12分鐘一班，僅在優勝美地村以東的谷地內循環行駛。

觀光行程
◎Yosemite Valley Floor Tour
　　這個行程全年運行，夏季乘坐的是露天式的遊園列車，其他季節則乘坐暖氣巴士。路線行經優勝美地谷地內各大景點。
🎫從Yosemite Valley Lodge出發　🕐夏季10:00、11:00、13:00、14:00，其他季節10:00、14:00、

國家公園群⋯⋯優 勝美地國家公園 Yosemite National Park

MAP P.210B1

優勝美地瀑布

MOOK Choice

Yosemite Falls

加州第一高瀑布

🚌搭乘優勝美地谷地巴士，在6下車，即達瀑布下方步道口

百萬年前冰河退去時，將這裡刨出一道開闊的U型谷地，主冰河左右的支冰河也在谷地兩側上方留下許多較淺的懸谷，於是每年山上融雪之後，雪水便沿著懸谷流下，流到懸谷邊緣時，就成為一道道高掛在崖壁上的瀑布。

在這些瀑布當中，最有名的是優勝美地瀑布，這座瀑布分為上、中、下三段，總落差高達739.14公尺，是加州第一高瀑，世界排名第22。春季融雪時節，是優勝美地瀑布氣勢最盛的時候，磅礴水勢猶如千軍萬馬，對瀑底淵潭發動雷霆猛攻，像是要把地球打穿似的。6月之後，雪已融盡，瀑布的攻勢呈現師老兵疲的徵候，到了8月已成強弩之末，甚至陷入乾涸狀態。

優勝美地瀑布除了以高度著稱外，同時也是世上少數會出現「月虹」(Moonbow)的瀑布。月虹顧名思義，就是在夜間現身的彩虹，其形成有幾個缺一不可的條件：清朗且黑暗的天空、明亮且不被遮擋的滿月、足以起霧的瀑布水氣、與正確的折射角度。一年之中，能出現月虹的日期沒有幾天，如果你有幸得以碰見，別忘了感謝上蒼。

©Kenny Karst-DNC Parks & Resorts at Yosemite, inc.

©Kenny Karst-DNC Parks & Resorts at Yosemite, inc.

MAP P.210A2

新娘面紗瀑布

MOOK Choice

Bridalveil Fall

宛如薄紗風中飄揚

新娘面紗瀑布是遊客進入河谷時看到的第一道瀑布，落差約有189公尺，全年流水不竭，除了春天顯得脾氣暴躁一點外，其他季節都像新娘一樣輕柔嫵媚。一如其名所揭示的，這道瀑布宛如薄紗一般，經常被風吹得斜向一邊，水量極少的時候，瀑底甚至未及地面就已蒸發消散，因此當地原住民把這座瀑布稱為「Pohono」，一位搖曳在風中的精靈。在Ahwahnechee族的神話中，Pohono是扼守谷口的邪靈，如果正眼直視，將會受到詛咒。不過，自從瀑布被稱為新娘面紗後，又有新的民間傳說開始流傳：如果和愛人一同走到瀑布下方，或是吸到瀑布的水氣，那麼大喜之日很快就會來到。

酋長岩

El Capitan

攀岩者的朝聖地

🚌 搭乘優勝美地谷地巴士,在8下車,即達岩壁下方野餐區

MOOK
Choice

梅斯德河(Merced River)北岸的酋長岩,是優勝美地的指標景點。這座全世界最巨大而完整的獨立花崗巨岩,從地表聳峙914公尺,1億年前由造山運動形成,百萬年前又被冰河作用切割成今日模樣。隨著太陽運行,光影在岩壁上時刻變幻,使得酋長岩就像幅巨大螢幕,放映出大自然的美妙色彩。

在酋長岩後方,有條登山步道可通往岩頂,不過對攀岩客來說,他們有更直接且更具挑戰性的方法。筆直陡峭的直立山壁,是所有攀岩愛好者心目中的終極聖地,彷彿沒有征服酋長岩,他們的攀岩人生就不能完整。在這面平整的岩壁上,有上百條攀岩路線,由於絕大多數攀岩者無法在一天之內爬上岩頂,因此時常可以看到一頂頂簡易帳篷垂吊在山壁之間。

酋長岩東側的馬尾瀑布(Horsetail Fall),落差304.8公尺,雖然和周遭瀑布相比起來,經常被人忽略,但在每年2月下半左右,卻是它獨領風騷的時候。屆時由於清朗的夕陽霞光反射,在逐漸被夜幕籠罩的酋長岩上,馬尾瀑布卻散發出火紅光芒,看起來就像炙熱的岩漿從山壁間落下,因而又有「火瀑布」(Firefall)之稱。

©DNC Parks & Resorts at Yosemite, Inc.

MAP P.209B2

冰河觀景點

MOOK Choice

Glacier Point

綜觀優勝美地河谷全景

可參加全程4時的冰河觀景點行程，6月中~10月中每日08:30及13:30從Yosemite Valley Lodge出發。成人$57，2~12歲$36.5，若只參加單程者，半價 ⚠ 通往冰河觀景點的道路冬季封閉

要一眼望盡優勝美地河谷景致，冰河觀景點是個絕妙的位置。這處高崗海拔2,199公尺，大約比河谷高出980公尺，毫無遮蔽的視野，氣度大方地把所有美景攤開在遊客面前，從西邊開始，優勝美地瀑布、霍夫曼山(Mt. Hoffman)、北圓頂峰(North Dome)、鏡湖、泰納雅峽谷、回音峰(Echo Peaks)、半圓頂峰等，全都入鏡，就連藏在東邊峽谷中的自由頂(Liberty Cap)、內華達瀑布(Nevada Fall)與春天瀑布(Vernal Fall)，也依稀可見。向下俯瞰，蜿蜒的梅斯德河環繞著樹林間的村落，渺小的人類文明，幾乎被大山大水吞沒。

從冰河觀景點到優勝美地河谷，有兩條主要的健行步道，一條是8英哩的Panorama Trail，途經伊利勞特瀑布(Illilouette Fall)、內華達瀑布與春天瀑布等景點，最後到達柯瑞村(Curry Village)；另一條是著名的Four Mile Trail，雖然只有4.8英哩長，卻以陡峭著稱，不過沿途美景儷人，仍吸引大批遊客攀爬。想要走這些步道的話，可以參加冰河觀景點行程，購票時只買單程票，行程結束後就可沿著步道返回河谷。

MAP P.210D1

半圓頂峰

MOOK Choice

Half Dome

殘缺反而更成就美

❗ 登頂需於2天前申請許可證,每件申請最多可報名6人,最多可提交7個日期。登山季節時,每日抽出至少50組,抽籤結果以e-mail通知。申請費每份$10,得到許可後,每人再收取$10步道維護費。申請網站:www.recreation.gov/permits/234652

內華達山脈中,多的是這類花崗岩獨立巨石,這些岩石由未及噴出地表的岩漿冷凝而成,經造山運動隆起後,由於本身的岩層節理特性,致使外層不斷剝落,成了一座座光禿禿的圓頂大石峰。

這座半圓頂峰和其他石峰相比起來,顯得殘缺不全,但也正因為它的殘缺不全,讓它得以出類拔萃。乍聽之下,似乎是個謬論,不過眼見為憑,相信大多數人都會同意這個說法。首先,半圓頂峰之「圓」,已經圓得毫無稜角;再者,半圓頂峰之「半」,又剛好半得恰到好處。這是冰河時期留下的成果,當時半圓頂峰正好位於冰河河道上,冰河走向又正好與岩石節理一致,在強大力量壓迫下,半圓頂峰的另一半就被冰河硬生生給帶走,如今極有可能散落在泰納雅峽谷中。

在國家公園的許多地點,都能看到不同面貌的半圓頂峰。從華許本觀景點(Washburn Point)看到的是對半殘存的峰型,從冰河觀景點看到的是世人最為熟悉的角度,而從鏡湖步道上欣賞的則是平整無瑕的立面。不過最令人響往的地點,恐怕卻是一個看不到半圓頂峰的地方,那就是直接爬上海拔2,693公尺的峰頂。這條步道往返約25公里,路程約需10~12小時,步道最後的122公尺是藉由兩條鋼繩和架在岩石上的木條,幾近垂直地攀登。而在登上峰頂後,整座優勝美地河谷盡在腳下,振衣千仞崗的豪情油然自心底升起。

MAP P.210A2

隧道觀景點
Tunnel View

MOOK Choice

攝影師的取景角度

優勝美地河谷是著名的U型谷，由冰河切割而成，但在谷地前端，卻呈現出V型谷的特徵，表示從前冰河作用未及於此。於是今人沿著公路前往谷地，會發現沿途峽谷從V型逐漸變成U型，尤其過了隧道之後，眼前豁然開朗，頗有當年武陵漁夫誤入桃花源的感覺。

這處位於隧道口的觀景點，是觀賞谷地的最佳角度，許多著名風景照片都是在這裡拍攝。放眼望去，酋長岩、馬尾瀑布、哨兵岩(Sentinel Rock)、教堂岩(Cathedral Rocks)、新娘面紗瀑布，構成了畫面的左右構圖，而以遠方的半圓頂峰和息雲峰(Clouds Rest)作為背景，共同譜成優勝美地最經典的風景，因此路旁停車場總是遊覽車不絕，每位遊客都迫不及待用自己的相機捕捉這幅奇景。

MAP P.210D1

鏡湖
Mirror Lake

群山梳妝自盼的鏡子

🚌搭乘優勝美地谷地巴士或東谷地巴士，在17下車，即達步道入口 ⚠這一帶是山獅棲息地，盡量避免獨自在山裡健行

在19世紀末葉，鏡湖被人廣為宣傳，而成為國家公園裡首屈一指的名勝。儘管時至今日，鏡湖逐漸被其他風景搶去鋒芒，但它仍舊是非常熱門的健行目的地。雖名為湖，其實鏡湖只是泰納雅溪(Tenaya Creek)中的小淺塘，它的形狀會依著水量而變化，到了夏末，溪流不再有雪水供應，這處水塘便會乾涸。

從步道口前往鏡湖的路程，大約只有0.9英哩，1個小時之內就可以來回，但大多數人卻會花上個把鐘頭，因為美麗的景致不但拖慢遊人腳步，更會讓人流連忘返。天氣晴朗的日子裡，在湖邊等待風停，湖面上的波紋慢慢平靜，群山倒影也漸漸清晰。這幅上下對稱的畫面，格外和諧，足以讓人忘卻凡塵瑣事。

MAP　P.210C1

優勝美地博物館
Yosemite Museum

原住民村落中探祕

🚌 搭乘優勝美地谷地巴士,在5下車即達　🕐 每日09:00~17:30
💲 免費

　　優勝美地博物館成立於1925年,是美國第一座國家公園內的博物館。館內展示本地原住民的文化歷史、傳統技藝與生活方式,博物館後方空地上還保留了一座Miwok族的村落,可循步道動線一一走訪族人的家居、酋長住所、穀倉、樹皮屋等傳統建築。

MAP　P.209B3

馬利波薩神木群

MOOK Choice

Mariposa Grove

歡迎來到巨人國度

🚌 Mariposa Grove Shuttle免費接駁車,於4~11月間往返於公園南入口附近的Mariposa Grove Welcome Plaza與馬利波薩神木群之間,由於神木群停車場時常爆滿,因此使用到這條路線的機會頗大

　　馬利波薩在西班牙文中是「蝴蝶」的意思,因此這裡又常被翻譯為「蝴蝶林」,雖然距離優勝美地河谷有36英哩遠,但當初設立國家公園有很大一部分原因,是為了要保護這裡的加州巨杉林。這一帶是公園內最大的神木林區,總計約有500株加州巨杉。從前這裡最有名的一棵樹,是瓦沃納隧道樹(Wawona Tunnel Tree),1881年時為了吸引觀光客,在樹幹上鑿出一個足以讓車輛通過的隧道,用以強調巨杉的龐大,但車輛通過頻繁的結果,使得樹根周圍的土壤硬實,影響養分吸收,終於在1969年一場暴風雪過後,就成了今天的「倒塌隧道樹」。

　　看不到瓦沃納隧道樹,也不用太難過,林區內還有一棵較小的隧道樹,名喚加利福尼亞,這棵樹的隧道挖鑿於1895年,可容納一台迷你車通過。隨著優勝美地的名聲再也無需靠隧道樹來拉抬人氣,人們也意識到一棵健康的巨杉遠比挖了洞的噱頭來得珍貴,於是便不再有挖鑿隧道樹的舉動。

　　林區內另一棵有名的樹,是高齡2,700多歲的灰巨人(Grizzly Giant),這棵巨杉底部直徑9公尺,樹圍超過27公尺。當它冒芽的時候,羅慕路斯兄弟可能正在興建羅馬城,對這棵神木來說,所謂的人類文明史,不過就是它一生的長度罷了。

巨杉與國王峽谷國家公園
Sequoia & Kings Canyon National Parks

加州巨杉(Sequoia)又常被翻譯成「世界爺」，是世界上最龐大的生物，儘管就高度而言，算不上最高的樹種，但其樹腳直徑動輒超過10公尺，總體積冠絕群倫。初次見到加州巨杉的人，一定會發出噫吁戲般的驚嘆，就像誤闖進巨人國度，忽覺自己縮成螞蟻般的大小。

在西部拓荒時代，人們在加州著實被這種巨樹嚇了一大跳。當時拓荒者們為了展示他們的新發現，於是砍下一棵巨杉運到紐約參加博覽會，但因為巨杉實在太大，只好把它劈成小塊運送，到了展覽會場才重新組裝起來。東部人完全不相信世上竟有如此巨大的樹，又看到樹幹上拼裝的痕跡，以為西部人是鬧著他們玩的，因此就把巨杉稱為「加利福尼亞的玩笑」。

今日我們雖然可以直接走到樹下，親眼證實巨杉的存在，但這些碩大無朋的龐然巨物，仍是大得令人難以想像。這讓人想起《莊子‧逍遙遊》中所說的：「上古有大椿者，以八千歲為春，八千歲為秋。」在這些年紀跟人類文明一樣長的生物面前，渺小的人類又有什麼好自以為是的呢？

217

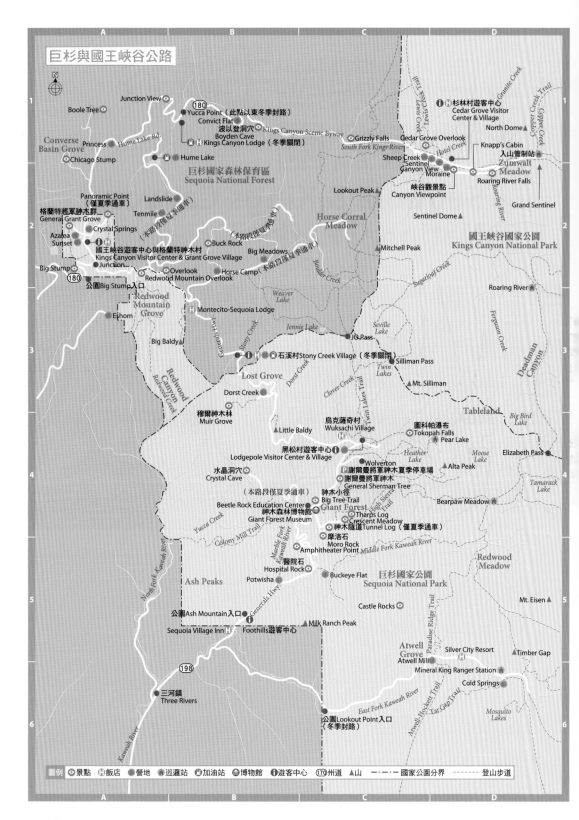

巨杉與國王峽谷公路

N

A　B　C　D

Boole Tree
Junction View
Yucca Point（此點以東冬季封路）
180
Convict Flat
波以登洞穴
Boyden Cave
Kings Canyon Scenic Byway
Kings Canyon Lodge（冬季關閉）
杉林村遊客中心
Cedar Grove Visitor
Center & Village
North Dome
Grizzly Falls
Cedar Grove Overlook
South Fork Kings River
Knapp's Cabin
入山管制站
Converse
Basin Grove
Princess
Hume Lake Rd.
Chicago Stump
Hume Lake
Sheep Creek
Sentinel
Canyon View
Moraine
Zumwalt
Meadow
巨杉國家森林保育區
Sequoia National Forest
峽谷觀景點
Canyon Viewpoint
Roaring River Falls
Lookout Peak
Grand Sentinel
Panoramic Point
（僅夏季通車）
Landslide
（本路段冬季通界）
格蘭特遊覽軍木群
General Grant Grove
Tenmile
Horse Corral
Meadow
Sentinel Dome
Roaring River
Crystal Springs
Buck Rock
Azalea
Sunset
Big Meadows
Mitchell Peak
國王峽谷國家公園
Kings Canyon National Park
國王峽谷遊客中心與格蘭特神木村
Kings Canyon Visitor Center & Grant Grove Village
Junction
Big Stump
180
Overlook
Horse Camp
Redwood Mountain Overlook
公園Big Stump入口
Weaver
Lake
Boulder Creek
Sugarloaf Creek
Roaring River
Eshom
Redwood
Mountain
Grove
Montecito-Sequoia Lodge
Jennie Lake
JO Pass
Seville
Lake
Ferguson Creek
Big Baldy
石溪村Stony Creek Village（冬季關閉）
Silliman Pass
Twin
Lakes
Tableland
Big Bird
Lake
Redwood
Canyon
Redwood Creek
Dorst Creek
Mt. Silliman
Lost Grove
Deadman
Canyon
穆爾神木林
Muir Grove
Little Baldy
烏克薩奇村
Wuksachi Village
圖科帕瀑布
Tokopah Falls
Pear Lake
Heather
Lake
Moose
Lake
Elizabeth Pass
黑松村遊客中心
Lodgepole Visitor Center & Village
Wolverton
謝爾曼將軍神木夏季停車場
General Sherman Tree
Alta Peak
水晶洞穴
Crystal Cave
（本路段僅夏季通車）
Beetle Rock Education Center
神木森林博物館
Giant Forest Museum
神木小徑
Big Tree Trail
Tharps Log
Crescent Meadow
神木隧道Tunnel Log（僅夏季通車）
Giant Forest
Tamarack
Lake
Bearpaw Meadow
摩洛石
Moro Rock
Amphitheater Point
Middle Fork Kaweah River
Redwood
Meadow
醫院石
Hospital Rock
Buckeye Flat
巨杉國家公園
Sequoia National Park
Mt. Eisen
Ash Peaks
Potwisha
Castle Rocks
公園Ash Mountain入口
Generals Hwy.
Sequoia Village Inn
Foothills遊客中心
Milk Ranch Peak
Atwell
Grove
Silver City Resort
Atwell Mill
Timber Gap
Mineral King Ranger Station
198
Cold Springs
三河鎮
Three Rivers
公園Lookout Point入口
（冬季封路）
East Fork Kaweah River
Mosquito
Lakes

圖例 ⊙景點 Ⓗ飯店 ▲營地 巡邏站 加油站 博物館 遊客中心 170州道 ▲山 國家公園分界 登山步道

INFO

如何前往

◎開車

從洛杉磯出發，走I-5 N，於221號出口靠左側車道接上CA-99。於96號出口再接上CA-198 E。沿著CA-198 E一直走，過了Three Rivers後，即達公園Ash Mountain入口。路程約225英哩。

從舊金山出發，走I-80 E，過海灣大橋後靠右側車道，接上I-580 E，約46英哩後切左側車道，走I-205 E。公路匯入I-5 N後，於461號出口接上CA-120 E。靠右側車道在6號出口接上CA-99 S，到了Fresno後，出133B出口，在匝道上走左側車道，接上CA-180 E。沿著CA-180 E一直走，即達公園Big Stump入口。路程約240英哩。

園內交通

5月底至9月初時，園區內會有免費接駁車行駛，共有4條路線：

◎1號綠線

往返於神木森林博物館、謝爾曼將軍神木步道口、黑松村遊客中心與黑松村營地之間。
⮟08:00~18:20，每10~12分鐘一班

◎2號灰線

往返於神木森林博物館、摩洛石、新月草原之間。
⮟08:30~18:00 (週末至18:30)，每8~12分鐘一班

◎3號紫線

往返於黑松村營地、黑松村遊客中心與Wuksachi Lodge之間。
⮟08:00~18:30，每15~30分鐘一班

◎4號橘線

往返於謝爾曼將軍神木的兩個步道口與Wolverton的步道口之間。
⮟08:00~18:45，每15分鐘一班

國家公園門票

◎一般門票

入園費以車計算，每輛車$35，門票效期為7天，適用於巨杉國家公園、國王峽谷國家公園，與巨杉國家森林中的Hume Lake保護區。入園後，將門票放在擋風玻璃上，以備遇到票亭時查驗。

◎國家公園年票 America the Beautiful

如果一年之內有計畫造訪4個以上國家公園，建議買張$80的國家公園年票。這張卡片自啟用起，效期至翌年的同月份，適用於全美國的國家公園與國家紀念地。

旅遊諮詢

📞(559) 565-3341 🌐www.nps.gov/seki

◎山麓遊客中心 Foothills Visitor Center

🔺P.218B5
⮟夏季08:00~17:00，冬季09:00~16:30

◎黑松村遊客中心 Lodgepole Visitor Center

🔺P.218C4 ⮟5月中~10月中08:00~17:00

◎國王峽谷遊客中心 Kings Canyon Visitor Center

🔺P.218A2
⮟夏季08:00~17:00，冬季10:00~16:00，春秋兩季09:00~16:30

◎杉林村遊客中心 Cedar Grove Visitor Center

🔺P.218D1 ⮟5月底~9月底09:00~17:00

住宿資訊

◎公園內

這兩座國家公園內共有3間旅館、1處小木屋區與1座營地，雖然不像優勝美地那樣容易客滿，但還是建議及早預訂。
📞(866) 807-3598
🌐www.visitsequoia.com

◎公園外

公園南門外的Three Rivers與西門外的Pinehurst皆有一些旅館可供選擇。

MAP P.218C4

神木森林博物館
Giant Forest Museum
學習神木生態的起點

🕐 春季09:00~16:30，夏季09:00~18:00，秋季09:00~17:00，冬季09:30~16:30 💲免費

　　知其然更要知其所以然，這間博物館就是幫助人知其所以然的地方。從前這裡是公園裡的市場和禮品店，2001年改建為博物館，展示加州巨杉的林相特性與木材結構，同時也有不少關於這一帶生態環境與早期人類活動的介紹。走進博物館之前，加州巨杉對你來說可能只是棵高不可攀的大樹，離開博物館之後，卻成了你瞭若指掌的老朋友。博物館對面有條0.6英哩長的神木小徑(Big Trees Trail)，環繞圓形草原一圈，是公園裡最適合巨杉生長的地方之一，正好可以驗證剛從博物館裡學來的知識。

MAP P.218C4

摩洛石

MOOK Choice

Moro Rock
上帝打造的瞭望台

❗ 通往摩洛石的道路在週末假日時，自用車禁止通行，需搭乘接駁巴士前往，並且在冬季也會封閉

　　摩洛石是一塊花崗岩的獨立巨石，光禿禿的石峰彷彿戴著鋼盔的灰衣甲士般，從一片翠綠蓊鬱的山林中拔地而起，顯得非常突兀。其實這類獨立巨石在內華達山脈中並不罕見，像是優勝美地的半圓頂峰，就是最有名的一例。

　　摩洛石是巨杉國家公園中的最佳觀景點，爬過400階石梯，登上標高2,050公尺的峰頂，是教人畢生難忘的美景。遠方山巒雲煙飄渺，起伏層疊，近處河谷廣袤開闊，雄渾萬千；各個海拔的林相線遞嬗分明，大西部分水嶺群峰也一覽無遺。其中最容易辨認的，是正對著摩洛石，形如絕壁碉堡般的城堡石，而一旁狀似獠牙的鋸齒峰，山勢也很奇特。天氣好的時候，山嵐掀開簾幕，更遠處的峰嶽紛紛現出身影，當中有不少是標高3,500甚至4,000公尺以上的高山，壯麗無朋。

MAP P.218C4

神木隧道
Tunnel Log

驅車穿過大樹中央

❶ 通往神木隧道的道路冬季封閉

　　從前優勝美地有棵極有名的隧道神木瓦沃納樹,其實在巨杉國家公園,也有一處神木隧道。和瓦沃納樹的不同在於,神木隧道並非刻意為之,瓦沃納樹因為開了隧道而導致日後的傾倒,神木隧道則是在樹倒了之後才變成隧道。

　　這棵不具名的加州巨杉直徑大約6.4公尺,是在1937年時因為自然因素而「路倒」在通往新月草原的道路上,為了恢復交通,園方只好在樹幹上切出高2.4公尺、寬5.2公尺的隧道,以利車輛通行,沒想到反而成了園區內一處熱門景點。這座隧道足以容納兩輛廂型車會車而過,不少遊客會刻意把車開進隧道拍照,形成有趣的畫面。

MAP P.218C4

MOOK Choice

謝爾曼將軍樹
General Sherman Tree

世界上最巨大的生物

❶ 靠近神木的停車場夏季時只提供貼有身障標籤的車輛停靠,一般車輛需開往較遠的夏季停車場,再沿步道或搭乘接駁巴士前往

　　謝爾曼將軍(William T. Sherman)是南北戰爭時的北軍名將,以「向海洋進軍」的戰略著稱,替這棵巨杉命名的植物學家曾在謝爾曼麾下服役,正好與國王峽谷的格蘭特將軍樹互為犄角。

　　這棵神木有83.3公尺高,樹腳周長33公尺,直徑11公尺,雖然不是最高,也不是最寬的樹,但其1,487立方公尺的總體積卻是世界之最。即使2006年時,它最粗的枝椏斷裂掉落,仍無損其世界最龐大生物的排名地位。而這根斷落的粗枝,直徑也有2公尺寬,比許多樹的樹幹還要粗。謝爾曼的樹齡估計超過2,200年,樹腳上巨大的火痕看起來更有股身經百戰的氣勢,雖然目前樹頂已經壞死,使它無法繼續長高,但樹幹每年仍在持續成長,看來這世界第一的頭銜短時間內牢不可破。

MAP P.218A2

格蘭特將軍神木群

General Grant Grove
柯立芝欽定的國家聖誕樹

　　格蘭特將軍樹是世界第三大樹，樹齡大約1,700年，樹高82公尺，根部直徑12公尺，是已知巨杉中底部直徑最長的一棵，比美國公路的三線車道還要寬，就算到了中幹的部位，直徑也有將近9公尺。園方提供了一些有趣的數據讓遊客參考：如果樹幹是油箱的話，裡頭的儲油足夠供應一輛車環遊地球350圈；如果樹幹是球類收納箱，裡頭可以存放15萬9千顆籃球；如果把這棵樹砍了，可以蓋超過40間擁有5房格局的木屋。當然，沒有人敢真的對這棵神木動手，因為1926年時柯立芝總統欽定它為「國家聖誕樹」，到了1956年艾森豪總統又指定其為國家聖壇，用來慰勞陣亡將士在天英靈。

　　至於格蘭特將軍(Ulysses S. Grant)何許人也？他是南北戰爭時的北軍統帥，以其大膽的進軍扭轉整個戰局，戰後當選兩任美國總統。在格蘭特將軍樹周圍還有其他40多棵巨杉，多半以美國州名命名，有趣的是，其中有棵名喚李將軍(Robert E. Lee)，是世界排名第12的大樹。這些樹的命名是在南北戰爭結束後2年，也許命名者在看到這群大樹時，腦中浮現的是兩位巨人在阿波馬托克斯法院中受降的情景吧。

MAP P.218B4

水晶洞

Crystal Cave
華麗的地底世界

❶水晶洞目前因道路損壞而暫時關閉，預計2025年重新開放

　　雖然1890年這裡便成立了國家公園，但水晶洞卻遲至1918年才被人發現。這處洞穴屬於大理岩喀斯特地形，由無數個地底岩室串連而成，進入洞穴必須跟隨嚮導，否則很有可能永遠迷失在錯綜複雜的地下迷宮中。行程中，導覽員會沿途解說這些美麗岩洞及鐘乳石的生成特徵，也會把燈光熄滅片刻，讓遊客在伸手不見五指的黑暗裡聆聽地底暗流的回音。

MAP P.218C4

圖科帕瀑布

Tokopah Falls

健行之後的清涼報償

通往圖科帕瀑布的小徑，單程約1.7英哩，是國家公園裡最熱門的步道，大概因為在眾多健行道中，這是最容易達成的一條吧。穿過Lodgepole的宿營地，世界馬上安靜下來，只剩下流水潺潺的聲音，小徑便從這裡開始。沿著Marble Fork Kaweah River迤邐東行，步道前半段是一片稀疏的林木，浣熊、河狸與赤鹿等小動物，聽到人類的腳步聲都紛紛探出頭來；步道的後半段，林木逐漸稀少，最後只剩下雄偉的峽谷岩壁與巨石河床。隨著瀑布的轟鳴聲愈發響亮，氣勢磅礴的瀑布也出現在步道盡頭。這道瀑布總落差高達365.8公尺，水量以春末夏初融雪時最為可觀，坐在瀑布旁的岩岸上，靜靜感受拍打在臉上的清涼水花，算是流汗之後獲得的完美報償。

MAP P.218B1-D2

國王峽谷

Kings Canyon

保留給登山愛好者的人間仙境

❗若要登山健行，需先至遊客中心或步道頭的管制站取得入山許可

狹義的國王峽谷，指的是州道180兩旁，國王河南支流(South Fork Kings River)的峽谷。這處花崗岩峽谷是由冰河切割而成，最深處超過2,500公尺，是美國最深的峽谷之一。陡峭的崖壁夾著深谷，高聳的巨石雄峙山頭，果真是黃鶴之飛尚不得過；而腳下衝波逆折的沟湧水勢，看來就像一把憤怒的刀子，彷彿不把地球切成兩半誓不罷休，令人不由得興起杞人之憂。

廣義的國王峽谷指的是整座國家公園，由連綿無盡的山脈、峽谷、高山湖泊與瀑布組成。如果你只打算開車遊歷的話，會覺得這座國家公園小得可憐，但事實上它卻比巨杉國家公園還要來得大，而其90％以上的面積，是留給徒步健行的登山客的。也許，這個世界上真正漂亮的地方都是車輛無法到達的，也正因為車輛無法到達，這些地方才能真正漂亮。

死谷國家公園

死谷國家公園
Death Valley National Park

如果說，優勝美地是浪漫畫派的傑作，那麼死谷就代表了當代藝術精神，或許這裡乍看之下只有舉目蕭瑟的貧瘠，但當你用心凝望，卻發現荒涼到了極致，竟能衍生出如此豐富的意象。那些看似紊亂的線條，有如波洛克的滴畫，延伸到天際；而那些看似單調的色彩，又有如塞尚的筆觸，暈染整片山谷。數百哩遼闊大地，都是上帝即興創作的畫布，十個景點就有十種面貌，沒有一處角落重複，逛一圈死谷，就像參觀一間鬼神開設的藝廊，衝擊著人們的美學感官。

死谷是美國氣溫最熱、地勢最低的地方，由於板塊拉扯，使地殼產生斷層，隨著地層傾斜翻轉，於是一邊隆起成高山峻嶺，而另一邊卻下沉到低於海平面。西邊高山橫絕天際，來自太平洋的水氣過不了山脈，在西麓便已化為雲雨，致使東麓谷地極度乾燥，僅靠著難得的暴雨與泉水滋潤的綠洲維持生態。窪地不但吸收熱能，熱空氣更因群山環繞而無法散出，讓惡水盆地夏季均溫在40℃以上，最熱還曾留下57℃的歷史記錄。即使如此不利生存，死谷卻因封閉的環境及高落差的地勢，創造出多樣性的生態圈，許多物種甚至是他處所無。

世居於此的肖肖尼原住民稱這裡為「生命之谷」，直到49年淘金熱時，一群想抄捷徑的淘金客在此迷路，其中一人不幸喪生，才使谷地的名字豬羊變色。雖然本地金礦產量不足以讓這裡成為另一座克朗戴克，但硼砂礦的開採卻令死谷繁榮了好一陣子，當時這種用於肥皂與工業的原料，以20頭騾組成的騾隊運輸，一度成為死谷的鮮明形象。

死谷國家公園

死谷國家公園

266
168

Gold Point

95

267

優比喜比火山口
Ubehebe Crater

史考特城堡
Scotty's Castle

內華達州
Nevada

Grapevine

Mesquite Spring

加州
California

Rhyolite 鬼鎮

比蒂
Beatty

Leadfield 鬼鎮

Titus Canyon Rd
(西向單行)

374

自走石
The Racetrack

煙囪井歷史遺跡
Historic Stovepipe Well

梅斯基特平坦沙丘
Mesquite Flat Sand Dunes

鹽溪步道
Salt Creek
Interpretive
Trail

硼砂
礦場遺址
Harmony
Borax Works

Lathrop Wells

136

煙囪井
Stovepipe Wells

馬賽克峽谷
Mosaic Canyon

190

火爐溪
Furnace Creek

扎布里斯基角
Zabriskie Point

Amargosa Valley

373

Skidoo

黃金峽谷
Golden
Canyon

二十騾隊峽谷道(東向單行)
Twenty Mule Team Canyon

巴拿明泉
Panamint Springs

達爾文瀑布
Darwin Falls

Aguereberry
Point

藝術家調色板
Artists Palette

Death Valley
Junction

127

190

Darwin

Wildrose

魔鬼的
高爾夫球場
Devil's Golf Course

天然橋
Natural Bridge

190

Thorndike
Mahogany Flat

惡水
Badwater

Eagle Borax Works 廢墟

但丁瞭望點
Dante's View

127

Panamint City 鬼鎮

Ballarat 鬼鎮

肖肖尼
Shoshone

178

特洛納
Trona

Ashford Mill 廢墟

127

395

78

395

178

Saratoga Spring

火爐溪地區

Furnace
Creek

Furnace Creek
Visitor Center

Sunset

The Oasis
At Death
Valley Ranch

Texas Spring

硼砂博物館
Borax
Museum

190

The Oasis
At Death
Valley Inn

圖例

景點　餐廳　飯店　博物館
加油站　巡邏站　營地
遊客中心　國道　州道
國家公園分界
登山步道
未鋪設路面的土路
天候不佳時禁止進入
限四輪轉動車行駛
州界

INFO

如何前往

◎開車

從洛杉磯開車，走I-5 N，於162出口靠右側車道接上CA-14 N。約70英哩後，在Mojave鎮上靠右側車道，右轉繼續走CA-14 N。約50英哩後，CA-14 N會匯入US-395 N，再開約41.5英哩，於Olancha鎮上注意往Death Valley的右轉路標，右轉進CA-190 E。走到底右轉，繼續走CA-190 E，再開約30英哩，即達國家公園西側的巴拿明泉。路程約230英哩。

從拉斯維加斯開車，走I-15 S，於33出口下交流道，走NV-160 W。過了Pahrump鎮時，注意往Death Valley National Park的左轉指標，於Bell Vista Ave左轉(路牌很小，請注意)。過了州界後，於路底右轉CA-127 N，再立刻左轉CA-190 W，約30英哩後，即達國家公園東側的火爐溪。路程約120英哩。

園內交通

開車是在園內移動的唯一方式，記得一定要去遊客中心拿份園區報紙，上面會有當日路況、封路地段、特殊警告等重要情報。通往某些景點的道路為未鋪設路面的土路，行前一定要先檢查輪胎，並時時注意水箱溫度。園內道路並不複雜，但仍要仔細研究地圖，留意是否行駛在正確道路上，千萬別依賴GPS。

國家公園門票

死谷沒有公園入口收費站，遊客須自行在火爐溪遊客中心、煙囪井巡邏站與火爐溪營地(冬季)購買門票。而在公園東方入口的Hwy 190旁、扎布里斯基角、惡水、Grapevine巡邏站與各露營地，也有自動售票機。公園內不接受現金，只能以信用卡或行動支付付費。

◎一般門票

入園費以車計算，每輛車$30，門票效期為7天。請將門票放在擋風玻璃上，以備巡邏員查驗。

◎國家公園年票 America the Beautiful

如果一年之內有計畫造訪4個以上國家公園，建議買張$80的國家公園年票。這張卡片自啟用起，效期至翌年的同月份，適用於全美國的國家公園與國家紀念地。

旅遊諮詢

在遊客中心可拿到園區地圖，並要特別留意當日公布的氣溫預測、危險路段、洪水警報等資訊。若要從事健行，務必攜帶足夠的飲用水，並定時補充身體中的水分，以免發生危險。

☎(760) 786-3200
🌐www.nps.gov/deva

◎火爐溪遊客中心 Furnace Creek Visitor Center

📍P.225C4　🕐每日08:00~17:00

◎史考特城堡遊客中心 Scotty's Castle Visitor Center

📍P.225B2　🕐目前暫時關閉中

住宿資訊

◎Stovepipe Wells Village (煙囪井)

📍P.225C3
🏠51880 Hwy 190, Death Valley, CA 92328
☎(760) 786-7090　💲$$
🌐www.stovepipedeathvalley.com

◎The Oasis At Death Valley (火爐溪)

📍P.225C4
🏠Hwy 190, Death Valley, CA 92328
☎(760) 786-2345　💲Ranch：$$$。Inn：$$$$
🌐www.oasisatdeathvalley.com

◎Panamint Springs Resort (巴拿明泉)

📍P.225B4
🏠40440 Hwy 190, Panamint Springs, CA 93522
☎(775) 482-7680　💲帳篷屋$，小木屋$$
🌐www.panamintsprings.com

MAP ▶ P.225C4

但丁瞭望點
Dante's View
鳥瞰死谷全景

MOOK Choice

但丁瞭望點位於黑山山頂上棺材峰(Coffin Peak)的北側，與底下的死谷落差高達1,669公尺。當探險隊第一次來到這個地方時，立刻就被眼前的景象給震懾住，遼闊的死谷谷地往遠方延伸，對面是巍峨的巴拿明山脈與內華達山脈，從山上被暴雨沖刷下的礦物質，在迅速乾涸的谷地上沉積成水墨渲染似的奇幻圖案，而正下方的惡水盆地，則像是積了雪般白茫茫一片。這幅風景既荒蕪如同地獄，卻又唯美勝似天堂，引發一種超越現實的迷幻感，因此人們便以《神曲》的作者但丁來為其命名。

另外，在1977年的《星際大戰四部曲》中，從摩斯埃斯里眺望塔圖因星，看到的就是這裡的景色。

MAP ▶ P.225C4

扎布里斯基角
Zabriskie Point
激發哲人靈感的惡地形

MOOK Choice

扎布里斯基角是美西最著名的惡地形，崎嶇的大地彷彿遠古巨龍的骨骸搭建成的迷宮，一旦誤入其中，恐怕就會回到洪荒時代。其實早在9百萬年前，這裡曾是一座大鹽湖，來自鄰近山脈的火山灰、泥漿與碎石礫，一同沉積在湖底，形成泥岩、沙泥岩與礫岩層。後來湖泊乾涸，加上死谷形成所帶來的乾旱氣候，這些沉積岩層於是受到旺盛的侵蝕作用雕刻，逐漸形成特殊的地貌。而風化與地熱的影響，也為這地形帶來色彩上的差異，其中黑色的部份來自3百萬年前火山噴發出的岩漿，由於質地較為堅硬，足以拒抗侵蝕作用，這便是黑色冠頂較為高聳的原因。

法國結構主義哲學家傅柯，曾經聲稱扎布里斯基角讓他激發出不少靈感，而這片神奇的景色同樣也造就了義大利現代派電影大師安東尼奧尼，拍攝出一部以它為名的電影(台灣譯為《無限春光在險峰》)。另外，搖滾天團U2的經典專輯《約書亞樹》，封面背景正是扎布里斯基角的景色。

藝術家景觀道
Artists Drive
絢麗多彩的大地

這條9英哩長的單向道路，帶領遊客進入圖畫般的世界中，沿路經過的火山岩與沉積岩，就像印象派畫家的筆觸般，或撇或捺，一筆一筆畫上去的，尤其太陽下山之前，耀眼的落日金光照射在這些岩壁上，更是光彩奪目。景觀道上最精彩的，就是藝術家調色板(Artists Palette)，這一帶岩石像是被人潑上了顏料般，朱紅青藍相間，看上去極不自然。大約5百萬年前，持續爆發的火山使這裡被火山灰所覆蓋，火山灰中的礦物沉積，經過熱、水、空氣的化學作用，產生氧化還原反應，讓此處地質富含多種礦物元素。而其中的赤鐵礦就是今日人們所看到的紅色，至於青色則來自亞氯酸鹽。大地之母的藝術天份，實在令人折服。

MOOK
Choice

魔鬼的
高爾夫球場
Devil's Golf Course
一望無際的岩鹽海

這又是一幅不可思議的畫面，一望無際的白色石頭，以極為凹凸不平的姿態填滿了整片大地。仔細觀察這些被風化得如同蜂窩一般的石頭，赫然發現那上面的白色竟是脆弱的岩鹽結晶。這裡在遠古時代曾是曼利鹽湖(Lake Manly)的一部分，湖水蒸發後，大量鹽份沉積在岩石上，再經由風和雨的形塑，成為奇異壯觀的景象。這片廣袤無垠的鹽盤，今天仍有循環性的洪水帶來充足鹽分，而在天氣變化時，側耳傾聽，或許還能聽到鹽結晶因熱漲冷縮而碎裂的聲音。

至於奇特的名字由來，則是因為1934年國家公園管理處的導覽手冊上曾有如下敘述：「能夠在這裡打高爾夫球的，大概只有魔鬼了吧！」

MAP P.225C4

惡水

MOOK Choice

Badwater

攝氏40度的雪景

惡水盆地是北美地勢最低窪的地點，高度低於海平面約85.5公尺，當遊客從停車場回頭向上看，可望見高高的岩壁上標示了海平面的位置。在遠古時期，這裡曾是片名為曼利的湖泊，後來湖水乾涸，只留下一大片鹽沼。而這循環至今仍在延續，鄰近山區的暴雨為此處招來洪水，岩層中的礦物質溶解於水中，被洪水挾帶到此低地，洪水形成短暫的湖泊，蒸發後又堆積出新的結晶鹽層。於是人們步入其中，腳下盡是白茫茫的一片，彷彿置身冬日雪地，但燠熱的空氣提醒你這只是個錯覺，這裡可是全美國最炎熱的地方，夏季均溫高於體溫，建議避免在6~9月間前往。

盆地外圍區域常有地下水滲出，形成許多小水塘，早年來此繪製地圖的測量員以為可以讓騾子飲水，但很快他就發現這裡的水鹽分過高，根本無法飲用，遂將此地命名為惡水。儘管如此，仍有許多生物是靠著這些池水維生，像是惡水蝸牛就是死谷特有的物種。

MAP P.225C4

天然橋

Natural Bridge

大自然的巨石拱門

❶需行駛約2英哩的土路至停車場，再步行約0.5英哩至天然橋

天然橋峽谷是國家公園內少數有步道口的峽谷之一，這裡所要看的，就是那道因數萬年來的侵蝕與風化作用而形成的天然巨石拱門。深不可測的大自然力量，硬是將石牆鑿穿一個洞，讓這裡看起來就像一處通往神祕領域的入口。其實穿過這道石門走下去，的確可以發現許多大自然的奧妙，像是斷層的剖面、乾涸的泥瀑等，都為這一帶的地質形成提供不少證據。

馬賽克峽谷
Mosaic Canyon
大自然的鬼斧神工

❗需行駛約2英哩的土路至停車場

　　馬賽克峽谷是公園內非常受歡迎的健行步道，這是在百萬年前因斷層產生的裂隙，圖基山北麓的洪水利用這條縫隙宣洩，經由數世紀的切割所形成。其名字來自峽谷口岩壁中的馬賽克角礫岩，各種不同大小、種類及顏色的石礫，如同被工匠鑲嵌後再拋光磨洗般，光滑、多彩，讓人聯想起兒時家裡的馬賽克磁磚浴缸。而這工匠便是大自然，突發性的洪水將來自不同母岩的礫屑沖刷至峽谷口，經年累月的擠壓加上河水切割，成就了今日馬賽克岩壁的奇景。

　　再往裡走約400公尺，便會來到峽谷最窄處，馬賽克角礫岩的地位被正午白雲石取代，潔白光滑的橫向紋路，夾著一條蜿蜒曲折的小徑，又是另一番風景。這種石灰岩最初是7億年前的沉積物，當時這裡還沉沒在太平洋中，由於上頭新的沉積物擠壓，加上地底的熱力作用，遂逐漸變質為大理石。日後隨著板塊隆起、流水切割，於是又重新曝露在外。

MOOK Choice

梅斯基特
平地沙丘
Mesquite Flat Sand Dunes
宛如來到撒哈拉

　　這處沙丘逶邐14平方英哩，橫跨死谷谷地最寬闊的部份，由於就位於主要道路旁，因而在眾多沙丘中最具知名度。這些細緻的沙粒來自周遭被風侵蝕的山脈，強風挾帶沙塵吹襲，到了這個地方後受到圖基山(Tucki Mountain)的阻擋，風勢驟緩，於是沙粒便聚集於此，形成廣大的沙丘地。

　　這裡最高的沙丘約40公尺高，距離停車場雖僅有1英哩，但中間需經過其他較小的沙丘。清晨與傍晚氣溫較為涼爽，是最適合爬沙丘的時刻，若在拂曉前來，還有機會看到夜行動物在沙丘上走過的蹤跡。而在溫暖的季節裡，除了要避開炙熱的正午陽光，還得提防響尾蛇的襲擊。

MAP　P.225B2

史考特城堡

Scotty's Castle

沙漠中的城堡莊園

❗城堡因2015年的大洪水毀壞，目前尚在關閉整修中

©NPS

史考特城堡其實正式名稱為死谷農場，綽號「死谷史考特」的華特史考特(Walter Scott)是一位謎樣的探礦者，雖然他向所有人宣稱這棟城堡是用他挖出的金礦蓋成的，但事實上他從未在死谷挖掘出任何東西。城堡主人是芝加哥富豪亞伯特強森(Albert M. Johnson)，史考特說服他在死谷開採金礦，雖然當強森發現這只是史考特不切實際的幻想時，他一度非常憤怒，但後來卻被死谷美妙的景色所感動，並戲劇性地和史考特成為要好的朋友。大約1922年時，強森在葡萄藤峽谷建了這座西班牙風格的莊園，作為他私人的度假別墅，並交由史考特管理。強森與史考特相繼過世後，國家公園管理局買下這棟財產，並作為遊客中心使用。

MAP　P.225B2

優比喜比火山口

MOOK Choice

Ubehebe Crater

地平面上的巨大坑洞

在死谷北部有群低平火山口，優比喜比是其中最大的一個，寬度長達半英哩，坑底更深達183公尺。不同於死谷其他地形動輒以百萬年為計算單位，這群火山坑只有數千年的歷史，優比喜比甚至極有可能是近在300年前才形成。當地底岩漿上升到接近地下水層的高度，地下水因而沸騰產生大量蒸氣，一旦蒸氣壓力達到飽和，便會連同碎石一同噴發，在地面上形成一座座坑洞。

除了在停車場邊欣賞這幅奇景，許多遊客也喜歡沿著火山口邊緣健行，走一圈大約是半英哩，途中還能看見其他較小的火山口。也有人會走到坑底一探，但要提醒的是，走下坑底或許很輕鬆，但要爬上來就比較累人了。

舊金山

●舊金山

San Francisco

文●蔣育荏 攝影●墨刻攝影組

「如果你要去舊金山，別忘了在髮間插上花朵；如果你要去舊金山，你會遇到和善的人們。對那些來到舊金山的人，夏日將是美好時光，在舊金山的街道上，善良人們髮間都有鮮花。舉國上下產生奇妙共鳴，人們在改變，整個世代有了新的詮釋法。」這是Scott McKenzie在1967年的成名曲，雖然「花童」們的時代早已去日遙遠，但這首歌依舊唱出舊金山最鮮明的色彩。

1940、50年代，以凱魯亞克、金斯堡等詩人為首的披頭族（Beatnik），從丹佛風塵僕僕而來，他們在北灘一帶聚會及發表作品，「垮世代」於是在舊金山落地生根，自由狂放的風氣如同動地馬蹄般席捲全城。到了60年代，垮世代更直接演變成嬉皮運動，Haight St與Ashbury St的交叉路口便是嬉皮的大本營。他們高喊愛與和平，他們追求精神解放，他們的穿著五彩繽紛，迷幻藥也在他們腦子裡綻放出色彩；保守主義對他們深惡痛絕，但他們卻把鮮花插在士兵的槍管裡。前面那首描寫舊金山的歌曲，就是這個時期的寫照。開放的社會風氣，也讓舊金山從很早就能接納同性戀者，而今在卡斯楚區一帶，已是一片彩虹旗海飄揚，同志們大方出櫃，一點也不提心掩藏，為舊金山的開明與包容再添一例。

今日，這座國際大都會已成了美國西岸最令人嚮往的城市，明明塞車如同家常便飯，卻給人悠閒的印象，明明是超級金融重鎮，卻給人浪漫的遐想，大概是因為舒適的氣候與和煦的陽光，舊金山總是讓人心情明亮。

舊金山之最
Top Highlights of San Francisco

金門大橋 Golden Gate Bridge
　這大概是全世界最有名的橋樑了，顏色鮮豔的國際標準橘懸索橋身，無論在陽光普照下，還是半掩於灣區大霧中，都散發獨特的壯麗美感。（P.279）

九曲花街
Lombard Street
　舊金山明信片中的招牌鏡頭，當初只是為了減緩坡度而設，現在卻因優美的蜿蜒弧線與兩旁的綠意花圍，吸引各地人們前來取景。（P.251）

漁人碼頭
Fisherman's Wharf
　舊金山最熱鬧的觀光區域，景點、餐廳、商場、紀念品店，多到令人目不暇給。當然也別忘了嚐嚐這裡最著名的丹金尼斯大螃蟹！（P.243）

金門公園
Golden Gate Park
　橫跨近半個市區的金門公園，不但遍植各種花草植物，園中的日本茶園、加州科學院與笛洋博物館，皆是舊金山的一流景點。（P.271）

惡魔島 Alcatraz
　從前關押艾爾卡彭等重刑犯的監獄，荒廢後成為遊人如織的著名景點，大家都爭著一睹過去的牢獄生活。電影《絕地任務》就是在此拍攝。（P.248）

舊金山全圖

太平洋
Pacific Ocean

↑往 H Cavallo Point

金門大橋
Golden Gate Bridge

海岬堡國家歷史紀念地
Fort Point National Historic Site

101

1 金門大橋遊客中心

Battery East

Lincoln Blvd.

普雷西迪奧隧道頂部公園
Presidio Tunnel Tops

Old Mason St.

101

普雷西迪奧
交通轉運中

迪士尼家族博物館
The Walt Disney Family Muse

萊特曼數位藝術中心
Letterman Digital Arts Center

二戰紀念碑
World War II West Coast Memorial

Washington Blvd.

普雷西迪奧
Presidio

Arguello Blvd.

貝克海灘
Baker Beach

1

El Camino del Mar

Sacramento Street

Cherry St.

Maple St.

Spruce St.

Locust St.

Laurel

Lake St.

Lands End

榮耀宮美術館
Legion of Honor

34th Ave.

Seacliff

California St.

Clement St.

Geary Blvd.

23rd Ave.

21st Ave.

19th Ave.

17th Ave.

15th Ave.

14th Ave.

Funston Ave.

Laurel Heights

Euclid Ave.

Richmond District

Anza St.

Anza St.

Balboa St.

11th Ave.

9th Ave.

7th Ave.

Balboa St.

Cabrillo St.

Arguello Blvd.

La Playa St.

45th Ave.

43rd Ave.

41st Ave.

39th Ave.

37th Ave.

35th Ave.

29th Ave.

27th Ave.

25th Ave.

Cabrillo St.

Fulton St.

藍鷺湖租船中心
Blue Heron Boathouse

Conservatory of Flowers
百花溫室

Fulton St.

Stanyan St.

J. F. Kennedy Dr.

Ocean Beach

荷蘭風車 Dutch Windmill

Great Hwy.

John F Kennedy Dr.

Martin Luther King Jr. Dr.

美洲野牛牧場 Bison Paddock

Crossover Dr.

Transverse Dr.

笛洋博物館
De Young Museum

日本茶園
Japanese Tea Garden

草莓山 Strawberry Hill

金門公園
Golden Gate Park

Middle Dr. W.

舊金山植物園
SF Botanical Gardens

加州科學院
California Academy of Sciences

旋轉木馬
Herschell-Spillman
Carousel

Cha Cha Cha

Amoeba Music

Kezar Dr.

Cole Vall

Love

The
G

墨菲風車
Murphy Windmill

Lincoln Way

Hugo St.

Zazie

Cole

N

Parnassus Heigh

Irving St.

47th Ave.

46th Ave.

45th Ave.

43rd Ave.

41st Ave.

39th Ave.

Sunset Blvd.

35th Ave.

33rd Ave.

31st Ave.

29th Ave.

27th Ave.

25th Ave.

23rd Ave.

22nd Ave.

21st Ave.

19th Ave.

17th Ave.

15th Ave.

Funston Ave.

Lawton St.

11th Ave.

9th Ave.

7th Ave.

Laguna Honda Blvd.

Warren Dr.

Parnassus Ave.

Clarendon Ave.

Judah St.

Kirkham St.

Lawton St.

Moraga St.

Noriega St.

Ortega St.

N

1

雙子峰
Twin Peaks

圖例 ◎景點 H飯店 ⌂百貨 ♨購物 ♨餐廳 ♨劇院 □廣場 ○公園 ✝教堂 ●甜點 🏛博物館 ▣政府機關
i遊客中心 ●球場 ●火車站 -M- Muni Metro ⋯B⋯ BART ⋯⋯電纜車線 🛣國道 ①州道 🛣州際公路

234

惡魔島
Alcatraz

漁人碼頭
Fisherman's Wharf

39號碼頭
Pier 39

海德街碼頭歷史船隊
Hyde Street Pier Historic Ships

舊金山灣
San Francisco Bay

Jefferson St.
Beach St.
North Point St.

海事博物館
Maritime Museum

吉拉德里廣場
Ghirardelli Square

Bay St.
Francisco St.

北灘
North Beach

電報山
Telegraph Hill

克雷西草場
Crissy Field

Marina Blvd.

藝術宮
Palace of Fine Arts

梅森堡
Fort Mason

Beach St.

North Point St.

Chestnut St.

Marina

Jefferson St.

探索博物館
Exploratorium

Bay St.
Francisco St.
Chestnut St.
Lombard St.
Greenwich St.

俄羅斯山
Russian Hill

Coventry

Greenwich St.
Filbert St.
Union St.
Green St.

Sansome St.

安巴卡拉羅
Embarcadero

Filbert St.

慧星俱樂部
Comet Club

八角屋
Octagon House

Grant Ave.

Jackson Square

Barbary

太平洋高地
Pacific Heights

牛谷區
Cow Hollow

Green St.
Vallejo St.
Broadway St.

蕃布山
Nob Hill

唐人街
Chinatown

Pacific Ave.
Jackson St.
Washington St.

Chinatown-Rose Pak

金融區
Financial District

Embarcadero

海灣大橋
San Francisco
Oakland Bay Bridge

Drisco

Clay St.
Sacramento St.
California St.

Powell St.

Montgomery St.

Greyhound

灰狗巴士站

Rincon Hill

Bush St.

聯合廣場
Union Square

Union Square/
Market St

南灘
South Beach

Fillmore

小西貢
Little Saigon

日本城
Japantown

教堂山
Cathedral Hill

Japan Center

聖瑪麗大教堂
St. Mary's Cathedral

O'Farrell St.
Ellis St.
Eddy St.
Turk St.

Powell St.

芳草地花園
Yerba Buena Gardens

Yerba Buena/
Moscone

4th and
Brannan

甲骨文球場
Oracle Park

Western Addition

市政中心
Civic Center

市政廳
City Hall

SOMA
市場南

戰爭紀念歌劇院
War Memorial Opera House

Civic Center / UN Plaza

Caltrain 總站

戴維斯音樂廳
Louise M. Davies Symphony Hall

Hayes Valley

NOPA

阿拉莫廣場
Alamo Square

Nopa

Mission Bay

大通銀行中心
Chase Center

嬉皮區
Haight Ashbury

Lower Haight

Upper Market

16th St. Mission

多羅麗教堂
Mission Dolores

Bi-Rite Creamery

教會區
Mission

Bob Marley 壁畫
Bound Together Anarchist
Collective

卡斯楚戲院
Castro Theatre

GLBT 歷史協會博物館
GLBT Historical Society Museum

卡斯楚區
Castro

Paxton Gate

Potrero Hill

24th St. Mission

Travel Information of San Francisco
舊金山城市資訊

基本資訊

人口：約79萬(市區)
面積：約121.5平方公里(市區)

如何前往

飛機

　　舊金山國際機場(機場代碼SFO)位於市中心南方13英哩的舊金山灣海邊，是從台灣入境美國西岸的主要門戶之一。機場有3個國內航廈(Terminal 1~3)與1個國際航廈(International Terminal)，免費機場快軌(AirTrain)分為紅、藍兩線，24小時行駛，紅線以順時針方向連結各航廈大樓、停車場大樓與BART車站，藍線除了逆時針連結以上各站外，還通往租車中心。

從台灣出發：目前在台灣提供直飛舊金山航線的，有聯合航空、長榮航空、中華航空與星宇航空4家航空公司，皆是從桃園機場第2航廈出發。聯合航空每日2班(UA872與UA852)，飛往舊金山機場國際航廈G區；長榮航空每日3班，中華航空每日1班，都是飛往第1航廈A區；星宇航空每日1班，飛往第1航廈B區。從台灣直飛舊金山，飛行時間去程為11小時，回程約14小時。

從美國其他城市：美國各大機場都有飛往舊金山的航班，若是搭乘聯合航空，則有從洛杉磯、拉斯維加斯、紐約、芝加哥、休士頓、西雅圖、華盛頓特區、丹佛等城市起飛的多條航線。

舊金山國際機場
San Francisco International Airport（SFO）
🔺P.304A2
🌐www.flysfo.com

火車

　　美國國鐵最靠近舊金山的火車站，是位於海灣大橋東側的愛莫利維爾，共有4條鐵路線會停靠在那裡，包括：California Zephyr、Coast Starlight、San Joaquin、Capitol Corridor。從愛莫利維爾火車站可搭乘國鐵巴士，前往市中心的39號碼頭、渡輪大廈、金融區等地。不過美國火車由於速度太慢，像是從洛杉磯出發到舊金山，車程就要大約11.5小時，因此一般外國觀光客很少在西岸搭乘火車作長途旅行。

愛莫利維爾車站 Emeryville (EMY)
🔺P.304A1
📍5885 Horton St, Emeryville, CA 94608
美國國鐵 Amtrak
🌐www.amtrak.com

長途客運

　　舊金山的灰狗巴士總站位於市場街南邊，距離muni電車與BART的Montgomery St站約步行5分鐘路程。從洛杉磯出發約需8~11小時，票價＄49起。

灰狗巴士 Greyhound
📍425 Mission St, Suite 206, SF, CA 94105
📞(415) 495-1569
🌐www.greyhound.com

開車

　　從洛杉磯到舊金山，最快的道路是走I-5 N，看到I-5與I-580分流的路標時，靠左側車道走I-580 W。當I-580又與I-238分流時，靠右側車道繼續走I-580 W。而在I-580與I-80分流時，靠左側車道走I-80 W，過了海灣大橋後即達舊金山市區。路程約380英哩。

通勤火車

　　Caltrain是行駛在南灣的通勤火車，連結舊金山市中心與吉爾羅伊之間，中途行經帕羅奧圖、山景城、聖塔克拉拉、聖荷西等城市。舊金山市的Caltrain車站位於市中心東側，可搭乘muni電車N、T線至King St & 4th St站下車即達。

💲 票價分為6個區段，單程基本車資為＄3.75（使用Clipper為＄3.2)，每跨越1個區段增加＄2.25。
🌐www.caltrain.com

機場至市區交通

灣區捷運 BART

　　從各航廈搭乘免費機場快軌至Garage G ／ BART Station站，即可找到BART車站。從機場乘坐BART

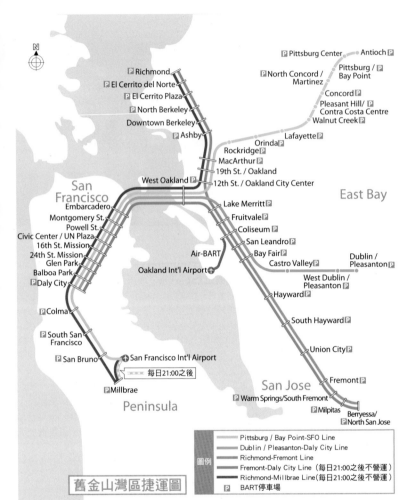

舊金山灣區捷運圖

Pittsburg / Bay Point-SFO Line
Dublin / Pleasanton-Daly City Line
Richmond-Fremont Line
Fremont-Daly City Line（每日21:00之後不營運）
Richmond-Millbrae Line（每日21:00之後不營運）
🅿 BART停車場

到舊金山市中心，大約需時30分鐘。
💲到市中心 $10.55　🌐www.bart.gov

山姆客運 SamTrans Bus

在各航廈外都有山姆客運的站牌，可搭乘292快
線，或凌晨行駛的397快線前往市中心（站牌位於
Mission St沿線）。
💲 $2.25，使用Clipper $2.05
🌐www.samtrans.com

租車 Rental Car

租車中心位於機場西北側，從航廈可搭乘機場快軌
的藍線前往，中心內有包括Hertz在內的9家租車公司
櫃檯。

計程車 Taxi

計程車的上車處在各航廈行李轉盤外，中島上的交
通轉運區域。從機場出發的計程車，會多收 $5.5的
附加費。

市區交通

灣區捷運系統 BART

BART是Bay Area Rapid Transit的簡稱，連結舊
金山與東灣、南灣各城市間，也有支線前往舊金山國
際機場與奧克蘭國際機場，是灣區居民最重要的通勤
工具。BART共有5條路線，50個車站。從奧克蘭經

舊金山到戴利市(Daly City)的路段為地鐵形式，其他區域則多為高架軌道。

搭乘BART只能使用Clipper票卡，可在車站售票機購買新卡，或用手機下載綁定，以Apple Pay或Google Pay支付。

🕐 平日05:00~24:00，週六06:00~24:00，週日08:00~24:00 (綠線及紅線21:00後停駛)

💲 車資依距離遠近計算，最少＄2.3，最多＄10.3 (進出機場會再多＄5以上)

🌐 www.bart.gov

市區運輸網路 Muni

舊金山市區的交通運輸網稱為Muni，有輕軌電車(部分路段為地鐵)、公車、古董街車、電纜車等多種交通工具。要留意的是，Muni與BART雖然皆可使用Clipper Card搭乘，但仍屬於完全不同的系統。

🌐 www.sfmta.com

◎交通工具種類

◎ 輕軌電車 Muni Metro

Muni系統的輕軌電車有J、K、L、M、N、T等6條路線，另外還有一條僅在平日尖峰時刻行駛於安巴卡德羅與卡斯楚區之間的S接駁線。這些路線除了T線以外，在市中心行駛於市場大街的路面下，且於Embarcadero與Van Ness之間，路線是完全重疊的。

而T線也在4th St & Brannan站以北進入地鐵模式，通往芳草地花園、聯合廣場、唐人街等地，其最終計劃預計會延伸至北灘和漁人碼頭。

🕐 大致上平日為06:00~24:00，週末08:00~24:00間行駛，8~20分鐘一班，凌晨時，N、K、L、T線有夜間公車替代

◎ 古董街車 Historic Streetcar

古董街車其實和其他輕軌路線沒有什麼差別，只是使用的是懷舊的古董車廂，搭乘起來另有風情。目前古董街車的路線有E、F兩條，E線主要沿著Embarcadero港邊行駛，往北在漁人碼頭繞一圈，往南則一直開到Caltrain的車站；F線也是從漁人碼頭沿著Embarcadero行駛，不過會在渡輪大廈前轉進Market St，最後抵達卡斯楚區。和其他輕軌路線不同的是，E、F線全程行駛在路面上，不會成為地鐵。

🕐 F線每日07:00~22:00間行駛，每12~17分鐘一班

❗E線目前暫停行駛

◎ 公車 Muni Bus

Muni的公車路線有80多條，範圍涵蓋整個市區，不想走路的遊客可利用公車彌補電車路線之不足。公車的車資與輕軌電車相同，若有轉乘需求，則需向司機索取轉乘券(Transfers)。

◎ 電纜車 Cable Car

名聞全球的電纜車又被俗稱為「叮噹車」，1906年以前是城裡主要的大眾運輸工具，如今只剩下3條路線仍在行駛，分別為Powell-Hyde線、Powell-Mason線與California線，前往聯合廣場、漁人碼頭、九曲花街、諾布山等景點時，經常有機會搭到，只是票價並不便宜，而且不能使用轉乘券。

車票可使用Clipper Card與MuniMobile，或在Bay St與Taylor St路口、Hyde St與Beach St路口、Powell St與Market St路口的售票亭購買，也可直接向車掌購買。在電纜車站牌可揮手招車，但若車上已無空位，司機會過站不停。

🕐 大致上為07:00~22:30間行駛，約10~20分鐘一班。

🚼 4歲以下免費搭乘

◎購買車票

Muni的各交通工具皆可在車站自動售票機購買單程票，不分遠近，統一價格。過閘門時，閘門會自動列印一張轉乘券(E、F線是向司機索取)，可在2小時內轉乘Muni系統的輕軌與公車，但不可轉乘電纜車。

而在Muni各電纜車售票亭也有販賣遊客通行券Visitor Passport，可在效期內無限次搭乘Muni系統的電車、地鐵、公車與電纜車，若要經常搭乘大眾運輸工具(尤其是電纜車)，會非常划算。

現在Muni還有推出電子車票，可用手機下載MuniMobile App，與Clipper的App類似，支付方式也是綁定Apple Pay或Google Pay，但只能使用於Muni系統。過閘門時，以手機感應即可，相當方便。

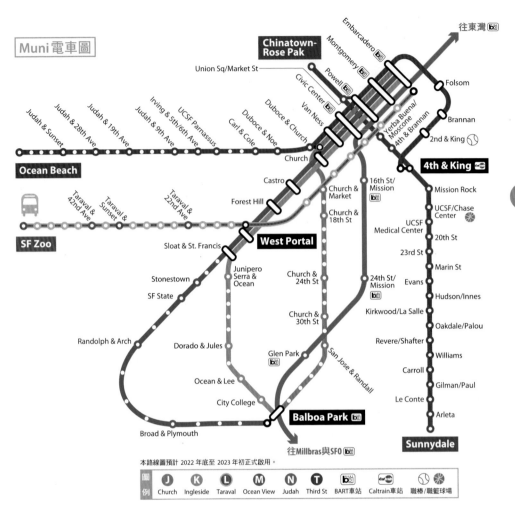

Muni電車圖

Chinatown-Rose Pak

Union Sq/Market St
Civic Center
Powell
Montgomery
Embarcadero
往東灣

Judah & Sunset
Judah & 28th Ave
Judah & 19th Ave
Judah & 9th Ave
Irving & 5th/6th Ave
UCSF Parnassus
Carl & Cole
Duboce & Noe
Duboce & Church
Van Ness
Church
Folsom
Brannan
2nd & King

Ocean Beach

Castro
Church & Market
16th St/Mission
4th & King
Yerba Buena/Moscone/4th & Brannan

Forest Hill
Church & 18th St
Mission Rock

Taraval & 42nd Ave
Taraval & Sunset
Taraval & 22nd Ave
UCSF/Chase Center
UCSF Medical Center
20th St

SF Zoo

Sloat & St. Francis
West Portal
Junipero Serra & Ocean
Church & 24th St
23rd St
Marin St

Stonestown
24th St/Mission
Evans
Hudson/Innes

SF State
Kirkwood/La Salle
Oakdale/Palou

Church & 30th St
Revere/Shafter

Randolph & Arch
Dorado & Jules
Glen Park
San Jose & Randall
Williams

Carroll

Ocean & Lee
City College
Gilman/Paul

Le Conte

Balboa Park
Arleta

Broad & Plymouth
往Millbras與SFO
Sunnydale

本路線圖預計 2022 年底至 2023 年初正式啟用。

| 圖例 | J Church | K Ingleside | L Taraval | M Ocean View | N Judah | T Third St | BART車站 | Caltrain車站 | 職棒/職籃球場 |

至於現金，則只適用於行駛在路面上的交通工具，如公車、電纜車與路面的輕軌及古董街車，且車上並不找零，要準備確切的金額。

票種	單程票	一日票	電纜車	遊客一日券	遊客三日券	遊客七日券
價錢	現金$3，票卡$2.5	$5	$8	$13	$31	$41

18歲以下免費搭乘(電纜車除外)，65歲以上半價
通行券效期至到期日24:00為止。一日票不適用於電纜車及地鐵路段。

Clipper Card

Clipper是由灣區大都會運輸委員會(MTC)所發行的感應式一卡通票卡，可使用於包括BART、Muni、Caltrain、金門渡輪、山姆客運等所有灣區的大眾運輸工具。如果旅行範圍不限於市區，又沒開車的話，Clipper Card會比MuniMobile好用。

購買新卡為每張$3，購卡時可同時儲值，使用Clipper搭乘Muni系統，車資也會比較便宜。實體票卡可在BART車站售票機、遊客中心、Walgreens藥妝店等零售商購買；若是在手機上下載，並綁定Apple Pay或Google Pay，則購卡的3元會直接轉換成儲值金。

www.clippercard.com

計程車

舊金山的計程車，起錶價為＄4.15，每1/5英哩跳錶＄0.65，等待時間每分鐘跳錶＄0.65。搭乘時，需注意車身及車尾有「San Francisco Taxicab」字樣的，才是合法計程車。

開車

◎市區交通狀況

在舊金山開車要注意的是，城裡大部分道路都是單行道，不過幸好道路規劃是整齊的棋盤狀，應不致於迷路。而在平日上午與傍晚的尖峰時刻，儘量不要開車在市中心晃，也避免經過海灣大橋，因為塞車非常嚴重，才走短短一個路口，一天又少了半小時。

◎停車

如果你的目的地是漁人碼頭或聯合廣場一帶，建議把車停在較遠的地方，然後搭乘大眾運輸工具前往，一來那附近的交通網發達，二來那邊的停車收費貴得嚇人。如果是要前往金門公園及其周邊，則很容易就能找到限時免費的停車格。

如果住的地方是在市區外頭，而附近又有BART站的話，不妨把車停在BART車站的停車場，再搭乘BART進城，因為BART的停車場停一整天通常只要3塊多，有的週末還不收錢，就算加上進城的車資，也還是比停在市區內划算。要停BART的停車場，請記下停車格的號碼，進車站之後使用自動售票機繳費，而不是要離開了才繳。

◎收費橋樑

舊金山市區兩條重要的聯外橋樑——海灣大橋與金門大橋，都是收費橋樑，從北灣或東灣前往舊金山的方向收費，離開舊金山的方向則免費。這兩條橋樑都是採電子收費的方式，沒有安裝FasTrak設備的車輛是以車牌辨識系統收取，過橋後48小時內在官網上開通一個一次性繳費的帳號(License Plate Account)，以信用卡支付。如果可以的話，列印繳費憑證，還車時作為證明。若需要經常行駛收費路段，又嫌線上繳費很麻煩的話，可以在租車時加租FasTrak，不過租金以日計費，且不包含要繳的過路費，並不便宜就是了。

自小客車的過路費如下：

	海灣大橋	金門大橋
一般收費	＄7	＄9.5
使用FasTrak	＄7	＄9.25
裝有FasTrak且在Carpool開放時間行駛在3人以上共乘車道	＄3.5	＄7.25

FasTrak線上繳費網站

🔗www.bayareafastrak.org/en/ggb/onetimepayment.shtml

共享單車

◎Bay Wheels

Bay Wheels由Lyft所營運，站點遍佈舊金山市區。想要租用Bay Wheels，必須先下載Lyft App，並註冊成為會員，也可以把會員綁定Clipper Card，租車時再用Clipper Card解鎖。

💲單次租車解鎖費＄3.99，租用時間超過30分鐘之後，每分鐘＄0.3。若租用的是電動車ebike，則解鎖後每分鐘＄0.3

🔗www.lyft.com/bikes/bay-wheels

觀光行程

Big Bus San Francisco

這輛雙層露天的隨上隨下觀光巴士，在舊金山市區內共有16處停靠站點，包括漁人碼頭、唐人街、聯合廣場、金門公園及金門大橋等。

🏠發車處在99 Jefferson St (與Mason St的轉角)
🕐每日10:00~18:00，每15分鐘一班
💲24小時：成人＄63，3~12歲＄53。48小時：成人＄73，兒童＄63
🔗www.bigbustours.com/en/san-francisco
🎫官網購買享有折扣

Go Car Tours

租用卡丁車或卡丁摩托車，跟著GPS預設的多條行程路線，遊歷舊金山市區。

🏠431 Beach St, SF, CA 94133
📞(415) 980-8544 💲行程＄55起

優惠票券

以下票券都是在官網上購買，付款後，電子票券會寄送到電子信箱裡，可下載到手機中，或是列印下來。

San Francisco CityPASS

票券內容：這本通票可造訪4個景點，兩個基本景點分別是加州科學院與藍金號遊船的遊港行程，另外再從海灣水族館、舊金山動物園及植物園、迪士尼家族博物館、探索博物館與舊金山現代藝術博物館當中選擇2處參觀。如果全部用上的話，最多可省下46％的費用。

CityPASS另外還有一種自選票券C3，可在上述景點外，再加上笛洋博物館＋榮耀宮美術館、租用Bay City Bike單車等9個景點中任選3處使用，適合時間比較有限的人。

效期：連續9天，自第一張票券使用起計算。
💲

	成人	4~11歲
CityPASS	$ 87	$ 67
C3	$ 79	$ 62

使用要領：必須全部用掉才會有省大錢的感覺，如果只想去其中幾個景點，那麼就不夠划算了，因此較適合初次造訪舊金山的遊客使用。
🔗 www.citypass.com/san-francisco

Go San Francisco Pass

票券內容：可使用Go City的景點與觀光行程多達35個以上，票券分為All-Inclusive Pass與Explorer Pass兩種，前者在限定時間內可造訪所有景點，後者是只能造訪特定數量景點，但效期長達60天。
💲

All-Inclusive Pass	1日卡	2日卡	3日卡	5日卡
成人	$ 94	$ 134	$ 159	$ 189
3~12歲	$ 89	$ 119	$ 129	$ 149

Explorer Pass	2景點	3景點	4景點	5景點
成人	$ 74	$ 89	$ 114	$ 129
3~12歲	$ 64	$ 74	$ 94	$ 114

使用要領：All-Inclusive Pass去的地方愈多愈划算，以門票較貴的景點為優先；Explorer Pass則適合停留天數較長，想深入特定景點的人。

The San Francisco Sightseeing Pass

票券內容：可使用Sightseeing Pass的景點與觀光行程多達30個以上，票券分為Day Pass與Flex Pass兩種，前者在限定時間內可造訪所有景點，後者是只能造訪特定數量景點，但效期長達60天。
💲

Day Pass	1日卡	2日卡	3日卡	5日卡
成人	$ 99	$ 144	$ 179	$ 209
3~12歲	$ 94	$ 129	$ 144	$ 164

Flex Pass	2景點	3景點	4景點	5景點	6景點
成人	$ 79	$ 99	$ 129	$ 144	$ 154
3~12歲	$ 64	$ 84	$ 104	$ 129	$ 139

使用要領：Sightseeing Pass與Go Pass使用方式大同小異，但內容範圍和價錢不太一樣，可上網比較哪種較適合自己的行程。
🔗 www.sightseeingpass.com/en/san-francisco

旅遊諮詢

舊金山旅遊局
San Francisco Travel Association
☎ (415) 391-2000
🔗 www.sftravel.com
◎加州歡迎中心
🔺 P.244C1
📍 Pier 39, Building B, Level 2, SF, CA 94133 (39號碼頭上)
☎ (415) 377-2707 ⏰ 每日09:00~20:00
🔗 www.visitcalifornia.com
◎唐人街遊客中心
🔺 P.252C3 📍 625 Kearny St, SF, CA 94108
☎ (415) 395-9060 ⏰ 10:00~17:30 (週六至16:00)
🚫 週日 🔗 www.bestofsfchinatown.com

舊金山行程建議
Itineraries in San Francisco

◎如果你有5天
舊金山市區雖然範圍不大，好玩的地方卻不少。首先要去的，當然就是漁人碼頭區，一早先搭船上惡魔

島參觀，下午再回到39號碼頭遊逛，碼頭上好吃好玩好買的樂子太多，一整天注定就要待在這裡。如果你還想搭乘遊船出海，或是參觀海灣水族館和航海歷史公園，並在附近的購物中心血拚，那麼光是漁人碼頭區就至少要兩天才夠。

金門大橋兩岸也是一天的行程，上午先到北邊的索薩利托享受陽光，或是去繆爾紅杉保護區吸收芬多精。下午回到南岸，拜訪普雷西迪奧公園內的景點。另外再安排一天前往金門公園，當中的加州科學院、笛洋博物館、日本茶園、植物宮等，都值得花點時間參觀。而公園東邊的嬉皮街裡，也有些極具特色的商店。傍晚若還有天光，不妨開上雙子峰，觀賞城市被夕陽染紅的壯闊景象。

當然，也不能漏了市中心，從市場南、聯合廣場、唐人街、北灘，到諾布山與日本城，每一處角落都值得造訪，可以根據自己的興趣所好，安排一至兩天行程一一遊歷。

◎如果你有10天

除了市區內前5天還沒玩到的地方外，也可安排當日來回或二天一夜的灣區小旅行，像是舊金山北邊的著名酒鄉——納帕谷地與索諾瑪、舊金山南邊的史丹福大學、聖荷西、聖塔克魯茲與蒙特雷等，都是相當熱門的目的地。

而嚮往大自然的人，也一定會安排兩到三天行程前往優勝美地國家公園與鄰近的巨杉國家公園、國王峽谷國家公園。如果你最終的目的地是在洛杉磯，便可從那裡順道繼續南行。

舊金山散步路線
Walking Route in San Francisco

散步行程從①39號碼頭開始，這裡有許多好吃好逛的海景餐廳與特色商店，以及各式各樣娛樂表演。沿著港灣往西邊走，這一帶就是聞名遐邇的②漁人碼頭，既然來到這兒，別忘了吃個丹金尼斯大螃蟹和酸麵包蜊蜊濃湯再走。碼頭西側的③罐頭工廠廣場是由從前的水果罐頭廠改建而成的購物中心，非常具有特色。隔壁的④吉拉德里廣場也是座以工廠改建的百貨廣場，其巧克力創始店面至今仍在廣場內，是舊金山的人氣伴手禮。

離開港邊折而向南，沿著電纜車軌道便會經過⑤九曲花街，這條全世界最曲折的車道，吸引各地遊客前來拍照。再往東走到⑥華盛頓廣場，廣場北側的聖彼得與保羅大教堂，是當年瑪麗蓮夢露與喬狄馬喬拍婚紗照的地方。華盛頓廣場也是⑦北灘的中心，這處義

大利移民聚居的區域，處處流露南歐的拉丁風情。北灘南邊緊臨⑧唐人街，這個在西方世界發展了一百多年的東方社區，不知對你來說是熟悉還是陌生？

⑨聯合廣場距離唐人街不遠，卻完全是另一個世界的景象，百貨公司林立，消費是這裡最熱絡的活動。如果還有體力，可以再往西走上⑩諾布山，那裡從前是舊金山的地王所在，今日則是城裡最高級的酒店區。散步行程就在這裡結束，可以搭乘電纜車回到市中心。

距離：約5.3公里
所需時間：約1.5小時

漁人碼頭
Fisherman's Wharf

漁人碼頭最初只是個義大利漁民出海捕魚的港口，這一帶海域盛產滋味鮮美的螃蟹、大蝦與槍烏賊，漁船每天凌晨起錨出海，下午再收錨回港，總有一些好奇民眾會去觀看漁獲，甚至向他們購買，後來漁民們乾脆在碼頭邊設立攤販，把捕獲的海鮮放在大鍋中蒸熟，做成沙拉和巧達濃湯販賣，逐漸形成漁人碼頭一景。時至今日，這些小攤子多半集中在Jefferson St和Taylor St的交會口，對面廣場上也豎立起一座以船舵和螃蟹為造型的圓形招牌，成為漁人碼頭最為人所知的地標。

海鮮中的代表，首推丹金尼斯大螃蟹，廚師先將大蟹放入鐵桶中以熱水汆燙，撈出後，用鐵夾乒乓敲擊，然後快速地用刀切割成塊狀。這道美食是漁人碼頭的象徵，因此來到這裡不嚐一隻的話，似乎有點說不過去。另一道經典小吃是奶油蛤蜊濃湯，其裝盛的容器用的是本地著名的酸麵包，同樣令人回味無窮。

除了品嚐美食，這個地區也擠滿了紀念品店、古董藝廊、海景餐館、博物館和許多由舊日工廠改建成的購物中心，熱鬧的氣息一直延伸到39號與41號碼頭周邊，成為一個範圍廣闊的觀光區域。

MAP P.244C1

天空之星摩天輪
SkyStar Wheel

舊金山港灣邊的新地標

🚋搭乘古董街車E、F線至Jefferson & Powell站即達 🏠
2860 Taylor St, SF, CA 94111 ☎(833) 269-7827 🕐每
日10:00~22:00 💲成人$18,3~12歲及65歲以上$12 🌐
www.skystarwheel.com

　　為高低起伏的城市天際線增加一道圓形的顯眼輪廓,似乎已成為觀光都會的趨勢,舊金山當然也要趕上潮流。天空之星初次亮相,是在2018年的路易斯維爾,之後作為慶典活動中的要角,曾在多個城市之間遷移。2020年,天空之星落腳在舊金山的金門公園,到了2023年11月合約期滿,又轉移陣地到漁人碼頭來,原本預計只在此停留幾個月的時間,但因為實在太受市民喜愛,於是又延長數年合約,說不定有望成為永久設施。

　　天空之星高45.72公尺、周長152.4公尺,擁有36個全空調吊艙,每個吊艙可容納6人,旋轉一圈需要12分鐘。雖然在這凡事都要爭第一的時代來說,規模不算特別壯觀,但舊金山灣的景致本來就不以壯觀取勝,當座艙升到最高點,北灘、九曲花街、金門大橋、惡魔島、甚至索薩利托的景色都一覽無遺,那種精緻而明亮的風景,才是舊金山的迷人所在。

MAP　P.244C1

39號碼頭

MOOK Choice

Pier 39

嘉年華式的碼頭市集

🚋搭乘古董街車E、F線至The Embarcadero & Stockton站即達 ⓦ www.pier39.com
◎ **7D體驗 7D Experience**
🏠 Building M, Level 1 　⏱每日10:00~21:00（全程約10分鐘）　💲 $14　ⓦ theflyer-sanfrancisco.com
◎ **旋轉木馬 San Francisco Carousel**
⏱每日10:00~20:00　💲 $7
◎ **鏡子迷宮 Magowan's Infinite Mirror Maze**
🏠 Building O, Level 2　⏱每日10:00~21:00　💲 $10，5歲以下免費　ⓦ www.magowansinfinitemirrormaze.com

　　39號碼頭是漁人碼頭的精華，這座從前的貨運碼頭，經過改建之後，成了一座露天式的購物廣場。在以大量舊碼頭材料搭建的2層樓市集裡，有超過110家特色紀念品商店與14家景觀海鮮餐廳，表演舞台總是吸引大批觀眾，佔據各個角落的街頭藝人也無不使出渾身解數。除此之外，

各式各樣的娛樂活動也多到令人目不暇給。碼頭中央的旋轉木馬是義大利純手工打造，繪上精細的舊金山地標風景，還沒坐上就感到夢幻非常；「7D體驗」是互動式電影的射擊遊戲；「鏡子迷宮」則是利用鏡像延伸，營造出無邊際的視覺效果。數不盡的樂子，讓碼頭上的人們摩肩接踵，熙來攘往的歡樂氣氛，要把這裡形容為全年無休的嘉年華會，似乎也不為過。

　　聚集在K-Dock上曬日光浴的加州海獅，是39號碼頭最引人目光的一大焦點。這些海獅完全是野生的，只不過盤踞的地方距離人類很靠近，牠們的初次造訪是在1989年大地震之後的幾個月，原本只有數十隻，但因為近海有充足的鯡魚群迴游，加上受到保護的環境，使得短短幾個月內，數量就爆增到數百隻。這些其實很聰明的動物，時常做出一些看似滑稽的動作，讓遊客看得樂不可支；而他們喧鬧的叫聲，也為海港增添不少熱鬧成份。

海灣水族館

Aquarium of the Bay

玻璃隧道內的海底漫步

🏠39號碼頭入口處 ☎(415) 623-5300 🕐每日 10:00~17:00 (16:30後停止入館) 💲成人＄35，4~12歲 ＄25，65歲以上＄30 ⓦaquariumofthebay.org

　　海灣水族館是舊金山灣唯一的大型水族館，斥資4百萬美金興建。館內約有2萬個海生物種，最重要的設施，是一條長達92公尺的玻璃海底隧道，遊客走在隧道裡就像在海底漫步般，5種加州特有的鯊魚從頭頂上從容游過，令人暈頭轉向的鰻魚群在面前瘋狂旋舞，犁頭鮹毫不掩飾那令人匪夷所思的長相，白鱘魚也展示著2億年來不肯進化的身軀。而水母是另一種讓人佇足良久的生物，海月水母透光的傘體張合出奇異的圖案，太平洋刺水母的觸腳暈染出水墨的筆調，這是兩幅時刻變幻的圖畫，神祕而美麗，無法名狀。

機械電動博物館

Musée Mécanique

古早味電動玩具集合

🚃搭乘古董街車E、F線至Jefferson & Taylor站即達 🏠45號碼頭入口處 ☎(415) 346-2000 🕐10:00~19:00 (週末至20:00) 💲門票免費，但館內電玩需個別投幣 ⓦwww.museemechanique.org

　　在現在這個人手一台智慧型手機的時代，人們已經很習慣用手指輕輕拖曳一下，螢幕裡就有無限種可能的刺激。不過偶爾還是會懷念起小時候，在路邊扭動搖桿、死命拍打按鍵的時光，以及紅白機簡單卻令人難忘的畫面。這間博物館要回到的是更早以前，從一切電玩的起源開始，你可能很難想像，當時只是一片會自動運轉的場景，就足以讓人驚訝得合不攏嘴。博物館裡的展示從原始的立體畫片、算命機，到後來的彈珠玩具、夾娃娃機，以至我們更加熟悉的大台電玩與投籃機等，種類豐富。這裡沒有任何文字解說，你所要做的，就是掏出硬幣，親身體驗。

藍金號遊船
與紅白號遊船

MOOK Choice

Blue Gold Fleet & Red and White Fleet

搭乘遊船出海去

◎ **藍金號遊船**

⌂ Pier 41, SF, CA 94133 ☎(415) 705-8200 ⏰每日3~9班，行程1小時。時刻表隨季節變更，請上官網查詢 💲成人＄39，12~18歲及65歲以上＄33，5~11歲＄28 🌐blueandgoldfleet.com

◎ **紅白號遊船**

⌂ Pier 43½, SF, CA 94133 ☎(415) 673-2900 ⏰每日3~5班，行程1小時。時刻表隨季節變更，請上官網查詢 💲成人＄38，5~17歲＄29 🌐www.redandwhite.com

海上是欣賞舊金山迷人天際線的最佳位置，只有搭乘遊船才辦得到。藍金號遊船與紅白號遊船是漁人碼頭兩家最大的遊船公司，提供各種遊港行程和渡輪服務。紅白號遊船的資格較老，創立於1892年，主要行程為金門灣巡航，路線為繞行惡魔島一圈，至金門大橋底下後折返，是非常熱門的觀光方式。藍金號遊船主打的舊金山灣巡航行程，路線和紅白號如出一轍，不過藍金號的事業做得更大，另有經營渡輪前往索薩利托、奧克蘭、蒂伯隆、天使島等地。另外，這兩家公司的遊船上，都有提供免費的中文語音導覽設備。

舊金山⋯漁人碼頭 Fisherman's Wharf

247

惡魔島

Alcatraz

重刑犯的海上牢籠

搭乘古董街車E、F線至The Embarcadero & Bay站下車，在31號碼頭與33號碼頭兩棟建築物之間，便是Alcatraz Landing入口，在那裡買票搭船去惡魔島　☎877-443-5547　◑夏季08:40~15:50，每日15班船；冬季08:40~13:35，每日11班船。週二至週六晚上亦有2~3班夜間行程。船程約15分鐘，時刻表隨季節變更，請上官網查詢。上島後記得先在碼頭查看回程班次，以利安排遊覽時間　⑤日間行程：成人＄45.25，5~11歲＄27.55，62歲以上＄42.65。夜間行程：成人＄56.3，12~17歲＄55.1，5~11歲＄33，62歲以上＄52.25　◐www.alcatrazcruises.com　⊛語音導覽耳機在監獄入口發放，有中文解說，非常生動精彩　❶強烈建議事先在網上預訂船票

Alcatraz在西班牙語中是「鵜鶘」的意思，因為在人類到來之前，鵜鶘是島上唯一的居民。之所以被翻譯成惡魔島，大概是因為後來住在島上的，都是些窮兇極惡的緣故吧。小島最初於1850年被興建為要塞，並在美西戰爭期間用來關押戰犯。到了1934年，這裡被改建為聯邦監獄，專門收容最惡名昭彰的重刑犯，大名鼎鼎的「住客」包括：芝加哥黑幫傳奇，綽號「疤面」的艾爾卡彭(Al Capone)、學識淵博，對鳥類造詣極深，卻是連續殺人狂的「鳥人」史特勞德(Robert Stroud)、綁架石油大亨的「機關槍」凱利(George Kelly)、名列全民公敵的幫派頭目

「悚人」卡爾皮斯等(Alvin Karpis)。

惡魔島距離舊金山只有1英哩，從部分囚房窗外就能看到繁華的市景，這恐怕才是對犯人最嚴厲的懲罰。1996年經典動作片《絕地任務》中，史恩康納萊號稱是唯一逃出過惡魔島的人，不過這只是部虛構電影，在官方紀錄中，從未有成功越獄的紀錄。最接近的越獄行動有2次，一次是1946年時，5名犯人攻佔槍械庫後與警衛發生槍戰，最後雖然全部伏誅，但也造成13名警衛傷亡；另一次是在1962年，3名囚犯製作假人頭騙過警衛，從預先挖好的通道逃出監獄，這事件後來被拍成電影《亞特蘭翠大逃亡》，由克林伊斯威特主演。不過並沒有任何證據顯示他們回到正常世界，冰冷且洶湧的海水是惡魔島的最後屏障，要在暗夜中游泳橫渡絕無活命可能。事實上，惡魔島是唯一花費巨資安裝熱水淋浴的聯邦監獄，不是為了嘉惠這些角頭，而是預防他們適應冷水溫度。

不過高昂的運作成本也讓政府無力負擔，終於在1963年關閉監獄。今日惡魔島由國家公園管理處接管，隸屬於金門國家休閒區的一部分，遊客來到島上，可參觀昔日的牢房、大食堂、伙房、探視處、監控室與操場等，有些牢房也大開房門，讓遊客進去體驗囹圄滋味。

MAP P.244B1-B2

舊金山國家航海歷史公園
San Francisco Maritime National Historical Park
重現往日航海生活

🚋 搭乘古董街車E、F線至Jones & Beach站，步行約8分鐘；或搭乘電纜車Powell–Hyde線往北坐到底站，步行約3分鐘 🌐 www.maritime.org

◎ **遊客中心 Visitor Center**
🏠499 Jefferson St 📞(415) 447-5000 ⏰13:00~17:00 (週末10:00起) 🌐www.nps.gov/safr

◎ **海德街碼頭 Hyde Street Pier**
🏠2905 Hyde St ⏰週末10:00~17:00 (16:30後停止入場) 💲成人＄15，15歲以下免費

◎ **海事博物館 Maritime Museum**
🏠900 Beach St ⏰10:00~16:00 🚫週一、二 💲免費

海德街碼頭是歷史公園裡最重要的部分，保存多艘在航海發展史上別具重要意義的歷史船隻，整齊地停泊於碼頭旁。最大的一艘，是名叫Balclutha的三桅鐵殼橫帆貨船，1886年建造於蘇格蘭，曾繞行合恩角17次，現已改裝成一座飄浮在水面上的博物館，供遊客上船參觀。其他重要的船隻，還有建於1895年的三桅縱帆木材船CA Thayer、1890年的外側輪槳蒸汽渡輪Eureka和1907年的蒸汽拖船Hercules等。

附近一棟外觀有如白色巨輪的流線型建築，是隸屬於歷史公園的海事博物館，裡面展示舊金山港口的演變過程，以及船舶發展的相關資料與文物，諸如桅杆、船頭雕飾物、大型船錨、航海儀器等，重現往日航海生活。

MAP P.244C1

潘帕尼多號潛艇博物館
USS Pampanito
窺探神秘的二戰潛艇

🚋 搭乘古董街車E、F線至Jefferson & Taylor站即達 🏠45號碼頭上 📞(415) 775-1943 ⏰10:00~18:00 💲成人＄30，5~13歲＄15，62歲以上＄20 🌐maritime.org/uss-pampanito

潘帕尼多號(SS-383)是一艘巴勞鱵級的潛水艇，曾在二次大戰末期出過6次任務，活躍於中途島戰場一帶，總共擊沉6艘、損傷4艘敵艦，可謂戰功彪炳。潛艇退役後便停泊於此，於1982年開放為博物館供民眾參觀，甚至還在1997年的喜劇片《潛艇總動員》中擔綱重要場景。

登艇參觀可進入引擎室、魚雷室、戰情室及各級軍士官的生活起居空間，實在很難想像在如此狹窄密閉的環境中，竟能容納這麼多人一同執勤。而艦上的許多機具也拆開部分外殼，讓遊客觀看當中的運作構造，尤其是那具龐大的柴油引擎，使人得以了解在核子動力潛艇發明前，潛艇是如何獲得動力及操控。

舊金山市中心
Downtown San Francisco

舊金山這個中文譯名，是早期華人淘金客對這座城市的稱呼，其「舊」，是相對於墨爾本的「新」金山而言。1849年的淘金熱潮讓舊金山迅速成長，當年懷抱致富夢想而來的，多是大膽的冒險者與狡獪的投機客，從這方面看來，舊金山似乎從血緣上就注定了放蕩不羈的性格。

舊金山棋盤式的道路規劃井然有序，然而追根究柢起來，這卻是一場大災難的結果。1906年4月，舊金山發生芮氏規模8級的大地震，伴隨而來的全城性大火，將整座城市化為灰燼。這場天災給了舊金山全盤重建的機會，當1915年萬國博覽會在此舉行時，舊金山城裡已是煥然一新的面貌。

Where to Explore in Downtown San Francisco
賞遊舊金山市中心

MAP ▶ P.252A2

九曲花街

MOOK Choice

Lombard Street

美麗而曲折的街道風景

🚋搭乘電纜車Powell-Hyde線，在Hyde與Lombard路口下車即達 📍Hyde St與Leavenworth St之間的一段Lombard St ❗此路段為東向的下坡單行道，速限5英哩

舊金山的市區地形起起伏伏，許多街道的坡度都相當可觀，上坡時只要稍微加速，很輕易就能表演四輪離地的特技，因此經常成為電影中拍攝飛車橋段的場景。而九曲花街的出現，就是緣於這層背景。1920年代以前，倫巴底街的這段原是直線的雙向車道，然而幾達40度的斜坡實在太過陡峭，常使車輛望坡興嘆，行人安全也有所顧慮。為了減緩坡度，市府於是將道路修築成8個連續彎道，因此成就出這條全世界最蜿蜒的路段。至於開闢彎道時剩餘的其他空間，則被作為花圃利用，遍植灌木叢及繡球花，每逢春暖花開，路旁便開滿五彩繽紛的花朵，穿行的車輛點綴其中，形成奇特的街道風景，時常出現在風景明信片裡。

MAP P.252B2-C3

北灘
North Beach
小義大利的拉丁步調

🚃搭乘電纜車Powell-Mason線，在Broadway與Greenwich之間的任一路口下車，再往東走即達

北灘之所以名為「灘」，是因為19世紀時這裡真的是港畔的一處海岸，後來因城市發展而被填平，從此再見不到海灘影子，取而代之的是一片飄著披薩香味的小義大利街區。

北灘以Columbus Ave為中心，兩側羅列著熱情的義大利餐廳、咖啡店和販賣義大利傳統食材的材料行。從容閒適的街頭步調，毫不拘謹的生活態度，讓這裡流露一股浪漫迷人的拉丁風情。白天時，人們坐在戶外露天座椅上，輕鬆自在地啜飲卡布奇諾，彷彿數個街區外的繁忙與自己絲毫沒有關係，只有輕拂臉頰的陽光才是最重要的事。傍晚時分，街道上的招牌一一亮起絢麗光采，這裡的餐館不但櫛比鱗次，而且物美價廉，無論義大利麵或是披薩，隨便找一家進去，都是道地美味。

北灘鬧區的城市之光書店(City Lights)可說是垮世代的活遺跡，50年代包括凱魯亞克與金斯堡等核心成員，經常在此討論寫作方法和朗讀詩篇。至今書店2樓仍為詩人保留了一處空間，不定期舉辦詩歌發表會，是舊金山城內文藝氣息最濃厚的角落。

MAP P.252C3

垮世代博物館
Beat Museum
追尋至福的浪蕩世代

🚃搭乘Muni電車T線至Chinatown-Rose Pak站，步行約6分鐘 🏠540 Broadway, SF, CA 94133 📞(415) 399-9626 🕙10:00~19:00 ❌週二、三 💲成人$8，優待票$5 🌐www.kerouac.com

垮世代(Beat Generation)不但在舊金山歷史上佔有一席之地，對戰後美國整個世代更是影響深遠。故事起源於40年代末傑克凱魯亞克與尼爾卡薩迪的公路旅行，他們的思想在旅途上逐漸成形，即頹廢中找到幸福，幻滅中發現真理，而這一切，都被記錄在凱魯亞克的小說《旅途上》中。時值冷戰時期，麥卡錫主義正當其道，傳統道德秩序普遍受到質疑，這群人於是決定用離經叛道來挑戰權威壓迫，用驚世駭俗來嚇退道貌岸然，他們酗酒、嗑藥、鼓吹思想解放、大談自由戀愛，其卓越才華與狂誕行徑，直可與竹林七賢相比擬。這間博物館就是為了紀念這群披頭族(Beatnik)而設立，館內有大量文獻、照片及報導敘述垮世代的始末，也有不少其核心人物使用過的物品，例如彈過的琴、穿過的夾克、躺過的沙發等。

科伊特塔

MOOK Choice

Coit Tower

向打火英雄致敬的觀景瞭望塔

🚇在39號碼頭前搭乘39號公車,至Coit Tower站即達(山上停車位極少,建議搭乘公車或步行前往) 🏠1 Telegraph Hill Blvd, SF, CA 94133 ⏰10:00~18:00 (11~3月至17:00),關門前30分鐘停止登塔 💲成人＄10,12~17歲及62歲以上＄7,5~11歲＄3

　　談到科伊特塔的由來,就得從女富豪莉萊科伊特(Lillie H. Coit)說起。莉萊從很小的時候就對消防隊員有著莫名迷戀,據說她在15歲那年就曾衝入火場協助救火,此後她便成為舊金山消防隊的形象人物。1906年的舊金山大火,更增加莉萊對消防隊的敬意,於是在她1929年去世時,便將大筆財產捐給市府,希望用來美化市容,並榮耀她一生熱愛的消防隊。市府在4年後建成這座高塔,並以莉萊的姓氏為名,一般都以為塔頂設計是在模仿消防水管的噴嘴造型,不過並沒有任何文件可以證實這個說法。

　　科伊特塔建在電報山頂上,塔高64公尺,是北灘一帶最醒目的地標,想要一覽舊金山市的遼闊全貌,科伊特塔絕對是不二之選。搭乘電梯直上塔頂,金門大橋、海灣大橋、漁人碼頭、九曲花街、惡魔島等景致盡收眼底。而位於1樓的壁畫更是這座塔另一項無可取代的價值,由26位藝術家集體創作,畫風明顯受到墨西哥畫家Diego Rivera的影響,描畫出1930年代大蕭條時期,舊金山各行各業的生活百態,讓人看罷難以忘懷。

MAP　P.252B3-C3

唐人街

MOOK Choice

Chinatown

亞洲之外最大的華人社區

🚇搭乘Muni電車T線至Chinatown–Rose Pak站即達
◎ **美國華人歷史學會 Chinese Historical Society of America**
🏠965 Clay St, SF, CA 94108　📞(415) 391-1188　⏰
11:00~16:00　🚫週一、二　💲成人＄12，5~18歲＄5，65歲
以上＄10　🌐www.chsa.org

New Sun Hong Kong Restaurant

　　舊金山唐人街的起源其實帶有些許悲情色彩，19世紀中葉，許多中國移民或出於自願，或被綁架拐騙，來到加州協助修築太平洋鐵路和淘金採礦，對當地經濟建設厥功甚偉，但他們卻與義裔移民、黑人、窮白人、水手一起被政府視為「次等公民」，並規定他們居住在特定區域，以免「汙染」其他地方。於是他們只好在此狹小的範圍內活動，發展成現今的唐人街。1906年是美國華裔人口增長的契機年，由於美國在1882年制定《排華法案》，規定除非商人、外交官與美籍華人子女，否則不能移民美國，沒想到在大地震的災難中，存放在市議會的加州檔案付之一炬，於是許多華人偽造假文件和假家世入境，這些人後來便被稱為「紙兒子」。

　　唐人街的範圍介於聯合廣場與北灘之間，以Grant Ave (中文名都板街，因其原名Dupont Ave之故)為中心，從靠近Bust St的「天下為公」牌樓進入，兩旁盡是禮品店、中餐廳和古董行，浮金鎏彩的招牌與造型誇張的飛簷相映成趣，大紅燈籠高掛街道上方，路邊街燈造型也與宮燈相仿，極力迎合西方人心目中的中國情調，觀光況味濃厚。愈往北走，才逐漸覺得親切，街道景觀不再刻意模仿，距離真正的華人生活也愈靠近。與Grant Ave平行的Stockton St (市德頓街)，遊客更少，中藥行、水果攤、雜貨店、茶樓、餅鋪、銀樓等，多是供應本地居民所需，是華埠最真實的味道。而位於Clay St (企李街)上的華人歷史學會，由著名仿古建築師茱莉亞摩根(Julia Morgan)設計，裡頭附設的博物館展示華人移民的生活變遷，有豐富的華埠故事可以探尋。

MAP　P.252B4

聯合廣場
Union Square
舊金山購物區域的心臟

搭乘Muni電車T線至Union Square/Market St站，或是搭乘電纜車Powell-Hyde線或Powell-Mason線，至Powell與Geary或Post路口下車即達

　　聯合廣場是舊金山首任市長約翰基利(John Geary)於1850年獻給城市的禮物，由於南北戰爭前夕，廣場上集會決議的結果，選擇支持合眾國聯邦政府，因而便被稱作聯合廣場。至於矗立廣場中央、頂端有座勝利女神像的圓柱，則是為了紀念海軍上將喬治杜威的功績，他在1898年率領美軍艦隊，於馬尼拉灣與西班牙軍會戰，大獲全勝而回。

　　聯合廣場在2002年時重新整建，公園般乾淨整潔的環境，種植著棕櫚樹和鮮花，並增設露天咖啡座椅、中庭表演舞台等設施，假日時常舉辦街頭畫展、跳蚤市場等活動。以廣場為中心，方圓半英哩的範圍內，是舊金山最知名的購物區域，不但有各大型百貨公司坐鎮於此，LV、Tiffany & Co.、Gucci等精品品牌也把旗艦店開在這裡，消費人潮絡繹不絕。

電纜車
（叮噹車）

MOOK Choice

Cable Car

叮噹聲中翻越山坡

在沒有動力交通工具以前，行走在舊金山大起大伏的街道上是件極其累人的事，人們駕著馬車上坡時，總是特別大力地揮鞭抽打，有些馬兒不堪負荷，甚至被後頭載運的馬車拖滾下坡。一位名叫Andrew Hallidie的鋼索工廠業主在目睹一起意外後，決心要利用他的鋼索改善這個局面。他在淘金熱時期，已將鋼索技術運用在採礦上，只是這回要載運的物體更大，路線也更長，當時幾乎沒有人認為他會成功。他利用蒸汽引擎動力拉動埋在路面下的纜索，經過無數次試驗後，終於在1873年於Clay St開通了第一條路線。這項發明空前成功，電纜車隨即在舊金山市區蓬勃發展起來，到了1890年代，市內已有8家業者經營21條路線，共有600多輛纜車行走在街道上。只是1906年的大地震將這一切摧毀殆盡，重建後

的舊金山只恢復了少數電纜車路線，其他路線大多由輕軌電車取代。

目前舊金山尚在運行的電纜車路線共有3條，幾乎所有觀光客都會刻意去坐上一段，無論是否真的有交通需求。最受歡迎的位置是車廂兩側的站位與面朝車外的座椅，乘客總喜歡用這樣的方式觀看街邊風景，就像電影中的那樣。人們也愛在底站旁等待纜車進站，然後看著駕駛員利用地面上的轉轍圓盤，將車頭調轉方向。

✎ 編輯筆記

電纜車搭乘攻略

大部分觀光客喜歡在Powell與Market的路口排隊搭電纜車，如果只是要去聯合廣場，建議走路過去就行了，因為光是排隊時間就足夠來回走個好幾趟。如果真的很想坐電纜車，倒是可以從聯合廣場的Powell / Geary路口上車，因為有些從起站上車的遊客到這裡就下車了，而這裡的隊伍又比起站短得多，比較容易上得了車。另外，千萬別在Post以北的路口等車，因為從Geary路口上車的遊客通常都會坐到漁人碼頭，想要在這之間的路口上車，簡直比登天還難。

MAP　P.252D3

渡輪大廈

Ferry Building

渡輪站裡的市集廣場

🎵搭乘古董街車E、F線至The Embarcadero/Ferry Building站即達。也可搭乘BART或Muni電車線至Embarcadero站，或電纜車California線至東邊的底站，步行約5分鐘 🏠1 Ferry Building, SF, CA 94111 ☎(415) 983-8030 🕐每日07:00~20:00（商家營業時間各不相同）🌐www. ferrybuildingmarketplace.com 🚩農夫市集時間為週二、四10:00~14:00，週六08:00~14:00

　　正對著市場大街口的渡輪大廈建成於1898年，在海灣大橋完工前，曾是繁忙的渡輪碼頭。高75公尺的碼頭鐘樓，仿照西班牙塞維亞大教堂的鐘樓設計，在當時是送往迎來的象徵物，曾有一位舊金山專欄作家說過：「沒有渡輪鐘樓的海濱，就像是沒有蠟燭的蛋糕。」然而海灣大橋通車後，渡輪大廈的交通地位一落千丈，幸而如今又重新找到定位，轉型成為室內市集。

　　今日的渡輪大廈仍提供前往索薩利托、瓦雷霍、阿拉米達、奧克蘭等地的渡輪服務，但人們來到這裡，更多是為了聞名遐邇的美食餐廳、選擇豐富的熟食麵包、氣氛悠閒的咖啡茶館，而乳酪乾貨、魚攤肉販、鮮花蔬果、葡萄美酒，這裡也一樣不缺。每逢週二、四、六，大廈外還會舉辦農夫市集，總是聚集大批採購人潮。

MAP　P.235H2

海灣大橋

San Francisco-Oakland Bay Bridge

橫跨舊金山灣的交通要道

　　雖然不若金門大橋有名，但海灣大橋的重要性卻有過之而無不及。這條大橋為I-80州際公路的一部分，連結舊金山與東灣大城奧克蘭，中途的隧道穿過芳草地島，並有交流道通往海灣中央的金銀島。

　　海灣大橋由著名橋樑工程師Charles H. Purcell設計，完工於1936年11月，比金門大橋還要早6個月通車。這座大橋總長度將近7.2公里，最大墩距有700公尺，以芳草地島分為東西兩段，原本西段為懸索式吊橋，東段為懸臂式桁架橋，皆為上下各5線道的雙層大橋。然而在1989年的大地震中，東段上層橋面有部分崩塌，20多年來只能由便橋替代。而在千呼萬喚下，新的東跨橋終於在2013年底完工通車，為了增加防震強度，設計成自錨式的單層懸索大橋，雙向各有5個車道，以其合計78.74公尺的寬度，榮登《金氏世界紀錄》中世界最寬橋樑的寶座。

MAP　P.252C2

探索博物館

Exploratorium

讓學習變得超有趣

🚃搭乘古董街車E、F線至The Embarcadero & Green站即達 🏠Pier 15, SF, CA 94111 ☎(415) 528-4444 ⏰週二至週六10:00~17:00（週四成人之夜18:00~22:00），週日12:00~17:00 🚫週一 💲成人$39.95，4~17歲及65歲以上$29.95。週四晚上$22.95 🌐www.exploratorium.edu

這裡名為「Exploratorium」而非「Museum」，強調的就是一個探險發掘的場所。「這間博物館所關注的目的只有一個，那就是讓普通人都能了解運行在他們周圍的世界。」博物館的創辦人法蘭克歐本海默(Frank Oppenheimer)如是說，他本身是一位粒子物理學家，他的哥哥就是大名鼎鼎的羅伯特歐本海默。

探索博物館成立於1969年，曾被《科學美國人月刊》推薦為「全美最棒的科學博物館」，因為館內的展覽品都是可以親手操作的科學遊戲，總數多達6百多項，這在當時可說是徹底打破人們對科學博物館的想像，其遊樂場式的教學方式，也為後世同類型博物館樹立了典範。館內藉由互動實驗，讓人們實際觀察各種現象的科學道理，領域含括力學、光學、氣象學、聲學、電子學、生物學等，沒有艱澀難懂的科學術語，沒有複雜惱人的定律公式，有的只是眼見為憑。因此不管你的年齡是老是小，無論你對科學有沒有興趣，都能在這裡玩得很開心。

舊金山…舊 金山市中心 Downtown San Francisco

諾布山

Nob Hill

居高臨下的富人區

🚃搭乘電纜車California線，在California與Mason或Taylor路口下車即達杭廷頓公園

諾布山是舊金山市區地勢最高的所在，「諾布」是印度的辛都土語，意為「大富翁」，當第一輛電纜車在1873年直達這座山坡後，兩位因淘金而致富和四位因鐵路而發跡的大亨們，在山上蓋起美輪美奐的巨宅，使這裡成了富豪們的聚居地，因此有了諾布之名。

不過這些豪宅都在1906年的大地震中毀於一旦，舊金山重建後，有錢人都移居到西邊的牛谷區與太平洋高地，取代豪宅出現在諾布山上的，則是富麗堂皇的旅館和氣派壯觀的教堂。它們以杭廷頓公園為中心，如著名的費爾蒙大酒店就位於銀礦大亨James Fair的巨宅舊址上，花崗岩的結構十分雄偉，由曾設計過赫斯特古堡的建築師茱莉亞摩根打造。費爾蒙大酒店最有名的是那遮陽篷的前門通道，以及垂著水晶吊燈的華麗

大廳，二次大戰之後，各國代表便是在此簽署了《聯合國憲章》，在現代史上有相當重要的地位。相鄰的馬克哈普金斯大酒店，是鐵路大亨Mark Hopkins的舊居，雪白的大理石建築和法式圓窗，令人聯想起法國鄉間的宮殿別墅，其最有名的是頂樓的雞尾酒吧，可俯瞰舊金山市景。

電纜車博物館

Cable Car Museum

了解電纜車的前世今生

🚃搭乘電纜車Powell-Hyde線或Powell-Mason線，至Mason與Washington路口即達　🏠1201 Mason St, SF, CA 94108　☎(415) 474-1887　🕐週二至週四10:00~16:00，週五至週日10:00~17:00　🚫週一　💲免費　🌐www.cablecarmuseum.org

這間博物館展示電纜車的歷史由來，光是博物館的外觀，就已有濃厚的歷史感。這裡保存豐富的圖、文和影片資料，還可以坐在古董級的車椅上觀看。最重要的陳列是3台1870年代的古董車廂，其中還包括舊金山首家電纜車公司唯一完整

保存的一台。另外像是從前使用的代幣、剪票工具等，也都反映了各個時代的變遷。由於現址就是電纜車的動力室，舊金山現存3條電纜車路線的動力來源就在這間博物館內，可看到牽拉纜車的超大引擎和轉輪，以及仍在運轉中的纜機。

慈恩堂
Grace Cathedral

舊金山最值得一看的教堂

位於杭廷頓公園西側 ⚫ 1100 California St, SF, CA 94108 ⏰ 10:00~17:00（週日13:00起）💲成人＄14，12~22歲＄10（18歲以上須出示證件），65歲以上＄12 www.gracecathedral.org

　　慈恩堂原本位於現址東邊3個街口處，1906年毀於地震大火後，鐵路大亨Charles Crocker的後人捐出諾布山上的家族私產，於1927年著手興建這座新教堂。教堂外觀採法國哥德式設計，形式有如巴黎聖母院，浩大的工程直到1964年才大致完工。

　　教堂內有多處值得參觀的地方，首先是教堂正立面的吉柏提大門（Ghiberti Doors），複製自佛羅倫斯大教堂的「天堂之門」。面對祭壇的右手邊側廊上方，有一系列歌頌當代人類成就的彩繪玻璃花窗，其中辨識度最高的是愛因斯坦，窗上還寫著他的著名公式：$E=mc^2$。至於其他花窗人物，還包括太空人約翰葛倫、大法官瑟古德馬歇爾等人。南側的第23號聖歌窗，則是出自美國著名藝術家Charles Connick之手，堪稱教堂內最絢爛的花窗。南側牆面上的壁畫，描繪出1906年大火、聯合國成立等舊金山史上的重要事件，由Antonio Sottomayor與John De Rosen等著名藝術家所繪。教堂地板上的巨大迷宮，沒有歧路，沒有死巷，有的只有迂迴與中心，這是關於人生的一種象徵。祭壇上的管風琴打造於1934年，擁有7,466根風管，是美西最大的管風琴之一。若想聽聽看其音色，可上教堂官網查詢近日的演奏日期。教堂入口處的角落還有間愛滋病多宗教禮拜堂，祭壇上的三連幅裝飾，是死於該病的新普普藝術家凱斯哈林（Keith Haring）生前最後的作品。

舊金山現代藝術博物館

San Francisco Museum of Modern Art (SFMOMA)

重量級的現代藝術典藏

🚃搭乘古董街車F線至Market & Kearny站，步行約4分鐘 🏠151 3rd St, SF, CA 94103 ☎(415) 357-4000 🕙10:00~17:00 (週四12:00~20:00) ⓧ週三 💲成人＄30，65歲以上＄25，18歲以下免費 🌐www.sfmoma.org

　　SFMOMA創立於1935年，是美西第一座專門收藏現代藝術的博物館。主體建築由瑞士名建築師Mario Botta設計，特徵為高38公尺的圓柱形斑馬紋大天窗，光線可直接由樓頂照射到底樓。為了容納更多藝術收藏，館方又於2016年完成擴建，從3層樓增高至7層樓，展覽空間多了將近3倍。新建築以白色為主色調，外牆造型受到舊金山灣的濃霧啟發，以超過700片不同形狀的強化玻璃纖維聚合物，組合成帶有水平波紋線條的幕牆，在光影游移中時刻變化。

　　在1樓的免費公共空間裡，最吸引人的展品是位於羅伯特家族展廳中的《Sequence》，這座由金屬板打造的巨大8字型迷宮，是極簡主義藝術家Richard Serra於2006年的作品，這回他的作品不但不會擋路，還邀請參觀者進去一探究竟。在3樓戶外平台的雕塑品後方，有片美國最大的植生牆，植栽了超過19,000株植物，其中包括21種灣區與加州的原生種。4樓展示的是美國自1950年代以來各種抽象主義的藝術形式，從Lee Krasner繁複而強勁的筆觸、Ellsworth Kelly明亮而極簡的色塊，到Martin Puryear神秘如謎的木工作品等，無一不使人感到抽象世界的無極限。5樓以普普、極簡與具象主義為主題，展出包括安迪沃荷、羅伊李奇登斯坦、查克克洛斯(Chuck Close)、索爾勒維特(Sol LeWitt)等人的作品。而6樓則是陳列60年代之後的德國藝術。最後別忘了登上博物館7樓，在那裡有可以俯瞰市景的視野。

芳草地花園
Yerba Buena Gardens
市場大街以南的最大亮點

🚇搭乘Muni電車T線至Yerba Buena/Moscone站即達　📍Mission St、Folsom St、3rd St、4th St合圍的區域　🕐每日06:00~22:00　💲免費　🌐www.yerbabuenagardens.com

　　「芳草地」是舊金山最早的名字，西班牙人移民此處時，以沿岸盛產的香草植物為這座海灣城市命名，直到1847年美國打贏美墨戰爭，才將此地改名為San Francisco。芳草地花園的範圍橫跨2個街區，包括面積2.5英畝的綠地公園、景觀花園、馬丁路德金紀念碑、噴泉水池和散布各處的公共造景藝術等。時常舉辦各大型展覽與國際會議的莫斯康尼會展中心(Moscone Convention Center)，也是位於花園的東南角。此外，花園周邊還有幾棟重要的建築設施：

芳草地藝術中心
Yerba Buena Center for the Arts

📍701 Mission St, SF, CA 94103　📞(415) 978-2700　🕐11:00~17:00　休週一、二　💲成人$10，65歲以上$5，17歲以下免費　🌐www.ybca.org

　　座落於花園東北角的是芳草地藝術中心，展出前衛的當代視覺藝術，並定期舉辦各類型戲劇表演與影片欣賞，是舊金山超人氣的藝術活動場所。

兒童創造力博物館
Children's Creativity Museum

📍221 4th St, SF, CA 94103　📞(415) 820-3320　🕐10:00~16:00　休週一、二　💲$20 (2歲以下免費)　🌐creativity.org

◎ 旋轉木馬 LeRoy King Carousel
🕐週五至週日10:00~16:00　💲$5

　　花園西南角是兒童與青少年的天地，有針對兒童設計、結合科技與藝術的兒童創造力博物館，以及溜冰場、保齡球館等設施；還有一座打造於1906年、至今仍在運作的古董旋轉木馬，是幾乎所有灣區居民共同的兒時回憶。

聖派翠克教堂
St. Patrick Church

📍756 Mission St, SF, CA 94103　🕐07:00~13:30、16:00~18:00 (週日至18:45)　休週六

　　與花園隔著Mission St相望的紅磚建築是聖派翠克教堂，百年建築承襲其愛爾蘭傳統，曾被譽為「美國最愛爾蘭」的教堂，每週三中午還會聘請名家來此演奏古典音樂。

當代猶太人博物館
Contemporary Jewish Museum

📍736 Mission St, SF, CA 94103　📞(415) 655-7800　🕐11:00~17:00　休週一至週三　💲成人$16，65歲以上$14，18歲以下免費　🌐www.thecjm.org　🎫每月第1個週五免費

　　聖派翠克教堂隔壁是當代猶太人博物館，以戲劇性的陳列方式和影片節目，探討當前猶太人的生活文化與觀念想法。

舊金山市區中部
Central San Francisco City

　　在市區Van Ness Ave以西，已逐漸遠離遊人的喧鬧，許多地方也只能搭乘公車前往，但正是這一帶的街景，給予人們對舊金山從容優雅的印象。在1906年的地震過後，市區中部成了殘存維多利亞式小屋最密集的區域，尤其是阿拉莫廣場一帶與聯合大街周邊，迷人的風采依舊。其中牛谷區(Cow Hollow)的聯合大街(Union Street)是城內相當具有特色的購物街道，精品商店、異國餐廳、古董藝廊、時髦酒吧，都座落在一棟棟典雅迷人的維多利亞建築裡，不但沒有衝突，反而有種相得益彰的新潮美感。

　　市區中部的其他地方也有不少特色鮮明的街區，像是有金碧輝煌的市政廳坐鎮的市政中心、彷彿來到日本街頭的日本城、處處色彩鮮豔迷幻的嬉皮區、LGBT的友善包容之地卡斯楚區等，都很值得一逛。

舊金山⋯**舊** 金山市區中部 Central San Francisco City

MAP P.252B5

亞洲藝術博物館

MOOK Choice

Asian Art Museum

收藏豐富亞洲文物

🚇 搭乘BART或Muni電車線至Civic Center站,步行約3分鐘 🏠200 Larkin St, SF, CA 94102 ☎(415) 581-3500 🕙10:00~17:00(週四13:00~20:00) ❌週二、三 💲成人$20,13~17歲$14,65歲以上$17 🌐www.asianart.org
❀每月第1個週日免費

距離市政廳不遠的亞洲藝術博物館,是世上規模最大的同類型博物館,由設計法國奧塞博物館的義大利女建築師蓋奧倫蒂(Gae Aulenti)所建。博物館收藏的亞洲文物含括南亞、中東、東南亞、西藏,到中、日、韓等,多達1萬8千餘件,時代橫跨6千年,其中來自中國的古文物就占了7千多件。

鎮館之寶包括殷商晚期的青銅酒器「小臣艅犀尊」,根據裡頭的銘文,商王征討夷方時曾對他的小臣艅做了些許賞賜,艅為了記錄此事而命工

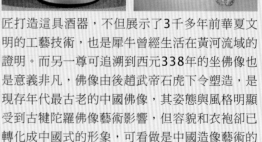

匠打造這具酒器,不但展示了3千多年前華夏文明的工藝技術,也是犀牛曾經生活在黃河流域的證明。而另一尊可追溯到西元338年的坐佛像也是意義非凡,佛像由後趙武帝石虎下令塑造,是現存年代最古老的中國佛像,其姿態與風格明顯受到古犍陀羅佛像藝術影響,但容貌和衣袍卻已轉化成中國式的形象,可看做是中國造像藝術的里程碑。

其他像是西藏的獅面空行母像、宋代的水月觀音半跏坐像、朝鮮的月之瓶、先後被帖木兒帝國與蒙兀兒帝國皇帝刻上書法銘文的玉杯、日本的源平合戰屏風等,都是價值連城的珍寶。

MAP P.235F3

日本城

Japantown

大和文化在美洲的飛地

🚃 在聯合廣場南側的Geary St上搭乘38號公車，至Geary & Laguna站即達 🌐 www.sfjapantown.org

舊金山的日本城是美國最大且歷史最悠久的日裔聚落，現有居民12,000人左右。根據文獻記載，第一批日本移民抵達舊金山大約是在1860年代初期，原本日裔居民散居各處，直到1906年大地震後才開始聚集在這個區域，並慢慢有了「小銀座」之稱。1968年日本中心落成，加速了日本城的成形，連帶周邊街區也跟著日本化了起來。在日本中心的廣場上有座水泥打造的五重塔，由日本現代主義大師谷口吉生所建，是大阪居民為了表達和平之意，致送給舊金山的禮物，如今成為日本城最重要的地標。而在附近街道與廣場上，遍植了櫻花與梅花，每年4月櫻花盛開時，這裡便會舉辦盛大的櫻花祭活動(Cherry Blossom Festival)，有遊行、太鼓表演和園遊會市集，是舊金山日僑的年度盛事。

MAP P.252A5

市政廳

City Hall

金碧輝煌的巨大圓頂

🚃 搭乘Muni電車至Van Ness站，步行約6分鐘 🏠 1 Dr. Carlton B. Goodlett Pl, SF, CA 94102 🌐 sfgov.org/cityhall
◎ 導覽行程
🏠 報名櫃位於電梯旁的Goodlett Place lobby ☎ (415) 554-6139 🕐 週五11:00、13:00出發，行程約1小時 💲 免費

舊金山市政廳採法國文藝復興樣式，於1915年落成啟用，取代毀於1906大地震的舊市政廳。當年得標的建築師Arthur Brown Jr.參考巴黎傷兵院的設計，為市政廳建構出巨大圓頂，從地面算起高達93.6公尺，不但是全美國最高的圓頂，也名列世界第5大穹頂。圓頂上的金色部份是用23.5K金的葉子一片片貼上，據說其他結構從前也是用純金裝飾，但因為太多人會偷偷刮去收藏或變賣，才改為鍍金替代。

由於市政廳是公共建築，開放時間內每個人都可以自由入內，而大理石階梯是這裡的參觀重點之一，記得爬上二樓往下看，就可欣賞到美麗的粉紅大理石地板。不過市政廳的大部份廳室平常並不對大眾開放，若想深入參觀，可報名參加導覽行程。

MAP │ P.235E3-E4

阿拉莫廣場

MOOK Choice

Alamo Square

綺麗動人的彩繪少女

🚃 搭乘古董街車F線至Market & Larkin站,走到Hayes St上轉乘21號公車,至Hayes & Steiner站即達。若開車前往,公園周圍沒畫紅線的地方,可免費停2小時 🏠Steiner St與Hayes St路口一帶

ALAMO SQUARE

舊金山成為美國領地後,城市規模快速擴張,在這座新城市裡,幾乎所有房舍都是以當時流行的維多利亞式風格興建。這些線條優雅的屋宇,多半有著精緻的裝飾與粉亮的色彩,一位作家將它們形容為「彩繪少女」(Painted Ladies),成了這些房子最貼切的暱稱。可惜1906年的大地震,將它們毀壞了大半,目前殘存的維多利亞屋大多集中在Van Ness Ave以西,其中又以阿拉莫廣場周圍最為精彩。廣場東側Steiner St與Grove St轉角的地方,有7棟相連的維多利亞屋,這些可愛的彩繪少女形制幾乎相同,但顏色卻各相異,就像一把彩色鉛筆般,因而被稱作「七姐妹」。站在阿拉莫廣場的草坡上,可以看到七姐妹以舊金山的天際線為背景,經常出現在風景明信片上,因此又被稱為「明信片排屋」(Postcard Row)。

MAP　P.234D4-235E4

嬉皮區

MOOK Choice

Haight-Ashbury

花兒不死,只是凋零

🚇 搭乘Muni電車N線至Cole St & Carl St站,步行約5分鐘。若開車前往,整條Haight St上都有路邊收費停車位

50年代在北灘根深茁壯的「垮世代」,到了60年代又有新的變化。隨著冷戰危機不斷,加上美國介入越戰,愈來愈多年輕人開始質疑權威。於是在艾倫金斯堡與阿比霍夫曼等人的號召下,10萬青年占據Haight St街頭,他們頭戴鮮花、身著五顏六色的奇裝異服,舉起象徵和平的標誌,高喊「做愛不要作戰」、「權力歸於花兒」;他們崇尚自然解放,反對傳統道德束縛,在迷幻搖滾中脫光衣服忘形起舞,在大麻與蘑菇的藥效下拜見上帝。對他們深惡痛絕的保守人士給他們起了個渾名——嬉皮(Hippie),從此成了對他們的稱呼。

1967年的「夏日之愛」(Summer of Love)後,這股嬉皮浪潮迅速席捲全世界,而舊金山的Haight St與Ashbury St路口一帶,則象徵性地被視為嬉皮的大本營,許多有名的迷幻搖滾樂手就住在附近。嬉皮運動在1969年的烏茲塔克音樂祭時達到最高峰,之後隨著越戰結束而逐漸沒落下來。50多年後的今天,絢爛早已歸於平靜,許多當年放蕩不羈的年輕人已然穿上筆挺西裝,在華爾街安身立命。Haight St不再有頭戴鮮花的人們,假嬉皮流竄在街道上,也不再關心政治時局,只想標新立異和尋找毒品。雖然如此,今日的嬉皮區仍能找到幾許當年痕跡,波希米亞式的街道氛圍、充滿東方氣息的二手商店、廉價的異國餐廳、反社會的書店,而從前嬉皮們的符號也被做成各式各樣商品,在禮品店中被販賣著。如果真要尋找昔日嬉皮的精神價值,那就到Haight St與Central Ave的路口吧,巨大的巴布馬利壁畫依然在此深刻地提醒世人:「別為了得到世界而失去靈魂,智慧永遠勝於金錢。」

雙子峰
Twin Peaks

欲窮千里目,更上雙子峰

🔵 搭乘Muni電車K、L、M線至Castro站,轉乘37號公車,在
74 Crestline Dr站下車,循步道上山即達,步行路程約0.3英
哩。開車前往,山頂上有免費停車位,不過數量有限

　　雙子峰是舊金山市區南邊兩座相鄰的小山丘,
高約280公尺,西班牙人稱之為「印第安少女的
酥胸」。不過當地原住民的想法卻單純得多,在
他們的傳說裡,雙子峰原是一對夫妻,因為整天
爭吵不休,神明因此憤而將兩人分隔。至於現在
「雙子峰」的名字則始自19世紀,但其實這兩座
山丘擁有各自的名字,北峰是Eureka Peak,南
峰則是Noe Peak。這兒因為居高臨下,在歐洲
人到來之前是原住民狩獵瞭望的地方,即使今日
市區蓋滿高樓大廈,仍無損於山上遼闊的視野。

　　在山頂瞭望台俯瞰遠眺,從海灣大橋到金門大
橋,完美地呈現舊金山的天際線;筆直的市場大
街將城市一分為二,金融區櫛比鱗次的摩天大樓
刻劃出舊金山的城市輪廓,瀰漫在金門海峽上的
濃霧為遠景增添了飄渺,就連漁人碼頭外的惡魔
島也歷歷可見。尤其傍晚時分,橙紅色的彩霞映
照在這片雄偉的泱泱市容上,更是壯麗非凡,教
人如痴如醉。

舊金山⋯⋯舊 金山市區中部 Central San Francisco City

卡斯楚區

Castro

每個族群都應該有被瞭解的權利

🚇 搭乘Muni電車K、L、M線至Castro站,或古董街車F線至17th St & Castro站即達

◎ **卡斯楚戲院 Castro Theatre**
🏠 429 Castro St, SF, CA 94114 🌐 www.castrotheatre.com

◎ **GLBT歷史協會博物館 GLBT Historical Society Museum**
🏠 4127 18th St, SF, CA 94114 ⏰ 11:00~13:00、13:30~17:00 休 週一 💲 成人＄10,13~17歲及65歲以上＄6
🌐 www.glbthistory.org/museum 🎫 每月第1個週三免費

教會區與卡斯楚區

這塊偏離市中心的土地,在上個世紀只有生計困乏的藍領階級在此委身落腳,後來藍領階級遷往市郊另謀生路,加上二戰後遷入許多因性向問題被海軍強迫退伍的士兵,於是才逐漸發展成LGBT的聚居地。拜舊金山開明風氣所賜,LGBT的人權議題很早就獲得肯定,卡斯楚街出身的哈維米爾克(Harvey Milk)更是在1978年當選舊金山市監委,成為美國史上第一位出櫃的政壇人物,由西恩潘主演的電影《自由大道》,講述的就是他的故事。

外型典雅的卡斯楚戲院是從前LGBT祕密約會與社交的據點,因而成了卡斯楚區的象徵地標,附近還有間GLBT博物館,展示這個族群為平權而奮鬥的歷史。走在卡斯楚街道上,處處可見彩虹旗飛揚,就連地上的斑馬線也都繪成彩虹模樣。不過並不要覺得這裡的每個人都是LGBT,卡斯楚的商家與居民其實就和舊金山其他地區無異,只是這裡沒有隔閡歧視,沒有人把性向當作標籤分類,每個人在這裡都是生而平等,每個人的生活態度都能得到彼此尊重。

金門公園

金門公園
Golden Gate Park

橫跨53條街區，長度將近有半個舊金山市區的金門公園，占地約1,017英畝，比紐約的中央公園還要大1.3倍，是全美國面積最廣闊的都市公園。這裡從前是一片荒野，1870年時在工程師William Hall、景觀工程師Calvert Vaux 與園藝家John McLaren通力合作下，成功將荒地蛻變成舊金山的綠色之肺，與中央公園並列東西岸最具代表性的城市綠地。

公園內的名勝不少，包括加州科學院、笛洋博物館、日本茶園、舊金山植物園等，都是舊金山的熱門景點。其他區域則由10多座小花園組成，有的以園藝造景聞名，有的以池泉之美取勝，還有一座草場甚至豢養了大群美洲野牛！另外，位於加州科學院與笛洋博物館之間的音樂廣場(Music Concourse)，假日常有免費音樂會演出，也是公園裡最熱鬧的地方之一。

交通資訊

◎大眾交通：搭乘Muni電車N線至9th Ave/Irving St站，步行約10分鐘，就能到達加州科學院一帶。如果不想走路，也可轉乘北行的44號公車，至Concourse Dr At Acad Of Sciences站即達。

◎園內交通：橫貫公園的主要大道John F Kennedy Dr原本在週末就禁行車輛，2022年4月之後更是通過法案，連同其他部分道路成為無車路段，因此建議多利用園內免費接駁班車，在公園東門及各大景點都設有站牌，行駛時間為平日12:00~18:00，每15分鐘一班，週末09:00~18:00，每20分鐘一班。

◎停車資訊：公園內的主要停車場為音樂廣場地下停車場，平日每小時＄5.25，當日最高＄29，週末每小時＄6.25，當日最高＄33。另外，許多次要道路旁皆可免費停車3小時。

MAP P.234C4

加州科學院

MOOK Choice

California Academy of Sciences

悠遊在自然生態與地球科學之中

🏠55 Music Concourse Dr, SF, CA 94118　☎(415) 379-8000　🕐09:30~17:00（週日11:00起，16:00後停止入場）　💲成人＄44.95，3~17歲＄34.95，65歲以上＄38.95（提早在官網上購票，可省＄3~5）　🌐www.calacademy.org　🎉週四18:00~22:00的NightLife成人之夜，門票依當日主題而定，約＄15~24　❗強烈建議事先上網預約時段票

　　這座號稱「世界最綠能的博物館」成立於1853年，近世經過整修後，於2008年在金門公園內重新開放。新建築的設計宗旨，是要讓所有遊客來到這裡，都能大開眼界。館內有2個大型球體結構，一座在內部模擬雨林環境，種植許多熱帶植物，並飼養不少稀有的鳥類、昆蟲與爬蟲類動物；另一座球體則是現今全球最大的數位天象儀，其螢幕直徑寬達75英呎，定時播放星象節目與精彩震撼的科普影片。兩座球體的下方是一片面積廣大的水族館，收容14,000種海洋生物，除了有海底隧道、超大片玻璃的珊瑚礁水族箱、海星觸摸池外，甚至連企鵝館都有。

　　科學院的其他部分，主要為自然科學博物館，以生動有趣的方式，配合多媒體互動式器材，展示有關生物演化、地球科學、環境保護等方面的知識。在後門附近還有一座沼澤池，池中有隻罹患白化症的美洲短吻鱷，由於難得一見，是科學院裡的明星動物。

　　而在每個星期四晚上是21歲以上限定的NightLife成人之夜，除了有更酷更炫的科學展示，還結合了雞尾酒會與現場樂團表演，每個禮拜都有不同主題。

MAP P.234C4

日本茶園

MOOK Choice

Japanese Tea Garden

道道地地的日式風情

📍75 Hagiwara Tea Garden Dr, SF, CA 94118 🕐
09:00~17:45（冬季至16:45）💲成人＄15，12~17歲及65歲
以上＄7，5~11歲＄3 🌐japaneseteagardensf.com 💰週
一、三、五10:00之前免費入園

　　日本茶園最初的興建，是為了1894年的加州
冬季博覽會，博覽會結束後，有位名叫萩原真
的日本園藝家為這裡進行了修飾改建，讓花園得
以永久保留下來。園內大量栽種櫻花、松樹和杜
鵑，曲徑步道上處處可見石燈籠與石塔、歇山寬
簷的門樓、陡峭的太鼓橋、朱紅的五重塔、鯉魚
悠游的池塘，都與日本園林景色無異，想來萩原
當初重整園林時，是懷抱著何等的鄉愁。茶園
內還有尊重達1.5噸的大佛銅像，這尊佛像原來
供奉於日本但馬寺內，是1790年熔鑄的古物，
1949年被S & G Gump公司當作禮物送給舊金山
市，從此便被安放在這裡。

💡 **幸運餅的來歷**

　　附帶一提的是，在美國的中國餐館用餐，飯後都
會拿到一個夾有籤條的幸運餅，許多外國人都以為
這是中國傳統，但它的發源地其實是在日本茶園的
茶屋裡！19世紀日本的某些寺廟會將籤詩包在小煎
餅中，而大約在1914年左右，萩原真委託日本城的
勉強堂餅店(Benkyodo)製作概念類似的小餅，在茶
屋裡銷售。二戰時，日裔美國人被集中囚禁，結果
幸運餅反而在中國人的手裡發揚光大，流傳至全美
各地。

笛洋博物館

De Young Museum

集美國本土藝術大成

⌂50 Hagiwara Tea Garden Dr, SF, CA 94118 ☎(415) 750-3600 ◷09:30~17:15 (售票至16:15，哈蒙塔觀景台僅開放至16:30) ㊡週一 ⑤成人＄20，65歲以上＄17，17歲以下免費。租用語音導覽耳機＄8 ⓦdeyoung.famsf.org ♿持門票可在當日參觀榮耀宮美術館 ❶建議事先上網預約時段票

笛洋博物館創立於1895年，以舊金山報人M. H. de Young命名。原本的建築毀於1989年的大地震，新建築直到2005年才重新開幕。這間博物館展示的主要是17至21世紀的美國本土藝術，其他展廳還有美洲、大洋洲和非洲的原民藝術、以及紡織與服裝藝術等。而造型奇特的倒梯形哈蒙塔(Hamon Education Tower)，高44公尺，塔頂有個免費觀景平台，可眺望灣區景色。

棕色與褐色的葉子 Brown and Tan Leaves

Georgia O'Keeffe，1926年

歐姬芙是20世紀美國最知名的藝術家，她擅長以花卉特寫、動物骨頭、岩石紋路為創作題材，在單調中展現色彩變化，既魔幻又寫實，既荒涼又充滿生命力，同時也具有象徵性。

伊尼德浩頓肖像畫 Portrait of Enid Haldorn

Salvador Dali，1948年

超現實主義大師達利的畫作，在這間美術館裡也收藏了不少。達利的畫很多來自他的夢境，就連受委託為當時名媛伊尼德浩頓所繪的肖像畫，意象都彷彿在夢中一般。

巴拉諾斯基肖像畫 Portrait of Pierre-Edouard Baranowski

Amedeo Modigliani，1918年

義大利畫家莫迪里安尼的一生窮愁潦倒，頹廢而又無可救藥的浪漫。他畫中的人物多半有雙空洞而憂鬱的藍色眼睛，這張為他的詩人朋友而畫的肖像也不例外。

橋 The Bridge

John Koch，1950年

科赫也是美國20世紀的重要畫家，他被歸類為現實主義畫派，卻又帶有印象派的筆法，擅長運用光影對比，來描繪他住處外頭的紐約風景。

超人 Superman
Mel Ramos，1962年

超人是美國大眾文化的代表標誌之一，具象畫家拉莫斯試圖將流行符號與傳統藝術連結起來，於是超人這位「漫畫書中的神祇」，便被描繪成現代版本的神話英雄，同時也體現了美國人對其正義價值觀的自我認同感。

熱帶雨季 Rainy Season in the Tropics
Frederic Edwin Church，1866年

美國風景畫家丘奇，是哈德遜河畫派的代表人物之一，他經常在美洲各地尋找作畫靈感，畫出一幅又一幅壯麗的景色。在這幅畫中，巨大的彩虹為構圖提供了框架，當中雲霧水氣的飄浮感和光芒折射的穿透感，在在展現出高度的寫實技巧。

鐵匠的午休時光 The Ironworkers' Noontime
Thomas Pollock Anshutz，1880年

賓州美術學院的名師安舒茨，擅長描繪美國民間日常百態，對下一代的現實主義畫家影響深遠。這幅是他的成名作，畫中一群鐵釘廠工人在午休時間各自做著自己的事，等待著下午的開工，而後方連綿無盡的巨大工廠，似乎正暗示著機械化時代對這群人所帶來的生計威脅。

無題 Untitled
Ruth Asawa，1955~1969年

露絲阿薩瓦(淺澤愛子)是日裔移民的第二代，她在一次墨西哥旅行中，從當地的編籃得到靈感，開始以鍍鋅鋼捲或銅線環圈創作出一系列三維的雕塑作品。這些作品富於一種有機而抽象的美感，尤其當它們以懸掛的方式展示時，光影投射在牆壁上，更是映照出神秘而美妙的圖案。

藍色迴紋針 Corridor Pin, Blue
Claes Oldenburg，1999年

當代公共藝術大師歐登伯格，最拿手的就是將生活中常見的事物放大成雕塑地景，最有名者如明尼蘇達沃克藝術中心的《湯匙橋與櫻桃》。而笛洋的這支巨大迴紋針，也是他的代表作品之一。

兩件式斜倚雕像9號 Two Piece Reclining Figure No.9
Henry Spencer Moore，1968年

在博物館的戶外草地上，陳列了不少英國超現實主義大師亨利摩爾的雕塑，帶有空洞的主體、斜躺的抽象人形，是他作品的招牌特色，帶給觀者許多神秘的想像。而二件式的體裁，隱喻的是人類與大地之間的關係，波浪起伏的表面，則給予了女體的聯想，同時也喚出摩爾家鄉丘陵景色的印象。

百花溫室
Conservatory of Flowers
潔白閃耀的植物宮殿

🏠100 John F. Kennedy Dr, SF, CA 94118　🕙10:00~16:30
（最後入園時間16:00）　休週三　💲成人＄14（週五至週日
＄17），12~17歲及65歲以上＄7，5~11歲＄3　🚇gggp.org
🎁每月第1個週二免費

建成於1879年的百花溫室，是金門公園裡最
古老的建築物。其實溫室最初並不在公園的建設
計畫裡，當時一位名叫James Lick的富豪從歐洲
訂了一批建材，想要蓋一棟類似倫敦皇家植物園
(Kew Gardens)的建築，不過直到他逝世，建材
的箱子都還沒有開封。於是幾位商人將其買下，
捐給正在興建中的金門公園，果然成為公園最

醒目的地標。目前溫室裡栽種有1,700多個植物
品種，大多是水生或熱帶植物，其中有不少還是
瀕危的稀有種。而像是已有100多歲的帝王蔓綠
絨、世界有名的蘭花收藏、巨大的睡蓮、肉食性
植物、蝴蝶區等，都是這裡的參觀重點。

藍鷺湖
Blue Heron Lake
輕搖木槳划船去

◎藍鷺湖租船中心 Blue Heron Boathouse
🏠50 Blue Heron Lake Dr, SF, CA 94118　☎(415) 386-
2531　🕙10:00~16:00　💲划槳船每小時＄26，腳踏船每小時
＄32.5　🚇blueheronboathouse.com　❗划槳船最多3人，
腳踏船最多4人

面積達12英畝的藍鷺湖，之前稱為史托湖
(Stow Lake)，是金門公園最大的人工湖泊，
1893年興建之初，就是希望能像紐約中央公園
一樣，有個供人划船遊憩的水域，同時也作為灌
溉用的蓄水池。人們來到這裡，可以租艘小船，
悠閒地划進一片濃密綠意，或是走過石橋，來到
湖心中的人造小山健行。這座小山名為草莓山
(Strawberry Hill)，得名於曾經在此生長茂盛的
野莓，小山東側湖畔有座中式涼亭「金門亭」，
是台北市政府於1980年所贈，牌區上還有時任
台北市長的李登輝題字。沿著步道行走，還會經
過一道34公尺高的人造瀑布Huntington Falls，

過了瀑布沒多遠就是標高將近130公尺的草莓山
頂，這裡是金門公園的制高點，1890年時還建
有一座城堡式的觀景台，可惜毀於1906年的地
震，而今山頂周邊草木扶疏，已看不見舊金山的
市景了。

舊金山植物園
San Francisco Botanical Garden

徜徉在植物的世界裡

🏠1199 9th Ave, SF, CA 94122　🕐每日07:30開園，春夏季至19:00，秋季至18:00，冬季至17:00（關園前1小時停止入園）　💲成人＄14（週五至週日＄17），12～17歲及65歲以上＄7，5～11歲＄3　🌐gggp.org　⏰每月第2個週二及每日09:00以前免費

　　William Hall在建造金門公園時，便有設置一處植物園的規劃，不過直到1937年這個計劃才獲得經費興建，而於1940年正式向大眾開放。在這座佔地55英畝的植物園裡，栽植了8千多種來自世界各地的植物，包括杜鵑花、山茶花、木蘭花及各種多肉植物等，遊客可以很輕鬆地從美國西岸紅木森林，漫步到中美洲與東南亞的雲霧森林，然後轉個彎又到了地中海的花園，不費吹灰之力就環遊世界一圈。這裡還有座香氣花園，種植多種氣味芳香的花卉，這是為了視障人士而設計的，讓他們能藉由嗅聞與觸摸，徜徉在花草的天地裡。

美洲野牛牧場
Bison Paddock

這裡可不是黃石公園

🏠1237 John F Kennedy Dr, SF, CA 94121

　　許多人來到金門公園，都被草原上的美洲野牛給嚇了一跳，事實上在1892到1930年之間，公園裡不但有野牛，還有馴鹿、棕熊、大角羊等動物，被豢養在獸欄內供人參觀，直到舊金山動物園成立，才將大多數動物移往該處。美洲野牛曾經縱橫在北美西部原野上，然而在金門公園興建的19世紀末，野牛已被人類濫殺殆盡，幸好在保育意識抬頭下，近年野牛已恢復安全數量，其中金門公園也有復育100多隻的貢獻。不過當初在這裡繁殖的野牛因曾經歷過傳染病的威脅，早已放養他處，現在公園裡的野牛是1984年時舊金山市長Dianne Feinstein的先生送給她的生日禮物。

赫舍爾－
史皮爾曼旋轉木馬
Herschell-Spillman Carousel

騎在古董上玩樂

🏠320 Bowling Green Dr, SF, CA 94122　🕐依季節、天氣不定期開放　💲成人＄2，6～12歲＄1，5歲以下免費（須有付費成人陪同）

　　公園東南角的兒童遊樂場建造於1888年，這可能是美國第一座公共遊樂場，因為在那個年代要為兒童專門造一處遊戲空間，是很前衛的想法。遊樂場裡的旋轉木馬是由Herschell-Spillman公司打造於1914年，最初安置在洛杉磯與波特蘭，為了1939年的世界博覽會才搬到了舊金山來。旋轉木馬上的彩繪飾板描繪出舊金山的地標風景，與39號碼頭上的旋轉木馬有異曲同工之妙。

普雷西迪奧
Presidio

市區西北角的普雷西迪奧，在西班牙語中是「皇家要塞」的意思，這片過去扼守海口的軍事基地，如今已成了大片公園綠地，坐落著不少景點、博物館與休閒設施。由於名貫天下的金門大橋南端就在普雷西迪奧，因此這裡也是觀賞大橋的重要地點。

如何前往

普雷西迪奧接駁巴士 PresidiGo Shuttle

從市中心可搭乘普雷西迪奧接駁巴士的Downtown路線，上車處位於Embarcadero車站附近的50 Beale St及Drumm/California路口，最終抵達普雷西迪奧交通轉運中心(Presidio Transit Center)。回程時要注意，接駁巴士還有另一條South Hills路線，那是繞行普雷西迪奧南部，多是當地人在搭乘，請不要上錯車。

◎平日06:10~19:30，每30~60分鐘一班；週末09:30~18:30，每半小時一班

⑤免費　❶平日07:30~09:00與16:15~18:00的尖峰時段，需持有Muni的遊客通行券才能搭乘

開車

普雷西迪奧公園內有多處停車場，收費介於每小時＄2.5~3之間，當日最高＄12.5~15。目前公園正逐步推行PaybyPhone的繳費機制，這是使用其APP或網站繳費，如果想用一般的繳費機付費，請避開有PaybyPhone標誌的停車位。

旅遊諮詢

普雷西迪奧遊客中心

ⒶP.234D2　Ⓖ210 Lincoln Blvd, SF, CA 94129
☎(415) 561-4323　◎每日10:00~17:00
Ⓤwww.presidio.gov

MAP P.234C1

金門大橋

MOOK Choice

Golden Gate Bridge

舊金山的城市象徵

◉ www.goldengate.org

◎ 遊客中心

📞 (415) 426-5220　🕐 每日09:00~18:00　🔗 www.goldengatebridgestore.org

◎ 免費導覽行程

🏛 在遊客中心廣場的史特勞斯雕像前集合　🕐 每週四、日11:00出發，行程約1~2小時　🔗 sfcityguides.org/tour/golden-gate-bridge　❗ 需先在官網上登記報名

就像自由女神之於紐約、艾菲爾鐵塔之於巴黎一樣，金門大橋也是舊金山的城市象徵，只要提起舊金山，多數人腦子裡都會浮起金門大橋的畫面。在電影裡，這座大橋被怪獸擊毀過無數次，但在現實中，大橋卻以無比的強韌著稱。

金門大橋的興建其實頗費一番波折，由於金門海峽上常起濃霧，強勁的海風有時可達時速60英哩，水深150公尺的海底崎嶇不平，再加上來自太平洋的巨浪，當時沒有人認為大橋可以興建完成。尤其時值經濟大蕭條時期，在資金短缺的窘境下，總工程師史特勞斯(Joseph Strauss)不得不大力奔走，說服民間集資借款，工程才得於1933年動工，並於4年後的1937年完成。後來這些債券靠著過橋費慢慢償還，直到1977年才全部還清。

金門大橋建成之時，是當時世界上跨度最大的斜拉式懸索橋，橋身長達1,970公尺，加上引橋，總長2.8公里，今日作為國道101的一部分，連結舊金山和馬林郡的索薩利托，交通地位重要。為了抵抗海上強風與地震侵襲，大橋的結構強度非比一般，負責承載橋身吊纜的主纜，兩端深埋在兩岸巨碩的鋼筋水泥橋墩中，每座橋墩可承受6,300萬磅的拉力。其鋼纜直徑0.92公

尺，每條鋼纜合61股，含鋼索27,572根，鋼索加起來總長129,000公里，這長度足以沿著赤道纏繞地球3圈。而灌漿的水泥總量，也足夠建造一條從紐約到舊金山的5呎寬人行道，由此可見金門大橋工程之浩大。

而橋身所漆的顏色被稱為「國際標準橘」，當初選擇這個顏色，一方面是為了要在濃霧中保持橋身能見度，一方面也是因為這樣的配色能和諧地與周遭自然融合。事實證明，金門大橋能讓人如此印象深刻，國際標準橘的確功不可沒。當晴空萬里，明亮的橋身襯著藍天碧海，無論從哪個角度看，都是完美構圖；就算大霧濃到讓它只冒出個頭來，也像隻騰雲駕霧的鳳凰，更有一種朦朧美感。

在大橋南端的停車場上，設有禮品店和遊客中心，可以購買與金門大橋有關的各種紀念商品。這裡的廣場豎有一尊史特勞斯雕像，以及橋樑鋼纜的剖面模型，許多觀光客也會在此合影，算是對這偉大的工程致敬。

欣賞金門大橋的熱門去處

金門大橋遊客中心
Golden Gate Bridge Welcome Center

這是最多人選擇觀看金門大橋的地點，從這裡看到的大橋，距離靠近，高度上僅略低於橋面，而且角度絕佳，兩座橋塔在比例上形成完美構圖，襯映著馬林岬角的山頭，是最為人所熟知的金門大橋畫面。而在遊客中心裡還有咖啡館與紀念品商店，唯一的缺點是停車位有限，常要排上一陣子隊才能停得到車。

🚌 在漁人碼頭的Powell/Beach路口搭乘28號公車，至Golden Gate Bridge/Parking Lot站下車即達。開車前往者，停車場每小時＄5，限停3小時。

編輯筆記

跨越金門大橋

◎ **開車**：金門大橋是收費橋樑，從索薩利托方向進入舊金山，自小客車為＄9.5（使用FasTrak為＄9.25），採電子收費，繳費方式請見P.240。而從舊金山方向前往索薩利托則不收費。

◎ **走路**：親自用雙腳走在金門大橋上，是向這條大橋致敬的最好方式。若要走完全程，單程大約2.7公里，徒步約需45~60分鐘。行人只能走東側的人行道（靠近市區的一側），雖然不用過路費，但有時間限制，每日05:00~18:30（夏令時間至21:00），晚上行人通道的閘門會關閉。

◎ **單車**：租來的單車不能騎上金門大橋，如果是自己的車，請上官網查看看單車通行的時間規定。

海岬堡國家歷史紀念地
Fort Point National Historic Site

海岬堡建於1853年，是當時美國西岸防禦的重要據點，幸好這裡從未真正發生過戰爭，因為在南北戰爭中證實，這種石造要塞已無法抵禦新型大砲的轟擊。20世紀初時，海岬堡成為美軍訓練中心，並以水泥加強結構。金門大橋建造時本來要拆掉堡壘，所幸總工程師史特勞斯為此更改設計圖，才讓這座19世紀的典型碉堡保留下來。其實這裡的地形原本是座90英呎高的懸崖，但堡壘建造時為了能轟擊海面上的船艦，於是將懸崖爆破成15英呎高，因此現在從這裡望向金門大橋，是以一種向上仰望的方式，也令大橋的氣勢更加雄偉。

🚗開車前往者，有免費停車位 📞(415) 561-4959 🕐10:00~17:00 ❌週二、三 💲免費 🌐www.nps.gov/fopo ⭐11:30、13:30及14:30有15分鐘免費導覽

馬林岬角
Marin Headlands

在大橋北岸的馬林岬角上，能居高臨下地觀看大橋，而背景則是舊金山市中心，若要拍攝大景，這裡是最理想的位置。假使造訪時海邊飄起大霧，濃到從市區看不見大橋，那麼更應該上山來碰碰運氣，說不定能看到橋塔從霧海中冒出的奇景。

🚗建議開車前往，過金門大橋後從442號出口(往Alexander Ave)下交流道，匝道走左側車道，出匝道口左轉(指標往US-101 S)，過涵洞後不要回到高速公路，走右邊的山路上山，大約0.3英哩後會看到左手邊有許多停車格。

展望點 Vista Point

這是大橋北端的觀景台，由於角度與橋身成一直線，兩座橋塔在視角上幾乎重疊，而橋面上車水馬龍的景象也格外清楚，又是另外一番風景。

🚗建議開車前往，停車場免費，限停4小時

貝克海灘 Baker Beach

普雷西迪奧公園西側的貝克海灘，是許多當地人會推薦的觀賞點，這裡離金門大橋不近也不遠，可以看到完整的橋身與兩座橋塔，背景是馬林岬角與索薩利托的城鎮，前景則是潔白浪花撲打在金黃色沙灘上。因為風景浪漫，不少新人會來這裡拍攝婚紗照。同時貝克海灘北邊靠近大橋橋墩的角落，是舊金山有名的天體沙灘，如果不想入境隨俗，就別往那兒去。

榮耀宮美術館
Legion of Honor

MOOK Choice

歐洲藝術的殿堂

🚋搭乘Muni電車N線至Judah & 46th站，轉乘北行的18號公車，在Legion of Honor站下車即達。開車前往者，這裡有免費停車場 🏠100 34th Ave, SF, CA 94121 ☎(415) 750-3600 🕐09:30~17:15 ❌週一 💲成人＄20，65歲以上＄17，17歲以下免費 🌐legionofhonor.famsf.org 🎟持門票可在當日參觀笛洋博物館 ❗建議事先上網預約時段票

　　位於林肯公園(Lincoln Park)中的榮耀宮美術館，是人稱「舊金山祖母」的名流慈善家Alma de Bretteville Spreckels送給舊金山市的禮物，落成於1924年，以3/4的比例複製了巴黎的榮耀宮博物館。館內收藏以歐洲藝術品為主，尤以法國繪畫與法蘭德斯畫派為大宗，像是大衛(Jacques-Louis David)、布雪(François Boucher)、林布蘭、盧本斯的作品就收藏了不少，而莫內、塞尚、雷諾瓦、竇加等印象派諸公的畫作也很豐富。

　　其他館藏還包括古希臘羅馬的雕刻藝術品、中世紀的織錦畫、巴洛克時期的法國室內裝飾等，年代範圍橫跨6千年。陳列在館外的雕塑群也極有看頭，像是入口前的「沉思者」，就是羅丹同名作品中的其中一個，是許多遊客拍照的焦點所在。

　　參觀完畢後，別忘了前往美術館的北側，這裡的路旁也能遠遠看到金門大橋，從這裡望向大橋，又別有一種風情。

迪士尼家族博物館

The Walt Disney Family Museum

將夢想化為真實

🚶 從Presidio Transit Center，步行約3分鐘　🏠104 Montgomery St, SF, CA 94129　☎(415) 345-6800　🕐10:00~17:30 (入館至16:30)　🚫週一至週三　💲成人$25，65歲以上$20，6~17歲$15　🌐www.waltdisney.org　❗入館採時段制，建議事先上網購票

華特迪士尼曾經這麼說過：「如果你能夠懷有夢想，你就能將夢想實現！」而這間成立於2009年的博物館，就是在講述這個將夢想化為真實的故事。華特迪士尼的創業並非平步青雲，他曾經歷許多戲劇性的困境，幾次徘徊在失敗邊緣(其實是真的失敗了)，但是他從未放棄，他的樂觀精神與執著讓他愈挫愈勇，終於將卡通提升到藝術的境界，徹底改變好萊塢電影工業生態，並創造出全球歌誦的傳奇。就像他的另一句名言：「做出別人認為不可能的事，是一種樂趣。」

在博物館的展廳裡，透過各種互動式陳列、卡通動畫、電影片段、音樂、藝品，及其他多媒體展示等，將他一生激勵人心的故事完整呈現。遊客可以欣賞他早期的畫作，看他如何創造出米老鼠、唐老鴨這些膾炙人口的角色，了解動漫如何從不受重視的雕蟲小技一躍變為大螢幕的寵兒，以及迪士尼樂園如何被構想與興建等。可以說，這裡介紹的不只是華特迪士尼的個人成就，同時也在敘述大半個世紀以來的動漫發展史。

普雷西迪奧隧道頂部公園

Presidio Tunnel Tops

在金門大橋的照看下玩耍

©Presidio Trust 提供

🚶 就在Presidio Transit Center後面　🕐公園24小時開放，兒童遊樂場09:00~18:00 (11~3月至17:00)　💲免費　🌐www.presidiotunneltops.gov

今日US-101穿越普雷西迪奧時所通過的隧道，在過去其實是一段高架公路，為了符合現代城市美學，於是在2012年時拆除，以隧道取而代之。原本只是單純的交通建設，卻令人們興奮不已，因為這麼一來，城市又多出了14英畝的公共空間。為此當局立刻發起國際競圖與徵求公民意見，結合了眾人的創意與發想，終於在2022年7月誕生出這處舊金山的最新景點。

公園內有大片草坪、野餐烤肉區、步道，還有一座以石塊圍成的燃氣式火坑，供人們在海風中取暖。由於地勢突出，景觀相當優越，不但可俯瞰普雷西迪奧綠意盎然的公園，也為觀賞金門大橋與舊金山灣景致提供了新視野。而在靠近Mason St地勢較低的地方，則是特色獨具的兒童遊樂場，有各種以樹木、石材搭建成的溜滑梯、鞦韆與繩索攀爬等遊樂設施，一旁還有間室內的Field Station，教導孩子利用工具進行野外探索，並認識當地的動植物。

MAP　P.235E1

藝術宮

MOOK Choice

Palace of Fine Arts

美式婚紗照的取景勝地

🚊搭乘電纜車Powell–Mason線至Columbus與Chestnut路口，轉乘西行的30號公車，在Broderick & North Point站下車，沿North Point St西行1個路口即達。若開車前往，在Baker St與Bay St上，路邊皆有限停2小時的免費停車位。🏠 3301 Lyon St, SF, CA 94123 ⏰開放式公園 💲免費

藝術宮原是為了1915年的巴拿馬–太平洋萬國博覽會而建，當時請來在柏克萊加大任教的建築師梅貝克(Bernard Maybeck)著手規劃，他從巴洛克時期的浪漫主義畫派中汲取靈感，打造出這座仿古羅馬廢墟的建築，作為展覽場地之一。當時人們對藝術宮的喜愛遠超過其他展館，博覽會尚未結束，就有人成立協會請求保留，藝術宮因而成為當年博覽會後唯一留下的建築物。

然而，藝術宮原先在興建時，並沒有想到會成為永久性建築，所以使用的都是極其粗糙的建材，經年累月的風吹雨打，讓這座假廢墟幾乎就要變成真的廢墟。於是在1950年代，又有人發起整修運動，這項當初沒花多少時間建造的工程，重建卻花了好幾年時間完成。新的藝術宮完全比照舊建築加以複製，只是少了中央拱頂的壁畫、兩側列柱塔門與展覽廳內的原始裝飾，而展覽廳則成了藝術宮劇院的所在。

藝術宮迷人的外觀，羅馬式的圓頂搭配玫瑰紅的科林斯石柱，壁飾上是一幅幅精細的浮雕，環繞其後的，是由列柱構成的長廊。天氣晴朗時，前方人工湖泊映出圓頂及迴廊的倒影，中央的小噴泉旁不時游過幾隻優雅的天鵝，以及三三兩兩的鴛鴦與水鴨。因為總是如此寧靜美麗，充塞著羅曼蒂克的浪漫氣息，因此每天都可看到許多對新人在此拍攝新婚的回憶。

索薩利托
Sausalito

舊金山已經是個夠漂亮的城市了，金門大橋對岸的索薩利托比舊金山還要美。依傍著理查森灣(Richardson Bay)的索薩利托，原是米瓦克族人(Miwod)的聚落，西班牙人來到這裡後，不但將此地收為殖民地，也把地中海的風情原封不動地搬來這裡。今日的索薩利托碼頭邊，停泊著各式各樣私人帆船與遊艇，潔白的船舷隨波浪在海風中搖晃著，給人一種寧靜而悠閒的感覺，吸引許多藝術家和高收入人士定居。而在山坡上，則坐落一棟棟色彩亮麗的精緻洋房，襯映著綠草藍天和碧波帆影，追尋歐洲海港小鎮的浪漫，何需再遠渡重洋？

INFO

如何前往
開車

走US-101 N，過金門大橋後的第2個出口(往Alexander Ave)下交流道，匝道靠右側車道，沿海岸往北走，便可到達橋路大道。這條路在靠近碼頭的地方共有5座公有停車場，前4座按小時計費，5~9月每小時＄5，當日最高＄50；10~4月每小時＄3.5，當日最高＄20~35。至於第5座(入口位於Locust St路口)則是免費，最多可停3小時。

金門客運 Golden Gate Transit

在Mission St或Van Ness Ave上搭乘往 San Rafael的130號金門客運，至Bridgeway & Bay站下車，即達碼頭。

💲成人現金＄8.5，使用Clipper Card＄6.8，5~18歲及65歲以上＄4.25

🌐www.goldengate.org

金門渡輪 Golden Gate Ferry

從渡輪大廈搭乘金門渡輪前往索薩利托，平日約7班船，週末約5班船，船程30分鐘。詳細時刻請上官網查詢。

💲成人現金＄14，使用Clipper Card＄8，5~18歲及65歲以上＄7

🌐www.goldengate.org

藍金號渡輪 Blue & Gold Fleet

從41號碼頭搭乘藍金號渡輪前往索薩利托，每日約5班船，船程30分鐘。詳細時刻請上官網查詢。

☎(415) 705-8200

💲成人＄14.75，5~11歲及65歲以上＄9

🌐www.blueandgoldfleet.com

旅遊諮詢
索薩利托遊客中心

📍P.286B5

🏠22 El Portal Ave, Sausalito, CA 94965

☎(415) 331-7262

🕐11:00~17:00

🚫週二、三

🌐www.sausalito.org、visitsausalito.org

MAP P.286B4-B5

橋路大道
Bridgeway Boulevard
古典優雅的購物大道

　　沿著海灣而行的橋路大道是索薩利托最重要的街道，大道上不少建築物都已具有相當年代的歷史，被列入國家古蹟名錄中。這些古典優雅的老房子，如今是藝術家與觀光客活動的場域，藝廊、古董店、餐廳、咖啡館，連綿超過1英哩，販售的商品從通俗的舊金山紀念品到造型巧奪天工的琉璃藝術，從國際品牌服飾到在地手工織品，從路邊熱狗小吃到精緻海鮮餐廳，值得慢慢閒逛。

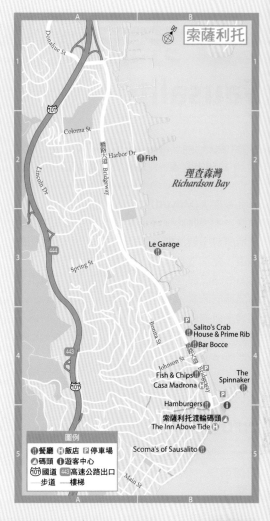

MAP　P.304A1

繆爾紅杉保護區

MOOK Choice

Muir Woods National Monument

海岸紅杉的最後樂土

🏠1 Muir Woods Rd, Mill Valley, CA 94941 ☎(415) 561-2850 🕐每日08:00至日落(遊客中心開放至關園前30分鐘) 💲成人＄15，15歲以下免費(可使用國家公園年票) 🌐www.nps.gov/muwo

　　2011年賣座電影《猩球崛起》中，讓猩王凱撒感到歸屬的那片森林，就是繆爾紅杉保護區。在19世紀以前，自奧勒崗以南的整片西海岸，都覆蓋著這種海岸紅杉(coastal redwood)，但僅僅不到100年，這些珍貴的樹木就幾乎被來自歐洲的新移民們砍伐殆盡，如今只剩下零星森林倖存於國家公園法的保護下。

　　1905年，本地實業家威廉與伊莉莎白肯特夫婦眼見海岸紅杉就要在舊金山地區絕跡，於是買下最後的195英畝原始森林捐贈給聯邦政府，並要求以他們的好友約翰繆爾(John Muir)命名。

　　海岸紅杉與內華達山脈西麓的加州巨杉，雖然同屬於Sequoia種，但其實不太一樣。和加州巨杉相比起來，海岸紅杉顯得苗條許多，不過卻高得不可思議。保護區裡的紅杉大都集中在波希米亞林(Bohemian Grove)與教堂林(Cathedral Grove)兩片樹林內，最高的一棵高達76.81公尺，樹齡超過1千歲，不過要辨識出是哪一棵卻

前往繆爾紅杉保護區

◎ **開車**：若開車前往，必須預約停車位，一般自小客車為＄9.5。

◎ **接駁巴士**：如果預約不到停車位，那就只能搭乘接駁巴士前往，行駛時間為4~10月的週末和假日，6~8月部分平日也有行駛。欲搭乘接駁車者，可將車停在Larkspur Landing渡輪碼頭的免費停車場(101 E. Sir Francis Drake Blvd, Larkspur, CA 94939)，並在那裡上車。接駁巴士無論去程還是回程都要預約，成人＄3.75，15歲以下免費。

🌐gomuirwoods.com ⚠由於園區範圍沒有網路訊號，所以記得要先把停車位或接駁巴士的預約結果下載到手機中

不太容易，因為在矮小人類的視覺限制下，樹長到一定高度就分不出高低了。

　　除了海岸紅杉外，這片森林也蘊含了豐富的生態，鐵頭鱒與銀鮭在溪流裡產卵，堅鳥、冬鶇、金花鼠在林間棲息，鹿群於晨昏覓食，貓頭鷹和浣熊在夜間出沒。園方沿著紅木溪(Redwood Creek)兩岸規劃有環狀步道，漫步林間時，請大力深呼吸幾口，世界僅存海岸紅杉釋放出的芬多精，可不是到哪裡都吸得到的。

Where to Eat in San Francisco
吃在舊金山

價位區間
$：10美金以內解決的小吃或路邊攤
$ $：餐點在10~20美金的輕食簡餐
$ $ $：主餐在20~30美金，一般家庭外食
$ $ $ $：主餐在30~50美金，適合親友聚餐
$ $ $ $ $：主餐在50~100美金，適合慶祝
或約會

漁人碼頭 Fisherman's Wharf

MAP ▶ P.244C1 | **Fog Harbor Fish House**

🚋搭乘古董街車E、F線至The Embarcadero & Stockton站
即達 📍Pier 39, Building A, Level 2, SF, CA 94133 📞
(415) 969-2010 🕐每日11:00~22:00 💲 $ $ $ $ 🌐
fogharbor.com

Fog Harbor是39號碼頭最
熱門的餐廳，一來因為碼頭
2樓的超級海景，二來無論
你想吃什麼舊金山的經典菜
餚，在這裡都能一次搞定。
像是肉質鮮美、塊頭又大的
丹金尼斯螃蟹，用大鍋蒸熟後，配上蔬菜、野米或蒜香
馬鈴薯泥，是最多人點的一道菜。而用來裝盛蛤蜊巧達
濃湯的酸麵包，是由廚房裡現烤出爐，送上桌時熱騰騰
騰、香味撲鼻，不過除非你自認食量很大，否則請量力
而為，不然連湯帶碗吃下去，很快就飽了。其他像是緬
因州的活龍蝦、發源於舊金山的蕃茄燴海鮮(Cioppino)、
各類海產料理、牛排餐等，都在主廚Adolfo Soto的巧手
下，成了餐盤上的藝術品。

漁人碼頭 Fisherman's Wharf

MAP ▶ P.244C1 | **Boudin Sourdough Bakery and Café**

🚋搭乘古董街車E、F線至Jefferson & Taylor站即達 🌐
160 Jefferson St, SF, CA 94133 📞(415) 928-1849
🕐08:00~21:00 (週五、六至22:00) 💲 $ $ 🌐www.
boudinbakery.com

Boudin是擁有160多年歷史的酸麵包工廠，打從1849年
起就在這裡製作酸麵包，至今在加州已開有多家分店。
工廠外牆是一大片玻璃窗，可讓路過行人觀賞師傅揉製
麵糰、烘焙酸麵包的過程，經常擠滿圍觀群眾。而烘焙
出的麵包不但有正常的圓球形狀，甚至還有大螃蟹、大
鱷魚、無尾熊等種種造型，令人會心一笑。

工廠旁就是麵包店與熟食店，可在此購買新鮮出爐的
酸麵包，或點一份三明治與濃湯享用。2樓是間小酒館，
供應海鮮、牛排等美食料理。此外，這裡還有個酸麵包
博物館，可認識酸麵包的歷史與作法。

漁人碼頭 Fisherman's Wharf

MAP ▶ P.244B2 | **Buena Vista Café**

🚋搭乘電纜車Powell-Hyde線至Hyde St與Beach St路口即
達 📍2765 Hyde St, SF, CA 94109 📞(415) 474-5044
🕐平日09:00~23:00 (週五至24:00)，週末08:00~24:00
(週日至23:00) 💲 $ $ $ 🌐www.thebuenavista.com ❗
熱食供應至21:30

Buena Vista是開業於1952年的老字號，當年首開風氣
之先，在美國推出「愛爾蘭咖啡」。在預先熱過的高腳
杯中倒進3/4滿的熱咖啡，放入兩顆方糖攪拌，待方糖
溶化，再倒入一杯愛爾蘭威士忌，最後打上鮮奶油，香
醇爽口的愛爾蘭咖啡就完成了。這種咖啡喝下後全身發
熱，很適合舊金山全年涼颼颼的海洋性氣候。除了咖啡
外，也有供應美式早餐、漢堡、海鮮、牛排、義大利麵
等餐點。

MAP ▶P.252B2　Tony's Pizza Napoletana

🚋搭乘電纜車Powell Mason線至Mason St與Union St路口，步行約4分鐘 📍1570 Stockton St, SF, CA 94133 ☎(415) 835-9888 🕐每日12:00起，週一、二至21:30，週三、四至22:00，週五、六至23:00，週日至22:30 💲\$ \$ 🌐tonyspizzanapoletana.com

Tony Gemignani是披薩界的名人堂人物，他自1991年起便開始鑽研關於披薩的各種知識，並在國際各大賽事中拿下過13面金牌。這間位於北灘的披薩店是他的旗艦

餐廳，光從菜單就可看出為何他的披薩能夠遠近馳名。他擅長揉製不同口感的餅皮，並針對各種餅皮與配料特性，以不同的方式來烤製披薩，有的以柴燒，有的以電爐，有的以瓦斯烤箱，有的以煤炭，而每種披薩需要的火候溫度，也都講究得一絲不苟。這裡最著名的是曾在拿坡里拿下世界冠軍的Margherita，每日限量只做73片，另外像La Regina、New Yorker、Cal Italia等，也都得過金牌。

北灘 North Beach

Mama's on Washington Square

🚋搭乘電纜車Powell-Mason線，在Mason St與Filbert St路口下車，步行約4分鐘 📍1701 Stockton St, SF, CA 94133 ☎(415) 362-6421 🕐08:00~14:00（週末至15:00）🚫週一 💲\$ \$ \$ 🌐www.mamas-sf.com

Mama's是舊金山人對早午餐的第一印象，這間早餐店從開幕至今已超過50個年頭，現在在廚房裡工作的，有許多已是家族第三代成員了。Mama's的店面雖然不大，但它的名氣從店外長長的排隊人龍便可見一斑，通常沒排上1個小時，是不會有位子坐的。名聲響亮的原因，來自餐點的真材實料，所有麵包糕點都是廚房現烤，果醬也是用新鮮水果手工製作，最有名的就是煎得香滑鬆綿的歐姆蛋捲，口感、用料都足見工夫。而每到週末，排隊時間更是加倍，因為加入丹金尼斯蟹肉的歐姆蛋捲和班乃迪克蛋，都是週末限定。

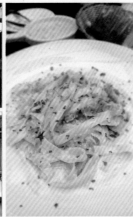

北灘 North Beach

MAP ▶P.252B2　Sotto Mare

🚋搭乘電纜車Powell Mason線至Mason St與Green St路口，步行約6分鐘 📍552 Green St, SF, CA 94133 ☎(415) 398-3181 🕐11:30~21:00（週五、六至22:00）💲\$ \$ \$ 🌐www.sottomaresf.com

Sotto Mare是經常出現在當地美食雜誌上的義大利餐廳，其義式蟹肉燉海鮮湯(Crab Cioppino)號稱是舊金山全城第一。除了蟹肉海鮮湯外，其義大利麵、燉飯、蛤蜊海鮮濃湯等也都非常有名，原因就在於餐點中的海鮮食材，無論是蝦、蟹、魚、貝，品質不但新鮮，而且用料更是大方，感覺若是把麵飯當中的海鮮配料挑出來，完全足夠再當成一道主菜，難怪可以在義大利美食林立的北灘區站穩一席之地。

田德隆區 Tenderloin

MAP ▶ P.252A5 **Brenda's French Soul Food**

搭乘BART或Muni電車線至Civic Center站，步行約11分鐘 652 Polk St, SF, CA 94102 (415) 345-8100 08:00~20:00（週二至15:00） $ $ frenchsoulfood.com

雖然標榜NOLA的餐廳比比皆是，但在紐奧良之外，口味正宗的卻極其稀少，Brenda's便是美國西岸難能可貴的一家。Brenda出身於紐奧良郊區，雖然大學讀的是藝術，卻將她的激情與天賦全用在了料理上，不到30歲已名列美國知名主廚。這間餐廳除了三明治與烤牡蠣外，一定要嚐的是鮮蝦玉米泥(Shrimp & Grits)，香濃的玉米泥和進融化的切達起士，再配上新鮮的蝦子、蕃茄、青蔥與紐奧良辣醬，滋味十分帶勁。另外，貝涅餅(Beignets)也是必點之物，這種紐奧良經典的法式甜甜圈，除了有原味、巧克力、蜂蜜肉桂蘋果等甜口味外，還有裹進小龍蝦的香辣口味。貝涅餅一份是3個，如果不知如何取捨，不妨點份Beignet Flight，每種口味都各有一顆。

金融區 Financial District

MAP ▶ P.252C3 **Kokkari Estiatorio**

搭乘古董街車E、F線至The Embarcadero & Broadway站，步行約5分鐘 200 Jackson St, SF, CA 94111 (415) 981-0983 午餐：平日11:30~14:30。晚餐：每日17:00~22:00 $ $ $ $ kokkari.com

店名取自希臘薩摩斯島的一座小漁村，傳說那裡是獵戶神俄里翁與克里斯王的女兒墨洛珀陷入熱戀的地方，為了取悅愛人，俄里翁獵盡島上所有的野味與海產，精心準備了一場「諸神的盛宴」。這間希臘餐廳也秉持這樣的精神，以最好的食材做成道地的地中海料理，將顧客當作諸神或愛人對待。主廚Erik Cosselmon是舊金山的地中海料理名手，最擅長烹調羊肉料理與海鮮，而餐廳的佈置就像是希臘的鄉間旅館，溫馨的燈光、燃燒的火爐、大量木製裝潢與滿室鮮花，在在給人放鬆的感受。

金融區 Financial District

MAP ▶ P.252D3 **Hog Island Oyster Co**

位於渡輪大廈內 1 Ferry Bld. 11A, SF, CA 94111 (415) 391-7117 11:30~20:00（週末11:00起） $ $ $ hogislandoysters.com 不接受訂位

生蠔吧要美味，關鍵就在於牡蠣的品質，舊金山北邊的托馬里灣(Tomales Bay)是灣區重要的牡蠣養殖地，而Hog Island的養殖場就在海灣東岸的Marshall，每日由產地新鮮直送，讓這裡的生蠔沒有不好吃的道理。「好的東西，需要時間生長」是Hog Island的養殖哲學，因此他們的牡蠣一定都要等到肉質最完美的一刻才會採收，這樣的牡蠣無論是生吃、火烤，還是油炸做成三明治，滋味都是鮮美無比。而其他貝類像是蛤蜊、淡菜等，也都是品質一流，就連與海鮮無關的烤起士三明治，也是這裡的招牌菜之一。

金融區 Financial District

MAP ▶ P.252C3 **Blue Bottle Coffee**

🚇搭乘BART或Muni電車線至Montgomery站，步行約4分鐘 🏠115 Sansome St, SF, CA 94104 ⏰06:30~17:00 休週末 💲$ 🌐bluebottlecoffee.com

　　發跡於奧克蘭的藍瓶咖啡，近年來因為在日本市場大獲成功，連帶在台灣也擁有廣大知名度。事實上，引領當今精品咖啡文化的，就是藍瓶咖啡。藍瓶咖啡最初只是個在渡輪大廈農夫市集裡擺攤的攤車，到現在已在全美各地開了數十家連鎖店，版圖甚至擴張到亞洲地區。從店面裡的吧台，不難看出其成功因素，各式各樣的手沖機具，説明了藍瓶對沖泡咖啡的嚴謹態度，那五支光亮璀璨的虹吸壺，還是遠從日本特別訂製的。除了各種香醇的咖啡外，每日14:30之前也有餐點供應，不少附近的上班族，都把這裡當作一天的起點。

諾布山 Nob Hill

MAP ▶ P.252A3 **House of Prime Rib**

🚇搭乘電纜車California線至Van Ness Ave & California St站，步行約4分鐘 🏠1906 Van Ness Ave, SF, CA 94109 📞(415) 885-4605 ⏰17:00~22:00（週末16:00起） 💲$$$$$ 🌐www.houseofprimerib.net

　　這間開業自1949年的牛排館，是舊金山最具人氣的餐廳之一，即使事先訂好位，也都很有可能要等上個把鐘頭。一如店名所示，這裡使用的全是美國農業部認證的Prime頂級牛肉，因此肉質鮮嫩多汁，自是不在話下。主餐雖然有4種選擇，但其實就是4種大小的牛肉切片，最大的King Henry VIII's Cut足足有40盎司重，等待想大口吃肉的大胃王前來挑戰。配菜中的凱撒沙拉為桌邊服務，現調的醬汁吃得出新鮮原味，讓食物在最完美的狀態下進入口中。

市場南 SOMA

MAP ▶ P.252B5 **Sightglass Coffee**

🚇搭乘BART或Muni電車線至Civic Center站，步行約8分鐘 🏠270 7th St, SF, CA 94103 📞(415) 861-1313 ⏰每日07:00~17:00 💲$ 🌐sightglasscoffee.com

　　Sightglass於2009年租下這間店面，原本只是在此烘焙咖啡豆銷售給本地高級餐廳，2011年才開設咖啡店，直接向客人提供現煮咖啡，結果不但在精品咖啡市場中一鳴驚人，聲勢甚至超越了藍瓶咖啡，在舊金山現代藝術博物館的卡位戰中成功擠下對方。這裡的咖啡產地來自五大洲，以不同顏色的貼紙分類，都是老闆精心挑選有品質保障的來源。店內空間寬敞，走的是工業極簡風，一袋袋咖啡豆依產地堆疊，現場烘焙的豆子也飄出陣陣香味。除了現煮咖啡，這裡也提供麵包及甜點，適合帶一本書來靜靜品嚐。

科爾谷 Cole Valley

MAP ▶ P.234D4　Zazie

🚇搭乘N線電車至Carl St & Cole St站，步行約1分鐘　🏠941 Cole St, SF, CA 94117　📞(415) 564-5332　🕐早午餐：平日08:00~14:00，週末09:00~15:00。晚餐：17:00~21:30（週五、六至22:00）　💲$ $ $　🌐www.zaziesf.com　❗早午餐時段不開放訂位

這家色彩明亮、氣氛輕鬆活潑的餐廳，名字來自法國導演路易馬盧1960年的電影《地鐵裡的莎姬》，或許店主也想要像莎姬在巴黎四處探險一樣，藉由烹飪美食在舊金山這座城市尋求各種可能。Zazie早上賣的是美式早午餐，供應班乃迪克、法式土司、鬆餅等餐點，晚上則是以普羅旺斯鄉村菜餚為主，在舊金山受到許多當地美食家追捧。Zazie另一項有名的，就是保障員工的薪資福利制度，餐點的價格中有25%直接給付給服務人員，換句話說，在這裡用餐是不需要給小費的。

嬉皮區 Haight Ashbury

MAP ▶ P.234D4　Cha Cha Cha

🚇搭乘N線電車至Carl St & Stanyan St站，步行約7分鐘　🏠1801 Haight St, SF, CA 94117　📞(415) 386-7670　🕐11:30~22:30（週四~週六至23:00）　💲$ $ $　🌐chachachasf.com

這家位於嬉皮區的加勒比海料理餐廳，內牆以黑磚砌成，並處處以紙花和茅草裝飾，加上時常播放的雷鬼音樂，強烈奇幻的色彩，讓人不由得隨之起舞。店內的招牌菜不少，**Pan Fried Pork Loin**是用滑嫩的豬腰肉淋上由蘑菇調配的醬汁，旁邊擺放燉煮的大紅豆泥，口味很是特別；**Fried Calamari**是將槍烏賊圈裹粉酥炸，然後淋上檸檬汁，下方再鋪一層以美乃滋特調的醬汁，一口吞下，美味無比；至於**Cajun Shrimp**是將醬汁熬煮的新鮮小蝦放置在鐵盆內，拌起飯來相當夠味。另外，也別忘了點一杯**Sangria**，這是一種古巴人愛喝的調酒，以紅酒為基酒，加進果汁和水果切片，再倒入一點點白蘭地，喝起來像果汁，但酒精濃度不低。

教會區 Mission

MAP ▶ P.270B2　Foreign Cinema

🚇搭乘BART捷運至24th St Mission站，步行約6分鐘　🏠2534 Mission St, SF, CA 94110　📞(415) 648-7600　🕐早午餐：週末10:30~14:30。晚餐：17:00~22:00（週日至21:00）　💲早午餐$ $，晚餐$ $ $　🌐foreigncinema.com

這裡的門面像間小電影院，店名上也寫著電影院，若是無人指點，還真不知道裡頭竟是間餐廳。推開門進去，穿過長長的紅地毯，前檯後方的室內空間既優雅又有種工業風的現代感，不過人們最愛的還是庭院裡的戶外用餐區，每當夜幕低垂，那面巨大的白牆就會化身成螢幕，真的播放起電影來。這裡的電影大約一個月輪換一次，如同餐廳名字一樣，放的都是異國的獨立製片電影。餐點方面，融合地中海的風味與北加州的食材，由店主名廚夫婦檔Gayle Pirie與John Clark親手料理，像是鴨胸、羊排、日本赤牛肉熟成牛排等都是招牌。至於週末的早午餐雖然沒有電影放映，但在舊金山同樣擁有高人氣。

MAP ▶ P.270B1 **Tartine Bakery**

🚃搭乘J線電車至Church St & 18th St站，步行約5分鐘 🏠 600 Guerrero St, SF, CA 94110 ☎(415) 487-2600 🕐 每日08:00~17:00 💲 $ 🌐www.tartinebakery.com

　　吃個麵包還要排隊，在舊金山就當屬Tartine了。麵點師Elisabeth Prueitt與麵包師Chad Robertson原本就是廚藝學校同窗，兩人齊赴法國深造磨練，回國後更結為連理，開創自己的麵包事業。Tartine的麵包獲得許多米其林星級餐廳採用，名廚艾倫杜卡斯甚至在自己的書中大力讚揚Tartine，《Zagat》稱他們的法式鹹派Quiche無人能出其右，而加了肉桂與橘子皮的Morning Bun也是來舊金山必嚐的糕點之一。其他如外酥內鬆的可頌麵包、麵包布丁、法式三明治、香蕉奶油塔等，都是人們甘願排隊等待的原因。

MAP ▶ P.270B2 **Taquería El Farolito**

🚃搭乘BART至24th St Mission站即達 🏠2779 Mission St, SF, CA 94110 ☎(415) 824-7877 🕐10:00~03:00（週四、五至03:30，週日至24:00）💲 $ $ 🌐elfarolitosf.com ❗只收現金

　　這家門面並不起眼的墨西哥快餐館，內部空間既狹窄又雜亂，餐點看上去也很樸實，然而卻在教會區擁有超高人氣，箇中緣由，咬下一口便知分曉。這裡必點的招牌是Super Burrito，份量超大的玉米捲餅，毫不吝嗇地包裹進米飯、鷹嘴豆泥、起士、酸奶、生菜與整片酪梨，而炒得香噴噴的肉類除了有常見的牛肉、雞肉、鮮蝦外，還有在美國不容易看到的牛舌、牛腦、腸子等內臟選擇。不但配料新鮮量多，吃起來也不會像一般墨西哥快餐的捲餅那樣溼溼糊糊，口感恰到好處。最後，記得配上店家附的紅、綠莎莎醬，滋味更是過癮。

MAP ▶ P.270B1 **Bi-Rite Creamery & Bakeshop**

🚃搭乘J線電車至Church St & 18th St站，步行約3分鐘 🏠3692 18th St, SF, CA 94110 ☎(415) 626-5600 🕐每日12:00~21:00 💲 $ 🌐biritemarket.com

　　Bi-Rite賣的是冰淇淋，店面不大，但只要是介紹舊金山美味的食評網站或報章雜誌，都一定會提到它。到底Bi-Rite有多好吃，可以看看店門口排的隊伍，長到像是在排迪士尼雲霄飛車一樣。等嚐到第一口冰淇淋，就不難理解這麼長的隊伍是怎麼來的，只能說為了這完美的味覺享受，就算再多排幾次也義無反顧。Bi-Rite的冰淇淋味道非常自然，沒有刻意添加的甜味，吃得出是來自新鮮的材料原味。這裡使用的都是當季的有機食材，而且以純手工限量製作，許多口味搭配都別出心裁，像是蜂蜜薰衣草、巧克力椰子、鹽味焦糖等，當然也有隨季節推出的水果口味。

教會區 Mission

MAP ▶ P.270B2 **Ritual Coffee Roasters**

🚃搭乘J線電車至Right Of Way & 21st St站，步行約8分鐘 🏠1026 Valencia St, SF, CA 94110 ☎(415) 641-1011 🕐每日07:00~18:00 💲$ 🌐www.ritualroasters.com

和Blue Bottle同樣創始於2005年的Ritual Coffee Roasters，也是當今精品咖啡潮流的發軔者之一，雖然開始時的聲勢不若前者，但近幾年已有後來居上的趨勢，不但店面風格愈來愈雅痞，甚至還挑釁似地在Blue Bottle第一家店鋪所在的Hayes Valley也開了一家分店。Ritual Coffee Roasters的咖啡豆也是自己烘焙，他們的咖啡以淺焙為主，不少灣區人喜愛他們的咖啡豆更甚於藍瓶，認為其香氣更為飽滿。如果你是咖啡愛好者，別忘了來這裡朝聖。

索薩利托 Sausalito

MAP ▶ P.286B2 **Fish**

🚗從索薩利托碼頭開車，沿Bridgeway北行，至Harbor Dr右轉即達 🏠350 Harbor Dr, Sausalito, CA 94965 ☎(415) 331-3474 🕐每日11:30~20:30 💲$ $ $ 🌐www.331fish.com

這間海鮮餐廳位於索薩利托景色優美的漁港邊，坐在戶外用餐區，加州涼爽的海風陣陣吹來，一旁就是桅杆如林的碼頭，在這樣閒適的氣氛下享用海鮮大餐，實在惬意不過。然而Fish的有名除了景觀怡人外，餐點也不在話下，這裡的食材皆是來自本地漁船，為了確保漁業能夠永續發展，Fish不但對漁獲來源的船隻與漁民瞭如指掌，也非常清楚他們的捕魚方式，不讓不當捕撈的情形發生，對此，加州政府還曾頒給獎勵狀。Fish的菜單視當日漁獲而定，無論是配麵或配拉沙，都新鮮美味。而奶油蛤蜊巧達濃湯有原味的白湯與加了茄汁的紅湯兩種，是每張餐桌上都會出現的必點名物。

索薩利托 Sausalito

MAP ▶ P.286B5 **Scoma's of Sausalito**

🚶從索薩利托碼頭步行約5分鐘 🏠588 Bridgeway, Sausalito, CA 94965 ☎(415) 332-9551 🕐11:30~20:00 (週五、六至21:00) 💲$ $ $ $ 🌐www.scomassausalito.com

從索薩利托碼頭沿著橋路大道走，一路上都會看見許多有質感的海鮮餐廳，而其中的Scoma's of Sausalito更是讓人無法忽視，位在海邊棧橋上的絕佳位置，外觀就像艘精緻的遊船，隨時準備要出航似的。餐廳無論室內室外，都擁有無敵海景，於是天使島、蒂伯隆、海灣大橋等風景，都成了用餐時的唯美背景。餐廳由來自西西里的Scoma家族經營，這是他們繼漁人碼頭的Scoma's Restaurant後的第二家餐廳，必吃料理當然就是丹金尼斯螃蟹，個頭肥碩的大蟹，肉質十分鮮甜，搭用酸麵包裝盛的蛤蜊巧達濃湯，便是舊金山最經典的美味。

Where to Shop in San Francisco
買在舊金山

漁人碼頭 Fisherman's Wharf

MAP ▶ P.244C1 39號碼頭 Pier 39

🚃搭乘古董街車E、F線至The Embarcadero & Stockton站即達 ⏰商店開門時間大致上為10:00~21:00 🌐www.pier39.com

39號碼頭是漁人碼頭地區最熱鬧的購物商圈,在這條木板棧橋上,聚集了110家商店,其中不少店家販賣的商品都頗具特色。像是位於N-1的The Crystal Shop,專賣各種造型與尺寸的水晶藝品;P-1的Shell Cellar,販賣的則是各式各樣的貝殼製品,具有濃厚的海洋風情。同樣位於P-1的The Cable Car Store也是家非常受歡迎的紀念品店,幾乎與舊金山有關的紀念品一應俱全,當然也包括店名中的電纜車在內。一旁的S.F. City Wear則是間非常有趣的T恤店,T恤上充滿創意甚至惡搞的幽默。

漁人碼頭 Fisherman's Wharf

MAP ▶ P.244B2 吉拉德里廣場 Ghirardelli Square

🚃搭乘電纜車Powell–Hyde線至Hyde & North Point路口,步行約2分鐘 🏠900 North Point St, SF, CA 94109 ☎(415)775-5500 ⏰每日09:00~22:00 🌐ghirardellisq.com

1893年,來自義大利的Domingo Ghirardelli發明一種以細火慢熬的巧克力,在舊金山地區大受歡迎,於是便買下這棟大樓開設工廠製造。工廠於1964年轉型為露天購物中心,成為全美第一座由工廠改建的商場。中庭的美人魚噴水池旁,圍繞著多家特色餐廳以及販賣手工藝品的商店,悠閒的氣氛逛起來相當舒適。至於吉拉德里巧克力在廣場上有三家店,最大的一家是吉拉德里市場,但人氣最旺的卻是門口旁小巧的創始店,在那裡可看到製做巧克力的機具,並順便來一客招牌的熱焦糖聖代。

漁人碼頭 Fisherman's Wharf

MAP ▶ P.244B2 罐頭工廠廣場 The Cannery

🚃搭乘古董街車E、F線至Jones & Beach站,步行約3分鐘 🏠2801 Leavenworth St, SF, CA 94133 ⏰各店家約10:00開始營業

這棟3層樓高的紅磚建築,前身是台爾蒙(Del Monte)旗下的水蜜桃製罐工廠,建於1907年,當時每日出產20萬罐罐頭,被譽為全世界最大的水果製罐廠。由於它那優美的外型,幸運地躲過舊金山1960年代的古屋拆除運動,再加上附近的吉拉德里廣場轉型成功,因而被有計畫地改建成購物中心。目前廣場內有多家商店、餐廳和酒吧,廣場的每一層樓都有迂迴的走道和寬闊的陽台,天橋連接南北兩棟大樓,中庭遍植百年橄欖樹,不少藝術家或歌手喜歡在此演出。

舊金山…買 在舊金山 Where to Shop in San Francisco

MAP ▶ P.256A1 薩克斯第五大道百貨公司
SAKS Fifth Avenue

🚇搭乘T線電車至Union Square/Market St站，步行約2分鐘 🏠384 Post St, SF, CA 94108 📞(415) 986-4300 🕐10:00~18:00 🚫週日、一 🌐www.saksfifthavenue.com

薩克斯第五大道百貨的價位介於梅西和妮夢瑪珂絲之間，風格則強調優雅自然，無論是商品或店內裝潢都能表現舊金山的時尚品味。這裡的商品以時裝及珠寶配件為主，尤其是Dolce & Gabbana的時裝款式相當豐富，喜歡購買精品的人可別錯過。

聯合廣場 Union Square

MAP ▶ P.256B2 梅西百貨公司 Macy's

🚇搭乘T線電車至Union Square/Market St站即達 🏠170 O'Farrell St, SF, CA 94102 📞(415) 397-3333 🕐10:00~20:00 (週日11:00起) 🌐www.macys.com

梅西百貨是美國最大的連鎖百貨，商品包羅萬象，從時裝、珠寶到廚具無所不賣，名牌時裝像是Louis Vuitton、Calvin Klein、MAC化妝品等，都把舊金山的旗艦店設於這裡。可以說，梅西是聯合廣場周邊百貨公司中，最符合上班族購買能力的一家。百貨公司內有幾家可以歇腳的餐廳與甜品店，例如以起士蛋糕聞名的美式餐廳The Cheesecake Factory，與舊金山本地特色的Boudin's Café等都聚集於此，是解決午餐問題的好地方。

聯合廣場 Union Square

MAP ▶ P.256B1 **Banana Republic**

🚇搭乘T線電車至Union Square/Market St站，步行約2分鐘 🏠152 Geary St, SF, CA 94108 📞(628) 333-2510 🕐週一至週六10:00~19:00，週日11:00~17:00 🌐www.bananarepublic.com

Banana Republic為GAP旗下品牌，定位為中高價位，其男女服飾走成熟的都會風路線，簡單、大方，用料及車工都頗有質感，無論正式場合還是日常休閒都合穿，擁有廣大的品牌愛好者。目前Banana Republic在全世界有超過600個銷售據點，而其總部就是位於舊金山，香蕉迷們來到這座城市，當然不能錯過這家聯合廣場旁的旗艦店。

聯合廣場 Union Square

MAP ▶ P.256B1 **Gump's**

🚇搭乘T線電車至Union Square/Market St站，步行約2分鐘 🏠250 Post St, SF, CA 94108 📞(415) 338-9821 🕐11:00~17:00 休週日 🌐www.gumps.com

Gump's創立於1861年的淘金熱時代，最初只是家向淘金客販賣鏡子、模具、框架的小店，100多年來已發展成專賣高檔奢侈品的家居用品店。三層樓的店面，規模可比一間小型商場，裡頭琳瑯滿目的餐具、瓷器、寢具、沙發及裝飾品，每件都作工精巧、花樣細緻。由於前任店主的個人品味，這裡有不少商品都具有東方色彩，用來妝點家裡，格外體面。

聯合廣場 Union Square

MAP ▶ P.256B2 **妮夢瑪珂絲百貨公司 Neiman Marcus**

🚇搭乘T線電車至Union Square/Market St站即達 🏠150 Stockton St, SF, CA 94108 📞(415) 362-3900 🕐10:00~18:00（週日12:00起）🌐www.neimanmarcus.com

妮夢瑪珂絲百貨的內部裝潢一派金碧輝煌，進駐的商店也以豪華炫麗著稱；屋頂上的天窗以彩色玻璃鑲嵌出古代巴黎市區的圖案，是舊金山的名景之一。百貨內販賣的全屬高價位的商品，像是珍珠鑲飾的皮包、香奈兒時裝和貂皮大衣等。美食廣場可以買到各式高貴食材，如英國進口的聖誕水果蛋糕、俄羅斯進口的魚子醬及法國的特級香檳等。

聯合廣場 Union Square

MAP ▶ P.256B1 **少女巷 Maiden Lane**

🚇搭乘T線電車至Union Square/Market St站即達

在淘金熱時期，這兒是條名叫Morton St的小街道，不但酒吧林立，同時也是市中心最臭名昭彰的紅燈區，幾乎每個禮拜都有凶殺案件發生。不過1906年的舊金山大地震給了這裡改過自新的機會，地震震垮了市中心，也震垮了紅燈區。整建後的街道改名為少女巷，如今已是一條亭亭玉立的行人徒步購物街，巷道內坐落著高檔精品名牌店與藝廊，街道中央則擺放著小型露天咖啡座，洋溢悠閒的氣氛。

MAP ▶ P.252B4 **Napa Valley Winery Exchange**

🚇搭乘BART或Muni電車線至Powell站，步行約5分鐘 🏠 415 Taylor St, SF, CA 94102 ☎(415) 771-2887 ⏰ 10:00~18:00 ㊡週日 🌐www.nvwe.com

　　愛酒之人來到舊金山，一定會造訪納帕酒鄉，但若實在抽不出時間走這一遭呢？那就就近在市中心的這家酒鋪逛逛吧！這裡的酒以納帕谷地及索諾瑪的葡萄酒為大宗，也有少部分其他灣區酒莊的酒。著名酒莊的酒這裡幾乎都有進貨，就連一些小酒莊的酒，只要是店家覺得夠優的，這裡也能夠買到。雖然這裡不提供品酒服務，但店員們都具備豐富的葡萄酒知識，只要把你的喜好告訴他們，他們便能找到符合你需求的酒。

MAP ▶ P.252B3 **金門餅食公司**
Golden Gate Fortune Cookies

🚇搭乘T線電車至Chinatown-Rose Pak站，步行約3分鐘 🏠56 Ross Alley, SF, CA 94113 ☎(415) 806-8243 ⏰09:00~18:30 (週末至19:00) 🌐www.goldengatefortunecookies.com

　　在歐美的中國餐廳用餐後，侍者總會端上一盤幸運餅，餅中所夾籤文有時成為大家的飯後話題。外國人都以為這是中國傳統，殊不知幸運餅這玩意兒其實是從舊金山發跡的。這間藏在唐人街小巷弄中的幸運餅工廠，可以親眼觀看籤餅的製作過程，不少遊客都會專程來此，就連NBA的神射手Klay Thompson也慕名而來。當然，這裡也有幸運餅販賣，除了有超大size的幸運餅，還有巧克力等其他口味，或夾著成人版籤文的特殊版本。

MAP ▶ P.252C4 **the Levi's旗艦店**

🚇搭乘BART或Muni電車線至Powell站即達 🏠815 Market St, SF, CA 94103 ☎(415) 501-0100 ⏰週一至週六 10:00~19:00，週日11:00~18:00 🌐us.levi.com

　　Levi's是牛仔褲業界中的扛霸子，淘金熱時期就是從舊金山起家，今日其企業總部依舊設立在舊金山。而這家位於舊金山購物中心旁的旗艦店，坐落在一棟古色古香的歷史建築裡，所販售的Levi's牛仔褲及其副牌的服飾配件，無論型號、尺碼都非常齊全，像是501、505等經典款，皆各有一整面牆櫃的選擇。這裡的牛仔褲即使

沒有折扣，依然比在台灣購買要便宜一半以上，可說是牛仔褲愛好者們的購物天堂。同時店內也提供修改與個人化裝飾，只是和牛仔褲本身相比起來，就顯得不那麼划算了。

市場南 SOMA

MAP ▶ P.252B4 **舊金山購物中心 San Francisco Centre**

🚇搭乘BART或Muni電車線至Powell站即達　📍865 Market St, SF, CA 94103　📞(415) 512-6776　🕐週一至週六10:00~20:00，週日11:00~18:00　🌐www. shopsanfranciscocentre.com

舊金山購物中心的前身即是西田百貨舊金山中心，曾是市中心裡最大型的購物中心，百貨面積約達125萬平方英呎，5層樓的開放空間裡，進駐了超過70家品牌專賣店與餐廳、咖啡館，店家以中價位品牌為主，其中包括不少知名與當紅的名牌。購物中心的東南面，則由Bloomingdale's百貨公司所佔據，為這裡最主要的銷售戰力。而地下樓層則是美食街與超市，在這一層也有通道與BART及Muni電車的車站相連，交通甚是便利。

安巴卡德羅 Embarcadero

MAP ▶ P.252C3 **安巴卡德羅中心 Embarcadero Center**

🚇從渡輪大廈對面穿過公園及廣場即達　📍位於Battery St、Drumm St、Sacramento St、Clay St之間　🕐各店家營業時間不同　🌐www.embarcaderocenter.com

這座由4棟建築構成的綜合商城，內部有超過100家國際及本地品牌的商店、餐廳、電影院、酒店及公司行號辦公室。靠近碼頭的地方是賀曼廣場(Justin Herman Plaza)，每逢週末假日便有街頭藝人在此表演，而一旁的華倫寇特噴泉(Vaillancourt Fountain)，則以特殊的建築造景取勝，從巨大水泥塊上流瀉而下的人造瀑布，為旅人帶來清涼的感覺。

日本城 Japantown

MAP ▶ P.235F3 **日本中心 Japan Center Malls**

🚌在聯合廣場南側的Geary St上搭乘38號公車，至Geary & Laguna站即達　📍東商場：22 Peace Pl, SF, CA 94115。西商場：1737 Post St, SF, CA 94115　🕐每日08:30~22:00　🌐www.sfjapantown.org/japan-center-malls

日本中心由1968年落成的東商場和西商場組成，兩商場間以五重塔為界。商場裡有各式日本餐廳、服飾精品店、化妝品專櫃、遊樂場，以及在當地頗負盛名的Nijiya Market超市，這家超市以壽司便當俗擱大碗聞名，同時其生鮮食品在傍晚打烊前，都會祭出驚人折扣。商場內還有條日本餐廳街，很多美國人喜歡到這裡享用日本料理。跟唐人街所呈現的刻板印象不同，日本中心希望傳達真實的日本，不但將大和精神發揮得淋漓盡致，也讓日本苗裔在新大陸上找到自己的根。

教會區 Mission

MAP ▶ P.270B2 Gravel and Gold

🚃搭乘J線電車至Right Of Way & 21st St站，步行約8分鐘 🏠3266 21st St, SF, CA 94110 ☎(415) 552-0112 ⏰12:00~19:00 (週日至17:00) 🌐gravelandgold.com

　　Gravel and Gold是一群由女性藝術家所組成的獨立社群，她們共享工作室、業務通路、甚至食物，她們有著共同價值觀與理念，相互扶持，只為設計出有趣且有用的物品，為人們創造出更多生活上的樂趣。位於教會區的這間，就是她們的實體店面，貨架上陳列的商品豐富多樣，從服飾衣帽到抱枕提包，從杯盤碗筷到珠寶首飾，每一樣都有強烈的個人風格，絕對是其他地方所找不到的。

教會區 Mission

MAP ▶ P.270B1 Paxton Gate

🚃搭乘J線電車至20th St站，步行約8分鐘 🏠824 Valencia St, SF, CA 94110 ☎(415) 824-1872 ⏰11:00~19:00 🚫週二 🌐paxtongate.com/paxton

　　Paxton Gate是一間古怪但相當有趣的店，店名來自19世紀的英國園藝家與建築師約瑟夫帕克斯頓。店裡販賣的商品主要是古生物化石、動物標本、昆蟲標本、動物骨骼、怪異植物及珍奇小玩意兒等，也有以上述範疇為主題的海報、首飾、書籍及各種園藝工具。店主的訴求就是要將自然史博物館的風格融合進家居生活用品店中，若想買些特別的禮物或紀念品，這裡絕對有很多選擇。

嬉皮區 Haight Ashbury

MAP ▶ P.234D4 Amoeba Music

🚃搭乘Muni電車線至Van Ness站，轉乘西行的7號公車，在Haight & Stanyan站下車即達 🏠1855 Haight St, SF, CA 94117 ☎(415) 831-1200 ⏰每日11:00~19:00 🌐www.amoeba.com

　　Amoeba是美國最大的獨立音樂城，在舊金山嬉皮區、柏克萊和好萊塢開有3家店。裡頭的唱片多到幾乎爆炸，這裡的音樂來者不拒，從最芭樂的流行歌曲到最另類的獨立創作，從最輕柔的巴薩諾瓦到最狂暴的死黑金屬，這裡都一應俱全，令人懷疑Amoeba是否收納了音樂史上的每一張唱片。唱片有新進貨的，也有很大一部分是二手的；有珍貴的原版古董黑膠，也有許多復刻版的黑膠唱片。如果在茫茫音樂大海中失去頭緒，這裡還有為數可觀的試聽機，試聽的歌曲可不是只有兩三張專輯而已，要聽完所有試聽專輯可是件異想天開的舉動，若是執意從A聽到Z，等到走出店門，大概已經是下個世代了吧！

MAP ▶ P.235E4 **Love on Haight**

📍搭乘Muni電車線至Van Ness站,轉乘西行的7號公車,在Haight & Masonic站下車即達 🏠1400 Haight St, SF, CA 94117 📞(415) 817-1027 🕐週一至週四11:30~19:30,週五至週日11:00~20:00 ⓤwww.loveonhaight-sf.com

這是Haight St上最有嬉皮味的店家之一,一走進店內,五彩繽紛的迷幻色彩與花朵,彷彿將人傳送回1967年夏日之愛的年代。這裡賣的主要還是服飾類,包括T恤、上衣、洋裝、褲子等,也有墨鏡、鴨舌帽、皮帶、包包等配件,全都很迷幻、很嬉皮。同時這裡也有賣些小紀念品與介紹嬉皮或樂團的書籍刊物。其實這家店也是TITTS的贊助伙伴,那是個協助年輕街友的非盈利組織,提供收容所、食物、工作技能訓練等援助,看來這「愛與和平」還真不只是個口號而已。

嬉皮區 Haight Ashbury

MAP ▶ P.235E4 **the Love of Ganesha**

📍搭乘Muni電車線至Van Ness站,轉乘西行的7號公車,在Haight & Clayton站下車即達 🏠1573 Haight St, SF, CA 94117 📞(415) 863-0999 🕐11:00~17:30 ❌週三

東方宗教的神秘主義是嬉皮們渴慕的精神皈依,因此這間充滿東方意象的小店出現在嬉皮區也就顯得相當合理。店門外掛滿了東方色彩的服裝與香花,店內則瀰漫一股濃濃檀香味,從天花板垂瀉而下的刺繡布織品,以及象頭神格涅沙等神佛雕像、手工藝品、掛飾項鍊、手提袋、各種味道的線香、彩石水晶等五花八門的商品,簡直可以用眼花撩亂來形容。店內甚至還有一處區域,供來客打坐冥想之用。

嬉皮區 Haight Ashbury

MAP ▶ P.235E4 **Bound Together Anarchist Bookstore**

📍搭乘Muni電車線至Van Ness站,轉乘西行的7號公車,在Haight & Masonic站下車,往回走一點即達 🏠1369 Haight St, SF, CA 94117 📞(415) 431-8355 🕐12:00~18:00 (週末11:30起) ⓤboundtogether.org

這家書店專賣關於無政府主義的書籍,藏書量多到恐怕連克魯泡特金本人看到都會嚇一大跳。除了無政府主義外,也有不少當代左派思潮、反帝國主義、反全球性資本壓迫的書刊、漫畫、詩集及各類型出版品,古巴革命英雄齊格瓦拉與西方新馬克思主義的著作也很豐富。不過結帳的時候,看到收據上代表營業稅的數字,令人不由得心生感嘆,儘管招牌上那「無政府」的字樣畫得如此富有浪漫的戰鬥意味,結果到頭來還是得向政府繳稅嘛!

舊金山⋯⋯**買** 在舊金山 Where to Shop in San Francisco

灣區

舊金山
舊金山灣區

Bay Area

文●蔣育荏　攝影●墨刻攝影組

灣區指的是圍繞著舊金山灣(San Francisco Bay)的城鎮群，其中最繁華的當然就是舊金山市，但除了舊金山外，其他城鎮也非常迷人，值得走出舊金山一探。北灣的納帕谷地與索諾瑪谷地，是葡萄酒的愛好者們無論如何一定要造訪的目的地，因為這裡品嚐的不只是杯中美酒，更是在品嚐一種文化。幾乎每座酒莊都有屬於自己的迷人故事，創業的艱辛、夢想的實現、追求完美的堅持、釀造極品的驕傲。當酒保將那晶瑩剔透的汁液倒進玻璃杯中時，向他詢問這些酒莊故事，這樣，喝下去的酒會更有味道。

東灣指的是奧克蘭、柏克萊、里奇蒙等城市，著名的柏克萊加大就位於這裡，同時這一帶也是華人新移民的聚居之處。至於南灣城鎮，則以史丹佛大學所在的帕羅奧圖(Palo Alto)、山景城(Mountain View)、半月灣，以及矽谷第一大城聖荷西最為重要，融合高科技產業與學術重鎮於一地，隨著電子產業蓬勃發展，此地的重要性也愈見明顯。而在南灣以南的蒙特雷灣(Monterey Bay)，雖然已超出灣區範圍，但蒙特雷、聖塔克魯茲與17哩路，都是舊金山附近重要的觀光景點，本章也一併加以介紹。

灣區之最 Top Highlights of Bay Area

納帕谷品酒列車 Napa Valley Wine Train
　納帕谷地最受歡迎的品酒行程，可沿途欣賞鐵道兩旁的葡萄園風景，車上則有提供豐盛的大餐與數十間酒莊的招牌葡萄酒，讓乘客細細品嚐。（P.308）

史丹佛大學
Stanford University
　號稱是全美國最美麗的學校，處處是陽光明媚的庭院綠地與優雅和諧的砂岩建築，就算念不起，也一定要在這所校園中漫步一番。（P.327）

費羅麗莊園 Filoli
Mansion & Garden
　灣區最富浪漫氣息的花園，富麗堂皇的大屋述說過去富豪家族的氣派生活，五彩繽紛的廣闊花園更是讓人心情愉悅。（P.326）

傑克倫敦州立歷史公園
Jack London State
Historic Park
　美國大文豪傑克倫敦買下的莊園，可以看到當年倫敦夫婦的起居空間、他寫作的小屋書房、他的墳墓，以及他晚年最大的傷痛——被燒燬的狼館。（P.318）

17哩路景觀道
17-Mile Drive
　太平洋海岸旁的17哩路，沿途奇樹怪石不斷，其姿態極具戲劇張力的柏樹，據信便是張大千作畫的靈感來源。（P.331）

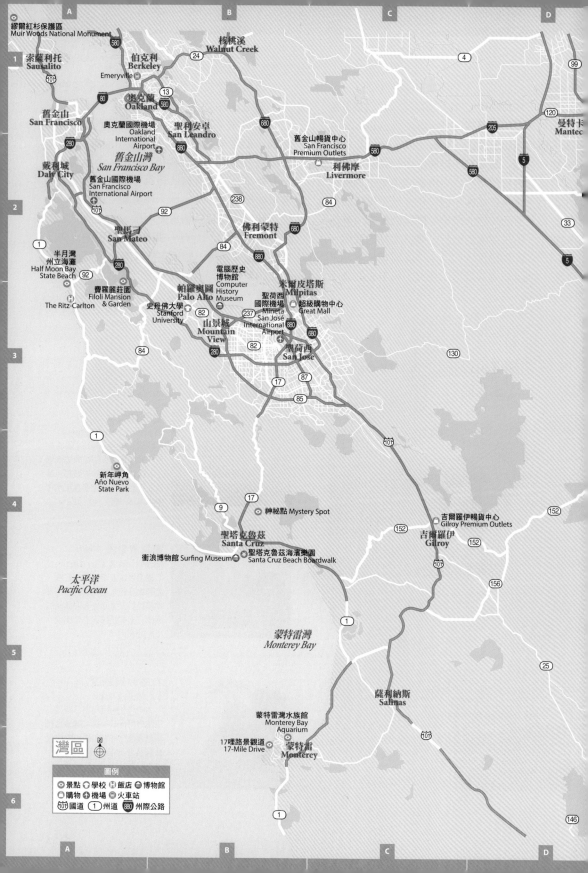

繆爾紅杉保護區
Muir Woods National Monument

索薩利托
Sausalito

伯克利
Berkeley
Emeryville

核桃溪
Walnut Creek

奧克蘭
Oakland

舊金山
San Francisco

奧克蘭國際機場
Oakland
International
Airport

聖利安卓
San Leandro

黛利城
Daly City

舊金山灣
San Francisco Bay

舊金山國際機場
San Francisco
International Airport

舊金山暢貨中心
San Francisco
Premium Outlets

利佛摩
Livermore

曼特卡
Mantec

半月灣
州立海灘
Half Moon Bay
State Beach

聖馬刁
San Mateo

佛利蒙特
Fremont

費羅麗莊園
Filoli Mansion
& Garden

The Ritz-Carlton

帕羅奧圖
Palo Alto

史丹佛大學
Stanford
University

電腦歷史
博物館
Computer
History
Museum

米爾皮塔斯
Milpitas

聖荷西
國際機場
Mineta
San José
International
Airport

超級購物中心
Great Mall

山景城
Mountain
View

聖荷西
San Jose

新年岬角
Año Nuevo
State Park

神祕點 Mystery Spot

吉爾羅伊暢貨中心
Gilroy Premium Outlets

聖塔克魯茲
Santa Cruz

吉爾羅伊
Gilroy

衝浪博物館 Surfing Museum

聖塔克魯茲海濱樂園
Santa Cruz Beach Boardwalk

太平洋
Pacific Ocean

蒙特雷灣
Monterey Bay

薩利納斯
Salinas

蒙特雷灣水族館
Monterey Bay
Aquarium

17哩路景觀道
17-Mile Drive

蒙特雷
Monterey

灣區

圖例
景點　學校　飯店　博物館
購物　機場　火車站
國道　州道　州際公路

納帕谷地
Napa Valley

納帕谷地南北長56公里，寬約8公里，無論降雨、溫度、日照等氣候條件，都和地中海地區相仿，歐洲移民很早就在這裡種起葡萄，但直到1861年才成立了第一座商業酒莊Charles Krug。然而，納帕的酒鄉之路並非從開始就一帆風順，20世紀初的禁酒令對納帕酒商來說，不啻是個當頭痛擊，許多酒莊被迫轉型為果園或其他用途，好不容易等到禁令解除，二次大戰又轉眼來到。納帕酒莊的復興要等到60年代，在著名釀酒商羅伯曼德威的奔走努力下，納帕葡萄酒業又重新恢復了生機。不過，此時納帕在國際餐酒界的地位，仍被僅只視為一個地區性的葡萄酒產區，並沒有受到太多重視，說起葡萄酒，人們還是以法國為尊。

戲劇性的轉折發生在1976年，當年度的巴黎葡萄酒評鑑大會上，在經過評審盲品鑑定後，獲得首獎的卡本內蘇維濃與霞多內，居然都是來自納帕谷地，人們這才驚訝地刮目相看，原來納帕已經可以釀出世界一流等級的葡萄酒了！

今日納帕谷地已有超過450間酒莊與釀酒商，從南邊的納帕市開始，沿著國道29號公路，一路經過楊特維爾、奧克維爾、盧瑟福、聖海倫娜等村鎮，直到最北邊的卡利斯托加。有了美酒，當然也少不了美食相伴，谷地內聚集不少國際知名的高檔餐廳，像是美國超級名廚湯馬斯凱勒就把大本營設在這裡，一連在楊特維爾開了多家餐館，使納帕谷地也以加州美食之都自豪。

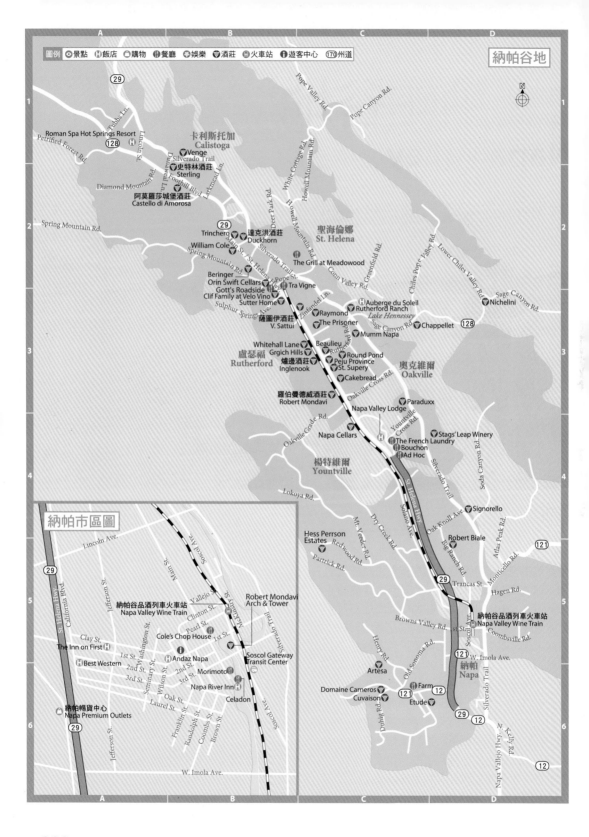

納帕谷地

圖例 ◎景點 ⓗ飯店 🛍購物 🍴餐廳 🎭娛樂 🍷酒莊 🚉火車站 ℹ️遊客中心 170州道

卡利斯托加
Calistoga

Roman Spa Hot Springs Resort
Petrified Forest Rd.

Venge
Silverado Trail
史特林酒莊
Sterling

阿莫羅莎城堡酒莊
Castello di Amorosa

Diamond Mountain Rd.

Spring Mountain Rd.

Trinchero
William Cole

達克洪酒莊
Duckhorn

聖海倫娜
St. Helena

The Grill at Meadowood

Beringer
Orin Swift Cellars
Gott's Roadside
Clif Family at Velo Vino
Sutter Home
Tra Vigne

薩圖伊酒莊
V. Sattui

Raymond
The Prisoner
Mumm Napa

Auberge du Soleil
Rutherford Ranch

Nichelini

Chappellet

Whitehall Lane
Grgich Hills
爐邊酒莊
Inglenook

Beaulieu
Round Pond
Peju Province
St. Supery
Cakebread

盧瑟福
Rutherford

奧克維爾
Oakville

羅伯曼德威酒莊
Robert Mondavi

Napa Valley Lodge

Paraduxx

Napa Cellars

楊特維爾
Yountville

Stags' Leap Winery
The French Laundry
Bouchon
Ad Hoc

Lokoya Rd.

Signorello

Hess Perrson
Estates
Partrick Rd.

Robert Biale

納帕市區圖

Lincoln Ave.

納帕谷品酒列車火車站
Napa Valley Wine Train

Robert Mondavi
Arch & Tower

Cole's Chop House

The Inn on First
Best Western

Andaz Napa

Morimoto

Napa River Inn

Celadon

Soscol Gateway
Transit Center

納帕暢貨中心
Napa Premium Outlets

W. Imola Ave.

Trancas St.

納帕谷品酒列車火車站
Napa Valley Wine Train

Browns Valley Rd.

Coombsville Rd.

W. Imola Ave.

納帕
Napa

Artesa

Domaine Carneros
Cuvaison

Farm

Etude

INFO

如何前往
◎開車
從舊金山開車，走I-80 E，過了海灣大橋後，靠左側車道繼續走I-80 E。當I-80與I-580分開時，靠左側車道繼續走I-80 E。過了Carquinez Bridge的收費站後，於33號出口接上CA-37，接著從19號出口下交流道。出匝道口右轉，走CA-29 N (Sonoma Blvd)，看到往Downtown Napa / Lake Berryessa的出口下交流道，即達Napa市區。從舊金山出發約45英哩。

CA-29到了楊特維爾後皆為平面道路。從納帕沿CA-29至楊特維爾約9英哩，至聖海倫娜約18英哩，至卡利斯托加約26.5英哩。

◎酒鄉巴士 VINE Bus
從BART的El Cerrito del Norte站，轉乘VINE的29號Napa-BART Express巴士快線，可前往納帕市區北邊的Redwood Park n Ride，在那裡可轉乘貫穿谷地的10號酒鄉巴士路線。平日05:40~19:05之間有13班車，車程約1小時，週末則無班次行駛。

💲單程＄6，5歲以下免費

谷地交通
納帕谷地的大眾運輸，由納帕谷地交通局(NVTA)負責管理，以VINE Transit為品牌營運。

🔗vinetransit.com

◎酒鄉巴士 VINE Bus
VINE Bus是納帕主要的公車系統，最重要的路線是10號，從納帕經楊特維爾、聖海倫娜，一路通往卡利斯托加。11號是往南直達Vallejo渡輪碼頭，21號是前往Fairfield的美鐵車站，而英文字母的路線則是行駛於納帕市區內。所有路線都是從納帕市區的Soscol Gateway轉運中心出發(625 Burnell St. Napa, CA 94559)。

🕐10、11號路線每日行駛，約每小時一班；21號路線僅平日行駛，市區路線為週一至週六行駛

💲

	成人	6~18歲	65歲以上
單程票	＄2	＄1.25	＄1
一日票	＄7	＄5	＄3.5

🔄除29號路線外，皆有1.5小時免費轉乘
❗一日票不包含29號路線，可在Soscol Gateway轉運中心購買

◎楊特維爾免費巴士 Yountville Bee Line
這輛免費巴士路線穿行於楊特維爾鎮上，欲搭乘者需先上官網下載Ride the Vine APP，或使用電話叫車，巴士約在15~30分鐘到達。

📞(707) 312-1509　🕐10:00~19:00 (週五、六至21:00)　💲免費

◎聖海倫娜接駁巴士 St. Helena Shuttle
這輛接駁巴士是以Ride the Vine APP或以電話叫車，前往乘客指定地點。

📞(707) 963-3007　🕐平日08:30~18:00 (週五至19:00)，週六10:00~19:00，週日不行駛　💲成人＄1，6~18歲及65歲以上＄0.5　🔄若是從VINE Bus轉乘，車資免費，而轉乘VINE Bus者，則享優惠折扣

◎卡利斯托加接駁巴士 Calistoga Shuttle
同樣也是以Ride the Vine APP或用電話叫車，巴士約在15~30分鐘到達。

📞(707) 963-4229　🕐平日07:00~19:00 (週五至21:00)，週六08:15~21:00，週日(僅5~11月)11:00~21:00　💲單程＄1

觀光行程
◎Platypus Wine Tours酒莊行程
🏠可預設飯店或有停車場之處接送
📞(707) 253-2723
💲每人＄119，週五＄129，週六＄139 (含午餐，不含品酒費)　🔗www.platypustours.com

◎Balloons Above The Valley熱氣球行程
🏠集合地點在納帕品酒列車車站
📞(800) 464-6824　🕐集合時間為日出前30分鐘，全程3~4小時　💲每人＄280 (週末＄300)
🔗balloonrides.com

旅遊諮詢
◎納帕谷地歡迎中心
📍P.306B5　🏠1300 1st St, #313, Napa, CA 94559
📞(707) 251-5895　🕐每日09:30~18:00
🔗www.visitnapavalley.com

◎楊特維爾旅遊局
🏠6484 Washington St, Suite F, Yountville, CA 94599　📞(707) 944-0904　🕐10:00~16:00 (週末至15:00)　🔗www.yountville.com

◎聖海倫娜歡迎中心
🏠1154 Main St, St. Helena, CA 94574　📞(707) 963-4456　🕐每日10:00~17:00　🔗www.sthelena.com

◎卡利斯托加歡迎中心
🏠1457 Lincoln Ave, Calistoga, CA 94515
📞(707) 942-6333　🕐每日10:00~1600
🔗visitcalistoga.com

納帕市 Napa

MAP　P.306B5

納帕谷
品酒列車

MOOK
Choice

Napa Valley Wine Train

用移動中的美景佐酒

🏠1275 McKinstry St, Napa, CA 94559　☎(707) 253-2111、800-427-4124　🕐午餐：10:30報到，11:30出發，14:30返回。晚餐：17:30報到，18:20出發，20:50返回　💲依日期變動，Vista Dome約$290~475，Gourmet約$195~285　🌐winetrain.com　❇可搭配其他酒莊之旅　❗需年滿21歲

納帕谷品酒列車集品酒、美食、賞景、酒莊之旅於一身，是納帕谷地最熱門的行程。列車每日發車兩班，從納帕市區出發，以緩慢時速前往聖海倫娜後折返。在9節車廂中，有3節是餐車車廂，其中的Vista Dome是1952年出廠的玻璃圓頂車廂，視野極佳，菜單餐點也最高級，另兩節Gourmet餐車皆為1915年的Pullman古董車廂，供應的是3道式餐點，選擇這節車廂用餐的客人分為兩批，一批去程先乘坐餐車用餐，回程時在擁有面窗沙發的Lounge Car享用點心和飲料；另一批客人則是去程先在Lounge Car

上品嚐開胃菜，回程時於餐車享用主餐。在行政主廚Rodrigo的堅持下，車上餐點用的皆為新鮮的本地有機食材，且除了部分配菜和甜點外，都是現點現做。第二節車廂裡還有品酒吧台，提供Gourmet餐車的客人在用餐之餘前往品酒，不過品酒費得另外計算。

而整個行程最迷人的地方，莫過於沿途窗外風景。春天的野芥末花將原野染成一片金黃，夏日欣賞葡萄藤蔓結實纍纍，色彩繽紛；秋天則葡萄成熟，深紫翠綠，飽滿晶瑩，映著轉紅的葡萄葉，帶來豐收的喜悅；冬天雖然藤蔓枯萎，卻又是另一種蕭瑟之美。

盧瑟福 Rutherford

MAP P.306C3

爐邊酒莊
Inglenook Winery
教父大導演的釀酒魂

📍1991 St. Helena Hwy, Rutherford, CA 94573　📞(707) 968-1100　🕐11:00~16:00　❌週二、三　💲品酒＄75起　🌐www.inglenook.com　❗品酒需事先預約

　　爐邊酒莊創立於1879年，一百年後，事業正如日中天的大導演法蘭西斯柯波拉，靠著《教父》一片的盈餘買下了這座酒莊，他陸續恢復了酒莊城堡的歷史陳設、華麗的橡木階梯、璀璨的彩繪玻璃，保留住19世紀的綽約風姿，而品酒室與零售店也都散發出雍容華貴的氣息。城堡裡還有一間微型博物館，展示酒莊釀酒歷史與早期電影發展過程，其中不少是柯波拉的私人收藏。而爐邊最著名的紅酒為盧比孔(Rubicon)，這是100％採用有機耕作的卡本內蘇維濃，口感香醇濃郁。其名字來自「凱撒渡過盧比孔河」的典故，柯波拉藉此象徵自己義無反顧的決心。

奧克維爾 Oakville

MAP P.306C3

羅伯曼德威酒莊
MOOK Choice
Robert Mondavi Winery
納帕葡萄酒的不朽傳奇

📍7801 St. Helena Hwy, Oakville, CA 94562　📞(888) 766-6328　🕐每日10:00~16:00　💲品酒＄50起　🌐www.robertmondaviwinery.com　❗目前奧克維爾的酒莊正在整建當中，要品嚐羅伯曼德威的葡萄酒，可至納帕市中心的Robert Mondavi Arch & Tower，地址為930 3rd St, Napa, CA 94559

　　身為谷地歷史最悠久的Charles Krug酒莊主人之子，羅伯在與雙親決裂後，於1966年買下自己的酒莊和一片名為To Kalon的葡萄園(希臘文意指美麗)。他遠赴法國學習釀酒知識，專研於品種改良，包括種植、採收、釀造、儲存，每個細節都力求完美，加上他本身史丹佛經濟企管系的背景，很快就使納帕葡萄酒名揚國際。

　　羅伯的酒莊為西班牙式建築，門前雕像是聖方濟，因為傳說聖方濟性嗜美酒，羅伯便以他作為酒莊守護神，同時也表明酒莊主的義大利裔背景。在酒莊出產的葡萄酒中，有75％是卡本內蘇維濃，其中以To Kalon產的最著名。不過即使同為卡本內蘇維濃，也會因出產年份不同而有醇厚與清冽上的差異，端看品嚐者的喜好。而這裡的Fumé Blanc其實就是白蘇維濃，羅伯改良品種後用希臘文給它新取了一個名字，也相當有名。

聖海倫娜 St. Helena

MAP P.306C3

薩圖伊酒莊
V. Sattui Winery

在酒莊也能輕鬆野餐

🏠1111 White Ln, St. Helena, CA 94574 (在Hwy 29上)
📞(707) 963-7774 🕐每日09:00~18:00 💲品酒$45起
🌐www.vsattui.com ❗品酒需事先預約

1976年釀酒人Dario重啟家業，而他選擇開設酒莊的地點，正是他曾祖19世紀末經營釀酒廠時，所使用的葡萄產地聖海倫娜。酒莊內的熟食店販賣麵包、沙拉、起士、燻肉等食物，這構想來自Dario在歐洲求學時看到不少由家庭自營的熟食店，覺得裡面賣的食物正好可以和葡萄酒搭配，沒想到這突發奇想後來竟成為酒莊最大的賣點。

這裡的葡萄酒相當具有水準，其蘇維濃口感清澈，有淡淡果香；金芳黛的葡萄味明顯，氣味濃厚但很順口；就連加州不易栽種的黑皮諾也釀得非常成功。甜酒同樣也是大驚奇，Maderia與Angelica的甜度都控制得宜，少一分太輕，多一分太俗，且層次豐富，受到不少女性喜愛。

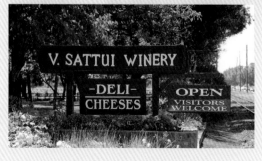

聖海倫娜 St. Helena

MAP P.306B2

達克洪酒莊
Duckhorn Vineyards

讓品酒像在朋友家作客

🏠1000 Lodi Ln, St. Helena, CA 94574 📞(707) 963-7108 🕐每日10:00~16:00 💲品酒$65起 🌐www.duckhorn.com ❗品酒需事先預約，且只收信用卡

在2009年歐巴馬總統的就職餐會上，所選用的兩款紅、白酒，就是來自達克洪酒莊。這間酒莊創立於1976年，以釀造梅洛起家，其種株來自法國波爾多，釀造工法也遵循法國傳統，窖藏的酒桶也是用100%法國橡木打造，因此喝起來具有純正的波爾多風味。而加入少許梅洛混釀的卡本內蘇維濃，喝起來果味芳香，柔順和諧，也堪稱極品。

在達克洪品酒有一種悠閒的情調，這棟小巧的酒莊就像戶精緻的別墅，品酒室設在開放式的戶外平台上，一張張柚木桌椅如同露台餐廳般，由酒莊人員擺上酒杯，分別倒入美酒。納帕和煦的陽光與舒適的微風，讓整個品酒過程格外享受，也許酒莊主人的用意就是希望顧客在完全放鬆的狀態下，細細品嚐美酒的絕妙滋味。

MAP P.306B2

史特林酒莊

Sterling Vineyards

搭乘纜車喝酒去

📍1111 Dunaweal Ln, Calistoga, CA 94515　📞(800) 726-6136　🕐每日10:00~16:15　💲基本行程Sterling Stroll，成人$55，4~20歲$25 (含纜車)　🌐www.sterlingvineyards.com

納帕酒鄉中最特殊的一家，非史特林酒莊莫屬。由於位處卡利斯托加山丘的半山腰，因此必須搭乘酒莊專屬的空中纜車前往，從纜車沿途往下望，盡是翁鬱翠綠的山坡和葡萄園，約莫5分鐘之後，便可看到山坡上的白色修道院式建築。

進入酒莊後，遊人沿著規劃完善的路線，參觀沿途所展示的圖片和文字資料，包括收穫、壓榨、發酵、裝瓶和釀製等過程，指示看板上都有詳細且清楚的介紹。同時，遊客還可參觀釀製葡萄酒與儲存沉澱的酒窖，或是鳥瞰半山腰遼闊的葡萄園景觀，田園美景盡收眼底。最後前往品酒室品嚐由酒莊挑選的5款葡萄酒，像是這裡的灰皮諾、金芳黛、卡本內蘇維濃與馬瓦西亞甜白酒等，都很值得推薦。

品酒兩三事

◎ 在美國必須年滿21歲才能喝酒。

◎ 品酒的目的是買酒，而非喝酒，讓舌頭感受葡萄酒的味道和口感後，即可將未喝完的酒倒在酒盆中，並非一定要喝下肚不可。尤其當你是開車遊逛時，更要儘量減少酒精攝取量。

◎ 酒莊品酒是很隨性的，畢竟行家只在少數，一般人沒必要打腫臉充胖子，硬是裝作一副頗有研究的樣子，也不用給自己太大的壓力。喜好是很主觀的，而每個人的喜好不同，每瓶酒都有賞識它與不賞識它的人，即使是再高貴的酒，在不投其所好的人嘴裡，也往往不得滋味。如果一款酒喝不出個所以然，就吐掉再試另一款酒；若是讓你產生驚豔的感覺，就買了它吧！這是酒莊主人應得的報償。

灣區 納 帕谷地 Napa Valley

©Sterling Vineyards提供

卡利斯托加 Calistoga

MAP P.306B2

阿莫羅莎
城堡酒莊

MOOK Choice

Castello di Amorosa

中世紀城堡中的酒香

📍4045 St. Helena Hwy, Calistoga, CA 94515 ☎(707) 967-6272 🕙10:00~17:30 (週末至18:00) 💲品酒＄60 起，2~20歲＄25 (含果汁) 🌐www.castellodiamorosa.com ♿酒莊有提供110分鐘的導覽行程，僅限21歲以上成人參加，每人＄75 ❗品酒需事先預約

這座佇立在葡萄園中的古堡佔地廣達11,200平方公尺，看起來雖然歷史悠久，但其實是2007年才開幕的新酒莊，當時是以12、13世紀的歐洲城堡為藍本，完全採用傳統的建築工法興建。還沒有進入城堡，其外圍的護城河、城門吊橋和防禦碉堡便已雄偉氣派，進門之後，當中的庭院、禮拜堂、騎士廳等，更是氣勢萬千，大廳中華麗的中世紀溼壁畫，特地從義大利請來名家繪製，其考究之仔細，絲毫不見仿古的俗氣，不知情的人恐怕真要以為這裡是棟貨真價實的古堡。

在這樣的氣氛下品酒，當然更是有幾分情調，而酒莊也經常利用其中庭，舉辦各種以中世紀為主題的派對活動。由於阿莫羅莎也是薩圖伊家族的旗下產業，因此除了蘇維濃、皮諾、梅洛等紅白酒外，甜酒也釀得相當出色。同時，這裡的葡萄汁也遠近馳名，大多數客人在買酒之餘，也會順便帶幾瓶回去。

聖塔羅莎
●索諾瑪
舊金山

索諾瑪
Sonoma

在加州的8個酒鄉中，納帕無疑是最知名的，然而與其隔座山的索諾瑪因為更靠近海、面積更大，從氣候、土壤或地理環境來看，能種植的葡萄種類更多元，可以說加州能夠種出的所有品種，在這裡都找得到。而且索諾瑪的商業化程度不像納帕那樣深，至今仍保有濃郁的鄉村風情，對於想要避開車潮、人潮的遊客來說，不啻是更好的選擇。

索諾瑪郡的範圍非常大，主要產酒區位於東邊的谷地內，以最大城聖塔羅莎為中心，南邊是索諾瑪谷地，北邊是旱溪谷地，各以索諾瑪

市與希爾斯堡為主要城市。這裡的酒莊多達4百間以上，許多都能直接進去品酒與買酒，但目前已有愈來愈多酒莊需要事先預約。除了葡萄園以外，索諾瑪也是美國西岸重要的農產品與酪農產品輸出區，因此這裡的水果、蔬菜、肉類、起司等，都是質量皆優，用來配酒相得益彰。

附帶一提的是，微軟Windows XP的預設桌面Bliss，那幅藍天白雲、翠綠淺丘的風景，就是在索諾瑪市東南方前往納帕的12號州道旁拍攝的，堪稱最多人看過的無名景點。

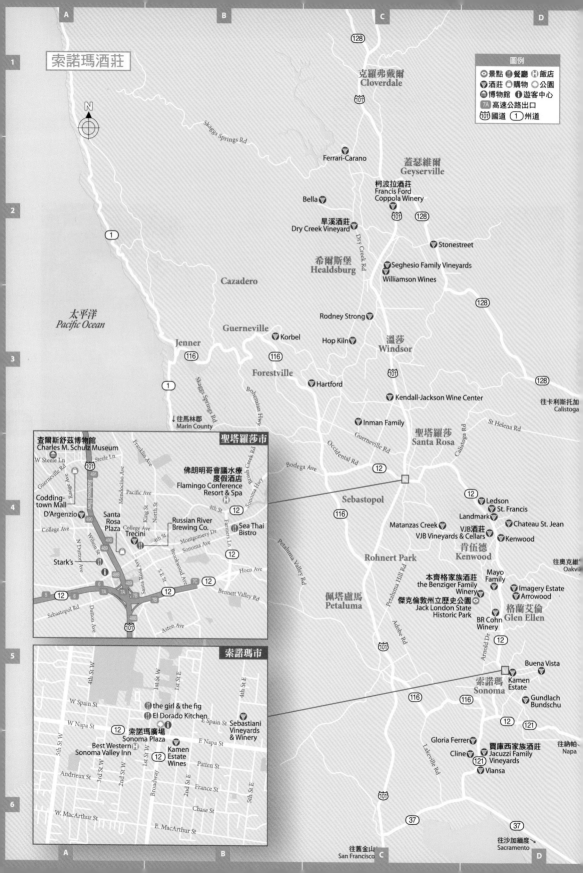

索諾瑪酒莊

128

克羅弗戴爾
Cloverdale

101

Ferrari-Carano

蓋瑟維爾
Geyserville

Bella

柯波拉酒莊
Francis Ford
Coppola Winery

101　128

早溪酒莊
Dry Creek Vineyard

Stonestreet

希爾斯堡
Healdsburg

Seghesio Family Vineyards

Williamson Wines

Dry Creek Rd

Cazadero

128

Rodney Strong

溫莎
Windsor

太平洋
Pacific Ocean

Jenner

Guerneville

Korbel

Hop Kiln

101

往卡利斯托加
Calistoga

116

116

Forestville

1

Hartford

Kendall-Jackson Wine Center

128

Skaggs Springs Rd

Bohemian Hwy

↓往馬林郡
Marin County

Inman Family

聖塔羅莎
Santa Rosa

St Helena Rd

Calistoga Rd

查爾斯舒茲博物館
Charles M. Schulz Museum
W Steele Ln

聖塔羅莎市

Coddington Mall

D'Argenzio

Santa
Rosa
Plaza

Trecini

College Ave

Stark's

佛朗明哥會議水療
度假酒店
Flamingo Conference
Resort & Spa

Russian River
Brewing Co.

Sea Thai
Bistro

12

Bodega Ave

Sebastopol

116

12

Ledson
St. Francis

Landmark

Matanzas Creek

VJB酒莊
VJB Vineyards & Cellars

Chateau St. Jean

Kenwood

肯伍德
Kenwood

Rohnert Park

Mayo
Family

往奧克維
Oakvill

本齊格家族酒莊
the Benziger Family
Winery

傑克倫敦州立歷史公園
Jack London State
Historic Park

Imagery Estate
Arrowood

格蘭艾倫
Glen Ellen

12

Sebastopol Rd

101

Aston Ave

佩塔盧馬
Petaluma

BR Cohn
Winery

Arnold Dr

12

Buena Vista

索諾瑪市

12

the girl & the fig

El Dorado Kitchen

索諾瑪廣場
Sonoma Plaza

Best Western
Sonoma Valley Inn

Kamen
Estate
Wines

Sebastiani
Vineyards
& Winery

索諾瑪
Sonoma

Kamen
Estate

Gundlach
Bundschu

116

12

121

Gloria Ferrer

Cline

121

賈庫西家族酒莊
Jacuzzi Family
Vineyards

往納帕
Napa

Viansa

101

37

往舊金山
San Francisco

37

往沙加緬度
Sacramento

INFO

如何前往

◎開車

從舊金山市區，走US-101 N過金門大橋，於460A出口接上CA-37 E。約7.2英哩後於紅綠燈左轉進入CA-121 N，這條路上便有不少酒莊。接著於CA-12 (Broadway)左轉，便可抵達索諾瑪市區。從金門大橋算起約40英哩。

從金門大橋沿US-101 N往北開約50英哩，便是聖塔羅莎市區。而從索諾瑪市區沿CA-12 W往北開約22英哩，亦可通往聖塔羅莎。從聖塔羅莎沿CA-101 N往北開約14英哩，於503出口下交流道，即是希爾斯堡。

◎公車

在舊金山市區的Mission/Fremont路口，搭乘往Santa Rosa的101號金門客運(Golden Gate Transit)，於Santa Rosa Transit Mall站下車，即可抵達聖塔羅莎市中心。若要去索諾瑪，則可在聖塔羅莎轉運站轉乘30號索諾瑪公車至Sonoma Plaza站即達。

◎101號金門客運約30~60分鐘一班，車程約2小時20分鐘。30號索諾瑪公車約1.5~2.5小時一班，車程約1小時15分鐘

◎金門客運：成人＄14.5（使用Clipper Card者＄11.6），5~18歲及65歲以上＄7.25。索諾瑪公車：成人＄3，青年＄2.75，長者＄1.5

旅遊諮詢

◎索諾瑪郡旅遊局

◎www.sonomacounty.com

◎索諾瑪谷地遊客中心

◎P.314B5

◎453 1st St. E, Sonoma, CA 95476

◎(866) 996-1090

◎每日10:00~16:00

◎www.sonomavalley.com

◎聖塔羅莎加州歡迎中心

◎P.314A4

◎9 4th St, Santa Rosa, CA 95401

◎(707) 577-8674

◎週一、二10:00~14:00，週三至週六09:00~16:30，週日10:00~16:30

◎www.visitsantarosa.com

◎希爾斯堡旅遊局

◎219A Healdsburg Ave, Healdsburg, CA 95448

◎(707) 433-6935

◎www.healdsburg.com

灣區……索 諾瑪 Sonoma

315

索諾瑪 Sonoma

MAP　P.314B5

索諾瑪廣場

Sonoma Plaza

優雅迷人的市區中心

🌐 sonomaplaza.com

　　索諾瑪廣場位於索諾瑪市中心，當中古色古香的建築就是索諾瑪的市政廳，一旁則是遊客中心。市政廳周圍綠樹成蔭，有草坪、池塘、兒童遊樂設施，當地人最喜歡坐在這裡的草地上野餐，而這裡也是舉辦文藝活動和每週末農夫市集的地點。環繞索諾瑪廣場四面的，是優雅迷人的歷史街道，旅館、餐廳、小酒館、品酒室、藝廊、商店等，都散發出20世紀初的浪漫氣息，若有劇組想要拍攝以1930年代為背景的電影，根本無需搭建佈景，直接到這裡取景就行了。

索諾瑪 Sonoma

MAP　P.314D6

賈庫西家族酒莊

Jacuzzi Family Vineyards

從按摩浴缸到葡萄酒

🏠 24724 Arnold Dr, Sonoma, CA 95476　☎(707) 931-7516　🕐 平日11:00~17:00，週末10:00~17:30　💲 品酒$30起　🌐 www.jacuzziwines.com　❗品酒需事先預約

　　第一次聽到這間酒莊的名字時，很難不和按摩浴缸聯想在一起，令人驚異的是，按摩浴缸真的就是這家人發明的。賈庫西家族在20世紀初從義大利來到美國，在買下田園經營酒莊前，還曾研發過航空器，後來因一次墜機事件，喪失了一位家族成員，才轉而朝釀酒業發展。賈庫西的酒在索諾瑪地區算不上頂級，但因試品費相對便宜，訪客仍是絡繹不絕。除了賣酒外，另一項主要商品是橄欖油與油醋，口味種類非常多，從原味到各種水果及巧克力、無花果等，無奇不有，每一種都可以搭配麵包試吃。參加品酒體驗，不但能走訪美麗的義大利庭園，還能看到第一代Jacuzzi按摩浴缸的馬達。

格蘭艾倫 Glen Ellen

MAP P.314D5

本齊格家族酒莊
The Benziger Family Winery
愛惜地力的綠能酒莊

⌂1883 London Ranch Rd, Glen Ellen, CA 95442 ☎(707) 935-3000 ◷10:00~17:00 休週二、三 💲品酒＄35起 ⓦwww.benziger.com ⚑90分鐘葡萄園與品酒行程，每人＄85；60分鐘電動車遊葡萄園行程，每人＄45。皆需預約

　　本齊格家族致力於推廣「生物動力自然農法」(biodynamics)，強調愛惜土地、作物、生態與在土地上工作的人，他們深信唯有這樣才能釀出最理想的酒。與一般有機耕作不同，除了拒絕使用化學殺蟲劑，更要與有益的昆蟲、動物和諧共存，保持平衡的關係，以期復原土地長久以來所受到的傷害。雖然這種耕作方法在農業界仍有爭議，但沒有人能否認的是，由於和土地關係緊密，生物動力自然農法釀出的葡萄酒往往更具有獨特性，尤其本齊格連最難種的黑皮諾都能種得很好，也算是為這種農法做了背書。想了解更多有關自然農法的細節，不妨參加酒莊的導覽行程，實地到葡萄園裡走一遭，想必會有更深入的認識。

肯伍德 Kenwood

MAP P.314D4

VJB酒莊

MOOK Choice

VJB Cellars
來自義大利的風味

⌂60 Shaw Ave, Kenwood, CA 95452 ☎(707) 833-2300 ◷每日10:00~16:00 💲品酒＄30起 ⓦvjbcellars.com

　　Belmonte家族原本在聖塔羅莎經營義大利餐館，女主人Maria精於廚藝，為了使菜餚更加出色，男主人Vittorio與兒子決定自己釀酒，用來供應餐廳所需。沒想到他們的釀酒事業更為成功，索性於2003年成立了這家酒莊。義大利人最重視傳統，Belmonte也不例外，從葡萄品種到種植、採收、釀造、發酵的細節，全都遵循其祖先傳下來的古法。特別推薦VJB的蒙帕賽洛(Montepulciano)，這種葡萄釀造的酒，初嚐有誘人香草及櫻桃味，接著是甘草與黑莓香，而單寧則在尾韻發揮微妙作用。至於這裡的旗艦酒「Dante」，混釀了卡本內蘇維濃與桑嬌維塞(Sangiovese)，用來搭配義大利麵與披薩再適合不過。品酒室附設的熟食鋪裡，販賣Maria精心製作的三明治與冷盤菜餚，2012年更在庭院開了間柴燒披薩店Red Rooster，搭配VJB的酒，實在絕配。

灣區⋯索 諾瑪 Sonoma

MAP P.314D5

傑克倫敦
州立歷史公園

Jack London State Historic Park

大文豪的鄉居歲月

🏠2400 London Ranch Rd, Glen Ellen, CA 95442 📞(707) 938-5216 ⏰公園：每日09:00~17:00（博物館10:00起）。小屋：每日12:00~16:00 💲每輛車＄10 ⓤwww.jacklondonpark.com

　　傑克倫敦是美國19世紀末、20世紀初的大作家，儘管出身貧苦、學歷不高，但他憑著刻苦自學與豐富的生活經歷，寫出多部膾炙人口的小說，在文壇闖出一大片天。他在1897年曾加入轟動一時的克朗戴克淘金熱，在阿拉斯加與育空的北大荒經驗，激發他充沛的靈感，接連完成兩部他最暢銷的作品：《野性的呼喚》與《白牙》，從此「狼」便成為他的象徵動物。

　　1910年，傑克倫敦買下格蘭艾倫大片農莊土地，打算建造他夢想中的豪宅：「狼館」(Wolf House)，並且種起葡萄園，開創自己的釀酒事業。狼館的興建幾乎耗盡他畢生積蓄，沒想到1913年就在他正式搬進去之前，狼館卻因大火付之一炬，這對傑克打擊甚大，他酗酒的毛病變得更加嚴重，3年後便死於藥物過量，享年只有40歲。

　　傑克的莊園如今改闢為公園，分為博物館與農場兩部份。博物館是當年倫敦夫婦居住的主屋，收藏不少他從世界各地帶回來的紀念品。從博物館後的小徑走一段路，便會來到被焚燬的狼館遺跡，而傑克倫敦的墳墓也在不遠處。至於農場的一側，較重要的是他蓋在酒莊旁的小屋(London Cottage)，裡頭還原成他從前生活在這裡時的樣貌，書架上又擺滿了書，雜亂的書桌上打字機還夾著紙，供他小歇的臥室裡到處是隨寫的稿子，彷彿傑克仍在構思下一部小說。只是景物依舊，文豪已遠，不禁使人有些感傷。

希爾斯堡 Healdsburg

MAP　P.314C2

旱溪酒莊

MOOK Choice

Dry Creek Vineyard

旱溪谷地的代表酒莊

🏠3770 Lambert Bridge Rd, Healdsburg, CA 95448
(707) 433-1000　⏰每日10:00~16:30　💲品酒＄30起
www.drycreekvineyard.com　🍷每日10:30有導覽行程(含品酒)，每人＄55

　　DCV是旱溪谷地在禁酒令結束後所開的第一間酒莊，創辦人David Stare擁有MIT學歷，當他在1972年來到此地時，看到這裡的果樹欣欣向榮，便斷定這裡絕對能種出加州一等一的葡萄。DCV以種植白蘇維濃和金芳黛起家，在David精心研究下，霞多內、梅洛、卡本內蘇維濃、白詩楠等品種也有很好的成果。這裡的白蘇維濃果味偏重，剛入口時可能會覺得有點酸，但尾韻卻相當清香，因此建議先充份醒酒，果味會更香甜。

而這裡的旗艦酒「The Mariner」是款混釀多種葡萄的紅酒，包含卡本內蘇維濃、梅洛、小維多、梅貝克與品麗珠，喝起來味道非常精緻，果味層次豐富，卻沒有一種特別搶味，而是像合唱團般相互唱和，蔚為天籟。

蓋瑟維爾 Geyserville

MAP　P.314C2

柯波拉酒莊

Francis Ford Coppola Winery

教父導演的夢想酒莊

🏠300 Via Archimedes, Geyserville, CA 95441　📞(707) 857-1471　⏰11:00~17:00　🚫週二、三　💲品酒＄35起
🍷www.francisfordcoppolawinery.com

　　大導演柯波拉繼納帕爐邊酒莊後，在加州開設的第二個酒莊，不論價格或酒款，都走平易近人的路線。與其說這裡是酒莊，不如說是座結合美酒、美食和休閒的複合式度假村，在這裡有風景優美的葡萄園，有米其林推薦的Rustic義式餐廳；在結合展示和商店功能的主建築裡，還可看到電影《教父》中馬龍白蘭度坐的那張桌椅。若是在炎炎夏日到訪，更可以全家一起到游泳池中戲水，池畔則是可觀看表演的圓形劇場。

　　招牌紅酒是鑽石系列中的Claret，以卡本內蘇維濃為基底，喝起來有黑莓味及深焙過的咖啡香，口感濃郁。以導演女兒Sofia命名的氣泡酒Blanc de Blancs，喝起來充滿輕盈和優雅的感覺，外觀包裝了粉紅色玻璃紙，就像替美女穿上漂亮洋裝，讓人愛不釋手。而以柯波拉愛妻Eleanor為名的紅酒，因藏於法國橡木桶內兩年之久，帶著深濃的顏色，喝起來混合黑莓、波森莓和黑醋栗等多層次口感，評價也相當高。

灣區……
索
諾瑪 Sonoma

聖塔羅莎 Santa Rosa

MAP　P.314A4

查爾斯舒茲博物館

MOOK Choice

Charles M. Schulz Museum

重溫兒時的史努比漫畫

📍建議開車前往，有免費停車場 🏠2301 Hardies Ln, Santa Rosa, CA 95403 ☎(707) 579-4452 🕐11:00~17:00 (週末10:00起) 🚫9月初至5月底的週二 💲成人＄12，62歲以上＄8，4~18歲＄5 🌐schulzmuseum.org

　　查爾斯舒茲是史努比系列漫畫的作者，在他2000年辭世前，這裡是他生活和創作的地方，他的家人至今仍居住在這間博物館裡，並不時為遊客提供導覽解說。

　　館內到處都看得到史努比、糊塗塔克、查理布朗和一群好朋友們的蹤跡，連洗手間的磁磚都放上了連環漫畫，讓整座博物館處處有驚喜。戶外花園不只有主角們的塑像，樹上還寫實地掛著一只風箏，將漫畫場景直接搬到現實中；而將草木修剪成史努比形狀的迷宮，更是讓人會心一笑。陳列廳內則是以漫畫、玩具、公仔或影像的形式，展示各種造型的史努比人物，像是入口處的左面牆上就掛著史努比演進圖，原來史努比最初是一隻米格魯，其後經過不斷演變，才變成現在的可愛模樣。而接下來眼前一幅以3,588片方格連環漫畫組成的查理布朗與露西巨型壁畫，也讓人讚嘆不絕。

　　這當中，又以能親眼一見舒茲本人的創作手稿及其工作室最為可貴，就是這位在照片裡帶著開懷笑容的老先生，以豐富的幽默感和想像力，讓全世界多少人都跟著他筆下的方格世界一同歡笑、一同流淚，而且歷久不衰。

舊金山
聖荷西

聖荷西及其周邊
San Jose and Around

現代人們的生活，有很大一部分都和這個區域有關，這故事得追溯到1950年代。當時一位名叫特曼(Frederick Terman)的史丹佛教授，打算在學校附近開發科技產業，他的兩個學生首先在此成立了惠普公司，後來他又將成果拓展為科技園區，立刻吸引不少科技業的菁英份子前來尋求事業機會。其中最重要的人物當屬電晶體的發明者肖克利(William Shockley)，他的新科技很快就改變了全世界，南灣也因而成了全球半導體晶片的研究與生產重鎮。由於在半導體晶片的原料中，矽佔有決定性的關鍵，於是「矽谷」(Silicon Valley)便逐漸成了聖塔克拉拉谷地的新名字，而當中最大的城市聖荷西，也開始有了「矽谷首都」的稱號。

半島的東部或許屬於高科技的世界，而僅只隔著一座小山的半島西岸，卻是悠閒的度假勝地。海景絕美的半月灣，是灣區看夕陽最理想的地方。從這裡沿著太平洋岸往南直到聖塔克魯茲，海天一色的美景，直教人忘了忙碌為何物。而蒙特雷灣南側的蒙特雷小鎮，與其鄰近的17哩路景觀道，雖然已不屬於灣區範圍，但皆是這一帶重要的觀光景點，本章也一併介紹。

INFO

基本資訊

人口：約96萬(市區)
面積：約470平方公里(市區)

如何前往

◎飛機

諾曼峰田聖荷西國際機場(機場代碼SJC)位於市中心西北邊約2英哩處,有A、B兩個相連的航站,航站之間可利用接駁車交通。若是搭乘聯合航空的班機,則是在A航廈起降。

兩個航站外都有VTA的60號公車站牌(Airport Flyer),可搭乘前往輕軌藍線、綠線的Metro / Airport站。

諾曼峰田聖荷西國際機場

Norman Y. Mineta San José International Airport

📍P.304B3 🌐www.flysanjose.com

◎火車

聖荷西火車站位於市中心西邊,可搭乘綠線輕軌前往。美國國鐵有Coast Starlight與Capitol Corridor 兩條路線經過那裡,從洛杉磯出發,車程約10小時。

聖荷西車站(SJC)

📍P.323A2 📍65 Cahill St, San Jose, CA 95110

美國國鐵 🌐www.amtrak.com

◎通勤火車

Caltrain是行駛在南灣的通勤火車,連結舊金山市中心與吉爾羅伊(Gilroy)之間,中途行經帕羅奧圖、山景城、聖塔克拉拉與聖荷西等城市。

舊金山到聖荷西約需1小時出頭,車資$10.5(Clipper Card $9.95);從舊金山到帕羅奧圖約需40分鐘上下,到山景城約需50分鐘上下,車資都是$8.25 (Clipper Card $7.7)。

🌐www.caltrain.com

聖荷西車站

📍65 Cahill St, San Jose, CA 95110

山景城車站

📍600 W. Evelyn Ave, Mountain View, CA 94041

帕羅奧圖車站

📍95 University Ave, Palo Alto, CA 94301

◎長途客運

聖荷西灰狗巴士站位於火車站旁,從洛杉磯出發約需6.5~7.5小時,票價$41起;從舊金山出發約需2小時,票價$16起。

灰狗巴士Greyhound

📍65 Cahill St, San Jose, CA 95110

📞(408) 295-4153

🌐www.greyhound.com

◎開車

從舊金山開車,走US-101 S一路南行,先後會經過帕羅奧圖、山景城、聖荷西等城市。到帕羅奧圖約32英哩,到山景城約40英哩,到聖荷西約50英哩,沿途不會經過收費站。

市區交通

◎輕軌 Light Rail

聖荷西大眾運輸由VTA營運,主要有輕軌和公車兩種交通工具。一般遊客較常搭乘的只有藍線和綠線輕軌,這兩條路線在市中心的Convention Center與Tasman之間是重疊的。另外還有一條橘線,是從Alum Rock開往山景城,中途會和藍、綠線相接。

💲

	成人	5~18歲	65歲以上
單程票	$2.5	$1.25	$1
8小時票	$5	$2.5	$2
一日票	$7.5	$3.75	$3

🌐www.vta.org

🔄使用Clipper Card,2小時內可免費轉乘

❗8小時票僅可使用現金購買。而一日票為使用Clipper Card時的當日車資上限,超過這個金額後便不再扣款

計程車

聖荷西的計程車起錶為$3.5,每1/10英哩跳錶$0.3,等待時間每分鐘跳錶$0.5。

旅遊諮詢

◎聖荷西旅遊局

🌐www.sanjose.org

◎聖馬刁/矽谷旅遊局

🌐www.thesanfranciscopeninsula.com

聖荷西 San Jose

MAP　P.323C2

聖荷西藝術博物館
San Jose Museum of Art

聚焦於美西當代藝術

🚃搭乘輕鐵藍、綠線至Santa Clara站，步行約4分鐘　🏠
110 S. Market St, San Jose, CA 95113　☎(408) 271-
6840　🕐週四16:00~21:00，週五11:00~21:00，週六、日
11:00~18:00　🚫週一至週三　💲成人$20，65歲以上$15，
17歲以下免費　🌐www.sjmusart.org　🎉每月第1個週五
18:00後免費

　聖荷西藝術博物館分為新舊兩棟建築，舊翼建
於1892年，最初是聖荷西的郵局，在成為博物
館之前也有很長一段時間作為圖書館使用。後
來博物館館藏擴充，為了能容納更多展示空間，
於是又在1991年增建了新翼部分。博物館內的
收藏超過2,500件，聚焦於20、21世紀美國西
岸的藝術家作品，素材涵蓋繪畫、雕塑、攝影、

平面印刷、數位多媒體等，而像是玻璃藝術泰斗
奇胡里(Dale Chihuly)、普普畫家第伯(Wayne
Thieband)、抽象表現主義大師加斯頓(Phillip
Goldstein)等人，都有作品在此展出。

灣區⋯**聖**荷西及其周邊 San Jose and Around

互動科技館
The Tech Interactive

看看科技如何改變人類生活

🚇 搭乘輕鐵藍、綠線至Convention Center站，步行約3分鐘 🏠 201 S. Market St, San Jose, CA 95113 ☎ (408) 294-8324 ⏰ 大致上平日10:00~15:00，週六10:00~17:00，週日11:00~17:00，當週開放時間請見官網 🚫 週一及部分週二 💲 成人＄36，3~17歲與65歲以上＄28 (門票含1部IMAX電影) 🌐 www.thetech.org ❗ 建議事先上官網預約門票

矽谷是世界的科技重鎮，而聖荷西又是矽谷的最大城市，因此位於聖荷西市中心的互動科技館自然有其超凡意義。三層樓的展館內，大致分為生活科技、創新發明、環境永續、人體解剖與人工智慧等幾個主題，一方面介紹全球最新的科技發明，一方面也展示新科技將對人類社會帶來的變革，諸如生活型態、音樂藝術、健康醫療、太空探索、科技犯罪等，都在這間博物館的討論範圍內。這當中有很多美好的願景，也有許多需要防患未然的隱憂，然而這就是未來，我們無論如何都要樂觀以待。

博物館最有趣的，就是其互動式的展品，譬如你可以在電腦上設計出雲霄飛車的軌道，再坐到模擬機前體驗自己的設計成果；或是操作太空人使用的推進設備，模擬太空中的任務；也可以利用電腦編排出一段電子音樂，或是要求機械手臂排列積木。而在實驗室中，孩子們也能化身為科學家，在真正的研究人員帶領下，一步步地進行各種實驗，像是分析採集到的檢體，找出誰才是真正的犯人；以及利用細菌來讓螢幕發光等。透過各式各樣的嘗試，開啟孩子對於新科技的眼界與興趣之門，也許未來的發明之星就在這裡埋下了種子。

聖荷西 San Jose

MAP | P.323B3

溫徹斯特神秘屋

MOOK Choice

Winchester Mystery House

地球上最古怪的豪宅

🚃 搭乘輕鐵綠線至Winchester站，轉乘60號公車至Winchester/Olsen路口即達。開車者，停車場免費 🏠 525 S. Winchester Blvd, San Jose, CA 95128 ☎ (408) 247-2000 🕘 9~4月10:00~17:00 (週末至18:00)，5~8月10:00~18:00 (週末至20:00)，每5~10分鐘一梯，行程約65分鐘 💲 成人$38.99起，65歲以上$32.99起，5~12歲$17.99起 🌐 www.winchestermysteryhouse.com ❗ 建議事先上官網預約行程

　　聖荷西市區西郊的溫徹斯特神祕屋是一棟相當出名的怪房子，原屋主是19世紀軍火大王威廉溫徹斯特的遺孀，因丈夫與女兒相繼過世，使她相信是那些死於溫式軍火的亡魂作祟，於是聽信靈媒的話搬到聖荷西來，並在1884年開始興建這棟有如迷宮般的豪宅。

　　從空中鳥瞰，溫徹斯特神祕屋就像一棟得了癌症不斷細胞增生的複雜建築體，內部格局規劃更是不按牌理出牌，譬如打開門，門裡卻是一面牆；打開門，卻來到一個沒有地板也沒有天花板的房間；打開門，結果直接掉進樓下的廚房裡。另外像是只通往天花板的樓梯、開在地板上的窗戶、擋在通道裡的馬車、比九曲花街還曲折的Z字型樓梯等無厘頭設計，在宅邸內同樣屢見不鮮。據說這些都是為了困惑向她索命的惡靈，而這棟房子蓋了38年未曾停工，不斷擴建也是在躲避厲鬼追殺。更有甚者，老太太為了向善鬼求助，還建了一間密室作為通靈之用，因此一些繪聲繪影的靈異傳聞不脛而走，使這裡在全美鬼屋排行榜上名列前茅。許多恐怖片與小說都以神祕屋當作故事背景，甚至在2018年拍成電影，由海倫米蘭主演，一躍而上大螢幕。

　　雖然氣氛詭異，這裡卻是聖荷西最受歡迎的旅遊景點，每天都有大批觀光客前來探險，熱鬧的人氣驅散了恐怖感，而那些古怪設計也變得充滿創意。

MAP　P.304A2

費羅麗莊園

MOOK Choice

Filoli Mansion & Garden

萬紫千紅的天堂

🚗距舊金山市中心約27英哩，建議開車前往，停車場免費 🕐
86 Cañada Rd, Woodside, CA 94062 📞(650) 364-8300
🕙10:00~17:00（售票至16:30）💲成人＄34，65歲以上
＄32，5~17歲＄24，週末多加＄4 🌐www.filoli.org

佔地654英畝的費羅麗莊園，是灣區最具代表性的花園豪宅。1906年舊金山地震之後，許多有錢人開始在半島上重新置產，其中，加州最大的金礦主伯恩(William B. Bourn)看上了這片土地，因為這裡的景色讓他想起愛爾蘭的家鄉。他以自己的座右銘「為正直的理由奮鬥，愛你的同胞，過好的生活」中，Fight、Love、Live的前兩個字母，將他的新家命名為Filoli。伯恩於1936年過世後，莊園賣給了航海大亨魯斯(William P. Roth)，魯斯太太是位狂熱的園藝愛好者，在她用心經營下，莊園的花園繁茂盛開，成為加州名噪一時的庭園。

參觀費羅麗主要分為兩個部分，一為豪宅，一為花園。建於1915~17年的大屋，雖然主要採喬治亞式風格，但也兼雜各個不同時期的元素。這棟U字型的兩層樓建築，共有44個房間，當中傢俱大部分是魯斯太太連同房屋捐出，也有不少來自其故舊親友以及收藏家，盡可能還原為20世紀初的模樣。由於魯斯太太熱愛派對，因此其宴會廳特別氣派，而為了能準備賓客們的餐點，廚房也大得非常可觀。另外如圖書室、起居房等，也都富麗堂皇，並可看出那個時代偏愛東方文化的潮流。至於16英畝的花園更是花卉愛好者的天堂，除了在園方專職的園藝家外，多達1千名志工也參與協助，讓這座花園無論春夏秋冬，都是萬紫千紅。由於風光浪漫，莊園也成了好萊塢的寵兒，像是1978年由華倫比提主演的《上錯天堂投錯胎》，大部分場景便是在這裡取景拍攝。

帕羅奧圖 Palo Alto

`MAP` P.304B3

史丹佛大學

MOOK Choice

Stanford University

全美國最漂亮的學府

🚗 建議開車前往,可停在遊客中心旁的收費停車場　🌐 www.stanford.edu

◎ **遊客中心**

🏠 295 Galvez St, Stanford, CA 94305　⏰ 09:00~17:00　🚫 週末

◎ **胡佛塔 Hoover Tower**

⏰ 10:00~17:00 (週末至18:00),關門前30分鐘停止登塔　💲 成人$8,3歲以下免費　❗ 不收現金

　1891年時,太平洋鐵路大亨李蘭史丹佛(Leland Stanford)為了紀念不幸在16歲生日前夕夭折的愛子,決定在西岸創建「另一所哈佛大學」。史丹佛大學可說是全美國最漂亮的學校之一,校園面積廣達3,130公頃,建築風格統一和諧,以當時流行於加州的教會復興樣式興建,樸實厚重的砂岩牆面、低斜的紅瓦屋頂,既予人典雅莊嚴之感,又不顯得矯情造作。

　校園裡最主要的建築是寬廣偌大的主方院(Main Quad),這是由多棟獨立建築藉由深邃優雅的長迴廊串連而成。在主方院前庭草坪上,有一組出自大師羅丹的雕塑作品,是校園裡的名勝之一。而居於主方院內院中心的是史丹佛紀念教堂,這是李蘭過世後,其夫人為紀念他而建。教堂在風格上受義大利拉文納地區的教堂啟發,正立面以纖細的馬賽克鑲嵌出五彩繽紛的宗教壁畫,被稱為「大學建築王冠上的寶石」。

　從主方院也可看到高87公尺的胡佛塔,這座塔建於1941年史丹佛創校50週年時,由曾任美國總統的史丹佛校友胡佛(Herbet Hoover)捐贈。塔基為胡佛學院圖書館與檔案室,塔頂則是觀景台,可俯瞰史丹佛大學的全景。

灣區……**聖** 荷西及其周邊 San Jose and Around

山景城 Mountain View

MAP　P.304B3

電腦歷史博物館
Computer History Museum

MOOK Choice

從不可能到可能

📍距舊金山市中心約36英哩，建議開車前往，停車場免費
1401 N. Shoreline Blvd, Mountain View, CA 94043
(650) 810-1010 🕙10:00~17:00 休週一、二 💲成人
$19.5，11歲以上學生及65歲以上$16.5，8~10歲$6
www.computerhistory.org 🌐PDP-1運作展示時間為每月第
1、3個週六14:30及15:15；IBM 1401運作展示時間為週三
15:00及週六11:00

科技的日新月異快得令人難以想像，不過就在
20年前，人們還不知道智慧手機為何物，不過
就在30年前，人們才剛學會撥接上網，不過就在
40年前，家用電腦只有8位元。我們這個世代可
以說是電腦世代，每天都要接觸電腦，電腦是生
活不可或缺的工具(現在還要加個網路)，我們簡
直無法想像沒有電腦是什麼樣的世界，那大概是
史前時代吧，其實也就只是50年前的事。

這間博物館就位於Google總部附近，距離
Apple和Meta也不遠，作為電腦世代的朝聖
地來說，真是再適合不過了。主展覽「革命」
以20個展廳詳述電腦起源與未來展望，從古老的
算盤到最新的iPhone，從打孔卡到半導體積體電
路，你會發現電腦的演變並非一蹴可幾，這當中
經歷了無數劃時代的突破，亦曾有幾次荒謬的失
敗嘗試，而電腦的進化也並非到此為止，此時此
刻的不可能，說不定10年後就成了理所當然。

除了主展外，還有幾個非看不可的陳列：PDP-1
是DEC公司於1959年製造的程序數據處理機，
能進行即時互動與圖像顯示，現代人能開心的打
電動，全要感謝這台機器的發明；而IBM 1401
展示間，則模擬1959年商用電腦中心傳輸資料
的過程，電腦真正改變世界，就從這一幕開始。

半月灣 Half Moon Bay

MAP　P.304A3

半月灣
Half Moon Bay

無敵夕陽海景

◎ **半月灣州立海灘 Half Moon Bay State Beach**
🚗距舊金山約30英哩，建議開車前往　📍95 Kelly Ave, Half Moon Bay, CA 94019　🕐每日08:00至日落。遊客中心僅在週末開放　💲免費

半月灣距離舊金山，開車只需45分鐘左右，以種植萬聖節南瓜和聖誕樹聞名，因此每年10月的萬聖節慶典，就成了地方上的一大盛事。半月灣市區範圍極小，想到海邊走走的人，可循Kelly Ave往西，便是4英哩長的半月灣州立海灘，不過這裡的海水相當寒冷，不太適合游泳，氣候以春、秋兩季最為宜人。

其實除了州立海灘外，南邊大約3英哩還有一處景色更為優美的海灘，這座海灘就位於Ritz-Carlton的高爾夫球場旁，雖然屬於飯店私人所有，但卻免費開放讓一般人進入。沙灘位於一座懸崖下方，有樓梯通往，搭配著兀立崖上的飯店身影，有種遺世而獨立的美感。尤其當夕陽西下，畫面更是絕美。

聖塔克魯茲 Santa Cruz

MAP　P.304B4

聖塔克魯茲
Santa Cruz

衝浪已成全民運動

🚗距舊金山約75英哩，建議開車前往
◎ **聖塔克魯茲海濱樂園 Santa Cruz Beach Boardwalk**
📍400 Beach St, Santa Cruz, CA 95060　☎(831) 423-5590　🕐每日時間不同，請見官網　💲一日票$39.95起　🌐www.beachboardwalk.com

聖塔克魯茲是一處世界級的衝浪聖地，自從1885年三位夏威夷王子在此地帶動起衝浪風潮，這項運動就如同蒙特雷灣的浪高般，迅速席捲了整座城市，今日當地居民家中有片衝浪板，就像有台腳踏車那樣稀鬆平常。在聖塔克魯茲不大的城市範圍內，一共有11個衝浪地點，最有名的是距離碼頭西側不遠的Steamer Lane，一旁還有間衝浪博物館，就位在岬角上的燈塔裡。

如果衝浪實在與你無緣，碼頭東側的海濱樂園是本地最熱鬧的景點，你一定無法想像，這座全加州最古老的遊樂園，早在1907年就已存在，並於1987年被列入國家歷史名勝中。至於在碼頭棧橋上，商業氣息不似聖塔摩尼卡那般熱絡，最主要的活動是釣魚，不過這裡有個通往海面浮台的樓梯，是少數可以近距離觀看海獅的地方，吸引不少遊客專程前來。

蒙特雷 Monterey

MAP P.304B6

蒙特雷
Monterey
史坦貝克的小說場景

距舊金山約120英哩，建議開車前往

蒙特雷在西班牙與墨西哥統治時期，是上加利福尼亞首府，但隨著加州政經中心遷移，蒙特雷也逐漸轉型成漁港小鎮。在漁業最發達的20至50年代，港灣邊停滿了準備出海的漁船，碼頭上熙來攘往，短短一條Ocean View Avenue甚至有20多家沙丁魚罐頭工廠。這情景後來成了大文豪史坦貝克1945年著名小說《罐頭工廠街》的背景，而為了紀念這部作品，Ocean View Avenue也於1958年正式更名為Cannery Row。雖然最後一家罐頭廠已於1973年關門大吉，但衝著史坦貝克的名氣，觀光業立刻取代漁業，成為蒙特雷的新基調，昔日的罐頭廠紛紛改建為商店與餐廳，熱鬧氣息依舊。

蒙特雷 Monterey

MAP P.304B6

蒙特雷灣水族館

MOOK Choice

Monterey Bay Aquarium
美國最具代表性的水族館

886 Cannery Row, Monterey, CA 93940 (831) 648-4800 夏季09:30~18:00 (週末至20:00)，冬季10:00~17:00 成人$65，13~17歲及70歲以上$50，5~12歲$45 www.montereybayaquarium.org 每半小時皆有活動或表演，當日詳情請參見官網

罐頭工廠街上最大的一間工廠舊址，現在成了舉世聞名的蒙特雷水族館，這間水族館首創先進的海水循環技術，成功繁殖出巨藻森林，為館方最引以為傲的成果。高達8.5公尺的巨藻水族缸，重現本地海域的自然生態，沙丁魚群、豹紋鯊、狼鰻等各種魚類及海洋生物，自在穿梭於隨波搖曳的巨大海草間，有如電影中才看得到的景象。

水族館的另一招牌是5隻可愛的小海獺，從1樓可觀賞牠們悠游水中的嫻熟泳技，而在2樓則會看到牠們在水面及岸上嬉鬧的調皮模樣。尤其在每日3次的放飯時刻，玻璃窗前便會擠滿人潮，大家都爭著一睹小海獺們把食物放在肚子上，一邊仰泳一邊大快朵頤，總逗得人們滿心歡樂。

其他可觀的海洋生物，還包括太平洋巨章魚、魟魚、鎚頭鯊、水母、海龜、黑腳企鵝、海鸚等，多達超過6百個物種，長久以來在國際水族界享有執牛耳之地位。

蒙特雷 Monterey

MAP P.304B6

17哩路景觀道

MOOK Choice

17-Mile Drive

張大千的柏樹靈感

🚗 距舊金山市區約120英哩,建議開車前往　💲進入景觀道的過路費為每輛車$12　🌐 www.pebblebeach.com/17-mile-drive　🍴 在Pebble Beach Resorts內任一餐廳消費滿$35,可抵過路費　❗ 山區路段叉路很多,但只要跟著路面上的紅線走,就能保持在17哩路上

17哩路位於蒙特雷半島上,是一條著名的景觀道路,最初是1881年Hotel Del Monte規劃給住客賞景遊玩的路線,現在則是豪宅與高爾夫俱樂部林立,成了有錢人的後院。

景觀道的前半段穿越山區樹林,除了一棟棟豪華別墅外,風景不算特別。然而轉過濃密的山頭,開闊海景赫然出現,17哩路的精彩便從這裡開始。首先遇到的是無休海(The Restless Sea),這裡的海水沒有浪起浪落,一道道海浪前後相繼,滔滔湧至,最後甚至分不清前浪後浪,海面上一片花白。無休海的成因是海面下的岩石讓水流速度減慢,導致波浪提早碎裂,因而浪濤看起來從不間歇。

接著是著名的鳥石(Bird Rock),這塊石頭為海鳥提供絕佳的捕食基地,吸引大群鸕鶿、海鷗、鵜鶘棲息,尤其春夏季節,密密麻麻黑壓壓的一片,乍看下還以為是塊黑色石頭。雖然蔚為奇觀,不過對希區考克電影稍有研究的人,應該還是會心有餘悸吧。

景觀道上最知名的地標還在後頭,那是棵兀立在海岬岩岸上的柏樹,並不難認,因為「孤獨」就是它的名字(The Lone Cypress)。人們對於這棵柏樹為何單獨生長在這裡感到匪夷所思,它強韌地站在海角前端,三面被海水包圍,250年來,獨自抗拒太平洋上的風暴,緊抓腳下貧瘠的花崗岩,在驚濤裂岸中不改其生長方向,故被視為堅毅的象徵。

鬼樹(The Ghost Tree)則是一棵枯死的柏樹,糾結扭曲的枝椏彷彿邊疆詭祕神靈的翩翩舞蹈,偶爾一隻老鴉飛棲枝頭,悲啼兩聲,倒也有種孤絕蒼涼的美感。也許是為了生存掙扎,這一帶的柏樹都生長得極有戲劇張力,國畫大師張大千在1969年時遷居來此,那是他創作力最旺盛的時期,而柏樹又經常是他畫中主題,因此咸以為是受到17哩路上的柏樹啟發。

灣區⋯聖荷西及其周邊 San Jose and Around

©Las Vegas News Bureau提供

拉斯維加斯

拉斯維加斯●

Las Vegas

文●蔣育荏　攝影●墨刻攝影組

拉斯維加斯原本只是片綠洲，1830年西班牙探險隊來到此地，取名為Vegas，意指「草地」。20世紀初由於鐵、公路經過，這裡開始繁榮起來。1931年經濟大蕭條時，為求生計，內華達州通過賭博合法化的法令，於是賭場一家接著一家開幕。過去的賭城外表光鮮亮麗，實則是個龍蛇混雜的巢窟，胭脂粉黛，紙醉金迷，多少英雄好漢在此黃粱一夢，各路黑幫人馬也搶著在此插旗，直到60年代之後，費了好大一股勁，才終於擺脫黑道控制。

後黑幫時期的拉斯維加斯蛻變成更美麗的蝴蝶，大型建案此起彼落，每一家都極盡鋪張豪華之能事。近年來又逐漸發展成主題取向，每一家酒店都要擁有自己的特色，雖然這些特色大多經由模仿而來。於是在這座城市裡，幾乎可以看到全世界的縮影，從埃及金字塔到水鄉威尼斯，從中世紀騎士到外太空飛船，只要能想得出來，在拉斯維加斯從沒有不可能的事。在大街上遊逛，就好像拿著任意門的搖控器，在世界各地之間快速轉台，有點不真實，有點像作夢，但拉斯維加斯本來就是給人作夢的地方。

法國社會學大師尚布希亞的理論中，有一項是關於模擬虛像的命題，大意是說，在我們生存的後現代世界，事物透過模仿與大量複製，虛擬與真實之間的界線逐漸崩解，模仿者最後變成一種超越真實的存在，從自身產生出新的意義。而拉斯維加斯這座魔幻寫實之城幾乎複製了全世界，到頭來這假扮的集合體自己也成為真實，成為被模仿複製的對象。就這層意義上看，拉斯維加斯還真是個後現代的地方啊！

拉斯維加斯之最
Top Highlights of Las Vegas

拉斯維加斯大道
Las Vegas Boulevard
爭奇鬥豔的長街宛如賭場酒店的博物館，每間賭場都使出看家本領來招徠賭客，除了秀場表演外，各種主題遊樂設施更是令人嘆為觀止。（P.336）

胡佛水壩 Hoover Dam
景色壯觀的胡佛水壩，是人類工程史上的一大奇蹟，不但對美國西部經濟大有貢獻，也是拉斯維加斯近郊的觀光勝地。（P.356）

黑幫博物館
The Mob Museum
黑幫是美國歷史的黑暗面，卻也是好萊塢電影中最迷人的元素，博物館內以實物、遊戲等互動式多媒體陳列，帶領遊客認識真實世界中的幫派生態。（P.354）

佛瑞夢街大體驗
Fremont Street Experience
長達半公里的老街上方，架起了一片LED天幕，每到夜晚降臨，五光十色的動感節目讓整條大街璀璨通明，絲毫不負閃耀峽谷之名。（P.353）

拉斯維加斯秀場表演
Shows in Las Vegas
來到拉斯維加斯，看秀絕對是必體驗之一，幾乎每間賭場都有常駐的招牌表演，尤其是太陽劇團旗下的劇目，每場門票都炙手可熱。（P.350）

INFO

基本資訊

人口：約67萬(市區)
面積：約367.5平方公里(市區)

如何前往

◎飛機

哈里瑞德國際機場(機場代碼LAS)原名麥卡倫國際機場，位於長街東南方，有1、3兩個航廈，兩航站之間有免費接駁車與機場電車聯絡。目前從台灣並沒有直飛拉斯維加斯的班機，可在洛杉磯或舊金山等城市轉機，若是搭乘聯合航空班機，則會在3航廈的D登機區起降。

哈里瑞德國際機場 Harry Reid International Airport
🅟 P.337B6 🆆 www.harryreidairport.com

◎長途客運

拉斯維加斯灰狗巴士站位於機場南邊的南長街交通轉運站(South Strip Transit Terminal)。從洛杉磯搭巴士出發，約需5.5~7.5小時，票價＄46起。

灰狗巴士 Greyhound
🅐 6675 Gilespie St, LV, NV 89119
🆆 www.greyhound.com

◎開車

從洛杉磯市中心出發，走I-10 E，於58A出口接上I-15 N，跨越州界後，在35號出口下交流道，匝道往Russell Rd的車道，至Russell Rd右轉，再左轉Las Vegas Blvd. S，即達長街酒店區南端。路程約260英哩。

機場至市區交通

◎租車 Rental Car

租車中心位於機場3英哩外的7135 Gilespie St。從1航廈Level 1行李轉盤外的10、11號門口，與3航廈Level 0行李轉盤外的51~54號(西側)與55~58號(東側)門口，搭乘藍白色的接駁車前往。在租車中心裡，有Hertz等10家租車公司櫃檯提供服務。

◎公車 Public Bus

從各航廈外皆可搭乘RTC的CX快車至Flamingo & Las Vegas Blvd站，即達百樂宮酒店與火鶴酒店附近。而從1航廈外也可搭乘108號公車，前往拉斯維加斯大道東邊1至2個路口的Paradise Rd。

◎接駁巴士 Shuttles

接駁巴士上車處在1航廈Level 1行李轉盤西側，7~13號出口門外，以及3航廈Level 0外，有多家24小時營運的接駁巴士公司可以選擇：

◎ Bell Trans
☏ (800) 274-7433
💲 從機場到長街酒店＄15
🆆 www.airportshuttlelasvegas.com

◎計程車 Taxi

3航廈的計程車招呼站位於Level 0外東、西兩側，1航廈的招呼站位於行李提領轉盤東側的1~4號門外。從機場出發的計程車除了跳錶車資外，還需多付＄2.4附加費。

市區交通

◎Deuce公車

拉斯維加斯大眾運輸系統隸屬RTC(區域運輸委員會)管轄，共有50多條公車路線，最常為遊客搭乘的路線是Deuce，這條路線從南長街轉運站(SSTT)沿著

拉斯維加斯大道途經各大酒店，最後抵達市中心的佛瑞夢街。

📍24小時行駛，每10~15分鐘一班(凌晨01:00~07:00每20分鐘一班)

💲2小時票＄6，24小時票＄8，三日票＄20

🔗www.rtcsnv.com

◎市中心循環公車 Downtown Loop

這條路線也是由RTC營運，循環行駛於市中心區域，站點包括佛瑞夢街大體驗、黑幫博物館、拉斯維加斯北暢貨中心、藝術區、釀酒廠大街等地。

📍11:00~18:00 (週五、六15:00~22:00)

💲免費

◎單軌電車 Las Vegas Monorail

無人駕駛的單軌電車，路線位於拉斯維加斯大道東側1個路口，約與大道平行，南起Tropicana Ave，北至Sahara Ave，全長3.9英哩，目前已建成的7個車站分別為：米高梅酒店、馬蹄/巴黎酒店、火鶴/凱撒宮酒店、哈拉斯/林克酒店、拉斯維加斯會展中心、西門酒店、撒哈拉酒店。

📍週一07:00~24:00，週二至週四07:00~02:00，週五至週日07:00~03:00。每4~8分鐘一班

💲單程票＄6，24小時票＄15，兩日票＄26，三日票＄32。5歲以下免費

🔗www.lvmonorail.com

🎫網路購票享有折扣

◎酒店免費電車

部份彼此相鄰的同集團酒店，為了方便賭客往來，建有免費的單軌電車。目前在長街上共有3條，分別是：

◎ 曼德勒海灣酒店←→路克索酒店←→石中劍酒店
◎ 百樂宮酒店←→阿麗雅酒店←→米高梅公園酒店
◎ 金銀島酒店←→硬石酒店(目前停駛中)

◎計程車

計程車起錶為＄5.25，每英里跳錶＄2.96，等待時間每分鐘跳錶＄0.54。

觀光行程

◎Las Vegas Bus Tours

由Big Bus公司經營的觀光巴士，路線分為日間行程與夜間行程，日間行程為隨上隨下巴士的形式，起始站在米高梅酒店附近的Showcase Mall前，沿途行經長街與市中心各大景點；夜間行程上車處在林克購物道的豪客摩天輪前，全程約2.5~3小時。

📍日間行程10:00~16:00，每30~60分鐘發車；夜間行程19:00發車

💲日/夜間行程每人＄55，三日票每人＄110。3歲以下免費

🔗www.bigbustours.com

🎫三日票含日間及夜間行程、豪客摩天輪日間票

優惠票券

以下票券都是在官網上購買，付款後，電子票券會寄送到電子信箱裡，可下載到手機中，或是列印下來。

Go Las Vegas Pass

票券內容：可使用Go City的景點、觀光行程與秀場表演多達50個以上，票券分為All-Inclusive Pass與Explorer Pass兩種，前者在限定時間內可造訪所有景點，後者是只能造訪特定數量景點，但效期長達60天。

💲

All-Inclusive Pass		2日卡	3日卡	4日卡	5日卡
成人		＄144	＄244	＄294	＄314
3~12歲		＄134	＄229	＄274	＄289

Explorer Pass	2景點	3景點	4景點	5景點	6景點	7景點
成人	＄74	＄99	＄119	＄134	＄144	＄159
3~12歲	＄64	＄84	＄99	＄114	＄134	＄149

使用要領：All-Inclusive Pass去的地方愈多愈划算，以門票較貴的景點為優先；Explorer Pass則適合停留天數較長，想深入特定景點的人。

🔗gocity.com/las-vegas

The Las Vegas Sightseeing Pass

票券內容：Sightseeing Pass票券分為Day Pass與Flex Pass兩種，前者在限定時間內可造訪所有景點，後者是只能造訪特定數量景點，但效期長達60天。

💲

Day Pass	2日卡	3日卡	4日卡	5日卡
成人	＄139	＄239	＄289	＄309
3~12歲	＄129	＄224	＄269	＄284

Flex Pass	3景點	4景點	5景點	7景點
成人	＄94	＄119	＄134	＄149
3~12歲	＄79	＄99	＄114	＄149

使用要領：Sightseeing Pass與Go Pass使用方式大同小異，但內容範圍和價錢不太一樣，可上網比較哪種較適合自己的行程。

🔗www.sightseeingpass.com/en/las-vegas

旅遊諮詢

◎拉斯維加斯遊客中心

📍P.337C3

🏠3150 Paradise Rd, Las Vegas, NV 89109

📞(877) 847-4858

📍每日08:00~17:00

🔗visitlasvegas.com

拉斯維加斯大道
Las Vegas Boulevard

拉斯維加斯大道貫穿整個賭城中心，當地人將其暱稱為「長街」(The Strip)。這條大街的博奕事業大約興起於1930年代，到了50年代時，已奠定其世界賭城的地位。長街上的賭場不斷汰舊換新，在風起雲湧的集團交易下，當一座酒店開始顯得老舊過時，用不了多久便會被夷為平地，然後再蓋起一座更新潮誇張、更令人瞠目結舌的新賭場。由於賭場集團間的競爭激烈，同集團的賭場也力求做出區隔，因此這裡的賭場每間都擁有鮮明的主題特色，要把客人往自家大門吸引過去。說是爭奇鬥豔，再貼切不過。於是北自Sahara Ave開始，南至Tropicana Ave，短短3.2英哩的距離內，可以看到金字塔、艾菲爾鐵塔、自由女神、羅馬競技場、聖馬可廣場，逛個街好像周遊列國一樣，荒漠沙地誕生奇蹟的故事，這想必是最好的成功例子。

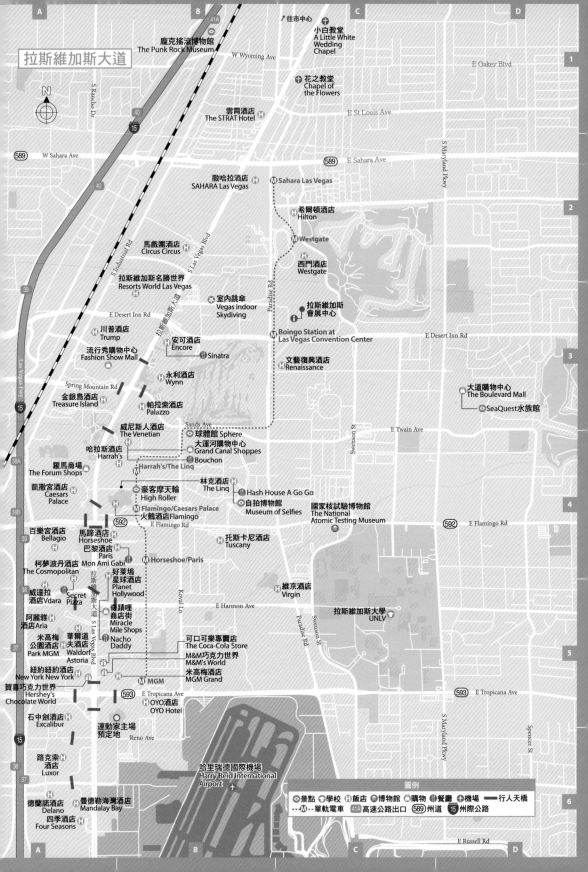

拉斯維加斯大道

A **B** **C** **D**

往市中心

龐克搖滾博物館
The Punk Rock Museum

小白教堂
A Little White
Wedding Chapel

W Wyoming Ave

E Oakey Blvd

花之教堂
Chapel of
the Flowers

E St Louis Ave

S Maryland Pkwy

1

雲霄酒店
The STRAT Hotel

589 W Sahara Ave

589 E Sahara Ave

撒哈拉酒店
SAHARA Las Vegas

Sahara Las Vegas

希爾頓酒店
Hilton

2

Westgate

馬戲團酒店
Circus Circus

S Las Vegas Blvd

西門酒店
Westgate

拉斯維加斯名勝世界
Resorts World Las Vegas

S Industrial Rd

室內跳傘
Vegas Indoor
Skydiving

拉斯維加斯
會展中心

E Desert Inn Rd

Boingo Station at
Las Vegas Convention Center

E Desert Inn Rd

川普酒店
Trump

安可酒店
Encore

Sinatra

文藝復興酒店
Renaissance

3

流行秀購物中心
Fashion Show Mall

永利酒店
Wynn

大道購物中心
The Boulevard Mall

Spring Mountain Rd

帕拉索酒店
Palazzo

SeaQuest水族館

金銀島酒店
Treasure Island

威尼斯人酒店
The Venetian

Sands Ave

球體館 Sphere

E Twain Ave

哈拉斯酒店
Harrah's

大運河購物中心
Grand Canal Shoppes

Swenson St

羅馬商場
The Forum Shops

Bouchon

Harrah's/The Linq

凱撒宮酒店
Caesars Palace

豪客摩天輪
High Roller

林克酒店
The Linq

Hash House A Go Go

4

Flamingo/Caesars Palace

自拍博物館
Museum of Selfies

國家核試驗博物館
The National
Atomic Testing Museum

百樂宮酒店
Bellagio

火鶴酒店 Flamingo

592

馬蹄酒店
Horseshoe

E Flamingo Rd

592 E Flamingo Rd

柯夢波丹酒店
The Cosmopolitan

巴黎酒店
Paris

Mon Ami Gabi

托斯卡尼酒店
Tuscany

威達拉
酒店Vdara

Secret
Pizza

Horseshoe/Paris

好萊塢
星球酒店
Planet
Hollywood

阿麗雅
酒店Aria

S Las Vegas Blvd

維京酒店
Virgin

拉斯維加斯大學
UNLV

5

米高梅
公園酒店
Park MGM

華爾道
夫酒店
Waldorf
Astoria

奇蹟哩
商店街
Miracle
Mile Shops

E Harmon Ave

Koval Ln

Paradise Rd

Swenson St

S Maryland Pkwy

Spencer St

紐約紐約酒店
New York New York

Nacho
Daddy

可口可樂專賣店
The Coca-Cola Store

賀喜巧克力世界
Hershey's
Chocolate World

M&M巧克力世界
M&M's World

米高梅酒店
MGM Grand

593

MGM

石中劍酒店
Excalibur

E Tropicana Ave

593 E Tropicana Ave

OYO酒店
OYO Hotel

運動家主場
預定地

Reno Ave

路克索
酒店
Luxor

哈里瑞德國際機場
Harry Reid International
Airport

圖例

6

德蘭諾酒店
Delano

曼德勒海灣酒店
Mandalay Bay

景點 學校 飯店 博物館 購物 餐廳 機場 ━━ 行人天橋
M 單軌電車 41A 高速公路出口 589 州道 15 州際公路

四季酒店
Four Seasons

E Russell Rd

A **B** **C** **D**

MAP ▶ P.337A6

曼德勒海灣酒店

Mandalay Bay Resort & Casino

沙漠中的海灣風情

🏠3950 S. Las Vegas Blvd, LV, NV 89119 📞877-632-7700 🌐mandalaybay.mgmresorts.com

◎ 鯊魚礁水族館 Shark Reef Aquarium

🕐每日10:00~20:00（售票至19:00）💲時段票：成人＄29，65歲以上＄27，5~12歲＄24。任意時段票：成人＄36，長者＄34，兒童＄31 ❗建議事先預約時段票

在這間充滿南國海島風情的酒店裡，有個面積廣達11英畝的海灘泳池區，不但可以在沙灘上做日光浴和開派對、躺在橡皮圈中漂流在滑水道上，甚至還有人造海浪讓人衝浪。酒店中的鯊魚礁水族館是這裡最重要的亮點，這是內華達州唯一獲得動物園和水族館協會(AZA)認證的設施，當中除了如夢似幻的珊瑚礁海底隧道，還有各式各樣的水族箱，最大的一座甚至有130萬加侖的水量。水族館內飼養著水母、海龜等不可思議的海洋生物，總數多達2千多種，其中光是鯊魚就有15種。VR劇場是近年來的最大賣點，坐進動感座椅內，戴上虛擬實境裝備，立刻便潛進南太平洋的深海裡，與座頭鯨們並肩游泳，或是在巴哈馬周邊的海域中，感受被虎鯊與鎚頭鯊群包圍的刺激。

MAP ▶ P.337A6

路克索酒店

Luxor Las Vegas

法老腳下公然聚賭

🏠3900 S. Las Vegas Blvd, LV, NV 89119 📞(702) 262-4000 🌐luxor.mgmresorts.com

◎ 鐵達尼展與人體展

🕐每日11:00~18:00 💲成人＄34，65歲以上＄32，4~12歲＄26，雙展聯票＄44

◎ 圖坦卡門之墓展

🕐每日10:00~20:00 💲成人＄32，兒童＄22

雖然埃及的路克索並沒有任何金字塔遺跡，路克索酒店卻建成了雄偉的大金字塔模樣，門外還守護著一隻巨大的人面獅身像，氣派萬千。而且金字塔外牆使用鏡面建材，到了夜間，高350英呎的塔頂還會射出一道全世界最強的光束，遠在250英里外的空中都能看見，令人想起電影《變形金剛》中的場景。

酒店內的設計原本以古埃及神殿為藍本，依稀能看到帝王谷和皇后谷的影子，不過經過2007年的全面整修後，在視覺效果上增加了不少現代感。酒店內的招牌景點就是關於圖坦卡門法老王的墓葬展示，讓遊客彷彿真的進入了古埃及的世界，另外還有鐵達尼展與人體展，於是賭博之餘，也能順便開開眼界。

MAP P.337A5

石中劍酒店

Excalibur Hotel and Casino

亞瑟王的夢幻城堡

3850 S. Las Vegas Blvd, LV, NV 89109 (702) 597-7777 excalibur.mgmresorts.com

◎ 騎士長槍比武秀 Tournament of Kings

18:00及20:30 週二、三 $63.44起(因座位而異),3歲以下免費(無座位)

石中劍酒店擁有超過4千個房間,以及9,300平方公尺的賭場,在1990年開幕時,是當時世界最大的賭場酒店。既然名為石中劍,自然是以亞瑟王傳說作為主題。酒店外觀仿自中世紀的城堡造型,純白的牆面、林立的角樓尖塔、紅藍金的塔頂顏色,一點也沒有中世紀的陰森,反而有種可愛的感覺,既像是迪士尼的動畫場景,又像是用樂高拼湊出的童話世界,尤其夜晚在賭城炫目的霓虹照射下,更是如夢似幻。

2005年時雖然做了些許現代化的改建裝潢,不過酒店招牌的騎士傳統依舊存續。在擁有917個座位的亞瑟王競技場裡,可觀賞到著名的騎士長槍比武秀,供應餐點的服務生會裝扮成中世紀奴僕的模樣,用餐方式也一如古代。這項表演從酒店開幕伊始,30多年來,每晚都帶觀眾重返英雄亞瑟王的時代。

MAP P.337B5

米高梅酒店

MGM Grand Hotel & Casino

拉斯維加斯最大的賭場酒店

3799 S. Las Vegas Blvd, LV, NV 89109 877-880-0880 mgmgrand.mgmresorts.com

MGM酒店集團創始人曾是米高梅電影公司老闆,因此這間MGM在拉斯維加斯大道上的旗艦酒店,於1993年開幕之初,便是以電影作為主題。雖然米高梅電影公司已在電影史上下台一鞠躬,但MGM酒店集團卻在和Mirage集團合併後發展茁壯,版圖遍及大半個拉斯維加斯。目前這兩家同名公司已沒有直接關聯,只剩飯店門口那隻金光閃閃的大獅子,述說著酒店的身世來歷。米高梅有將近7千個房間,戶外泳池的「流域」廣達6.6英畝,賭場面積也是賭城之最。酒店內的表演娛樂非常精彩,許多表演者

都大有來頭,像是曾經紅極一時的魔術師大衛考柏菲、風靡全球的街舞團Jabbawockeez、在《美國達人秀》中大放異彩的Tape Face等人,都在這裡常駐演出。

MAP P.337A5

紐約紐約酒店
New York New York Hotel & Casino
大蘋果的山寨縮影

🏠3790 S. Las Vegas Blvd, LV, NV 89109　📞866-815-4365　🌐newyorknewyork.mgmresorts.com

　　這間酒店以1940年代的紐約為主題，外觀複製了當時紐約的天際線，舉凡帝國大廈、克萊斯勒大廈等高樓都出現在這裡，戶外的水池也妝點成紐約港的景觀，有布魯克林大橋，甚至還有一尊46公尺高的自由女神像，逼真的程度連美國郵政局都被混淆，錯把拉斯維加斯的山寨紐約相片當成真正的紐約市，印在郵票上發售，成為酒店的一樁軼事。而酒店內部也延續紐約特色，譬如最大的主要賭場稱為中央公園，餐飲購物區稱為格林威治村等。

大蘋果雲霄飛車
The Big Apple Coaster

⏰每日11:00~24:00　💲每人$25　❗搭乘者身高需在137公分以上

　　和真正的紐約天際線最大的區別在於，紐約紐約酒店上空居然有一座雲霄飛車軌道！大蘋果雲霄飛車的軌道總長達1,456公尺，過程中會經歷兩次翻轉，包括一次標準的垂直迴圈，與一次俯衝式的迴圈，而從頂點俯衝的最高落差竟達62公尺，最快時速可達每小時107.2公里！翻轉之外，更有一處180度的心線扭轉設計，就這樣穿梭在各棟山寨紐約大樓之間，下方遠處即是車水馬龍的拉斯維加斯大道，讓這驚險刺激的感覺倍效狂飆，難怪經過酒店附近時，總是聽到人們的尖叫聲此起彼落。

MAP P.337A4

百樂宮酒店

Bellagio Las Vegas

非看不可的水舞表演

3600 S. Las Vegas Blvd, LV, NV 89109 (702) 693-7111 bellagio.mgmresorts.com

◎ 百樂宮美術館 Bellagio Gallery of Fine Art

每日10:00~18:00 (售票至17:30) 依展出內容而異

百樂宮是MGM集團旗下較高檔次的賭場酒店，耗資17億美元打造而成，主題概念發想自北義大利的度假勝地貝拉吉歐小鎮，是賭場大亨史帝芬永利的得意力作。酒店大廳的天花板頗有看頭，超過2千朵五彩繽紛的手工琉璃燈，是知名藝術家奇胡里(Dale Chihuly)的作品，名為「Fiori di Como」，以花瓣的華麗造型烘托出瑰麗空間。若要欣賞真實花卉，大廳旁則有個溫室花園，每年依季節輪替，展示各種奇花異草，讓人彷彿走進天堂世界。此外，酒店裡還有間美術館，時常會有大師級的作品在此展出。

噴泉水舞
Fountains of Bellagio

15:00~24:00 (週末12:00起)，20:00前每30分鐘一場，20:00後每15分鐘一場 免費

人們對百樂宮的第一印象，經常是酒店前的水舞表演，雖然類似的水舞在現在看來已不再稀奇，但百樂宮的水舞池廣達8英畝，設計精密的活動水管噴頭有上千根之多，跨度超過300公尺，噴出的水柱最高可達140公尺以上，規模仍是相當可觀。水舞能配合旋律節奏做出各種變化，時而抒情，時而激烈，時而曼妙如芭蕾，時而狂熱如森巴，高潮之處，還會噴出火焰，澎湃萬千。其音樂共有多首曲目，即使連看數次，也不見得重複。

341

巴黎酒店
Paris Las Vegas
浪漫花都的精緻優雅

🏠3655 S. Las Vegas Blvd, LV, NV 89109　☎877-796-2096　🌐www.caesars.com/paris-las-vegas

　　巴黎酒店是凱撒娛樂集團旗下酒店之一，遠遠就能看到門外那座金光燦爛的艾菲爾鐵塔，成為長街上令人無法忽視的地標。除了巴黎鐵塔外，酒店還複製了香榭里舍大道、凱旋門、協和廣場的海神噴泉與塞納河景，前棟門面採用了巴黎歌劇院與羅浮宮的建築特色，而豎立在招牌塔柱上的，則是孟格菲兄弟的熱氣球模型。酒店內部空間也充分展現歐洲王室的精緻品味，不但裝潢氣派一如宮殿，鐵塔腳下主賭場區的天花板還畫成藍天白雲，讓人彷彿坐在巴黎的露天咖啡座上，只不過桌上放的並不是咖啡，而是籌碼與撲克牌。

艾菲爾鐵塔觀景台
Eiffel Tower Viewing Deck

🕐每日17:00~01:00　💲成人＄25起，4~12歲＄19起(因日期而異)
　　這座山寨的艾菲爾鐵塔高165公尺，在比例上大約是本尊的一半，據說本來打算以原尺寸複製，然而因為臨近機場，只得作罷。遊客可以登上鐵塔觀景台，俯瞰市區360度的景致，許多人也喜歡把手機平放在觀景平台的地板上，將鏡頭對準縫隙，這樣就能拍出距離地面遙遠的刺激感。觀景台開放時間已近傍晚，在塔上逗留用不了多久，即可看到賭城大街的燈火開始爭奇鬥豔，迷人的景色，堪稱長街上最羅曼蒂克的約會勝地。

MAP P.337A4

凱撒宮酒店
Caesars Palace
賭城長街上的老大哥

🏠3570 S. Las Vegas Blvd, LV, NV 89109　☎866-227-5938　🌐www.caesars.com/caesars-palace
◎ **亞特蘭提斯秀 Atlantis show**
⏱12:00~20:00每小時整點　🚫週二、三　💲免費

　凱撒宮開幕於1966年，可說是拉斯維加斯第一家具有鮮明主題的賭場酒店，風格仿照古羅馬宮殿式建築，就像一座生動迷人的博物館。由於具有指標性，許多好萊塢電影，如《洛基》、《瞞天過海》、《尖峰時刻》、《醉後大丈夫》、《鋼鐵人》等，都曾在這裡取景拍攝。酒店的表演廳造型如同羅馬競技場，總是能邀請到天王天后級的藝人駐場表演，像是流行天后愛黛兒、搖滾公雞洛史都華和喜劇泰斗傑利辛菲爾德等人，都經常出現在凱撒宮的節目名單中。附設的羅馬商場是當地最著名的商店街，每隔1小時的雕像、噴泉秀，以及變化多端的人造天空，讓人彷彿走進時光隧道，回到2千年前的古羅馬時代。

MAP P.337A4

火鶴酒店
Flamingo Las Vegas
可以看到真的火鶴

🏠3555 S. Las Vegas Blvd, LV, NV 89109　☎(702) 733-3111　🌐www.caesars.com/flamingo-las-vegas
◎ **火鶴鳥園 The Flamingo Wildlife habitat**
⏱每日07:00~20:00　💲免費　🎫每日10:00有專人解說

　火鶴酒店開幕於1946年，是長街上最具有歷史性的一家賭場，其首任老闆就是當年叱吒一時的黑幫分子「小蟲」席格，雖然在酒店開業的第二年，席格便為了這間賭場而送命，但火鶴就像一粒火種，將博奕之火燃亮整條長街，後來這段故事還在1991年被拍成電影《豪情四海》。目前酒店仍維持邁阿密海灘式的南國懷舊風情，以大量裝飾藝術喚醒人們對那段傳奇歲月的記憶，至於客房則已全面翻新，以乾淨簡潔的現代風格吸引人們入住。既然名為火鶴，這裡最大的噱頭就是開闢一座鳥園，讓賭客能看到活生生的智利火鶴。此外，鳥園裡還有環頸鴨、鸚鵡、鵜鶘、埃及朱鷺、天鵝、錦鯉及烏龜，在賭城一片拉把聲中，這裡倒是個可以透口氣的地方。

343

林克賭場酒店
The LINQ Hotel & Casino
擁有世界第二高的摩天輪

3535 S. Las Vegas Blvd, LV, NV 89109 800-634-6441 www.caesars.com/linq

◎ 飛越林克滑索 Fly LINQ Zipline
週一至週四16:00~24:00，週五至週日11:00~01:00 每人＄49起(因日期而異) 參加者體重須在27~136公斤之間，身高在102~203公分之間，12歲以下孩童須由成人陪同，18歲以下須由家長簽署同意書

林克的前身是帝國皇宮酒店與四方酒店，2014年時，凱撒娛樂集團將四方與火鶴酒店之間的道路改建為購物徒步街道，連帶也將四方酒店一併改了名。酒店旁的**The LINQ Promenade**是賭城裡最熱鬧的購物大街，紀念品店、餐廳、娛樂設施林立，像是近幾年火紅的自拍博物館就是位於這裡。而走在徒步街上，頭頂不時還有人呼嘯而過，那是長街唯一的高空滑索，遊客從12層樓高的塔上出發，以56公里的時速飛過購物街上方，最後來到豪客摩天輪前，總長341.6公尺，稍稍彌補了人類無法飛翔的遺憾。這裡還有間**minus5 ICEBAR**，不但牆壁與吧台以冰雕打造而成，就連酒杯和座椅也都是冰塊做的，在這炎炎沙漠裡，無疑是最能消暑的地方。

豪客摩天輪 High Roller
12:00~24:00 (週五~週日至02:00)

	成人	4~12歲	歡樂半小時
17:00之前	＄29	＄10	＄69
17:00之後	＄39	＄19	

歡樂半小時限21歲以上

林克酒店最大的特色是徒步街盡頭的豪客摩天輪，high roller這個字本身就是「豪賭之人」的意思，也算是一語雙關。摩天輪高達167.6公尺，僅次於艾因杜拜摩天輪，目前位居世界第二，其28個包廂式的球形觀景艙，每艙可容納40名乘客，旋轉一圈約需30分鐘。當摩天輪旋轉至高處時，除了可將整條長街納入眼底，還能將市區外的遼闊大地一覽無遺，對比那荒涼的曠野景色，長街的繁華更是如同海市蜃樓般，令人印象深刻。此外，豪客摩天輪每天會開放一節「歡樂半小時」包艙(Happy Half Hour)，裡頭是個開放式酒吧，於是搭乘摩天輪的同時，還能順便派對，也是種體驗。

MAP　P.337B4

自拍博物館

Museum of Selfies

給你自拍個過癮

🏠3545 S. Las Vegas Blvd, Suite L-07B, LV, NV 89109 (林克酒店內) ☎(702) 518-2277 ⏰每日10:00～24:00 💲成人＄30，3～12歲＄25 💻selfievegas.com

　　在這個IG、YT、抖音當道的世代，自拍幾乎已成了網路社交的基本技能，自拍能為自己帶來多少關注，是時下許多人看得比吃飯還要重要的事。雖然許多博物館都不歡迎自拍行為，對干擾他人又容易破壞展品的自拍棒更是深惡痛絕，但在這間博物館裡不但鼓勵自拍，甚至出借自拍棒給人們使用，因為這裡便是為了滿足人們自拍需求而存在的自拍博物館！博物館裡為網紅們準備了哏點滿滿的場景，像是把自己埋進裝滿鈔票的浴缸裡高調炫富、坐在奢華私人飛機裡假掰地喝香檳、在利用視覺陷阱表現出無重力的房間內飄浮旋轉、或是在偽裝的化妝室裡表演鏡像不同步，然後印證老話一句：網路上的照片十有八九都是假的！另外還有充滿表情符號的球池、將燈泡亮成銀河的無限鏡廳等，每一個場景都讓自拍愛好者上傳到天荒地老，就連不愛自拍的人或許也就此沉淪下去。

MAP　P.337B4

威尼斯人酒店
The Venetian Resort Las Vegas
在沙漠中重建水都風情

🏠3355 S. Las Vegas Blvd, LV, NV 89109　📞866-659-9643　🌐www.venetianlasvegas.com
◎ 杜莎夫人蠟像館 Madame Tussauds Las Vegas
📞(702) 862-7800　🕐每日10:00~20:00　💲當日票$40.99起，2歲以下免費　🌐www.madametussauds.com/las-vegas　🎫提前在官網上購票，最多享$20折扣

　　拉斯維加斯的威尼斯人是澳門威尼斯人的原型，當初設計這間酒店的宏偉企圖，是要把水都威尼斯的風情完全複製到長街上，總督宮、聖馬可廣場、利亞德橋等威尼斯地標，幾乎和義大利的原建築毫無二致，路過時稍一分神，還真會以為自己身在威尼斯。既然仿照的是水都，運河自然成了酒店一大賣點，不但串連起酒店內外景觀，而且真的有貢多拉船在河面上航行。室內運河兩側是精品商店與美食餐廳，有趣的是這裡的牆面與天花板運用壁畫手法，營造出水都街頭的戶外風景，燈光還會變換白天與黃昏兩種效果，讓遊客彷彿在真實的威尼斯街坊間漫步。此外，拉斯維加斯的杜莎夫人蠟像館也是座落在這間酒店內。

貢多拉船 Gondola Rides
🏠室內運河售票處位於大運河購物中心2樓的Emporio D' Gondola，室外運河售票處位於總督宮　🕐室內運河10:00~23:00（週五、六至24:00），室外運河每日10:00~24:00　🚫室外運河冬季不開放　💲每人$39（週二及週三特價$34）

　　作為稱職的觀光客，造訪威尼斯時怎能不在運河上坐一回貢多拉船呢？就算來到的是山寨的水都也一樣。威尼斯人酒店的貢多拉分為室內與室外兩條路線，室內運河穿梭在大運河購物中心的威尼斯街道造景之間，室外運河則是在真實的藍天白雲下泛舟於總督宮之前。船夫一面划著船，一面引吭高唱義大利民謠，每天早上09:45與下午16:20，所有船夫更是會駕起小舟沿著運河齊聲歌唱，成為這裡的一項傳統。

MAP　P.337B4

球體館

Sphere

球裡球外都是大螢幕

255 Sands Ave, LV, NV 89169　(725) 258-0001　
每日節目時刻請上官網查詢　Sphere Experience為＄99起　
www.thesphere.com

　無奇不有的拉斯維加斯，2023年底又出現了新奇觀！這顆高達112公尺，寬長157公尺的圓球體，就像是降落自宇宙的巨蛋，在夜空中閃耀著光芒。這座全世界最大的球體建築物，由麥迪遜廣場花園娛樂公司(MSG)所建造，因而原本被命名為MSG Sphere。其內部是一座大型球形螢幕劇場，共有7層樓、18,600個座位，可用來舉辦音樂會及各類型表演活動。每日固定的節目是Sphere Experience，前後分為兩個部分，第一部分是在中庭內體驗22世紀的未來科技，這裡到處是以全息投影呈現的藝術作品，還能與AI機器人聊天互動；第二部分是進入劇場，以全球最大的高畫質LED螢幕觀賞影片，在18K超高解析度的視覺震撼與HOLOPLO的沈浸式音響環繞下，無論是飛上外太空、潛入深海裡，還是參加U2的演唱會，都彷彿人就在現場實際感受一般，每分每秒都衝擊著視聽感官。

　不但球內如此，甚至球體外部也是巨型LED螢幕，24小時不斷變幻著畫面，或是為活動預告宣傳，或是單純投放廣告，巨大的影像與周遭景物對比起來，顯得格外超現實。要欣賞球體館的壯觀，有兩個最理想的地方：在帕拉索酒店外的人行天橋上，可看到龐然球體聳立在馬路後方的奇景，而搭乘豪客摩天輪則能從上方俯瞰球體館自地表冒出的景像。

MAP P.337B1

雲霄酒店
The STRAT Hotel
美西唯一的觀景塔酒店

🏠2000 S. Las Vegas Blvd, LV, NV 89104 ☎800-998-6937 🌐thestrat.com

◎觀景台 Observation Deck
🕐每日10:00~01:00（遊樂設施14:00~22:00）💲單純登塔＄20，登塔加一項遊樂設施＄29，一日票＄43.95。高空彈跳＄149.99起

前身是同溫層酒店(Stratosphere Hotel)的雲霄酒店，2020年重新定位品牌時改為現名。這棟酒店樓高350公尺，是全美國最高的觀景塔酒店，筆直的純白塔身，是構成拉斯維加斯天際線的重要角色，同時也是俯瞰賭城繁華市容與夕陽美景的最佳地點。塔內設有旋轉餐廳、觀景台與購物中心，不過最令人躍躍欲試的，是那些名列世界最高的遊樂設施：自由落體Big Shot與極速飛船X-Scream，尤其是後者，整個飛天遁地、離心旋轉的過程，皆在高塔外部進行，換句話說，玩家從頭到尾都被懸在將近300公尺的高空中，世界上恐怕還找不出第二套遊樂設施是這樣玩的。如果覺得這還不夠刺激，那就乾脆從塔頂上往下跳吧，這裡的高空彈跳也是世界有名。

MAP P.337A3

金銀島酒店
Treasure Island
金盆洗手的海盜世界

🏠3300 S. Las Vegas Blvd, LV, NV 89109 ☎(702) 894-7111 🌐treasureisland.com

金銀島酒店最初是以加勒比海盜為主題概念，架構來自史帝文生的知名小說《金銀島》。1993年酒店完工時，為了招攬賭客，甚至把「海盜灣戰役」的表演秀場搬到戶外，讓路過群眾免費觀賞，隆隆的炮聲與聲光特效，曾在長街上轟動一時。不過這幾年隨著酒店易主及改建，管理層為了吸引年齡層更為「成熟」的客人，陸續移除各項海盜元素，取而代之的是一些成人級的夜生活娛樂，譬如以性感女牛仔聞名的Gilley's Saloon燒烤酒吧、利用昔日海盜船為特色的Señor Frog's墨西哥餐廳等。而在F1拉斯維加斯大獎賽與全國牛仔競技總決賽(NFR)時，金銀島酒店也因為地利之便，成為熱門住宿地點。

©The STRAT Hotel提供

©The STRAT Hotel提供

MAP　P.337B2

馬戲團酒店
Circus Circus Las Vegas
賭場裡也有遊樂園

⌂2880 S. Las Vegas Blvd, LV, NV 89109　☎(702) 734-0410　🌐www.circuscircus.com

　　外型就像是個馬戲團帳篷的馬戲團酒店，不只是一家賭場，也是一座遊樂園，更是名實相符的馬戲團。雖然已經接近熱鬧長街的尾巴，但許多闔家同遊的家庭遊客，都喜歡把這間酒店當作投宿首選，因為這裡不但有馬戲表演，更有一間室內的兒童樂園！於是當成年人們走進賭場準備大顯身手時，他們未成年的孩子便不怕沒有去處消磨時光。

馬戲表演 Circus Acts

🕐週一至週四13:30~19:30，週五至週日11:30~22:30，每小時一場　💲免費

　　既然名為馬戲團酒店，不來點貨真價實的馬戲表演，豈不是說不過去？位於賭場2樓的嘉年華會區，平日下午1點半與週末早上11點半開始，空中飛人、高空走鋼索、特技、雜耍、鞦韆、魔術等，每隔1小時輪番上陣，精湛的技藝，總看得遊人目瞪口呆，而幽默的小丑秀也常逗得孩子呵呵大笑。而最棒的是，這些表演完全免費。

冒險巨蛋樂園 The Adventuredome

🕐約10:00~20:00（週末約至24:00），每日詳細時間請查詢官網　💲一日票：成人＄60，121公分以下兒童＄30

　　這間室內的遊樂園，裡頭有16項機動遊樂設施，包括2座實體軌道雲霄飛車Canyon Blaster與El Loco，其他還有像是海盜船、自由落體、碰碰車，以及各式各樣製造離心力的旋轉設施等，一般遊樂場該有的玩樂全都有了。除此之外，還有一間虛擬雲霄飛車影院，播放憤怒鳥的動感電影，與一間播放冰原歷險記與史酷比影片的4D影院。雖然規模不大，但也足夠讓人玩上大半天。

拉斯維加斯秀場

ABSINTHE
🏠凱撒宮酒店 ☎(702) 534-3419 ⏰週日至週四20:00、
22:00，週五、六19:00、21:00、23:00 💲$129起(因日期
及場次而異) 🌐spiegelworld.com/absinthe ⚠未滿18歲
不得入場

　　表演結合了太陽劇團式的高超雜技與卡巴萊式的香豔
養眼，場景氛圍既迷幻又頹廢，其特技無論是鋼索、平
衡、柔術等，都是奧運選手的等級，當中還有許多前所
未見的創新表演，絲毫不會輸給太陽劇團。更棒的是，
由於場地不大，表演者與觀眾之間幾乎沒有間隔，即使
坐在最後一排，也還是與舞台相當靠近，可以說，這裡
賣的每一張票都是搖滾區。

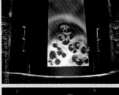

Blue Man Group
🏠路克索酒店 ☎800-557-7428 ⏰每日17:00、20:00 💲
$33起(因座位而異) 🌐www.blueman.com/las-vegas

　　世界有名的藍人秀，總部位於紐約，在美國多個城市都
有固定駐場演出，也經常舉辦世界巡迴表演，目前則是
太陽劇團旗下的一員。3位身著黑衣、全身塗成藍色的大
光頭，全場表演不說一句話，卻用豐富而滑稽的肢體語
言征服觀眾，並結合打擊音樂、燈光特效、螢光漆等多
媒體舞台效果，為觀眾帶來滿滿視覺與聽覺上的震撼。

O
🏠百樂宮酒店 ☎877-773-
6470 ⏰19:00、21:30 🏖
週一、二 💲$103起(因
日期與座位而異) 🌐www.
cirquedusoleil.com/o

　　O秀是太陽劇團在拉斯維加斯歷史最悠久，也是最有
名的劇碼。其舞台特色是環繞著一座大水池，因此在表
演中運用大量水上特技，華麗壯觀，聲勢澎湃，靠近舞
台的座位甚至需要配備雨傘。以結合水陸空的舞台劇場
來說，O秀算是這類型表演的開山始祖，過去曾轟動亞
洲的澳門水舞間，也是O秀的徒子徒孫。

KÀ
🏠米高梅酒店 ☎877-773-6470 ⏰19:00、21:30 🏖週
四、五 💲$69起 🌐www.cirquedusoleil.com/ka

　　KÀ對太陽劇團而言，是個史無前例的新嘗試：故事線
明顯，且有具體情節，同時在舞台設計上鋪張的程度，
幾乎可用毫無節制來形容。故事以史詩般的氣魄，描述
一對孿生兄弟對抗正邪之間的萬般險阻。和太陽其他劇
碼相比起來，KÀ的雜耍特技相對較少，卻增加了大量武
術元素，使得整場演出在觀賞性上，更接近於場面浩大
的舞台動作劇。

V-The Ultimate Variety Show

好萊塢星球酒店　866-932-1818　19:00 (週三20:30)　$ 59.98　www.vtheshow.com

V終極秀的目標,就是把所有觀眾想看的,都用一場秀搞定。他們找來14位在拉斯維加斯舞台上擁有相當地位的表演者或團體,像是特技、魔術、喜劇、歌舞、體操等,其中還包括有「世界速度最快雜耍者」之稱的Wally Eastwood在內,過程相當緊湊、精彩。

Mystère

金銀島酒店　877-773-6470　19:00、21:30　週三、四　$ 51起(因日期與座位而異)　www.cirquedusoleil.com/mystere

Mystère是太陽劇團在拉斯維加斯最成功的劇碼之一,結合超能量的特技動作、充滿異想的舞台風格、精巧設計的服裝道具、世界最大的太鼓演出,與高水準的聲樂舞蹈,帶領觀眾進入一個天馬行空的奇幻世界。

Michael Jackson One

曼德勒海灣酒店　877-773-6470　19:00、21:30　週二、三　$ 76起(因日期與座位而異)　www.cirquedusoleil.com/michael-jackson-one

為了向永遠的流行之王麥可傑克森致敬,劇團幾乎是忠於原著地將他的音樂和舞蹈融入在特技表演之中,或者更確切地說,是用特技動作來陪襯他的舞蹈。大銀幕上則投映出麥可令人懷念的身影。看完這場表演,既是欣賞了太陽劇團的演出,又像是回味了一場麥可演唱會。

Magic Reinvented Nightly

林克酒店　855-234-7469　19:00　部分週日　$ 59起　www.caesars.com/linq/shows

新銳魔術師Mat Franco是《美國達人秀》第9季的冠軍,他不斷苦思如何以全新的手法與獨創道具,帶給觀眾前所未見的魔術體驗。他的每一場表演都新奇、幽默、驚訝不斷,突破人們對於魔術的既有想像。

Mad Apple

紐約紐約酒店　877-773-6470　19:00、21:30　週二、三　$ 49起(因日期與座位而異)　www.cirquedusoleil.com/mad-apple

在紐約紐約酒店上演關於紐約的戲碼,實在是再適合也不過了!這齣太陽劇團的最新力作,以各種高難度的雜耍演出來向五花八門的大蘋果致敬,不只舞台道具中可看到布魯克林大橋、帝國大廈、紐約計程車等招牌場景,內容更融合了脫口秀、街頭籃球等經典紐約元素,就像紐約多元的熔爐文化一樣,讓人目不暇給、眼花繚亂。

拉斯維加斯市中心

拉斯維加斯市中心
Downtown Las Vegas

沿著拉斯維加斯大道一路向北，遠離了競出奇招的華麗酒店群，這裡卻是拉斯維加斯傳奇真正的濫觴之地。拉斯維加斯的第一條街道、第一盞路燈、第一棟高樓、第一家電影院都在這裡。只是1931年開放賭牌後，當時的91號公路上開了第一家賭場Pair-o-Dice Club，後來91號公路變成了拉斯維加斯大道，全城的重心才逐漸南移，而北邊這一帶便被稱為「舊城區」。

市中心以佛瑞夢街為中心，舊城的賭場酒店多集中於此，像是金磚酒店(Golden Nugget)、四皇后酒店(Four Queens)、金釘酒店(Gold Spike)、比尼昂賭場(Binion's Gambling Hall)和佛瑞夢酒店(Fremont)等，都相當老牌。雖然不若長街上的酒店那般日新

月異、花招百出，卻自有一種美國風華時代的歷史韻味。

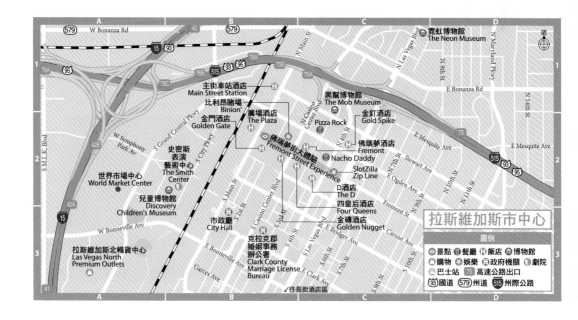

MAP　P.352B2-C2

佛瑞夢街大體驗

MOOK Choice

Fremont Street Experience

聲光絢爛的LED天幕

⊙搭乘Deuce或Downtown Loop至Fremont Street Experience站即達 ⒼN. Main St與N. 4th St之間的Fremont St ⊘每日18:00~02:00，每小時一場 ⑤免費 ⓦwww. vegasexperience.com

◎ **SlotZilla Zip Line**
Ⓖ425 Fremont St, LV, NV 89101 (起點在N. 4th St東側)
⊘週一至週三16:00~01:00 (Zoomline 12:00起)，週四至週日12:00~02:00 ⑤Zipline每人＄49，Zoomline每人＄69

　　佛瑞夢街是拉斯維加斯的第一條街道，曾是賭城最繁華的地方，燈紅酒綠，風華一時。然而自從長街興起，佛瑞夢街便漸趨沒落，幾乎成為日暮雲煙。為了避免佛瑞夢街真的走入歷史，當地業者於是將這條老街大加改造，以吸引觀光客回流，終於在1995年底開放了佛瑞夢街大體驗，成功重振老城雄風。

　　佛瑞夢街大體驗是在行人徒步街上方搭起一座27.5公尺高的拱廊天幕，總長達460公尺，橫跨5個街區。天幕內用上超過1,200萬顆LED燈泡，藉由這些燈泡組合成一片超大螢幕，於每天入夜後上演聲光秀，讓這條街獲得了「閃耀峽谷」的稱號。耀眼奪目的絢麗燈光，動感十足的立體音響，令人很難想像，在LED剛開始應用在商業上的90年代，佛瑞夢街就已經搞出這樣一座龐大的LED天幕。

　　走在這條徒步街道上，感覺有點像紐約的時報廣場，街頭藝人在聲光中奮力搏取眾人目光，雖然有不少袒胸露臂的鏡頭，但臥虎藏龍也不在少數，特別是佔據舞台的表演者，都是職業等級。更有甚者，天幕下方竟還架起飛索纜線，讓遊客以64公里的時速「凌空飛越」這片LED銀河。SlotZilla分為上下兩層，下層的Zipline以泰山擺盪的姿勢飛往佛瑞夢街中段，上層的Zoomline更是以超人飛行的姿勢飛向佛瑞夢街最西端的金門酒店，全程超過533公尺，驗證了瘋狂沒有極限。

MAP　P.352C1

黑幫博物館

MOOK Choice

The Mob Museum

美國歷史的陰暗面

🚶 從佛瑞夢街沿第3街北行約4分鐘即達。若開車前往，停車費前4小時＄8　🏠300 Stewart Ave, LV, NV 89101　☎(702)229-2734　🕐每日09:00~21:00　💲成人＄34.95，11~17歲＄19.95（可加價購買互動式體驗）　🌐themobmuseum.org　🎫官網上購買時段在11:00之前或17:00之後的成人門票，享＄7折扣

黑幫是美國歷史上的陰暗面，卻也是形塑現代美國過程中所無法抹滅的一環。社會歧視與階級壟斷是孳養黑幫最主要的溫床，20世紀初，大批來自愛爾蘭與義大利的移民發現美國夢只是個幻影，貧窮及社會壓力逼使他們集結成黨，從事不法勾當來討生存。而1919年的禁酒令更讓黑幫勢力茁壯，許多幫派靠著私酒生意稱霸一方，像是芝加哥教父艾爾卡彭就是最著名的一例。

不可諱言的，拉斯維加斯的興盛，黑幫著實貢獻良多，當內華達州宣布開放賭牌，立刻引來各方虎視眈眈，因為這裡猶如一張白紙，不像紐約那樣有盤根錯節的家族勢力，也不似芝加哥有座獨大的山頭，任何人都可以在此佔有一席之地。很快地，賭場成了黑幫們的新事業，並由此把觸腳延伸到演藝及體育圈。

在此之前，人們從沒想過犯罪會以如此大規模的組織運作，直到1950年，田納西州參議員凱弗維爾(Estes Kefauver)在全國發起一連串聽證會，黑幫問題才浮出檯面。然而黑幫退出拉斯維加斯並不全是出於政府掃蕩，主要還是因為腥風血雨的自相殘殺導致勢力衰落，而企業人士趁機大肆收購賭場，於是今日的拉斯維加斯幾乎再看不到黑社會的影子了。儘管如此，新形態的黑幫仍然猖獗著，毒品與暴力討債成了他們的主要手段，關於幫派犯罪問題還有很長一段路要走。

這間博物館前身是一座法院，曾是凱弗維爾聽證會的場地之一，裡頭以各種有趣的展示介紹黑幫歷史、著名人物及事件、黑幫家族的私生活以及那場著名的聽證會，當中也有不少互動式的小遊戲，幫助遊客更深刻地體驗這段過往。

拉斯維加斯近郊
Around Las Vegas

對初次造訪拉斯維加斯的人來說，長街上的燈紅酒綠，的確讓人有如劉姥姥進了大觀園，五花八門的誘惑，琳瑯滿目，目不暇給，不過這些東西看久了也是會彈性疲乏，令人想出去透一透氣。所幸距離長街不遠的地方，就有兩個值得一遊的好去處，一個是胡佛大壩，另一個是紅岩峽谷。前者是美國的奇蹟工程，龐然巨大的壩體不但維持了西南三州的繁榮命脈，也象徵著人類文明的智慧與力量；後者是景色壯觀的國家保護區，原始而遼闊的大地，兀立著線條多變的綺麗岩石，使人興起念天地之悠悠的感觸。於是你會發現，原來走出燈火璀璨的長街，心曠神怡的大自然竟然就在咫尺之外。

MAP P.355B2

胡佛水壩

MOOK Choice

Hoover Dam

人類工程史上的一大奇蹟

🚗 距拉斯維加斯長街約33英里，建議開車前往，停車費＄10 📞(702) 494-2517 🕐每日05:00~21:00 🌐www.usbr.gov/lc/hooverdam

◎ 遊客中心
🕐每日09:00~17:00 (16:15後停止入場) 💲每人＄10，3歲以下免費

◎ 發電廠導覽行程 Powerplant Tour
🕐售票時間為09:00~15:45，行程約30分鐘 💲成人＄15，4~10歲＄10

◎ 水壩導覽行程 Hoover Dam Tour
🕐每日09:30~15:30，每30分鐘出發一梯，行程約1小時 💲每人＄30 ❗限現場購票，且需年滿8歲

　　胡佛水壩被譽為美國現代工程7大奇景之一，因為在胡佛總統(Herbert Hoover)任內開始興建而得名。水壩於1931年動工，時值美國經濟大蕭條時期，崩壞的股市造成大批失業浪潮，胡佛於是決定在科羅拉多河上興建大壩，一方面為西南各州提供穩定水源與電力，企圖復甦社會景氣，另一方面也為舒緩失業人口。

　　科羅拉多河湍急的水勢，加上四周險惡的裸岩峽谷地形，使工程環境極其險峻惡劣，上百名工人因而喪生，也一度醞釀罷工。儘管如此，在總工程師Frank Crowe的高壓堅持下，僅只花了短短4年，便在地表上造出這樣一座龐然巨物。根據資料顯示，當時一共灌注了660萬噸混凝土，以1935年的標準來看，這麼多水泥足以用來建造一條舊金山到紐約的雙線道公路，其工程規模之浩大可見一斑。

　　這座氣勢磅礴的大壩，壩身高達220公尺，像

一堵隔絕天地的巨牆，將科羅拉多河硬生生切成兩半；大壩前面是由混凝土建成的萬仞深崖，大壩後方則是一片碧藍的遼闊水域。因為興建大壩攔水而成的米德湖(Mead Lake)，面積廣達640平方公里，是美國最大的人造湖泊，現開闢為國家休閒區，是人們划船釣魚的度假勝地。

水壩壩頂寬度只有14公尺，但壩牆的基底卻有201公尺之寬，幾乎等同壩身高度。而在壩頂兩端控制塔上，各有一個時鐘，上面顯示時間不同

的緣故，是因為過了壩橋便是亞利桑那州境，與內華達州有一個小時時差。

雖然胡佛水壩擋得了科羅拉多河的滔滔洪水，卻擋不住經濟大蕭條的浪潮，胡佛的總統生涯在一片叫罵聲中以選戰慘敗告終。不過從日後的發展來看，這座大壩對於美國西南三州的經濟榮景厥功甚偉，也讓胡佛總統終究還是在美國歷史上佔有一席之地。

紅岩峽谷國家保護區

Red Rock Canyon National Conservation Area

賭城旁的自然奇景

🚗距拉斯維加斯長街約16英里，建議開車前往　☎(702) 515-5350　🕐景觀道路每日06:00開放，4~9月至20:00，3月及10月至19:00，11~2月至17:00。遊客中心每日08:00~16:30　💲每輛車＄20　🌐www.redrockcanyonlv.org　❗若要在10~5月的08:00~17:00間進入，須事先上網預約時段，預約費＄2。由於當地沒有網路訊號，因此最好將預約憑證下載或列印出來

誰說拉斯維加斯只有人造風景？就在長街西邊24公里外，就有這麼一處景象壯麗的自然奇觀。在一片蒼茫的原野上，橫亙著幾條山脈，其中有條赭紅色的小山最為顯眼，與周遭地景都不相同，那裡便是被列為國家保護區的紅岩峽谷。這道紅色的斷崖又被稱為「Keystone Thrust」，其顏色來自砂岩層中的鐵，隨著鐵質氧化，紅色也愈來愈明顯。至於其他灰色的崖壁，則主要是石灰石與葉岩層的沉積。

早在5億年前的遠古時代，這裡曾是一片淺海，海水因板塊變動而來來去去，旺盛的沉積作用加上地殼內的熱力，逐漸形成這一帶的主要地質。當板塊移動加劇，約在1億年前造出了北美安地斯山脈，後來板塊轉為側向磨擦，又將這座山脈拆解成無數條平行的山脈與峽谷，最後暴露出的岩層又經過風雨侵蝕，慢慢形成現在的地貌。

除了地質學上的奇觀，這裡在古生物學上也有重要發現，研究人員曾在此地挖掘出大量恐龍及早期哺乳類的化石，甚至2億5千萬年前的那場二疊紀大滅絕，這裡也提供不少遺跡證據。

紅岩峽谷景觀道是一條21公里長的逆時針方向單行道，沿途有多處觀景點與步道入口可以停靠。最精彩的部分是在道路東段的Calico 1，這裡的岩石景觀最為特別，大部分遊客都會忍不住在這裡健行一小段路，或是往南前往收費口，或是往北來到Calico 2。而Calico 2則是美西著名的攀岩勝地之一，抬頭往上看，很容易就能找到正在攀岩的人們。而在入口附近還有座遊客中心，如果對峽谷的形成與歷史有興趣的話，當中的展覽可以解答你所有的疑惑。

Where to Eat in Las Vegas
吃在拉斯維加斯

價位區間
$：10美金以內解決的小吃或路邊攤
$ $：餐點在10~20美金的輕食簡餐
$ $ $：主餐在20~30美金，一般家庭外食
$ $ $ $：主餐在30~50美金，適合親友聚餐
$ $ $ $ $：主餐在50~100美金，適合慶祝或約會

MAP ▶ P.337B3　Sinatra

⌂3131 S. Las Vegas Blvd, LV, NV 89109 (安可酒店內) ☎(702) 770-5320 ◔每日17:30~22:00 (週五、六至22:30) ⑤$ $ $ $ $ ⓤwww.wynnlasvegas.com/dining/fine-dining/sinatra ❶有服儀規定，不得穿拖鞋、運動服或裸露的服裝

綽號「瘦皮猴」的法蘭克辛納屈是20世紀最活躍的影歌雙棲紅星之一，由於他在70年代經常在金磚酒店演出，因而和老闆史蒂芬永利成為莫逆之交。辛納屈過世後，永利為了紀念，特地於新落成的安可酒店開了這間辛納屈主題餐廳，不但裝潢圍繞著辛納屈而設計，放的音樂也都是辛納屈的歌，同時還找來曾為辛納屈做菜的名廚，在餐廳中供應他生前最愛吃的義大利家鄉料理。

雖然菜單會隨季節而更換，但辛納屈最喜歡的幾道菜卻是餐牌中的固定選項，包括以他經典曲為名的燉小牛膝(Ossobuco "My Way")、蛤蜊義大利麵(Frank's Spaghetti & Clams)、地中海鱸魚(Branzino)、帕馬森煎雞肉(Veal Parmigiana)等。嚐過後就會發現，這裡不單打著辛納屈的名氣而已，主廚功力確實非同小可，從食材、烹功、調味到擺盤，每個環節都極具水準，就算你完全不認得辛納屈，也能在這裡吃得很享受。

MAP ▶ P.337B4　Mon Ami Gabi

⌂3655 S. Las Vegas Blvd, LV, NV 89109 (巴黎酒店內) ☎(702) 944-4224 ◔07:00~22:00 (週五、六至23:00) ⑤早餐$ $ $，午、晚餐$ $ $ $ ⓤwww.monamigabi.com/las-vegas

Mon Ami Gabi或許不是拉斯維加斯最高級的餐廳，但絕對是最浪漫的！雖然巴黎酒店和百樂宮酒店分屬不同集團，但巴黎酒店內的Mon Ami Gabi卻靠著百樂宮的水舞秀，成為大道上的客滿餐廳，因為其露台區就位於水舞池的正對面！不過若說Mon Ami Gabi光以景觀取勝，恐怕主廚會不太服氣，因為這裡的餐點也相當具有水準。經典招牌包括牛排配薯條、烤雞、扇貝等，也別忘了研究他們精選的酒單，這可是法式料理文化重要的一環。

MAP ▶ P.337A5　Secret Pizza

⌂Boulevard Tower, 3708 S. Las Vegas Blvd, Level 3, LV, NV 89109 (在柯夢波丹酒店內) ☎(702) 698-7000 ◔每日11:00~04:00 ⑤$

Secret Pizza的「秘密」之名可不是亂取的！這間店沒有招牌與廣告，甚至連所在的酒店官網與樓層地圖上都不存在，就像地下城系列電動中必須靠遊戲攻略才能找到的藏寶秘室一樣。你必須睜大眼睛在餐廳樓層內四處尋找，然後發現一條掛滿老唱片封面的不起眼通道，走進去後才是柳暗花明，來到擺滿熱騰騰披薩的寶箱。這裡賣的是速食式的紐約披薩，以1/8張為單位，你可以選擇不同口味搭配，不過由於尺寸頗大，通常2片就飽足了。這裡座位有限，大多數人都是拿在手上站著享用。

🏠121 N. 4th St, LV, NV 89101　☎(702) 778-7800　⊙
08:00~02:00（週四~週六至03:00）　💲 $ $ $　🔲
nachodaddy.com

　　Nacho Daddy自稱賣的不是玉米片，而是「好吃到發瘋的玉米片」！他們的玉米片完全可以看做一份主餐，只見堆得像山一樣高的玉米片，被覆蓋在香濃的融化起士、滿滿的生菜與肉末、新鮮現做的莎莎醬與墨西哥乳酪下，山頂還要再放一球酪梨泥，看起來實在營養豐富，不過熱量應該也很高，如果一天只打算吃一餐的話，絕對是個好選擇。同時Nacho Daddy也是著名蠍子酒的始作俑者，一整隻蠍子泡在龍舌蘭酒裡，杯口再抹上一圈海鹽，並插上萊姆片，如果敢嘗試的話，一定會在IG上得到很多個讚。Nacho Daddy除了市中心這家店外，在長街上的奇蹟哩商店街內也有一家。

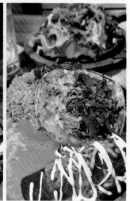

🏠3535 S Las Vegas Blvd, LV, NV 89109（在林克酒店內）
☎(702) 254-4646　⊙07:30~15:00（週五、六至21:00）　💲
$ $ $ $　🔲linq.hashhouseagogo.com

　　這間美式早午餐店標榜運用創新的手法來「改造」傳統菜餚，如果要用一個詞彙形容的話，那大概就是「浮誇」了吧！雖然菜單上的品項都是熟悉的名字，但是當餐點一端上桌，很難不令人「哇」地叫出聲來。驚訝的點一是在於山一樣的份量，這一頓早餐吃完，下一次再餓時可能就是消夜了；二是在於用料的不簡單，鋪撒在炸雞鬆餅與炸雞班乃迪克上的，是用山核桃煙燻的培根、用墨西哥辣椒特調的奶油、烘烤過的莫札瑞拉起士條、炸得酥酥脆脆的韭菜絲、以及新鮮的蕃茄、菠菜與水果，最後還要插上一大根迷迭香來裝飾，簡直就是把美國鄉村菜做成高級融合料理。

🏠201 N. 3rd St, LV, NV 89101　☎(702) 385-0838　⊙
11:30~22:00（週五、六至24:00）　💲 $ $　🔲www.
pizzarocklasvegas.com

　　Pizza Rock老闆之一的Tony Gemignani在披薩界也是位響噹噹的人物，在國際各大披薩賽事中，曾拿下13面金牌，並在舊金山北灘開了間披薩名店Tony's Pizza Napoletana。Pizza Rock的披薩依類型而有不同烤製方式，像是較傳統的Napoletana與California使用的是柴燒磚爐，而New York是以電烤箱製作，其他披薩種類則使用瓦斯烤箱。這裡最著名的披薩是曾在拿坡里拿下世界冠軍的Margherita，每日限量只做73片，另外像是La Regina、New Yorker、Cal Italia等，也都得過金牌。

MAP ▶ P.337B4

大運河購物中心
Grand Canal Shoppes

🏠3377 S. Las Vegas Blvd, LV, NV 89109 (在威尼斯人酒店內) 📞(702) 414-4525 🕐10:00~21:00 (週五、六至22:00) 🌐www.grandcanalshoppes.com

　説起室內街景的購物街，大運河購物中心大概是最成功且知名的。這條室內購物大道連結威尼斯人酒店與同集團的帕拉索酒店(Palazzo)，不但模仿威尼斯的街道景觀，還在當中開闢了一條運河，讓貢多拉船載著觀光客緩緩航行於運河之上，偶爾船夫還會高歌幾曲，就像在真正的威尼斯一樣。

MAP ▶ P.337A3

流行秀購物廣場
Fashion Show Mall

🏠3200 S. Las Vegas Blvd, LV, NV 89109 📞(702) 784-7000 🕐週一至週四11:00~20:00，週五、六 10:00~21:00，週日11:00~19:00 🌐www.fslv.com

　位於金銀島賭場酒店對面的流行秀購物商場，是全球數一數二的大型購物中心之一，流線型的外觀就像一架外星飛碟，造型極為炫麗。商場內共有Macy's、Dillard's、Nordstrom、Neiman Marcus、Saks Fifth Avenue等多家大型百貨公司，以及超過250家服飾店及其他各類商店，真要逛起來的話，可得花上一些時間。

奇蹟哩商店街
Miracle Mile Shops

⌂3663 S. Las Vegas Blvd, LV, NV 89109 (在好萊塢星球酒店內) ☎(702) 866-0703 ◷10:00~21:00 (週五、六至22:00) ⓦwww.miraclemileshopslv.com

　奇蹟哩也是座室內造景的商店街，風格則是以摩洛哥街景為主題，這是因為好萊塢星球酒店的前身是阿拉丁酒店的緣故。這裡的150多間店面，圍繞著建築中心呈「O」字形排列，當中也有些吸引遊客駐足的噱頭，譬如每日12:00~21:00整點演出的聲光噴泉水舞秀，以及10:30~22:30每小時半點一次，在大水池畔模擬暴風雨情境的大雨秀等。

MAP ▶ P.337A4　**羅馬商場 The Forum Shops**

⌂3500 S. Las Vegas Blvd, LV, NV 89109 (在凱撒宮酒店內) ☎(702) 893-4800 ◷10:00~21:00 (週五、六至22:00) ⓦwww.simon.com/mall/the-forum-shops-at-caesars-palace

　凱撒宮的羅馬商場，由賽門地產公司經營，與賭場直接相連。說起在室內營造戶外街景，這裡大概是始作俑者，天花板上是藍天白雲，並以燈光調節明暗，而一間間精品名店就座落於古羅馬市場建築內，既有歐洲城鎮的散步情調，又有種時空穿越的衝擊感。商店街上不時可看到雕刻精緻的塑像和噴水池，其中一端的亞特蘭提斯(Atlantis)，每小時整點還會升出機關人偶，在遊客面前上演水與火對抗的雕像秀。

MAP ▶ P.352A3　**拉斯維加斯北暢貨中心 Las Vegas North Premium Outlets**

⌂875 S. Grand Central Pkwy, LV, NV 89106 ☎(702) 474-7500 ◷10:00~20:00 (週日至19:00) ⓦwww.premiumoutlets.com/outlet/las-vegas-north

　賽門地產公司(Simon)在長街南北各有一間暢貨中心，其中以北邊這間面積較大，店面較多。在佔地40英畝的土地上，總共座落了14棟建築物，約有185間品牌折扣店進駐，除了美國各大設計師名牌外，也有Burberry、Bally、Hugo Boss等歐洲品牌，折扣約在75折至35折之間。

MAP ▶P.337A5 **M&M巧克力世界 M&M's World**

3785 S. Las Vegas Blvd, LV, NV 89109　(702) 740-2504　每日09:00~24:00　www.mms.com/en-us/mms-store-las-vegas

以擬人化的黃、綠、藍、紅等彩色巧克力球打響名號的M&M，討喜可愛的外型總是吸引大人小孩的目光。這間位於米高梅酒店旁Showcase Mall的專賣店，總共有4層樓，每一層都色彩繽紛。這裡販賣T恤夾克、文具禮品、玩具公仔、家居用品等周邊商品，當然也有只溶你口不溶你手的M&M巧克力。在二樓的糖果牆上，五顏六色的巧克力裝在一根根容器裡，就像是一排巨大的彩色筆般，任由人們承接其揮灑出的色彩。店中也有不少M&M巧克力的人偶塑像，歡迎顧客一起合照，而在4樓甚至還有輛M&M塗妝的納斯卡賽車呢！

MAP ▶P.337A5 **賀喜巧克力世界 Hershey's Chocolate World**

3790 S. Las Vegas Blvd, LV, NV 89109　(702) 437-7439　09:00~24:00（週五、六至01:00）hersheyschocolateworldlasvegas.com

作為主要競爭對手，賀喜的專賣店就位於M&M對面的紐約紐約酒店。和M&M巧克力世界一樣，賀喜巧克力世界也有大面的糖果牆與各種互動式多媒體體驗，雖然賀喜沒有擬人化的吉祥物可以做成公仔，但店內放了兩尊真人大小的自由女神像，以呼應店址所在的紐約紐約酒店，一尊是用巧克力做成，另一尊則用了Twizzlers的扭扭糖，很有意思。除了各種糖果，這裡當然也要販賣衣服、包包、抱枕等周邊產品，而像是賀喜巧克力造型的耳環、項鍊等首飾，算是比較特別的商品。

MAP ▶P.337A5 **可口可樂商店 Coca Cola Store**

3785 S. Las Vegas Blvd, LV, NV 89109　(702) 270-5952　09:00~22:00（週五、六至23:00），飲料吧每日10:00~21:00　www.coca-colastore.com/retail/las-vegas

這家專賣店外觀那超過4層樓高的可口可樂玻璃瓶，在大道上格外引人注目。一走進店門，可口可樂的吉祥物北極熊便要來與你合照，雖然北極熊的身體是由真人裝扮，但熊頭卻有電子機關操控，使牠能做出豐富靈巧的表情，十分逗趣。店裡販賣T恤、馬克杯、保溫瓶、野餐包、開罐器等可口可樂周邊商品，當然也找得到可口可樂經典款的玻璃杯。如果逛得口渴了，就在店內吧台找個位子坐下，點杯可樂痛快暢飲一番。

The Savvy Traveler
聰明旅行家 文●蔣育荏　攝影●墨刻攝影組

簽證辦理

目前台灣已被美國正式列入免簽證國家，只要你所持有的是新式的晶片護照，同時在台灣設有戶籍，就能享有免簽資格。

雖然省下大費周章辦理美簽的麻煩，但還是有一點小手續不得不做，那就是申請「旅行授權電子系統」(ESTA)。ESTA在家上網就可以辦好，首先連上美國國土安全部官網，填寫個人基本資料、在美停留天數，和回答是否有特殊疾病和犯罪紀錄，再以信用卡繳交21美元(其中4美元為申請費，17美元為許可費，若申請沒有通過，會退還許可費)。申請送出後，最快15分鐘，最慢72小時，系統就會發給認證到你的電子信箱。這個認證號碼雖然已經由電子系統傳到美國海關的電腦檔案裡，但還是建議您把認證通知列印下來，隨身攜帶，以備查驗。

ESTA的許可效期，每次入境停留時間不超過90天，可在兩年內多次進出。兩年效期一到，再重新上網申請即可。但若你是要去美國求學、工作、預計停留超過90天者，或是ESTA的申請被拒絕，就還是得去美國在台協會(AIT)辦理美國簽證。

入境海關

入境美國海關常會使人心生畏懼，這裡提供一些應答技巧。面對海關人員時，保持輕鬆自然的表情，避免面露緊張不安的神色；對於海關人員的問話，盡可能簡短確實，避免節外生枝，記住，你的目的是通過海關，而不是和海關人員聊天，因此度假就是度假，觀光就是觀光，千萬不要提到「找朋友」或是扯一些不相關的事。海關的問題通常是你到美國的目的、會去哪些城市、身上帶了多少錢(是否足夠支付旅程)等，回答問題時前後要一致，簡明扼要，很快便可通過。

其實海關就只是想知道你會不會賴在美國不走，因此過海關之前，也可先把第一天的住宿證明、回程機票與列印的ESTA認證答覆準備好，以備海關要求時立即出示。

◎ **美國國土安全部官網**
🌐 esta.cbp.dhs.gov

◎ **美國在台協會台北辦事處**
🏠 台北市內湖區金湖路100號
📞 (02) 2162-2000　🌐 www.ait.org.tw

◎ **美國在台協會高雄辦事處**
🏠 高雄市前鎮區成功二路88號5樓
📞 (07) 335-5006
🕐 平日08:00~17:00

◎台灣飛航加州主要航空公司

航空公司	飛行城市與航班	訂位電話	網址
聯合航空	每日直飛舊金山。亦可經由東京飛往洛杉磯	(02) 2325-8868	www.united.com
長榮航空	每日直飛洛杉磯與舊金山	(02) 2501-1999	www.evaair.com
中華航空	每日直飛洛杉磯、安大略與舊金山	(02) 412-9000	www.china-airlines.com
星宇航空	每日直飛洛杉磯與舊金山	(02) 2791-1199	www.starlux-airlines.com
達美航空	每日經首爾飛往洛杉磯與舊金山	(02) 7701-8989	zt.delta.com
大韓航空	每日經首爾飛往洛杉磯與舊金山	(02) 2518-2200	www.koreanair.com
國泰航空	每日經香港飛往洛杉磯與舊金山	(02) 7752-4883	www.cathaypacific.com
全日空	每日經東京飛往洛杉磯與舊金山	(02) 2521-1989	www.ana.co.jp

交通資訊

飛航資訊

從桃園國際機場,有數家航空公司提供飛往洛杉磯與舊金山的航班,其中聯合航空、中華航空、長榮航空與星宇航空為直航。從台北直飛洛杉磯,去程約11.5小時,回程約14.5小時;從台北直飛舊金山,去程約11小時,回程約14小時。

旅遊資訊

時差

加州與內華達州屬於太平洋時區,夏令時間比台灣慢15個小時,其他月份則慢16個小時。

貨幣與匯率

台幣兌換美金(USD)約為30:1 (實際匯率會有變動)。美金硬幣有1¢(penny)、5¢(Nickel)、10¢(Dime)、25¢(Quarter)、50¢(Half dollar)、$1 (Dollar coins);紙鈔則有$1、$5、$10、$20、$50、$100。主要的信用卡如VISA、MasterCard、American Express等大多能在境內各商家廣泛使用。

一般美國人會把太細碎的零錢當成小費送掉,但25¢記得多留幾枚,不論停車還是坐公

為何電話號碼是英文字母?

美國許多提供服務的業者,都有免付費電話,其開頭為1-800、1-888、1-887、1-886,但要注意的是,這些免付費電話都只能在美國國內或加拿大撥打;從台灣撥出,一樣以國際通話費率計算。此外,有些業者的電話號碼為了方便大家記憶,會使用英文字母代替,各字母所對應的數字如下:ABC(2)、DEF(3)、GHI(4)、JKL(5)、MNO(6)、PQRS(7)、TUV(8)、WXYZ(9)。

車,或使用需要投幣的機器時,都很好用。

電壓

美國的電壓為120伏特、60赫茲,插座型式與台灣相同,因此不需攜帶轉換插頭。

打電話

◎台灣撥打美國

002-1-區域號碼-電話號碼

◎美國撥打台灣

011-886-(區域號碼去掉0)-電話號碼(若以手機撥打,可用「+」來代替國際冠碼002或011)

◎美國撥打同區市話

直接撥打7位數電話號碼

◎美國撥打長途電話

1-區域號碼-電話號碼

小費

美國多數服務人員的薪資結構中,並不包含服務費這一項,小費於是成了他們主要的收入來源。因此在美國接受服務,必須給予小費才不會失禮。給小費的參考標準如下:

◎餐廳

通常為帳單稅前金額的18~22%,如果在很高級的餐廳用餐,給到25%的也大有人在,反之

夏令時間

夏令時間又稱日光節約時間,因為在高緯度的國家,冬季與夏季的日照長短落差很大,為使人們配合日光作息,因而有此規定。每個國家的夏令時間不盡相同,而美國在2005年修法延長後,目前公告的夏令時間是從每年3月份的第2個週日開始,將時鐘調快1個小時,到11月份的第1個週日結束,再將時鐘調慢1個小時。

如果覺得服務差勁，給10％就算明示服務生要自己檢討。若是一毛小費也沒給，那是十分嚴重的事，有些服務生是不肯善罷干休的。

刷卡的話，在簽單金額下的Tip欄位寫上要給的小費金額，再把付帳的總額填入總金額欄位內，習慣上都會湊成整數。有些餐廳的服務生在結帳時會把刷卡機或平板拿給你，讓你自己選擇要給小費的方式，看是選擇「％」讓機器自己去算出百分比，還是直接輸入你想要付的金額數字，最後確認總額是否正確，按下「OK」後機器就會列印簽單，在上面簽名即可。

要注意的是，少數餐廳會自動把小費加進帳單，所以付帳前一定要先看清楚，如果帳單上已列出小費了，就沒必要當冤大頭再給一次。

付現的話，把找回的零錢湊足要給的小費金額留在桌上或帳單夾內。在某些較小的店裡，收銀台前會放一個小費罐，把找回的散零丟進去即可。至於速食店或快餐店等由客人自行在櫃檯點餐、取餐、收餐盤的餐廳，則沒有給小費的必要。

◎酒吧

除了帳單上的小費外，酒保通常希望你再多給每杯＄1~3元的小費。

◎計程車

小費約為15~20％，若請司機幫忙提行李，則可再多一點，不過部分計程車是不找零的，請多加注意。

◎旅館

清潔服務每晚＄2~5元，可以視酒店等級或你對服務的滿意度而定。當然你也可以在外出時將「Do Not Disturb」的牌子掛在房門上，這樣就可以省下小費錢，但房間也不會獲得清理就是了。而退房前一定要留小費在床頭桌上，不然可就當「奧客」了。至於搬運行李或招呼計程車的行情則是＄2~5元。

消費稅

美國的消費稅(Sales taxes)為州政府稅收，因此各州各城不一，且稅率常有變更。消費稅不會標示在商品標價上，但結帳時會自動計入帳單，且會顯示於收據上。

在本書所涵蓋區域內的消費稅率，請參考下表：

城市	州稅	縣稅	市稅	特別稅	總營業稅
洛杉磯	6%	+0.25%	+0%	+3.25%	=9.5%
聖塔摩尼卡	6%	+0.25%	+1%	+3%	=10.25%
長灘	6%	+0.25%	+1%	+3%	=10.25%
安納罕	6%	+0.25%	+0%	+1.5%	=7.75%
聖地牙哥	6%	+0.25%	+0%	+1.5%	=7.75%
聖塔芭芭拉	6%	+0.25%	+0%	+1.5%	=7.75%
舊金山	6%	+0.25%	+0%	+2.25%	=8.5%
索薩利托	6%	+0.25%	+0.5%	+2%	=8.75%
納帕	6%	+0.25%	+0%	+1.5%	=7.75%
索諾瑪	6%	+0.25%	+0%	+1.88%	=8.13%
聖塔羅莎	6%	+0.25%	+0.5%	+1.88%	=8.63%
聖荷西	6%	+0.25%	+0.25%	+2.75%	=9.25%
聖塔克魯茲	6%	+0.25%	+0.5%	+2.25%	=9%
蒙特雷	6%	+0.25%	+1%	+1.5%	=8.75%
拉斯維加斯	4.6%	+3.65%	+0%	+0%	=8.25%

關於各地消費稅，可參考以下這個網站，並以所在地的郵遞區號查詢確實稅率。

www.tax-rates.org/taxtables/sales-tax-by-state

加州有退稅嗎？
很可惜的，加州和內華達州都沒有退稅政策(其實絕大多數的美國都沒有)，不過從雜貨店購買的生鮮食品是免稅的。

飲水

　　加州水質據官方宣稱是可以生飲的，但即便如此，許多地區因管線老舊，最好還是過濾或煮沸後再喝。如果不在乎咖啡味，多數旅館房間內都有咖啡機，可用來煮水。出門則建議帶個水壺，在博物館、國家公園旅客中心、著名景點等地，廁所附近通常會有飲水機，可在那裡裝水。

治安

　　加州的魅力來自這裡聚集了各色人等，但也因為如此，治安問題總是存在。這個時代比較多的案件來自偷車、破壞車輛進行的竊盜、與在商店「零元購」(也就是打劫商品)，因此要多留意周遭環境，人多擁擠時要小心扒竊，錢包最好收在身上的暗袋，避免外露，裡面也不要同時放太多現金。停車時，包包、行李、財物不要留在車內的座位上，最好收進後車廂，以免遭到歹徒覬覦。深夜避免獨自外出，儘量少在夜間前往偏僻的街區。

◎緊急聯絡電話

旅外國人緊急服務專線：+886-800-085-095

旅外國人急難救助全球免付費專線：011-800-0885-0885（在美國限AT&T、Sprint、Verizon之市話客戶免費撥打）

駐洛杉磯台北經濟文化辦事處：

🏠3731 Wilshire Blvd, Suite 700, Los Angeles, CA 90010

☎(213) 389-1215、急難救助電話為1-213-923-3591

駐舊金山台北經濟文化辦事處：

🏠555 Montgomery St, Suite 501, San Francisco, CA 94111

☎(415) 362-7680、急難救助電話為1-415-265-1351

當地報案電話：911

單位換算

1英哩≒1.6公里

1英呎≒0.3公尺

1英磅≒0.45公斤

1英畝≒0.4公頃

1加侖≒3.79公升

華氏32度≒攝氏0度

華氏68度≒攝氏20度

華氏104度≒攝氏40度

使用JetFi Mobile 桔豐科技上網最便利

eSIM亞洲多國 1Gb掃碼領取

JetFi eSIM app

掃碼領取免費亞洲多國eSIM 1Gb

手機一鍵開通、自動偵測機種、隨儲隨用。

🔗https://www.jetfimobile.com/eSIMapp10

JetFi WiFi分享器

線上訂購、多人分享精省方案、全台門市、桃園、小港機場取還。全球130+國漫遊日租只需台幣60元起。

WiFi分享器MOOK粉絲專屬優惠下單網址：

🔗https://dl.gl/kMBy1nYrG

洛杉磯‧舊金山 拉斯維加斯

MOOK NEWAction no.89

Los Angeles, San Francisco & Las Vegas

作者
蔣育荏‧汪雨菁‧墨刻編輯部

攝影
墨刻攝影部

主編
蔣育荏

美術設計
李英娟‧董嘉惠（特約）‧駱如蘭（特約）

地圖繪製
Nina‧墨刻編輯部

出版公司
墨刻出版股份有限公司
地址：台北市115南港區昆陽街16號7樓
電話：886-2-2500-7008
傳真：886-2-2500-7796
E-mail：mook_service@cph.com.tw
讀者服務：readerservice@cph.com.tw
墨刻官網：www.mook.com.tw

發行公司
英屬蓋曼群島商家庭傳媒股份有限公司城邦分公司
地址：台北市115南港區昆陽街16號8樓
電話：886-2-2500-7718　886-2-2500-7719
傳真：886-2-2500-1990　886-2-2500-1991
城邦讀書花園：www.cite.com.tw
劃撥：19863813
戶名：書虫股份有限公司

香港發行所
城邦（香港）出版集團有限公司
地址：香港九龍土瓜灣土瓜灣道86號順聯工業大廈6樓A室
電話：(852)25086231
傳真：(852)25789337
E-MAIL：hkcite@biznetvigator.com

馬新發行所
城邦(馬新)出版集團 Cite (M) Sdn Bhd
地址：41, Jalan Radin Anum, Bandar Baru Sri Petaling, 57000
Kuala Lumpur, Malaysia.
電話：(603)90563833
傳真：(603)90576622
E-mail：services@cite.my

製版‧印刷
藝樺設計有限公司‧漾格科技股份有限公司

城邦書號
KV3089

定價
540元

ISBN
978-626-398-138-6‧978-626-398-135-5（EPUB）
2025年1月初版

首席執行長　Chief Executive Officer
何飛鵬　Feipong Ho

生活旅遊事業總經理暨墨刻出版社長　PCH Group President & Mook Managing Director
李淑霞　Kelly Lee

總編輯　Editor in Chief
汪雨菁　Eugenia Uang

副總編輯　Deputy Editor in Chief
呂宛霖　Donna Lu

編輯　Editor
趙思語‧林昱霖‧李冠瑩‧蔡嘉榛
Yuyu Chew, Lin Yu Lin, Mao Li, Cai Jia Zhen

資深美術設計主任　Senior Chief Designer
羅婕云　Jie-Yun Luo

資深美術設計　Senior Designer
李英娟　Rebecca Lee

影音企劃執行　Digital Planning Executive
邱茗晨　Mingchen Chiu

資深業務經理　Senior Advertising Manager
詹顏嘉　Jessie Jan

業務經理　Advertising Manager
劉玫玫　Karen Liu

行銷企畫經理　Marketing Manager
呂妙君　Cloud Lu

行銷企畫主任　Marketing Supervisor
許立心　Sandra Hsu

業務行政專員　Marketing & Advertising Specialist
呂瑜珊　Cindy Lu

印務部經理　Printing Dept. Manager
王竟為　Jing Wei Wan

U0094619

國家圖書館出版品預行編目資料

洛杉磯.舊金山.拉斯維加斯/蔣育荏, 汪雨菁作. -- 初版. -- 臺北市：
墨刻出版股份有限公司出版：英屬蓋曼群島商家庭傳媒股份有限公
司城邦分公司發行, 2024.12
368面；16.8×23公分. -- (New action；89)
ISBN 978-626-398-138-6(平裝)
1.CST: 旅遊 2.CST: 美國洛杉磯 3.CST: 美國舊金山 4.CST: 美國拉
斯維加斯
752.9　　　　　113017326